다석
중용강의

다석
중용강의

1판 1쇄 인쇄　　2024년 10월 17일
1판 1쇄 발행　　2024년 10월 25일

지은이　　류영모 번역·강의, 박영호 풀이
펴낸이　　이재종
펴낸곳　　도서출판 아로파
주소　　서울시 강남구 도곡로 63길 23, 302호
전화　　02-501-1681
팩스　　02-569-0660
홈페이지　　www.rainbownonsul.net
이메일　　rainbownonsul@hanmail.net
ISBN　　979-11-87252-20-7　(03100)

- 이 책의 내용 전부 또는 일부를 재사용하려면 반드시 저작권자와 아로파 양측의 동의를 받아야 합니다.
- 책값은 뒤표지에 표시되어 있습니다.
- 잘못된 책은 구입하신 서점에서 바꾸어 드립니다.

예수와 석가와 공자가 만나
<중용>을 이야기하다

다석 중용강의

류영모 번역·강의 | 박영호 풀이

아로파

머리말

  땅 구슬(地球) 위에 사는 모든 생물에게는 하늘의 해보다 더 고마운 존재는 없다고 하겠다. 해 없이는 태어나지도 못했을 것이고 살아갈 수도 없기 때문이다. 그런데 해도 아니면서 스스로 내가 너희들의 해라면서 이른바 '영웅'이라는 것들이 나타나 사람들을 죽이고 빼앗고 눌렀다. 그래서 사람들이 말하기를 "저놈의 해 언제 없어질 것인가? 너와 내가 같이 죽어버리자!(時日害喪 予及女偕亡)"(《맹자》, 양혜왕 상편)라고 했다. 일제 강점기 동안 이 겨레에게는 일본(日本)이 바로 그놈의 해였다. 나라 이름도 해(日本)요 나라 국기도 해(日章旗)였다. 그놈의 해는 포악하고 잔인해 밉고도 무서웠다.

  그놈의 해 아래에서는 이 겨레 조선 사람이 살아남기가 너무도 어려웠다. 이름까지도 억지로 그들 식으로 갈게 하였다. 무슨 일을 부정할 때 "내 성을 갈겠다."라고 맹세하던 사람들이 성을 다 갈았으니 모두 죽은 것이나 다름이 없었다. 그런데도 성을 갈지 않고 버티면서 이 겨레의 우리말로 글을 써서 우리 문화를 이으며 살리고자 한 배달겨레의 젊은이들이 있었다. 그 일에 앞장선 이들이 있었으니 바로 육당 최남선, 춘원 이광수, 벽초 홍명희, 호암 문일평, 기당 현상윤, 위당 정인보 등이 바로 그들이다. 이들은 신학문도 하였지만 이른바 구학문인 동양학의 대가들이다. 이들이 모두 다석 류영모의 글벗(文友)들로서 육당 최남선이 발행한 잡지에 기고하였다. 그런데 류영모의 문우들은 하나같이 다석 류영모를 동양학의 권위자로 알아주며 외경(畏敬)하였다.

  젊은 류영모도 시대의 흐름을 따라 구학문을 하다 신학문으로 기울었다. 남강 이

승훈이 세운 정주 오산학교 교사로 가서 그곳에서 학생을 가르치던 시당 여준과 단재 신채호를 만나게 되었다. 그때 류영모의 나이 20살이었다. 그 두 사람이 류영모에게 동양학을 공부하기를 충언했다. 그래서 《노자》와 불경을 비롯하여 동양학을 본격적으로 두루 섭렵하게 되었던 것이다. 월남 이상재의 뒤를 이어 서울 종로 YMCA 연경반을 35년(1928~1963년) 동안 지도하면서 성경만이 아니라 동양 고전을 두루 강의하였다. 꺼져 가는 동양 고전에 대한 면학 정신의 불씨를 살렸다고도 말할 수 있을 것이다.

1949년 무렵부터 YMCA에서 매주 금요일 열리는 강좌만으로는 시간이 모자라 《중용(中庸)》 강의만은 구기동 집에서 하게 되었다. 그 자리에는 함석헌, 김흥호가 빠짐없이 출석하였다. 류영모는 수강생들을 서로 소개시키는 일이 없었다. 여러 번 만나니 서로가 얼굴만 익었지 이름은 몰랐다. 하루는 구기동에서 《중용》 강의를 듣고 난 뒤 함석헌과 김흥호 두 사람이 나란히 걷게 되었다. 그러나 서로가 누구인지 이름은 모르는 처지였다. 김흥호가 함석헌에게 "북에서 함석헌 선생님이 월남을 하셨다는데 만나보셨습니까?" 하고 물으니, 함석헌이 "내가 함석헌이오."라고 하여 두 사람이 가가대소하였다는 것이다.

그 뒤 1967~1968년에 류영모가 빛골(光州) 무등산에 자리 잡은 김정호(목포대 교수)의 산양목장에 머문 적이 있었다. 그때 류영모가 《중용》을 우리말로 다 옮겼다. 그 복사본이 필자에게 전달된 것은 1992년이었다. 여러 동양 고전을 발췌해서 우리말로 옮겨 강의 자료로 썼으나 우리말로 완역한 것은 《중용》과 《노자》뿐이다. 그밖에 문장이 짧은 불경인 《반야심경》, 장횡거의 《서명(西銘)》 같은 것은 여럿 있다. 류영모가 《논어》, 《맹자》, 《주역》, 《서경》 등 다른 유교 경전도 좋아하면서 굳이 《중용》만 우리말로 완역한 까닭이 무엇인가? 유교 경전에는 형이상학적인 진리가 모자라는 것이 사실인데, 《중용》만은 형이상학적인 진리가 풍성하기 때문이었다. 《중용》에는 노장(老莊)이나 불경(佛經)에 못지않은 형이상학적인 진리가 담겨 있는 것이다.

예수, 석가, 노자, 장자, 공자, 맹자의 공통되고 일치된 사상이 있다. 그것을 한마디로 말한다면, 사람은 본디 몸으로는 온전한 짐승으로 태어나 짐승 성질(본능)로 살고 있다. 그 수성(獸性)으로 인하여 못 참게 먹고 싶고(貪) 못 참게 성나고(瞋) 못 참게 얼르고 싶다(痴). 문명의 발달로 살림살이는 좀 넉넉해지고 편리해졌지만, 도둑질(탐), 싸움질(진), 음란질(치)이 여전한 까닭은 사람이 짐승이기 때문이다. 이 짐승의 '나'는 참나가 아니므로 짐승의 '나'는 부질없음을 깨닫고 하느님으로부터 얼생명(靈性)을 받아 수성(獸性)에서 자유(해탈)로운 사람(하느님 아들) 노릇을 하자는 것이다.

공자의 인(仁)은 탐·진·치의 수성에서 자유로워진 인성(人性)을 말한다. 류영모는 인(仁)을 순 우리말로 '언'이라고 하였다. '언니' 할 때 '언'이라는 것이다. 공자가 말하기를 "언(仁)을 해치면서 살고자 아니하며 몸나로 죽더라도 언(仁)을 이룸이 있을 뿐이다(無求生以害仁 有殺身以成仁)."《논어》, 위령공 편)라고 하였다. 이것은 다윈이 지적한 짐승들의 생존 법칙을 뒤집어엎고 사람의 생존 원칙을 밝힌 것이다. 이는 예수와 석가와 노자와 완전히 일치한다. 기독교는 예수의 얼나의 깨달음(메타노에오)인 영성신앙을 버리고 바울로의 교조신앙, 대속신앙, 의식신앙이 되어 예수의 탈을 쓴 유대교의 기복신앙(샤머니즘)이 되어버렸다. 서양 신학자들이 운명(殞命) 직전에 있는 기독교가 살아날 수 있는 길은 동양 사상을 받아들이는 길뿐이라고 말하고 있다. 그리하여 뜻있는 서양 신학자들은 동양 사상 연구에 안간힘을 쓰고 있다.

이 나라에서《공자가 죽어야 나라가 산다》(김경일 지음, 1999)라는 책이 나온 적이 있다. 그것은 공자가 말한 군자유(君子儒)가 되어야지 소인유(小人儒)가 되지 말라는 말을 잊어버린 데서 나온 말일 것이다. 조선조에는 소인유들만 들끓어 나라가 망한 것이다. 군자유인 공자의 정신이 살아나야 어렵게 다시 세운 나라가 멸망하지 않을 것이다.

공자가 무당(안징재顔徵在)의 아들이라는 말을 하여 공자를 존경하는 이들의 분노를 일으킨 일이 있었다. 공자가 인류의 스승이 된 것은 공자의 몸뚱이 신분이 아니라 공자의 정신인 것이다. 공자의 진리 정신은 하느님으로부터 받았다. 그래서 공자가 말하기를 "하느님께서 내 맘속에 얼나를 낳으셨다(天生德於予)."《논어》, 술이 편)라고 하였다. 공자 스스로도 바른 정신은 하느님께서 주시는 것을 알았다. 공자는 하느님의 아들이다.

이미 노쇠한 몸으로 집필에 고전하는 이 사람에게 힘을 내도록 성원해주시는 류인걸(성천문화재단 이사장) 님을 비롯하여 다석사상연구회에 김성섭, 이주성, 김창수, 오창곤, 서정현, 신왕식 님을 비롯한 여러 회원들께 충심으로 감사하는 바이다. 더욱이 삼 년 동안이나 《중용》 공부에 함께해 준 김병규, 김성언, 박용철, 허순중, 박우행, 김도술, 민원식, 박영찬, 강경선, 김경희 님께도 경의를 표하는 바이다. 미국으로 가느라 도중에 하차하게 된 송용선 님도 잊을 수 없다.

2010년 11월

박영호

차례

머리말 · · · · · · · · · · · · · · · · · 04
길잡이 말 · · · · · · · · · · · · · · · 11

1월 · · · · · · · · · · · · · · · · · · · 35
2월 · · · · · · · · · · · · · · · · · · · 52
3월 · · · · · · · · · · · · · · · · · · · 57
4월 · · · · · · · · · · · · · · · · · · · 60
5월 · · · · · · · · · · · · · · · · · · · 66
6월 · · · · · · · · · · · · · · · · · · · 68
7월 · · · · · · · · · · · · · · · · · · · 73
8월 · · · · · · · · · · · · · · · · · · · 76
9월 · · · · · · · · · · · · · · · · · · · 80
10월 · · · · · · · · · · · · · · · · · · 85
11월 · · · · · · · · · · · · · · · · · · 96
12월 · · · · · · · · · · · · · · · · · · 105
13월 · · · · · · · · · · · · · · · · · · 117
14월 · · · · · · · · · · · · · · · · · · 131
15월 · · · · · · · · · · · · · · · · · · 143
16월 · · · · · · · · · · · · · · · · · · 151
17월 · · · · · · · · · · · · · · · · · · 164

18월	179
19월	190
20월	208
21월	279
22월	282
23월	285
24월	289
25월	295
26월	302
27월	322
28월	343
29월	355
30월	371
31월	379
32월	389
33월	398

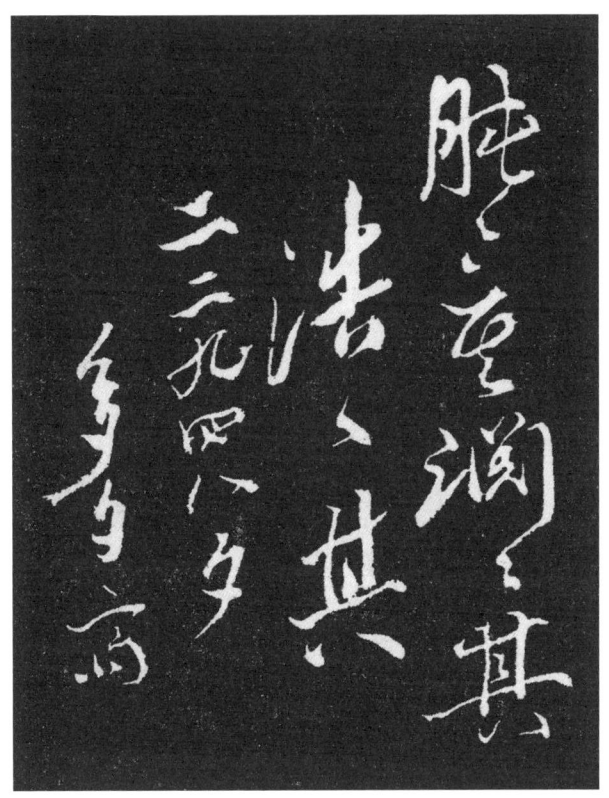

최호(崔浩) 선생 댁을 방문했을 때, 방명록에 남긴 다석의 글씨. 집주인의 '호(浩)' 자의 뜻을 살리기 위해 《중용》 32월의 문구 "순순기인 연연기연 호호기천(肫肫其仁 淵淵其淵 浩浩其天)" 중에서 인(仁), 연(淵), 천(天)을 빼고 썼다. 즉 지극히 정성되게 어질고, 연못처럼 깊고 심오하며, 하늘처럼 크고 넓으라는 뜻이다.

길잡이 말

공자는 하느님 아들이다

　기원전 5세기에 석가, 노자, 공자가 이 세상에 오기 전에는 사람의 역사는 없었다. 오직 짐승의 나라(동물의 세계)가 있었을 뿐이다. 그런데 석가, 노자, 공자가 와서 짐승인 제나(自我)로 죽고 하느님 아들인 얼나로 솟나 비로소 사람의 나라인 영성 시대가 열렸다. 영성 시대는 예수가 말한 하느님의 나라이다. 예수가 하느님의 말씀을 전하고자 나서서 하신 첫 말씀이 "얼나로 솟나라(회개하라). 하느님 나라가 여기에 왔다."(마태오 24 : 14, 박영호 의역)이다. 그런데 사람들은 이 말씀을 바로 알아듣지 못하였다. 하느님 나라(영성 시대)가 열렸으니 짐승인 제나(自我, ego)로 죽고 하느님 아들인 얼나($πνεύμα$, Dharma, 道, 德)로 솟나라는 말이었다. 비록 짐승인 몸을 지녔으나 짐승 노릇은 그만하고 하느님 아들 노릇을 하라는 하느님의 뜻을 전하였다.
　류영모는 이렇게 말하였다.

■ 어머니 뱃속에서 나온 나는 참나가 아니다. 하느님이 보낸 얼나가 참나이다. 어버이가 낳은 몸나는 죽으면 흙 한 줌이요, 재 한 줌이다. 얼나는 하느님의 생명인 얼로 아무도 헤아릴 수 없고 무엇에도 견줄 수 없다. 내가 얼숨을 쉰다는 것은 하느님의 생명인 얼(성령)을 숨 쉬어 얼나를 깨닫는 것이다. 이것은 기도 명상으로 이루어진다. 기도 명상은 하느님을

생각하는 것이다. 하느님을 생각하는 사람에게 주시는 하느님의 얼은 몸 나의 짐승 성질(獸性)을 다스리는 권능(authority)을 지녀 짐승 성질을 이김으로써 새 사람이 되게 한다.

예수와 석가는 이를 사람들에게 가르쳐 깨우치는 것을 이 세상에서 할 일로 알고 이루었다. 그래서 류영모는 예수와 석가를 아주 가까운 사이로 보았다.

■ 나는 몰라요, 내가 예수교인인지 불교인인지. 내가 생각해도 나는 훌륭한 불교인이에요. 왜냐하면 나는 얼나를 깨닫기를 생각해요. 그거 불교지요. 나만큼 염불을 부지런히 하는 사람도 없을지 몰라요. 그러면 예수는 깰 줄 몰랐겠습니까? 하느님 아들(얼나)이 깨지 않았을까요? 예수도 깨달은 이예요. 석가와 예수가 동시대에 살았다면 가장 가까이 만났을 것입니다.

그렇다면 공자(孔子)는 얼나를 깨달은 사람인가 아닌가? 공자도 예수, 석가처럼 제나로 죽고 얼나로 솟난 하느님 아들임에는 틀림이 없다. 그것은 공자의 말씀과 몸가짐에서 드러난다. 공자에게 짐승의 냄새가 안 나고 진·선·미의 거룩한 향내가 난다. 류영모는 이렇게 말하였다.

■ 사람을 알려면 그 사람의 말을 알아야 한다. 그 사람의 말을 알면 그 사람을 알게 된다. 공자는 사람으로서 꼭 들어야 할 말을 들으면 죽어도 좋다는 것이다('朝聞道 夕死可矣', 《논어》, 이인里仁 편). 말을 알자는 인생이고 말을 듣고 끝내자는 인생이다. 한 사람의 총결산은 그 사람이 한 말로써 이루어진다는 것이다. 마지막 날에 너희들이 한 말이 너희를 판단한다고 했다. 그 말이란 우리 입으로 늘 쓰는 여느 말이다. 그 사람이 쓰는 여느 말이 그 사람을 판단하는 데 왼통이 된다. 그 사람을 판단

함에 많은 말을 가지고 우리를 판단하지 않는다. 그 사람이 쓰는 한두 마디 말이 그 사람을 판단하게 한다.

공자가 제나에서 얼나로 솟난 것을 뚜렷이 나타내는 세 마디 말을 들어본다.

(1) "하느님께서 내게 얼나를 낳아주셨다(天生德於予)."(《논어》, 술이述而 편) 이보다 더 분명한 증언은 없을 것이다. 공자의 이 말은 예수가 한 말 가운데 "영원한 생명은 곧 참되시고 오직 한 분이신 하느님 아버지를 알고 또 아버지께서 내게 주신 얼나를 깨닫는 것입니다."(요한 17 : 3, 박영호 의역) 이런 말은 스스로 얼나로 솟난 체험 없이는 할 수 있는 말이 아니다. 공자가 예수, 석가에 비기면 가정적이고 국가적인 인생관을 가진 것은 사실이다. 그러나 《논어》에는 공자 자신의 가정에 대한 이야기는 거의 없다. 있는 것이 겨우 공자의 아들 백어(伯魚)에게 시(詩)를 배웠느냐, 예를 배웠느냐고 묻는 대화뿐이다. 그것도 아버지 공자에게서 직접 들은 말이 아니고 아들 백어에게서 간접적으로 들은 말이다. 공자가 얼나로 솟난 때는 50살쯤이다. 50살에 하늘 목숨(얼나)을 알았다(五十知天命)는 말이 실상을 알려준다.

(2) "제나를 이겨 얼나로 솟나 하느님과 아버지 아들의 관계를 돌이켜 하느님 아들 노릇을 한다(克己復禮爲仁)."(《논어》, 안연顔淵 편, 박영호 의역) 공자의 말은 지극히 압축되어 있지만 매우 중요한 말이다. 짐승인 제나를 버리고 얼나로 솟나 하느님 아들 노릇을 하겠다는 뜻이 분명하다. 공자가 말하기를 "언(하느님 아들 노릇)이 멀다고 내가 언을 바라면 곧 이르리라(仁遠乎哉 我欲仁斯仁至矣)."(《논어》, 술이 편) 그래서 공자에게는 탐·진·치의 수성(獸性)을 볼 수 없다.

(3) "하느님 아들은 세 가지 어려워하는 것이 있다. 몸숨을 주신 하느님이 어렵고 하느님 아들이 어렵고 하느님 아들의 말씀이 어렵다(君子 有三畏 畏天命 畏大人 畏聖人之言)."(《논어》, 계씨季氏 편) 이 말씀은 그리스도교의 삼위일체와 닮았는데 더 합리적인 분류이다. 천명(遷命)과 천부(天賦)는 다르지 않다. 하느님은 사람에게는 숨쉼과 같이 절대 명령이기 때문이다. 온통이신 하느님과 낱동인 나의 관계를 밝혀 내가 제나에서 얼나로 천명하여 하느님 아들로서 하느님 아버지를 사랑하는 것이다. 공자는 하느님 생명인 얼나를 깨달은 이를 하느님 아들인 대인(大人)이라고 하였다. 성신 대신에 하느님의 말씀을 넣은 것이 더 합리적이라고 생각한다. 공자에게는 여기에 소개한 세 마디 말씀으로도 형이상의 사상이 있었음을 보여 주었다. 그런데 자공(子貢)이 했다는 "스승님의 글월은 얻어들을 수 있었으나 바탈과 하느님에 대해 말하는 것은 얻어듣지 못하였다(夫子之文章 可得而聞也 夫子之言 性與天道 不可得而聞也)."(《논어》, 공야장公冶長 편)는 말은 잘못된 말이다. 류영모가 말하기를 하느님은 너무 자주 가볍게 입에 올리면 싱거워진다고 하였다. 공자는 하느님에 대해서는 말하기를 삼갔다. 그렇다고 하느님에 대한 그리움과 사랑이 모자라는 것은 아니었다. 공자가 자주 말한 인(仁)과 덕(德)은 하느님 아들 노릇하는 것이다. 하느님의 계심이 전제되어 있는 것으로 알아야 한다. 공자에게는 기도하는 모습이 잘 나타나지 않는데 "잠잠히 알게 된다(默而識之)."(《논어》, 술이 편)라는 말은 기도 명상 가운데 깨닫게 되는 것으로 보아야 한다. 공자의 유일한 스승님은 하느님이었다. 세 사람이 가면 그 가운데 한 사람은 내 선생이었다고 말한 것은 스승이 없었다는 말이다. 류영모 말과 같이, 이 세상에 나타나는 모든 현상이 하느님 아버지께서 내게 보내신 편지인 것이다.

류영모가 공자에 대해서 남긴 말이 있다.

■ 사람은 제 집을 떠나서 나그네가 되어 애쓰고 고생하며 생각하는 데서 철이 나고 속알이 영근다. 공자가 섬길 임금을 찾아 이 나라 저 나라로 돌아다니느라고 앉은 자리가 더워질 겨를이 없었다(子席不暖)고 한다. 공자는 집에서 밥을 먹을 때가 없었다. 밤낮으로 집을 떠나 고생하면서 얻은 인간지(人間智)가 유교의 가르침이다. 유교가 오늘에도 우리에게 소용이 있다면 (그것은 유교가) 고난의 종교이기 때문이다. 그런데 고난을 떠나 안일(安逸)을 찾으면 유교의 정신은 죽고 만다. 사람은 안일에 죽고 부귀에 썩는다.

어린이가 되자는 유교

석가의 가르침을 깨닫자는 가르침이라 하여 불교(佛敎)라 부른다. 노자의 가르침을 도(道)에 이르라는 가르침이라 하여 도교(道敎)라 부른다. 예수의 가르침은 얼나로 솟나자는 영교(靈敎)이다. 초기 예수교를 그노시스(gnosis)라고 한 것은 영교(靈敎)란 뜻에서다. 바울로 신학이 득세하면서 그것을 영지주의라며 배척하였다. 그런데 공자의 가르침은 어린이가 되자는 유교(儒敎)라 부른다. 이름은 대개 남들이 붙여주는 것이다. '유교'도 공자, 맹자가 한 말이 아니라 남들이 붙여준 이름일 것이다. 공자의 말씀을 적어놓은 《논어(論語)》에 '유(儒)' 자가 나와 있다. 그것도 꼭 한 문장 나온다. 스승인 공자가 제자 자하(子夏)에게 "너희는 군자유가 되어라. 소인유가 되지 마라(女爲君子儒 無爲小人儒)."(《논어》, 옹야雍也 편)라고 한 게 그것이다. '유(儒)'가 공자의 가르침을 좇겠다는 사람을 가리키는 것은 분명하다. 우리말로는 선비라 한다. 공자를 스승으로 받들고 살겠다는 유인(儒人)이라면 당연히 군자유(君子儒)라 해야겠지만 군자유가 못된 소인유(小人儒)가 있다. 겉으로 보면 공자의 가르침을 배우고 좇겠다고 하니 같은 유인(儒人)임이 분명하다. 그러나 속마음을 들여다보면 얼나를 깨달은 이(군자유)와 못 깨달은 이는 하늘과 땅만큼 다르다. 짐승인 제나(自我, ego)로 살고 있는 이는 소인(小人)이고 하느님 아들인 얼나(靈我, soul)로 살고 있는 이는 군자(君子)이다. 이는 유교뿐 아니라 모든 종교에 해당하는 일이다. 말하자면 군자 불자와 소인 불자가 있고, 군자 예수교인이 있고 소인 예수교인이 있다. 얼나를 깨달은 군자는 적고 제나로 살자는 소인은 많다. 어떤 종교든 군자들은 자기 종교를 초월하여 다른 종교의 군자와 격의 없이 친교한다. 가까이로는 우리나라의 김수환 신부와 법정 스님이 그러하였다. 멀리는 중국의 혜능 선사와 육수정 도사와 도연명 유학자가 그러하였다. 그러나 어느 종교든 소인 신자들은 배타적이고 공격적이고 탐욕적이다. 종교학자 오강남은 유교, 불교, 예수교를 종적으로 나누지 말고 종교를 떠나 얼나를 깨달은 이와 못 깨달은 이, 곧 군자 신자와 소인 신자로 횡적인 분류를 하자고 말하였다. 덧붙여 말하기를 인류의 비극은 소인 신자들이 군자 신자들에게 배우고 본받으려 하지 않고 오히려 박해한 것이라고 하였다. 권위 있는 종교학자다운 말이다. 이 비극은 오늘에도 이어지고 있다. 20세기에도 톨스토이가 파문을 당하고 마하트마 간디가 저격을 받고 류영모가 따돌림을 받았다. 우리나라는 조선조 5백 년 동안 유교가 나라의 국교였다. 불교는 소외되고 배척을 받았다. 그 선비가 지배한 나라에 공자가 와서 심판을 한다면 군자유(君子儒)가 몇 사람이 될는지 모를 일이다. 소인유(小人儒)들 때문에 나라가 망하였으니 더 말할 것이 없다.

'선비 유(儒)' 자에는 '선비 사(士)' 자와 달리 깊은 뜻이 담겨 있다. '사(士)' 자도 《논어》에 나와 있다. "뜻있는 선비와 어진 사람은 어짊을 다치며 살기를 바라지 않고 내 몸을 죽이더라도 어짊을 이룸이 있을 뿐이다(志士仁人 無求生以害仁 有殺身以成仁)."(《논어》, 위령공衛靈公 편)에 '뜻 있는 선비(志士)'라 하였다. '사(士)' 자가 십(十)과 일(一)로 되어 있어서 박문약례(博文約禮)를 가리키는 것이라고 좋게 풀이하는 이도 보았지만 어원은 생식기가 불쑥 나온 것을 상형화해 남자를 지칭하는 글자라고 하였다. 그래서 문사(文士)에만 쓰지 않고 무사(武士), 장사(壯士)에도 쓰는 것이다. 마치 인도의 고질병인 카스트 제도처럼 사농공상(士農工商)이라는 계급 제도에서 귀족층이 사(士)가 되었다. 이 사(士)의 귀족 의식이 스스로를 망치고 나라를 망쳤다.

'유(儒)' 자는 키 작은 이 '유'라고도 한다. '어릴 유(孺)' 자와 통하는 글자이다. 물에 젖은 수염처럼 아주 부드러운 사람을 뜻한다. 어린이는 아직 뼈가 굳지 아니하여 부드러워 '孺' 자가 되었다. 어른이면서 그 마음이 부드러운 이가 '유(儒)'이다. 그렇다면 유교(儒敎)는 어린아이가 되자는 가르침인 것이다. 유교를 가르친 공자와 맹자도 철없는 어린이가 되지 말고 철난 어른이 되라고 하여 소인(小人)은 얼로 못난 아이 사람이고 대인(大人)은 얼로 솟난 어른을 뜻한다. 대인은 군자(君子)와 같은 뜻으로 쓰인다. 더구나 맹자는 군자보다 대인이란 말을 잘 썼다. 사람된 이(成人)가 대인이다. 공자가 말하였다. "이로운 것을 보면 옳은 것을 생각하고 위험한 것을 보면 목숨을 바치고 평생 지켜야 할 말씀을 잊지 않고 오래도록 요긴하게 실천하면 또한 사람을 이뤘다고 해도 좋을 것이다(見利思義 見危授命 久要不忘 平生之言 亦可以 爲成人矣)."(《논어》, 헌문憲問 편) 이 말도 성인(成人)이 되어 대인(大人)이 되라는 말이다.

그런데 어린이가 되라는 가르침인 유교(儒敎)는 무슨 뜻인가. 철없는 어린이가 되라는 말이 아니다. 어린이는 아무것도 몰라 무지(無知)하다고 한다. 그러나 자라면서 많이 배우면 유식(有識)하게 된다. 그러나 유식에서 멈춰서는 안 된다. 다시 무지로 돌아가야 한다. 그래서 소크라테스는 "나는 내가 모른다는 것을 안다."고 말하였다. 소크라테스는 그리하여 참 아는 데 이른 것이다. 노자는 "모르는 것을 아는 것이 으뜸이요 모르면서 아는 체함이 병이다(知不知上 不知知病)."(《도덕경》, 71장)라고 했다. 어른으로 자라서 다시 어린이로 돌아가야 한다. 예수가 말하기를 "너희가 너희 생각을 바꾸어 어린이와 같이 되지 아니하면 결코 하늘나라에 들어가지 못할 것이다."(마태오 18 : 3, 공동번역) 노자가 말하기를 "얼나를 듬숙히 맘속에 품은 이는 갓난아기에 견준다(含德之厚比於赤子)."(《도덕경》, 55장) 예수나 노자도 어린이가 되라는 유교(儒敎)라 아니할 수 없다. 그렇다면 어린이가 된다는 것은 사람이 어떻게 된다는 것인가? 어린이는 짐승임에는 어른과 마찬가지나 아직 짐승 성질인 탐(貪)·진(瞋)·치(痴)가 없거나 아주 여리다. 그러니 어린이가 되라는 것은 어린이처럼 탐·진·치의 수성(獸性)을 없애라는 뜻이다.

사람의 조상은 유인원으로 털이 있었다. 그런데 원숭이도 어릴 때는 털이 없다. 어린 원숭이처럼 털 없는 모습으로 어른이 된 것이 털 없는 원숭이인 사람이다. 이것을 생물학자들은 유아 성숙(幼兒成熟)이라고 말한다. 몸에서 일어난 유아 성숙은 털이 없어지는 혁명이었다. 몸나의 유아 성숙이 맘나에 일어난 것이 얼나로 솟나 제나의 수성을 이긴 천명(遷命)이다. 짐승인 제나에서 하느님 아들인 얼나로 옮기는 것이다.

"내 말을 듣고 또 내게 보내신 얼나를 깨달은 이는 영원한 생명을 얻어 죽음에 이르지 아니하나니 죽음의 제나에서 영생의 얼나로 옮겼느니라."(요한 5 : 24, 박영호 의역) 맘나의 유아 성숙이란 어린아이 때처럼 탐·진·치의 짐승 성질이 없는 상태에서 그대로 자라 어른이 된 상태이다. 어른이 되었지만, 맘나는 갓난아기처럼 수성이 어른거리는 일이 없다. 그래서 예수, 석가, 공자에게는 탐·진·치의 짐승 냄새가 없다. 탐욕을 부리지 않고 싸움을 하지 않고 음행을 저지르지 않는다. 얼나의 권능으로 수성으로부터 놓여 자유로운 인격이 된 것이다. 수성의 노예로 살면서 예수, 석가, 공자의 가르침을 좇는다는 것은 거짓말이다. 짐승 성질을 버린 얼나의 사람은 한마디로 하면 부드러움이다. 노자는 마치 물처럼 부드럽다(上善若水)고 하였다. 공자는 충서(忠恕)라고 하였다. 누군가가 오 리를 가자면 십 리를 가준다는 예수의 말이 바로 부드러움이다. 공자가 "하느님 원망도 않고 사람 탓도 안 한다(不怨天不尤人)."(《논어》, 헌문 편)라고 한 말이 바로 부드러움이다. 예수의 양보의 삶, 섬김의 삶도 부드러움의 삶이다. 이렇게 사는 것이 어린아이가 되어서 사는 유교이다. 중용(中庸), 중절(中節)함으로 화(和)를 이루는 것이다. 탐·진·치인 수성이 없어진 것이 부드러움의 화(和)인 것이다.

마하트마 간디는 말하였다. "성공적 삶을 산 참된 증표는 그 사람의 부드러움과 성숙함에 있다."(간디, 《날마다의 명상》)

몸나의 어린이가 짓는 미소는 아기의 부드러운 인성을 드러낸다. 얼나의 어린이가 짓는 미소가 석가의 부드러운 불성을 드러낸다. 이 미소는 백화점에서 일하는 점원이 짓는 인위적인 미소와는 근본이 다르다. 억지로 미소 짓느라 엄청난 스트레스를 받아 '미소 우울증'이란 질병이 생겼다니 슬픈 일이 아닐 수 없다. 자연스럽게 지어지는 부드러움의 미소는 미소 짓는 이의 마음에 기쁨이 샘솟고 미소를 보는 사람의 마음에도 기쁨이 일게 한다.

사람의 두뇌에 세로토닌이라는 신경 전달 물질이 부족하게 되면 사람의 성격이 과격해져 신경질적이 되고 공격적이 된다. 도무지 참지를 못하고 폭발한다. 이것이 짐승인 제나의 불안 상태를 드러내는 것이다. 이것은 인격의 미성숙이다. 세로토닌이 풍부해지려면 하느님을 사랑하고 하느님의 사랑을 받아야 한다. 십자가에 못 박혀 죽는 극한 상황에 놓여도 아무 일도 없는 듯 부드러운 평상심을 잃지 않았던 데서 예수는 성숙된 인격을 드러낸 것이다.

지극한 중용(中庸)의 절제로 높은 화(和)에 이르렀다. 이를 《중용》에서는 '천하지달도(天下之達道)'라 한다. 조그만 일에도 폭력적인 짐승의 광기를 보이는 사람들이 너무 많다. 교만이기(驕慢利己)의 소인 유교는 죽어야 하지만 살신성인(殺身成仁)의 군자 유교는 살아나야 이 누리가 바로 된다.

공자의 사상을 이은 제자들의 면모

장자(莊子)가 말하였다. "저 얼(하느님의 생명)은 느껴지고 믿어지나 함이 없고 꼴이 없다. 얼(하느님 말씀)은 전할 수는 있지만 (받는 이가 깨닫지 않으면) 받지 못한다(夫道 有情有信 無爲無形 可傳而不可受)."《장자》, 대종사大宗師 편) 예수가 제자들에게 하느님의 말씀을 들려주었으나 제자들은 그 뜻을 깊이 깨닫지 못하였다. 마찬가지로 공자가 제자들에게 하느님의 말씀을 들려주었으나 제자들은 그 뜻을 깊이 깨닫지 못하였다. 그리하여 석가는 붓다의 말씀은 붓다가 알아듣는다고 하였다. 장자는 성자의 말씀은 성자가 알아낸다고 하였다. 그러니 공자의 제자들인들 어찌 공자의 말씀을 바로 알아들었겠는가? 제가 정신적으로 성숙한 정도만큼 알아들을 수 있을 뿐이다.

우리가 오늘날 공자의 말씀을 들을 수 있는 것은 공자의 말씀을 적어놓은 《논어(論語)》의 은덕이다. 《논어》는 공자가 직접 지은 것이 아니다. 공자의 말씀을 들은 공자 제자들이 외우거나 적어놓은 것을 제자의 제자들이 손으로 편집하고 제책한 것이다. 공자와 맹자가 살던 시대는 주나라 말기인 춘추전국시대였다. 한문자가 만들어진 것은 은나라, 주나라 때이다. 그러니 한문자를 아는 이가 극히 드물었다. 중국의 최초 발명품이 종이, 지남차, 화약, 인쇄술인데 공맹(孔孟)의 춘추전국시대에는 종이가 없었다. 종이는 후한(後

漢, 25~220년)에 채륜(蔡倫)이 처음으로 발명하였다. 그러므로 공자, 맹자 때는 대나무 통이나 나무 조각에 글을 썼다. 문명이 발달한 시대에 사는 우리들로서는 그 시대의 어려움을 상상할 수 없는 것이다. 그러므로 《논어》 한 권의 값어치는 값으로 칠 수 없는 보물 가운데 보물임을 알아야 한다.

《논어》에는 공자님 말씀이 400회 넘게 나온다. 제자의 말씀은 자공을 비롯해 모두가 20회 아래이다. 모든 제자가 다 나온 것이 아니다. 자공, 안회, 자하, 증자, 자장, 자유, 자로 등이 올려 있다. 이들의 제자들 손으로 《논어》가 편집되었으리라 짐작할 수 있다. 제자들은 모두 '자(子)' 자 돌림의 자(字)이다. 공자의 자는 중니(仲尼)이다. 안회의 자는 자연(子淵)이고 자(字)를 따서 안연(顔淵)이라 부르며, 증자의 자는 자여(子輿)이다.

공자의 제자는 예수를 좇은 제자 수에 비기면 엄청 많은 편이지만 그렇게만 볼 수 없다. 공자가 그의 제자들을 평가한 말이 《논어》에 나온다.

"회(回, 안연)는 거의(庶)에 이르렀고, 시(柴, 자고)는 우직하고, 삼(參, 증자)은 노둔하고, 사(師, 자장)는 편벽하고, 유(由, 자로)는 거칠다."(《논어》, 선진先進 편) 이들이 모두 공자의 제자 가운데서 우수한 이들을 가리키는 십철(十哲)에 드는 이들이다. 그런데 좋은 평가를 받은 이는 안회뿐이다. 공자가 나를 알아주는 이가 없다고 한 말이 어찌하여 거침없이 나오게 되었는지 그 사정을 헤아릴 수 있다.

공자가 말하기를 "내 어진 이를 좋아하고 어질지 못한 이를 싫어하는 이를 아직 못 보았다."(《논어》, 이인 편) 또 말하기를 "나는 성인을 만나볼 수 없었다. 군자라도 볼 수 있다면 좋겠다. 어진 이(善人)를 내 만나지 못하였다. 한결같은 이라도 볼 수 있으면 좋겠다."(《논어》, 술이 편) 또 말하기를 "여색을 좋아하는 만큼 속알(德)을 좋아하는 이를 못 보았다."(《논어》, 자한子罕 편) 이 말들로 공자의 허전한 마음을 헤아릴 수 있다. 예수를 따르는 이들보다 공

길잡이 말　21

자를 따른 이들이 더 많았고, 공자를 따르는 이들보다 석가를 따르는 이들이 더 많았다. 그런데도 석가가 자신의 엄지손가락 손톱 위에 흙을 올려놓으면서 제자들을 보고 말하기를 "저 땅에 흙이 얼마나 많은가. 사람들이 저 흙처럼 많다. 그런데 내 손톱 위에 흙은 얼마나 적은가. 참을 찾고자 하는 삶은 이 손톱 위에 흙처럼 적다."(《잡아함경》, 조토경爪土經)고 했다.

공자는 다만 32살에 요절한 제자 안회만은 그가 살았을 때나 죽은 뒤에나 한결같이 칭찬하였다. "말하고서 (실천함에) 게으르지 않은 이는 안회이다."(《논어》, 자한 편), "안회는 내 말에 기뻐하지 않은 적이 없었다."(《논어》, 선진 편), "안회가 내 앞으로 나아가는 것은 보았으나 멈추는 것은 못 보았다."(《논어》, 자한 편), "학문하기를 좋아하는 안회가 있었는데 노여움을 옮기지 않았고, 같은 잘못을 두 번 하지 않았다. 불행하게도 목숨이 짧아 죽어서 지금은 없다. 그 뒤로 학문 좋아한다는 이를 듣지 못하였다."(《논어》, 옹야 편)

공자도 예수, 석가처럼 얼나를 깨달았음에 틀림없다. 그런데 분명히 다른 것은 예수, 석가는 하느님 나라(니르바나)에 들어가는 진리에 치중하였는데 공자는 이 세상을 다스리는 데 치중하였다.

공자에게서는 "내 나라는 이 땅에 속한 것이 아니다."라고 한 예수의 말이나 "이 세상 마음 둘 데가 없다(應無所住 而生其心)."라고 한 석가의 말을 들을 수 없다. 류영모도 예수, 석가의 길을 좋아했다.

■ 얼나밖에 정신이 만족할 만한 것이라고는 상대 세계에서는 없다. 그러므로 상대 세계에 한눈팔 겨를이 없다. 이 상대 세계에 머무르지 않는 참나인 얼나에 맘을 두고 깨달아야 한다. 우리는 세상을 목적으로 알고 있지만 이 세상 여기에 삶의 목적이 있는 것이 아니다. 우리가 여기서 살고

그치는 것이 아니다. 여기는 지나가는 길이다. 목적은 하늘나라이고 이 세상은 수단이다. 이것을 믿는 것이 신앙이다.(류영모)

공자에게는 그래도 하느님을 밝히는 형이상의 말이 보이는데, 공자의 제자들에게는 그마저 없고 주된 말은 이 세상살이의 예(禮)가 대부분이다. 증자(曾子)의 효(孝)조차도 예에 속하는 것이다. 공자 뒤에 나온 것이 《예기(禮記)》인 것은 이상할 것이 없다. 그 《예기》 속에 《중용》이 들어 있었다니 진주 가운데서도 가장 값진 진주가 아닐 수 없다.

요절한 안회의 말에서는 형이상(形而上)에 소질을 보이는 말이 있어 눈길을 끈다. "안연이 감탄하며 말하기를 우러를수록 더 높아지고 뚫을수록 더 굳어지며, 앞에 있는 것을 보았는데 문득 뒤에 있다."(《논어》, 자한 편) 이것은 형이하(形而下)에서 있을 수 없는 일이다. 《논어》를 주석하는 이들은 안회가 공자의 인격을 찬양한 말이라고 한다. 공자의 인격을 말하느라 공자 속의 얼나(德)를 말한 것이다. 아니 안회가 얼나를 체험한 말일 것이다. 안회는 요절하였으나 그 정신을 잇는 이들이 있어서 유교에 유일하게 형이상의 사상이 듬뿍 들어 있는 《중용》을 낳을 수 있었을 것이다.

그래서 공자는 제자 안연이 요절하자 슬피 울면서 "슬프다. 하느님이 나를 죽였다. 하느님이 나를 죽였다(子曰 噫 天喪子 天喪子)."(《논어》, 옹야 편)라고 탄식하였던 것이다. 공자의 유일한 정신적인 후계자가 죽었으니 공자 자신이 죽은 것과 다름이 없었던 것이다. 그런데 뜻밖에 《중용》이 나왔다. 《중용》의 말씀은 《맹자》와 달리 공자가 직접 말씀한 것으로 되어 있다. 다만 첫 월(제1장)에는 누구의 말이라는 주체가 빠져 있다. 공자의 사상을 온전히 파악한 이가 공자 사상의 핵심을 요약해 놓은 것으로 보인다. 불경의 핵심을 간추린 《반야심경》과 같은 것으로 볼 수 있다. 그리고 공자의 말씀을 실을 때는《논어》와는 달리 '중니(仲尼) 왈'이라 하여 공자의 자를 써서 공자의 말씀임을 밝혔다. 그 뒤부터 '자왈(子曰)'이라고만 하였다. 그것은 공자님 말씀이라는 것이다.

공자의 사상에 의거하였으나 온전히 공자의 말씀으로는 보이지 않는다. 이미 쓰는 낱말이 다르고 어투도 다르다. 이런 일은 노자, 장자에도 다 있는 일이다. 대승 불교 경전은 석가가 떠난 지 사오백 년이 지났는데 "나는 이렇게 들었다(如是我聞)."라는 말을 꼭 붙이고 있다. 초기 경전인《잡아함경》에 근거를 두었으나 필자 자신의 주관적인 생각이 많이 들어가 있다. 그것을 쓴 이의 이름도 안 밝히는 것이 전통이었다. 사마천의《사기》에는《중용》의 필자가 자사(子思)라고 하니 믿을 수밖에 다른 길이 없다. 진리의 자리에서 보면 어떤 개인에게서 나왔는가는 중요한 문제가 아니다. 하느님의 말씀이라 할 만큼 참 말씀인가가 문제일 뿐이다.《중용》을 20세기의 참사람 다석 류영모가 우리말로 옮긴 것을 보면《중용》에 하느님 말씀이 들어 있음이 분명하다고 보아도 될 것이다.

분서갱유의 역경을 이겨낸《중용》

톨스토이는 권력에 대해 이렇게 말했다. "국가 권력의 토대는 폭력이다. 물리적 폭력 행사가 가능한 것은 집권자 한 사람의 의지에 따라 일치단결하여 행동하는 무장 병력 조직 덕분이다. 군대는 언제나 그래왔고 현재도 여전히 권력의 근간이 되고 있다. 권력은 언제나 군대를 지휘하는 자의 손아귀에 있다. 그리하여 원뿔의 꼭짓점과 같은 최고 권력자가 앉은 정상의 자리는 대개 다른 사람들보다 사악하고 교활하고 후안무치한 사람들이 차지하고 있다. 집권한 이는 권력을 소유했다는 사실 때문에 권력을 소유하지 않는 사람보다 악을 저지르기가 쉽다. 그러므로 권력은 완전무결한 사람에게 맡겨져야 한다. 적어도 해롭지 않을 수 있을 뿐만 아니라 유익할 수도 있기 때문이다."(톨스토이,《국가는 폭력이다》)

국가 권력이 폭력이라는 말은, 국가가 사람이 지닌 수성(獸性)의 소산(所産)이란 뜻이다. 따라서 권력을 지향하는 사람은 대개 수성이 더 강한 사람들이다. 역사학자들은 인류 역사에서 국가가 나타난 것을 인류 역사의 발전으로 기술하는데, 발전이 아니라 타락으로 보아야 바로 보는 정견(正見)이다. 동물행동학자 드 발은 이렇게 말하였다. "수컷 침팬지의 행동을 좌우하는 주요 동기는 권력이다. 권력을 가지면 크나큰 혜택을 얻지만, 권력을 잃으면 엄청난 좌절을 맛보기 때문에 권력은 침팬지 사이에서 하나의 강한 강박관념으로 자리 잡고 있다."(드 발,《내 안의 유인원》)

공자와 맹자가 정치에 관심을 두었던 것은 국가가 지닌 수성을 정화시켜보려는 이상적인 생각에서 나온 것이라고 할 수 있다. 공자와 맹자가 인간의 수성이 맹위를 떨치던 춘추전국시대에 살았던 점을 기억해야 한다. 춘추전국시대는 기원전 770년에서 기원전 257년까지 513년 동안을 말한다. 공자는 기원전 552년에서 기원전 479년까지 73년을 살았고 맹자는 기원전 372년에서 기원전 289년까지 83년을 살았다.

소로는 사람이 되어 다른 사람을 함부로 죽이려 드는 이는 실성한 놈이라 정신 병원에 입원을 시킬 수밖에 없는데, 싸움을 일삼는 실성한 국가를 입원시킬 병원은 어디 있느냐고 한탄하였다. 마하트마 간디는 정치에서 손을 떼고 수도 생활이나 하라는 말을 듣자, 정치가 독사처럼 내 몸을 감고 조여 오는데 어떻게 가만히 있을 수 있느냐고 말하였다. 토머스 홉스가 '리바이어던(괴물)'이라고 한 국가를 수성에서 건질 길이 없는가? 민주주의 정치 제도로 무해유익한 지도자를 뽑는 길밖에 없다. 어쨌든 권존민비(權尊民卑)는 버려야 할 동물 집단의 법칙이다.

양양왕이 맹자에게 물었다. "천하대세는 어떻게 결정이 나겠습니까?" 맹자가 대답하기를 "하나(통일)가 되어야 (천하가) 안정될 것입니다." "누가 하나를 할 수 있겠습니까?" 물으니 맹자가 대답하기를 "죽이기를 좋아하지 않는 이가 하나를 이룰 것입니다."(《맹자》, 양혜왕梁惠王 편) 이때가 칠웅(七雄)의 살육전이 강하(江河)를 붉게 물들인 이른바 전국시대였다.

맹자의 바람과는 달리 기원전 213년에 탐욕스럽고 포악한 정(政)이 진나라 시황제에 올랐다. 진시황 못지않게 교활하고 잔혹한 신하들이 차례로 시황제의 등극을 찬양하는데 순우월(淳于越)이 유식한 체 경전을 끌어대며 칭송하였다. 그러자 시샘이 많은 이사(李斯)가 지금은 새 시대인데 낡은 경전을 잇대는 것은 황제의 권위를 손상시키는 일이라며 모든 경전을 불태워야 한다는 주청을 하였다. 미련한 진시황은 이사의 궤변을 받아들여 온 나라에 있는 경전을 불태우라는 국령을 내렸다. 그리하여 고을마다 경전을 불사르는 야만적인 풍경이 벌어졌다. 뜻 있는 유학자들은 들고일어나 진시황제의 야만적인 정책을 규탄하였다. 그러자 진시황은 유학자 460여 명을 잡아다 생매장을 하여 죽였다. 이것이 듣기도 끔찍한 '분서갱유(焚書坑儒)'이다. 맹자의 예언이 헛되지만은 않아 진나라는 15년 만에 멸망하였다. 그러자 겨우 진정된 나라에는 다시 권력을 잡아보겠다는 탐권(貪權)의 영웅들이 일어나 싸움을 벌였다. 이번에는 가장 센 항우와 유방의 대결이었다. 장기판의 초나라, 한나라가 바로 그것이다. 이번에는 맹자의 예언이 맞아 조금 덜 포악한 유방의 승리로 4년 만에 싸움이 끝나고 기원전 202년 한(漢)나라 시대가 열렸다. 공자도 위정자는 반드시 백성을 잘살게 하고 다음은 백성을 가르쳐야 한다고 말하였다. 나라를 일으키기는 칼로 하였지만 백성을 가르치는 일은 글이라야 한다. 한나라 7대 황제인 무제(武帝)는 대학을 세워 오경박사를 두고 가르치게 하였다. 진시황의 분서갱유를 겪은 뒤라 가르칠 스승이 될 만한 선비와 교재로 쓸 경전이 귀하였다. 한무제의 뜻을 받들어 제후 헌왕(獻王)이 분서갱유를 겪는 가운데 그래도 살아남은 유학자와 불타지 않은 문헌을 모았다. 그 가운데 아직 세상에 알려지지 않은 문헌을 모은 것이 131편이 되었다. 이것이 훗날 《예기(禮記)》가 된 원본(原本)인 셈이다. 이를 유학자 유향(劉向)이 교열하여 214편이 되었다. 한나라 10대 황제인 선제(宣帝) 때 이름난 유학자들을 불러 모아 《예기》 원본의 진위를 가리는 석거각 회의를 열었다. 석거각 회의에 참석한 바 있는 대덕(戴德)이 214편을 85편으로 정리하였고 다시 대성(戴聖)이 85편을 49편으로 간추렸다. 오늘날 우리 손에 전해 오는 《예기》가 바로 대성이 간추린 49편이다. 책을 불태운 잿더미 속에서 불사조처럼 살아 나온 《예기》 속에 《중용》과 《대학》이 들어 있었던 것이다. 《예기》에는 아직도 《중용》과 《대학》의 본문은 빠졌으나 목차가 남아 있어 《예기》가 《중용》과 《대학》의 모본(母本)임을 실증하고 있다.

《예기》가 골라지고 다듬어진 것이 여러 차례인 것은 곧 지금의 《중용》도 그런 과정을 겪었다는 것을 말해준다. 그리고 '예기(禮記)'라고 이름을 붙인 것은 예절에 관한 내용이 주를 이룬다는 뜻이다. 이것은 또한 공자 사상을 배우고 익힌 후학들이 주로 예(禮)에 치중하였다는 증거이기도 하다. 《예기》에 저자 이름이 없듯이 《중용》에도 저자 이름이 밝혀져 있지 않다. 전한(前漢) 시대 사람인 사마천(司馬遷, 기원전 145?~기원전 86?)의 《사기(史記)》에 《중용》은 공자의 손자인 자사(子思)가 쓴 것이라고 밝혀놓은 기록이 있을 뿐이다. 송(宋)나라 정치가요 유학자인 구양수(歐陽修, 1007~1072년)는 자사가 지은 것이 아니라고 주장하였다. 후스(胡適, 1891~1962년)나 첸무(錢穆, 1895~1990년) 같은 이도 진나라와 한나라 사이에 활동했던 어느 이름

없는 사람이 지은 것이라고 단정하였다.

《중용(中庸)》은 《예기(禮記)》에서 분리되어 독자적 경전이 되었다. 그리하여 유교 경전인 사서오경 가운데 한 권으로 중요한 자리를 차지하기에 이르렀다. 유교는 불교나 노장(老莊)에 비겨 형이상적인 사상이 모자라는 것이 사실이나 《중용》이 있어 체면이 선다. 《중용》을 《예기》에서 떼어서 독립시킨 이는 송나라 유학자 정이천(程伊川, 1033~1107년)으로 알려져 있다. 북송의 정치가 범중엄(范仲淹, 989~1052년)이 불경을 탐독하고 있는 장횡거(張橫渠, 1020~1077년)에게 《중용》을 주면서 한번 읽어보라고 하였다. 범중엄이 정이천보다 44살 위로 범중엄이 63살에 세상을 떠날 때 정이천이 19살이었다. 아무리 천재라 하여도 19살에 《중용》을 해독하여 분리할 정도로 지적인 능력이 있었겠는가 의심이 된다. 1052년 정이천이 《중용》을 접하기 전에 이미 《중용》은 독립되었을 것으로 보인다. 범중엄이 장횡거에게 《예기》를 주었다고 하지 않고 《중용》을 주었다고 말하였기 때문이다. 장횡거는 범중엄이 죽는 1052년에 33살로 정이천보다는 13년 앞섰다.

《중용》을 사마천의 《사기》에 적힌 대로 자사가 지었는가는 죽은 자사나 알 일이지 다른 이는 알 수 없다. 《중용》은 앞쪽에는 '중용'을 말하다가 뒤쪽에 가서는 '지성(至誠)'을 말한다. 그것으로도 한 사람이 집필한 것으로 보기 어렵다. 그러니 자사가 지었다는 것은 자연스럽지 못하다. 학자들은 자사가 《중용》의 앞쪽을 썼다고 본다. 할아버지인 공자가 남겨놓은 자료에 새로운 생각을 보탤 수도 있기 때문이다. 자사의 이름은 '급(伋)'이다. 공자 제자 가운데 가장 젊은 나이인 증자(曾子)에게 배웠다고 한다. 자(字)인 자사(子思)를 보면 공자의 다른 제자들의 자(字)에 돌림자인 '아들 자(子)'를 취한 것이 눈길을 끈다. 이후 노(魯)나라 목공(穆公)의 스승이 되었으며 60살을 살았다고 전한다. 맹자가 찾아갔을 때 자사는 이미 죽었고 맹자는 자사의 제자에게 배운 일이었었다고 한다. 《맹자》에는 공자의 다른 제자 이름은 거의 안 나오는데 증자와 자사 얘기는 '이루' 하편과 '공손추' 하편에 나와 있다.

몸나로는 아버지와 아들 사이에 수성(獸性)은 디엔에이(DNA)로 유전되어도 영성은 유전되지 않는다. 그것은 다만 얼나를 깨달은 제자들에 의해서 이어질 뿐이다. 혈연에 큰 의미를 두어서는 안 된다. 공자의 아들이나 손자라도 스스로 정진하여 얼나를 깨달아야만 공자의 진리 정신을 이을 수 있다.

하느님의 말씀이 누구를 통해서 나왔는가도 궁금하지 않은 것은 아니지만 결국은 하느님 아버지로부터 온 것이다. 하느님 아버지의 말씀이냐 아니냐가 중요하다. 《중용》에는 하느님의 말씀이라고 믿어지는 소중한 말씀이 있다. 비록 쌍끌이 어망에 걸려 나와 세상에 알려졌지만 고전이 될 만한 값어치가 있다. 정말 자사가 썼다면 무려 5백 년 만에 빛을 보게 된 것이다. 2009년에 경남 함안군 가야읍 성산산성(사적 67호)에서 발굴된 고려 시대 연(蓮) 씨앗이 7백 년 세월을 건너뛰어 싹을 틔우고 자라서 1년 만에 아름다운 연꽃을 활짝 피웠다. 5백 년 만에 빛을 본 《중용》이 1천7백 년 만에 빛을 본 〈도마복음서〉를 연상케 한다. 노자(老子)가 말하기를 "몸은 묻혀도 위태롭지 않다(沒身不殆)." "죽어도 없어지지 않으니 수니라(死而不亡者壽)."라고 하였다. 이를 두고 한 말인가?

중용은 온통과 뚫린 낱동의 구원

'중용(中庸)'이 책 이름이 된 것은 《중용》의 앞부분이 거의 중용에 관한 말씀이기 때문이었을 것이다. 그 '중용'이란 말이 처음 나온 데는 말할 것 없이 《논어》 공자의 말에서다. "(하느님의 얼이) 줄곧 뚫려 속알(얼나)됨이 (하느

님께) 이르는 씨알(사람)은 적은 지 오래되었다(中庸之爲德也 其至矣乎 民鮮久矣)."(《논어》, 옹야 편)

이 말을 아는 이는 많겠으나 뜻을 아는 이는 적을 듯하다. 공자의 이 말은 류영모의 다음 말과 일치한다. "우리는 이미 정신 세계에서 하느님과 연락이 끊어진 지 오래이다. 그리하여 사람들이 이승의 짐승이 되었다. 우리들이 산다고 하는 몸뚱이는 혈육의 짐승이다. 하느님으로부터 얼(성령)을 받아서 몸나에서 얼나로 솟날 때 비로소 사람이 회복된다." 여기에서 '중용지위덕야(中庸之爲德也)'가 일반적으로 말한 것이라면 공자 개인적으로 말한 것은 '천생덕어여(天生德於予)'(《논어》, 술이 편)이다. 하느님께서 내 속에 속알(얼나)을 낳으셨다는 뜻이다. '민선구의(民鮮久矣)'는 얼나의 깨달음에 이른 이가 적다는 뜻이다. 거의 모든 사람이 짐승인 제나로 살고 있다. 제나로 죽고 얼나로 솟난 이가 극히 드물다. 공자만 그렇게 말한 것이 아니다. 예수도 "좁은 문으로 들어가라. 멸망으로 인도하는 문은 크고 그 길이 넓어 그리로 들어가는 자가 많고 생명으로 인도하는 문은 좁고 길이 협착하여 찾는 이가 적음이니라."(마태오 7 : 13~14, 한글개역)라고 말하였다. 멸망의 길은 짐승인 제나로 사는 길이고 생명으로 인도하는 길은 얼나인 하느님 아들로 사는 길이다. 얼나를 깨닫는 하느님 아들이 많이 나왔으면 좋겠는데 드물게 나오는 것도 하느님의 뜻인지는 모를 일이다.

《중용》에서는 제나의 감정인 희로애락이 일어나지 않는 상태, 다시 말하면 제나 너머의 얼나가 중(中)이라는 것이다. 제나의 감정이 일어나도 얼나의 절제를 받으면 인격이 부드러워(和)진다는 것이다. 중(中)은 이 우주의 근본인 하느님이시고 부드러운 이는 세상에 하느님이 계심을 증거하는 하느님 아들인 것이다. 곧 '천명지위성 솔성지위도(天命之謂性 率性之謂道)'가 중용의 뜻이다. 예수가 가르쳐준 "(하느님) 나라이 임하옵시며 뜻이 하늘에서 이루어진 것같이 땅에서도 이루어지이다."(마태오 6 : 10, 한글개역)가 바로 '천명지위성 솔성지위도'와 같은 뜻이다. 이것을 더 줄이면 석가의 사성제 '고집멸도(苦集滅道)'가 된다. 이것을 좀 더 길게 말한 것이 맹자의 이 말이다. "그이(군자)가 깊이 얼에 이르는 것은 스스로 깨닫고자 함이다. 스스로 얼나를 깨달으면 조용하고 조용히 있으면 생각이 깊어지고 생각이 깊어지면 이리 생각하나 저리 생각하나 하느님을 만나게 된다(君子深造之以道 欲其自得之也 自得之則居之安 居之安則資之深 資之深則取之左右 逢其原)."《맹자》, 이루離婁 하편)

류영모는 중용을 이렇게 말하였다.

■ 나의 인생관은 가온 씀(中庸)이다. 절대 하느님의 말씀인 얼(성령)을 받 아쓰는 것이 중용이다. 참나(얼나)는 속의 속이다. 속의 속, 곧 가온(「·」, 中)인 참나(얼나)는 어디 있느냐 하면 내 맘속의 속에 있는 것 같다. 참나인 가온(中, 얼)으로 살아가는 것이 중용(中庸)이다.

류영모는 중(中,「·」)을 하느님(성령)으로 보았고 하느님의 생명인 얼(성령)을 받아서 쓰는 것이 중용이라고 말했다. '용(庸)'은 '용(用)'과 통하는 글자라고 말하였다. 물고기가 물을 숨 쉬면서 살듯, 짐승이 공기를 숨 쉬면서 살듯, 사람은 얼(성령)을 숨 쉬면서 살아야 한다는 것이다. 짐승인 사람이 탐·진·치의 생각을 좇는 것인데 하느님을 그리는 거룩한 생각을 하는 것을 얼숨을 쉬는 것으로 보았다. 장횡거가 말하기를 "(하느님을) 생각하지 않으면 생각이 막히게 된다(不思則還塞之)."《근사록》)고 하였다. 류영모는 말하였다.

■ 우리가 위로 하느님께로 올라가는 생각만으로 인생을 산다면 참으로

얼(성령)이 충만함을 얻을 수 있는 지경에 갈 수 있다. 얼(성령)은 편벽하게 꼭 크리스천에게만 오는 것이 아니다. 얼(성령)은 바로 우리의 정신적인 숨쉼과 같다. 얼(성령)이 영원한 생명인 참나이다.

류영모는 한자 한 자 한 자 속에 철학 개론 한 권이 들어 있다고 말한 적이 있다. '중(中)'은 깃대로 틀 가운데를 뚫는다는 상형 문자이다. '용(庸)'은 두 손으로 막대기를 들고 뚫고 올라가는 것을 나타낸 회의 문자이자 형성 문자이다. 낱동인 내가 온통인 하느님 속을 뚫고 올라가는 것을 나타낸 것이다. 그것은 곧 내 맘속으로 들어가는 것이 된다. 생각 속으로 들어가야 되기 때문이다. 그래서 예수도 "하느님 나라는 너희 맘속에 있다."(루가 17 : 21)라고 말하였다. 'in'이냐 'among'이냐고 따지는 학자들도 있지만 하느님께로는 in이 먼저이고 뒤에 사람 사이(among)인 것이다. 류영모가 말하기를 "하느님을 믿는 것이 아니라 하느님에게 통해야 한다. 하느님께로 가는 길은 제 맘속으로 들어가는 길밖에 없다. 제 맘속으로 들어가는 길은 세상을 부정하고 제 나를 초월하고 지성(至誠)을 다하여 깊이 생각하는 것이다. 그리하여 제 속알(德)이 하느님이 주시는 얼나를 깨달으면 아무리 캄캄한 밤중 같은 세상을 걸어갈지라도 길을 잃어버리는 일은 없을 것이다."

그런데 공자가 다녀간 뒤로는 공자처럼 깊은 깨달음을 이룬 이는 맹자밖에 없어 중용(中庸)의 뜻을 바로 아는 이가 드물었다. 더구나 《중용장구(中庸章句)》라는 《중용》의 주석서를 쓴 주희(朱熹, 1130~1200년)는 '중용'의 뜻을 바로 알지 못하였다. 주희는 하느님을 모르는 사람이었다. 그러니 모든 사고(思考)를 하느님에 맞춘 공자의 《중용》을 바로 알 수도 없고 바로 풀이할 수 없었다. 주희는 '중용'을 아리스토텔레스가 지은 《니코마코스 윤리학》에 나오는 '중(中)'처럼 보았다. 아리스토텔레스는 "공포와 태연함에 관해서는 용기가 그 중용이다. …… 재화(財貨)의 증여와 취득에 관해서는 중용은 재물이며, 그 초과는 거만함이며 그 부족은 비굴함이다."을 관대하게 쓰는 것이며, 그 초과와 부족은 방만과 인색이다. …… 명예와 불명예에서 중용은 긍지(《니코마코스 윤리학》)라고 하였다. 얼로 통하여 하느님 아버지와 하느님 아들(얼나)의 하나됨과 같은 것과는 거리가 멀다. 그런데 주희의 사서 주석서는 한자 문화권에서 절대적인 영향을 끼쳤다. 이것은 큰 불행이었다.

주희는 '중(中)'에 대해서 "중(中)이란 치우치거나 기울지 않고, 또 지나치거나 못 미치지도 않는 것을 이른다(中者 不偏不倚 無過不及之名)."라고 하였다. '중용(中庸)'에 대해서는 "치우치지도 않고 기울지도 않고 지나치지도 않고 못 미치지도 않는 평상의 이치다(不偏不倚 無過不及而平常之理)."라고 하였다. 이렇게 되면 도부동불언(道不同不言)이 있을 뿐이다.

류영모는 주희로 인해 유교가 병에 걸렸다고 말하였다.

■ 태극이 하나(절대)인데 태극이 음양인 양의(兩儀)를 낳았다고 하여 하나가 둘로 나눠졌다고 하면 이것은 무조건 인정해서는 안 된다. 태극이라고 하면 하나(전체)인데 음양이 하나라고 하면 어떻게 되는가? 하나(온통)에서 음양이 나왔다고 하면 모르겠으나 하나인 태극이 음양인 둘로 나뉘었다고 하면 말이 달라진다. 허공의 혼돈은 언제나 하나(절대)인 태극인데 음양인 둘이다 하고 나온 데서부터 유교가 아주 병에 걸려버렸다. 이것은 말하자면 태극의 머리와 몸을 잘라버린 것이 된다. 이래서야 어떻게 태극이 살 수 있는가?

무극, 태극은 하느님이신데 머리를 자를 수도 없고 잘리지도 않는다. 생각하는 사람이 미혹에 빠질 뿐이다.

"나는 우주와 끈끈하게 연결되어 있는 영원한 존재(하느님)를 보고 냄새 맡고 맛보고 듣고 느낀다. 하느님은 우리를 내셨으며 우리의 주소이며 숙명이며 참나이기도 하다. 하느님은 우리 인간이 모른 체 하거나 잊을 수 없는 사실이며 우주의 영광이다."(소로, 《소로의 노래》) 주희가 소로의 이 말을 듣는다면 무엇이라고 반응할지 궁금하다. 입이 떡 벌어져 아무 말도 못할지 모르겠다.

공자는 하느님께서 공자의 마음속에 얼나를 낳아주시고, 공자를 사랑하시고, 공자를 알아주시고, 공자를 이끌어주시는 것을 믿고 좇은 하느님 아들의 의식을 가진이였다. 그것이 《논어》에 나오는 군자(君子)이다. 주희처럼 하느님을 모르는 이가 어찌 공자의 말을 헤아리며 글을 풀 수 있겠는가? 그것은 할 수 없는 일이며 해서는 안 될 일이다. 예수의 가르침을 그르친 이가 바울로라면 공자의 가르침을 그르친 이가 주희이다. 이 주장을 듣기 싫어할 사람이 많은 것을 알지만 바른말을 하지 않을 수 없다. 바른말 한마디 하라고 하느님께서 나를 이 세상에 보낸 것이다.

1월*

하늘 뚫린 줄(命)*을 바탈(性)*이라 하고
바탈 타고난 대로 살 것을 길(道)이라 하고
디디는(修)* 길 사모칠(之) 것을 일러 가르치는 것이니라.

天命之謂性
천 명 지 위 성
率性之謂道
솔 성 지 위 도
修道之謂敎
수 도 지 위 교

---

* 단 하나의 한자도 빌리지 않고 순수한 우리말로 번역하려는 다석 류영모 선생님은 '장(章)'을 글월의 '월'로 썼다.
뚫린 줄(命) 뚫린 줄이란 하느님의 생명인 얼숨을 받아들이는 관(管)을 말한다. 뚫린 줄은 '命' 자의 파자(破字)적인 뜻이다. '합(合)'과 '절(卩, 節)로 되어 있는데, '合'은 관(口)으로 하나로 이어졌다는 뜻글자이고 '卩'은 규칙적인 법칙을 뜻한다.
바탈(性) 바탈은 바탕(質)과 다른 뜻이며 '받아서 할'을 줄인 말이다. 곧 삶의 목적이 되는 얼나(영원한 생명)이다. 천명(天命)을 받으면 성명(性命)이 된다.
디디는 딛는다, 밟는다, 실천한다는 뜻.

풀이

 공자(孔子)는 "천명(天命)을 모르면 군자(君子)가 되지 못한다(不知命 無以爲君子也)."(《논어》, 요왈堯曰 편)라고 말하였다. 군자란 예수의 인자(人子)와 같이 얼나로 솟난 하느님 아들이다. 천명인 얼나를 모르면 사람이 아닌 짐승이다. 얼나를 깨달아야 짐승에서 사람이 된다. 공자는 "쉰 살에 하늘 목숨(얼나)을 알았다(五十而知天命)."(《논어》, 위정爲政 편)고 하였다. 공자 자신이 쉰 살이 되어 얼나로 솟난 사람이 되었다는 말이다. 톨스토이나 류영모도 쉰 살이 되어서 제나에서 얼나로 솟나는 천명(遷命)을 하였다.

 공자는 말하기를 "군자(君子)는 세 가지 어려워하는 것이 있으니, 천명(天命)을 어려워하고 대인(大人)을 어려워하고 성인(聖人)의 말씀을 어려워한다(君子有三畏 畏天命 畏大人 畏聖人之言)."(《논어》, 계씨 편)고 하였다. 이 셋은 결국 하느님이신 얼나(天命)를 두려워한다는 말이다. 대인(大人)은 얼나를 참나로 깨달은 이다. 성인의 말씀은 군자(大人)를 통해 나온 하느님 말씀이다. 성인·군자·대인은 얼나로 솟난 하느님 아들을 일컫는다. 삶의 목적이 짐승인 제나로 죽고 하느님 아들인 얼나로 솟나는 것이다.

 《중용》 첫머리에 '천명지위성(天命之謂性)'이 온 것은 당연하고 자연스럽다. 천명이란 하느님의 얼생명인데 사람에게는 하느님의 말씀(뜻)으로 들린다. 하느님은 사람들처럼 말하지 않는다. 공자도 그래서 "하느님이 언제 말씀하시더냐(天何言哉)."(《논어》, 양화陽貨 편)라고 말하였다.

 사람의 말이나 뜻도 말을 들어야 알 수 있는데 상대적 존재로는 없고 상대를 초월하여 절대적 존재로 계시는 하느님의 말씀(뜻)을 어떻게 듣는단 말인가. 이것이 사람에게 주어진 수수께끼다. 이를 알기에 예수, 석가, 공자가 온갖 시련을 겪었던 것이다. 그래도 35세에서 50세에 이르는 사이에 얼나를 깨달았다. 그들은 어떻게 천명을 알게 되었는가. 공통된 대답은 제나를 넘어설 때 하느님의 말씀(뜻)을 들을 수 있었다는 것이다. 제나를 버릴 때 마음속에서 얼나가 밝아진다. 이 천명을 일러서 바탈(性)이라고 한다. 그래서 심성(心生)이 합하여 회의 글자인 성(性)이 되었다. 마음속에 하느님의 얼이 났다는 뜻이다. 예수도 하느님 나라는 너희 마음속에 있다고 말하였다.(루가 17 : 21) 바탈(性)이란 하느님으로부터 받아서 할 것이란 뜻이다. 하느님으로부터 받은 하느님의 생명인 얼(성령)을 내가 받아서 얼나이다. 류영모는 이렇게 말하였다.

- ■ 바탈(性)이라는 것이 있다. 바탈을 이루는 것이다. 하느님으로부터 받은 몸이나 맘이나 모든 것이 성(性)이다. 깊이 들어가면 하느님을 닮은 바탈(얼나)이라고 한다. 유교에서는 양성(養性)이라고 한다. 미숙한 바탈을 이루도록 성성존존(成性存存)함을 말한다.

마음속에 온 천명을 성명(性命)이라고 한다. 성명은 예수의 '영원한 생명'과 뜻이 같다. 유교에서 생명이라면 몸생명을 말한다. 예수가 말하기를 "내가 내 자의로 말한 것이 아니요. 나를 보내신 아버지께서 내가 말할 것과 이를 것을 친히 명령하여 주셨으니 나는 그의 명령이 영생인 줄 아노라. 그러므로 내가 이르는 것은 내 아버지께서 내게 말씀하신 그대로니라 하시니라."(요한 12 : 49~50) 예수는 하느님의 말씀(天命)이 '영원한 생명'이라고 하였다. 몸의 나는 나서 죽지만 하느님의 말씀은 나지도 않고 죽지도 않는 것이다. 그래서 류영모는 "나는 다른 것은 믿지 않는다. 하느님의 말씀만 믿는다."라고 말하였다.

크게 보면 사람은 몸도 마음도 얼도 모두 하느님으로부터 받았다. 그런 뜻에서 보면 몸도 마음도 얼도 성(性)이다. 그러나 얼만을 성(性)이라고 하여야 한다. 맹자가 말하기를 "입에 맛, 눈에 빛깔, 귀에 소리, 코에 냄새, 팔다리에

편안이 바탈(性)이나 명(命)에 있다. 군자는 바탈이라 하지 않는다. 부자(父子)에 인(仁), 군신(君臣)에 의(義), 손님과 주인에 예(禮), 어진 이에 지혜, 성인(聖人)에 천도(天道)는 명(命)이라 이르지 않는다."(《맹자》, 진심盡心 하편)고 하였다. 이를 다시 말하면 몸의 식욕(食慾)과 색욕(色慾)도 하느님께 받은 성(性)이지만 군자는 성(性)이라 말하지 않는다는 것이다. 마음의 양지(良知) 양능(良能)도 하느님이 시킨 명(命)이지만 명(命)이라 하지 않는다는 것이다. 그 까닭은 천명(天命)을 모르는 짐승(小人)에서 천명을 아는 사람(君子)이 되려면 먼저 짐승인 몸의 나를 부인하지 않으면 안 된다. 짐승인 몸의 나를 부인할 때 사람인 얼나로 거듭나게 된다. 얼나를 참나로 깨달은 이는 몸나를 나로 생각하지 않는다. 그러므로 몸의 기능은 바탈(性)이라고 할 수 없다. 얼나를 깨달은 사람은 얼나인 하느님의 명(命)대로 하지만 하느님과 얼나는 하나이기 때문에 자율(自律)이지 시킴(命)이 아니기에 명(命)이라 하지 않는다.

그러므로 천명(天命)을 알려면 생로병사하는 몸나에 의심을 일으켜야 한다. 몸나를 참나로 알고 있어서는 천명인 얼나를 알 수 없다. 석가와 예수가 죽기 살기로 산으로 들로 헤매며 구도(求道)의 삶을 보낸 것은 생로병사의 몸나가 참나가 아닌 것 같아 회의를 일으켰기 때문이다. 공자도 "내 일찍 하루 동안 먹지 않고 밤새도록 자지 않고 생각하여도 도움 되는 것이 없었다. 배우는 것만 같지 못하였다(吾嘗終日不食終夜不寢 以思無益 不如學也)."(《논어》, 위령공 편)라는 말을 하였다. 공자가 종일 먹지 않고 밤새 자지 않았을 때는 나에 대해서 회의가 일어났기 때문일 것이다. 류영모는 이렇게 말하였다.

■ 우리는 나에 대해서 의심을 안 한다. 그런데 이 세상이 괴로울 때면 나

를 의심하게 된다. 나를 의심하게 되면 문제가 달라진다. 이렇게 아프고 괴로운 이 나(自我)라는 게 뭐냐는 것이다. 나를 의심하고 부정하게 된다. 나를 없애버리고 싶어진다. 그래서 자살도 한다. 괴롭다 하면서도 좀 재미를 찾고 할 때는 자기를 부정하지 않는 것이다. 석가가 6년간 고행을 한 것은 나를 의심해서다. 나를 의심하다가 이 '나'라는 것이 참나가 아니라는 것을 깨닫게 된다. 그리고 영원 절대한 참나(얼나)를 깨닫는다. 그게 성불(成佛)하는 것이다.

천명지위성(天命之謂性)은 하느님과 내가 얼생명으로 이어진 것이다. 이어지면 하느님의 말씀과 사랑이 샘솟는다. 이 사랑과 말씀이 영성(靈性)의 나타남이다. 영성은 성령(聖靈)이요 불성(佛性)이요 천도(天道)이다. 갓난아이가 첫 울음과 함께 기통이 되어 숨을 쉬어 생명을 얻듯이 얼숨이 뚫려 영통(靈通)이 되어 하느님 아들인 얼나로 솟난다. 이것을 깨달음이라고 말한다. 마하트마 간디는 이런 말을 하였다. "사람은 존재의 근원(하느님)에서 자신을 끊을 때 죽는 것이지 얼나가 몸나에서 떠날 때 죽는 것이 아니다."(간디, 《날마다의 명상》)

솔성지위도(率性之謂道)에서 마음의 나가 탐(貪)·진(瞋)·치(痴)를 추구하는 몸나를 부인하고 진(眞)·선(善)·미(美)를 추구하는 얼나를 좇아가는 것을 '솔성(率性)'이라 한다. 이것이 사람이 살아갈 길이다. 예수는 "얼의 나가 길이요 진리요 생명이니라."(요한 14 : 6, 박영호 의역)라고 하였다. '솔성지위도'와 같은 말이다. 마하트마 간디는 "몸, 맘, 얼이 조화되지 않으면 올바르게 아무것도 할 수 없다."(간디, 《날마다의 명상》)라고 말하였다.

솔성(率性)과 수도(修道)는 둘이 아니라 하나다. 솔성함이 수도요 수도함이 솔성이다. 얼나 쪽에서 보면 문득 깨달음(頓悟)이요 몸나 쪽에서 보면 차

차 익힘(漸修)인 것과 같다. 마음의 나가 얼나의 영광을 머리 위에 받드는 것이 솔성이라면 마음의 나가 몸나의 욕망을 밟아 누르는 것이 수도이다. 맹자가 말하기를 "오직 성인이 된 다음에야 제 꼴을 밟는다(惟聖人然後 可以踐形)."(《맹자》, 진심 상편)라고 하였다. '제 꼴'이란 몸나를 말한다. 몸나를 밟아가는 것은 성인만이 할 수 있는 수도이다. 영성(靈性)을 따르는 것이 솔성이요 수성(獸性)을 누르는 것이 수도이다.

일용할 양식으로 성령을 받는 것이 솔성(率性)이요 유혹(시험)에 넘어가지 않는 것이 수도(修道)이다. 예수가 가르친 기도문도 '천명지위성 솔성지위도'인 것이다. 솔성과 수도를 이웃 사람들에게 보여주는 것이 가르침(敎)이다. 자수(自修)가 타교(他敎)이다. 예수는 이를 진리를 증거하는 것이라고 말하였다. 위(하느님)로부터 받은 영성(靈性)이 영원한 생명인 참나요 아래(어머니)로부터 받은 육신은 멸망할 생명인 거짓나다. 거짓나인 몸은 참나인 얼의 도구가 되고 사환이 되는 것만이 몸나의 사명을 다하는 것이다. 그런데 오늘날의 학교 교육은 이것을 모르는 채 교육을 하고 있다. 류영모는 "오늘날의 이런 교육은 없어져야 한다. 기독교 학교도 제대로 못 가르치기는 마찬가지다."라고 말하였다. 공자·예수·석가의 삶이 그대로 사도(師道)를 보여준 위대한 교육자이다.

공자가 말하기를 "잠잠히 알고, 배우기를 싫어하지 않고 가르치기를 게을리하지 않으니 내게 다른 무엇이 있으리오(默而識之 學而不厭誨人不倦 何有於我哉)."(《논어》, 술이 편)라고 하였다. 제나(自我) 너머에 영원한 생명인 얼나가 있는 것을 깨우쳐주는 일이 가르침이다.

마하트마 간디는 이렇게 말하였다. "진리는 제 마음속에서 발견할 수 있는 것이지 논쟁이나 토론으로 찾을 수 있는 것이 아니다. 진리 대신 하느님이라 해도 그것은 마찬가지다. 하느님은 모든 이의 마음속에 있다. 저마다의 마음

은 하느님이 성전이다."(간디, 《날마다의 명상》)

류영모는 이렇게 말하였다.

■ 자기 스스로 걸어보지 못한다면 남의 해석 가지고는 도무지 이르지 못한다. 스스로 걸은 인생의 길을 남에게 얘기해 준다는 것은 자기의 보물을 내어 보이는 것이다. 뚫린 것을 막히지 않게 환한 그대로 두는 게 닦는(修) 것이다. 새삼스러이 새 것을 닦을 것 없다. 길은 환한 것이다. 그 환한 길 그대로 가는 게 수도(修道)다. 환한 길대로 같이 갑시다라고 하는 것이 가르침이다.

진리는 자득(自得)하고 유기(由己)하는 것이다. 자득의 깨달음을 퉁겨주고 유기의 실천을 이끌어주는 것이 가르침이다. 그러나 배우려고 하지 않는데 어떻게 가르치겠는가. 그러므로 청학(講學) 구도(求道)가 앞서야 한다. 천명(天命)의 성(性)이 중(中)이다. 솔성수도하는 것이 중용이다. 중용으로 빛을 놓음(放光)이 가르침이다.

길(道)이란
눈 깜짝할 동안도 여의진 못하나니
여읠 수 있다면 길은 아니니라. 그러므로
그이(君子)* 아무도 보지 못하는 데서 삼가 살피며
아무도 듣지 못하는 데서 저어하는 듯하는구나.

....

그이 군자(君子)를 '그이'라 옮겼다. 하느님인 그를 그리워하는 이라 하여 '그이'라고 하였다. 군자는 얼나를 깨달은 붓다(부처)이고 지인(至人)으로서 하느님 아들이다.

道也者
도 야 자
不可須臾*離也
불 가 수 유 리 야
可離非道也 是故
가 리 비 도 야 시 고
君子 戒愼乎其所不睹
군 자 계 신 호 기 소 부 도
恐懼乎其所不聞
공 구 호 기 소 불 문

풀이

'도(道)'라는 글자는 머리(首)로 간다(走)는 뜻글자이다. 상대적 존재의 머리는 절대 존재이다. 절대이신 하느님께 가는 것이 도(道)이다. 이 '도(道)' 자가 여러 뜻으로 쓰이고 있다. 길(路), 이(理), 순(順), 말(言), 유(由) 등으로 쓰였다. 그런데 노자와 장자는 하느님(절대)의 뜻으로 썼다. "대도(大道)가 널리 퍼졌음이여 왼쪽도 오른쪽도 (하느님뿐이로다) 만물이 믿으라고 나오는데 말리지 아니하고 일을 이루어도 이름 지어 가지지를 아니하고 아껴 기른 만물인데 임자 되지 아니하니 하고자 함이 없어 작음보다 작다 이름할 만하고 만물이 돌아가서 임자인 줄 모르겠으니 크다 이름할 만하다."(《노자》, 34장)

"대저 도(道)란 사랑이 있고 믿음이 있다. 함이 없고 꼴이 없다. 줄 수 있어도 받을 수는 없다. 깨달을 수는 있어도 볼 수는 없다. 스스로가 밑둥이요 스스로가 뿌리다. 하늘 땅이 있기 전에 예부터 이미 있었다. 하늘을 낳고 땅을 낳았다. 태극 먼저 있어도 높다고 않고 육극(六極) 아래 있어도 깊다 안

수유(須臾) 잠깐. 須(잠깐 수), 臾(잠깐 유).

한다. 하늘 땅보다 먼저 살았어도 오래다 않고 태고보다 길어도 늙지 않는다."(《장자》, 대종사 편)

성경에도 하느님을 이만큼 잘 설명한 데가 없다. 성경에는 하느님이 계시는 것은 전제되어 있기 때문에 하느님에 대하여 자세하게 설명하지 않는다. 그러나 노자와 장자는 하느님(道)을 이해시키려고 애를 썼다.

《중용》의 이 구절에서 '도(道)'는 하느님의 생명인 얼(성령)을 깨달아 받은 얼나인 영성(靈性), 불성(佛性)을 말하였다. 주희는 도심(道心)이라 하였다. 그런데 주희는 "사람은 몸이 없을 수 없고 또한 성(性)을 안 가질 수 없으므로 비록 아주 어리석고 못난 사람일지라도 도심(道心)을 없앨 수 없다. 이 두 마음은 한 치 사이에 섞여 있어 다스릴 바를 모른다."(주희,《중용장구》서문)라고 하였다. 주희는 인심(人心)과 도심(道心)이 날 때부터 함께 섞여 있는 것으로 잘못 안 것이다. 어릴 때는 인심(獸性)밖에 없다가 하느님을 깨달을 때 도심(靈性)이 새로 오는 것이다. 맹자는 어릴 때부터 도심을 가지고 있었는데 "군자는 가지고 있고 서민은 잃어버렸다(庶民去之 君子存之)."(《맹자》, 이루 하편)라고 말한다. 잃어버린 것이 아니라 아직 찾지 못한 것이다. 몸나에서 얼나로 거듭나야 한다는 예수의 말이 더 정확하다. 거듭나기 전에는 여느 사람에게 얼나는 없다.

그런데 주희는 영성인 얼나는 "가지지 않는 것이 없고 없는 때가 없다(無物不有 無時不然)."(《중용장구》)고 말하였다. 사물(事物)에 모두 영성(靈性)이 있다는 말은 영성이 무엇인지 모르고 하는 말이다. 영성인 얼나는 깨달은 성인(聖人)의 마음속에만 있다. 비유하면 방에 전기 공사가 끝나면 전기가 들어왔다고 말할 수는 있다. 그러나 스위치를 넣어 전등불이 켜지기 전에는 전기가 들어온 것이 아니다. 사람들 마음에 영성이 들어온 것도 이와 같다. 깨닫기 앞서 영성이 들어올 수 있기는 하여도 들어온 것은 아니다. 영성

(靈性)은 얼의 나다. 참나인데 나가 어떻게 떠날 수 있겠는가. 얼나와 떨어진 제나는 탐·진·치의 짐승으로 떨어진다.

류영모는 "어머니의 뱃속에서 나온 나는 참나가 아니다."라고 말하였다. 예수는 "제나는 아래(어머니)서 나왔고 얼나는 위(하느님)로부터 나왔다."고 말하였다. 얼나는 하느님이 낳는다. 제나가 얼나를 임자 (참나)로 맞이하면 제나는 '나'라는 주권을 상실한다. 그것을 '나 없음(無我)'이라 한다. 그때 제나는 얼나의 종이다. 제나가 얼나를 떠나면 이미 죽은 것이다. 얼나의 주인(無位眞人)을 만나지 못한 제나(自我)도 죽은 것이다. 떨어지고 말고가 없는 것이다. 류영모는 이렇게 말하였다.

■ 위로 난 생명인 얼생명을 믿어야 한다. 몸이 죽는다고 멸망이 아니다. 벗어질 게 벗어지고 멸망할 게 멸망하고 영원한 생명이 남는다. 영원한 생명을 믿지 않으면 이미 멸망한 거다. 죽을 몸을 나로 착각하고 있는 것이다. 위에서 난 얼생명을 알지 못하면 그게 이미 심판 받고 정죄 받고 멸망한 것이다. 위로 거듭날 생각을 안 하니 그것을 모르니까 이미 죽은 거다. 몸의 숨은 붙어 있지만 벌써 멸망한 거다.

하느님 아들인 군자(君子)는 제나(自我) 너머의 보이지 않고 들리지 않는 얼나를 깨달은 이다. 보고 들리는 우주 너머에 있는 보이지 않고 들리지 않는 하늘나라를 깨달은 이다. 석가는 이를 열반(涅槃)이라 하였다. 열반은 니르바나(Nirvana)를 음역한 것이다. 의역하면 적멸(寂滅)이다. 적멸이란 보이지 않고 들리지 않는 침묵이라는 뜻이다. 《중용》에도 이 적멸(열반)을 삼가고 두려워하며 받든다는 말이 있다. 석가의 가르침과 다른 것이 무엇인가. 중용 속에 열반이 있지 아니한가. 성자는 여럿이라도 진리(얼나)는 하나다. 하느님이신 얼나는 제나를 통해서 말씀(진리)과 사랑(자비)으로 나타난다.

류영모는 이렇게 말하였다. "외물(外物)은 환영(幻影)일지 모르지만 말씀하는 나(얼나)는 있다. 다른 것은 있는지 없는지 모르지만 말씀하는 나(얼나)는 있다. 이 말씀도 알 수 없는 그 나(얼나)에서 나온다."

공자는 말하기를 "군자(君子)는 밥 먹는 동안에도 인(仁)을 어기지 않는다. 잠깐 동안에도 이러해야 하며 넘어진 동안에도 이러해야 한다(君子無終食之間違仁 造次必於是 顚沛必於是)."(《논어》, 이인 편) 얼나로 사는 이는 승조(僧肇) 스님처럼 망나니가 내리치는 칼날 아래서도, 예수처럼 병정이 못 박는 십자가 위에서도, 성 브루노(St. Bruno) 사제처럼 이단이라 죽이는 장작불길 속에서도 이도위인(離道違仁) 하지 않는다. 이를 마하트마 간디는 '사티아그라하'(참을 잡음)라고 말하였다.

싸고 싼 것이 내보이며
작고 작은 일이 드러나니
그래 그이(君子) 제 혼자부터 삼가는구나.

莫見乎隱
막 현 호 은
莫顯乎微
막 현 호 미
故 君子愼其獨也
고 군 자 신 기 독 야

풀이

노자(老子)는 보려 해도 보이지 않는 것을 이름하여 '이(夷)'라 하고, 들으려 해도 들리지 않는 것을 '희(希)'라 하고, 잡으려 해도 쥐어지지 않는 것을 이름하여 '미(微)'라 하여 도(道)의 성질이라 하였다(《노자》, 14장). 《중용》에서는 반대로 숨은 것이 내보여지고 작고 작은 것이 드러난다고 말하였다. 은미(隱微)한 도(道)는 몸을 나로 아는 제나(自我, ego)의 사람에게는 은미하여 보이지도 않고 들리지도 않지만 몸이 거짓나임을 깨달은 얼나의 사람에게는 뚜렷이 보이고 들린다. 이들은 보이지 않고 들리지 않는 도(道)야말로 참나인 얼나임을 스스로 깨닫고 보이고 들리는 제나(自我)는 거짓나임을 스스로 깨닫는다. 그래서 불경에는 무릇 모습을 가진 모든 것은 다 허망한 것이라고 한다. 우주도 하느님 자신을 나타냄이고 성자의 입에서 나오는 말씀(眞理)도 하느님 자신을 드러냄이다. 그러므로 태극인 우주를 보고 또 성인의 말씀을 듣고 무극(無極)이신 하느님이 뚜렷이(唯一) 계심을 알아야 한다. 그리하여 도(하느님)를 깨달은 얼나의 사람인 군자(君子)는 저부터 삼간다. 그러나 사실은 하느님 앞에서 어려워하여 삼가는 것이다. 군자가 혼자서 삼가는 것이 기도요 참선이요 치성(致誠)이다. 그러기 위해서는 제나(自我)의 탐·진·치의 수성(獸性)을 누르며 진·선·미의 영성(靈性)을 드러낸다.

진선미가 무엇인가. 도(道)인 하느님이 진선미다. "보이는 이 세상은 거짓이다. 이 세상에서 참(眞)은 못 본다. 선(善)도 미(美)도 마찬가지다. 이 세상에서 참인 것 같은 것은 절대(하느님)의 참을 잊지 말라 는 유사의 참이다. 이 세상에서 불만이 있고 결핍이 있는 것은 참이 아니기 때문이다."(류영모)

《대학》에도 같은 뜻의 말이 있다. "그 뜻을 참되게 하는 이는 성령의 '나'가 마음에 출장을 와 머문다. 나의 마음이 얼나의 행재소(行在所)가 된다. 얼나를 거스르지 않는 것이 나를 속이지 않는 것이다. 제나(自我)가 얼나(靈我)의 말씀을 듣는 것이다. 골방에서 혼자 기도하는 것이 혼자서 삼가는 것이다(愼其獨)."

중국 한나라 안제(安帝) 때 동래군 태수 양진(楊震)이 있었다. 그의 관할 아래 창읍 현령 왕밀(王密)이 어느 날 밤에 양진 태수를 찾아와 황금 10근을 내밀었다. 양진이 놀라며 꾸짖자 왕밀이 "어둔 밤이라 아무도 보는 이가 없으니 제발 가지고 온 저의 정성을 헤아려 거두어 주십시오."라고 말하면서 받아 주기를 간청하였다. 양진이 크게 꾸짖기를 "하늘이 알고 땅이 알고 내가 알고 그대가 아는데 어찌 아는 사람이 없다고 하시오." 그러자 왕밀은 모닥불을 뒤집어쓴 듯한 얼굴을 들지 못한 채 쥐구멍을 찾아 달아나 버렸다. 밖의 눈을 두려워하는 것은 소인(小人)의 일이다. 마음속의 얼나의 뜻에 따라 움직여야 한다. 이것이 하느님 아버지라는 엄부시하(嚴父侍下)에 사는 군자(君子)의 삶이다. "하느님에게 괴임(사랑)받아야 참 괴임이지 사람에게 괴임받는 것은 꾀임받는 것이다. 그러다가 뒤집어지면 그게 치욕이 된다."(류영모)

기쁨 성냄 슬픔 즐거움 안 난 대로를 뚫림(中)이라 하고
나되 뚫린 줄 골라 맞춘 것을 곱다(和)[※] 하니라.
뚫림(中)은 온누리(天下) 한 밑둥(大本)이요
곱은(和) 것이 온누리 사무치는(達) 길이니라.

喜怒哀樂之未發 謂之中
희 로 애 락 지 미 발 위 지 중
發而皆中節 謂之和
발 이 개 중 절 위 지 화

곱다(和) 순하고 부드러운 것을 '곱다'라고 한다. 아주 가는 가루를 곱은 가루, 고운 가루라고 한다. 짐승 성질(탐·진·치)을 버린 비폭력 무저항을 말한다.

中也者 天下之大本也
중야자 천하지대본야
和也者 天下之達道也
화야자 천하지달도야

풀이

　희로애락이란 제나(自我)의 감정을 말한다. 그러므로 희로애락이 일어나지 않았다는 것은 제나의 개체(個體) 의식이 깨어져 비었다는 말이다. 이것을 제나의 죽음인 극기(克己)라 한다. 멸망의 생명인 제나는 죽어 비어야 영원한 생명인 얼나가 나타난다. "맘에 잔뜩 하고 싶은 게 있는 사람은 안 된다. 빈 맘이 되어야 한다. 빈 맘은 곧 거기 아버지 계신 데에 간 것이다. 거기와 여기는 떨어진 게 아니다. 극락이란 맘이 빈 지경이다. 맘이 빈 지경에서 손바닥을 한 번 치면 이 사바세계가 곧 극락세계로 변한다고 화엄경(불경)에 쓰여 있다."(류영모)

　희로애락을 일으키는 제나를 거세(去勢)해야 한다. 다시 말하면 제나가 죽어야 한다. 희로애락이 안 일어난다고 잠잘 때에 중(中)에 이르는 것이 아니다. 중(中)은 절대(하느님)에 뚫리는 것이다. 뚫리면 하느님의 생명인 얼(성령)이 통한다. "얼(神)이 통하는 삶을 생명이라고 한다. 생명은 통해야 살고 막히면 죽는다."(류영모) 하느님과 통하는 것이 중(中)이다. 희로애락의 미발(未發)과 이발(已發)을 따지기도 하는 데 미발, 이발이 상관없다. 이발을 하고도 미발 상태에 이르는 것이 중(中)이다. 제나가 살았으면서 죽은 상태에 이르는 것이 중(中)이다. "내 마음은 내가 내어야 한다. 그러기 위해서는 희로애락 따위는 불태워야 한다. 곧 희로애락을 화합시켜 나가는 가운데 길을 가야 한다. 그것은 본디 빈 데서 이루어진 그것이 중화(中和)의 길이다. 이것이 바르게 사는 것이다."(류영모)

제나(自我)의 수성(獸性)이 중(中)인 얼나(성령)의 절제를 받아 화순(和順)을 이룬다. 이를 얼나로 제나의 수성이 절제된다 하여 중절(中節)이라고 말한다. 중절을 이룬 사람이라야 비로소 자율적인 도덕인이 된다. "아버지께서 아들(얼나)을 찾고자 하는 모든 이에게 영원한 생명인 얼나(아들)를 주셨습니다. 얼나는 온몸의 짐승 성질을 다스리는 권능을 가졌습니다."(요한 17 : 2, 박영호 의역) 요한복음 17장 2절이 바로 이 중절(中節)을 말한 것이다. 자율적인 양식(良識)이 세워질 때까지는 타율적인 도덕(法律)이 어쩔 수 없이 필요하다. 맹자의 성선(性善)은 군자의 자율적인 양식을 가리킴이요 순자의 성악(性惡)은 속인(俗人)의 타율적인 도덕인 법률의 필요성을 말한 것이다. 제나의 사람들에게도 본능적인 윤리 의식이 있다. 그것은 동물들에게도 있다. 동물들도 나름대로 짝을 아끼고 새끼를 아끼고 종족을 아낀다. 그러나 거기에는 한계가 있다. 차원 높은 진리와 도덕의식은 절대인 하느님과 뚫려 얼을 받아 지혜의 말씀과 자비의 사랑이 샘솟아야 한다. 중(中)은 외형적으로 말하면 하느님께로 뚫림이요 내용적으로 말하면 얼 받음이다. 얼나를 깨달아 하느님 아들인 성인들의 진리 정신과 자비 정신이 되었다. 그러므로 성인들의 정신이 우주 역사의 존재 가치가 된다. 이것이 없으면 우주 역사의 존재 가치가 없어진다. 그러므로 하느님이신 이 중(中)을 우주의 근본이라 아니 할 수 없다. 중(中)인 얼나에 순치된 제나는 얼나의 말씀과 얼나의 사랑을 이루어 세상에 사무치게 한다. 멀리 예수, 석가의 말씀과 사랑에서, 가까이 톨스토이, 간디의 말씀과 사랑이 세상에 가득 차야 한다. 맹자의 "어진 이에겐 하늘 아래에 미운 놈이 없다(仁者無敵於天下)."라는 말이 천하달도(天下達道)이다.

소로가 말하기를 "하느님의 얼나라의 문을 여는 것보다 더 숭고한 인생의 목적은 없다. 그 목적을 이루려면 가장 어렵고 엄숙한 정신적인 훈련을 견뎌

내야 한다."(소로,《소로의 일기》)라고 하였다. 이 말은 곧 '중용'이 어렵다는 뜻이다.

～

뚫림(中)과 곱음(和)이 같으면
하늘 땅이 자리 잡고
잘몬(萬物)이 자라나느니라.

致中和
치 중 화
天地位焉
천 지 위 언
萬物育焉
만 물 육 언

풀이

　'치중화(致中和)'란 예수가 말한 "아버지께서 내 안에 계시고 또 내가 아버지 안에 있다는 것을 확실히 알게 될 것이다."(요한 10 : 38)와 같다. 아버지와 아들이 진리와 사랑으로 하나가 될 때 이 우주(천지)가 존재하는 의미를 가지게 되고, 만물이 생멸(生滅)의 의미를 지니게 된다. 톨스토이가 하느님이 계심을 믿고 내가 하느님으로 말미암아 존재하는 것을 믿을 때 "주위에 있는 모든 것이 생생하게 소생하여 자기 존재의 의의(意義)를 가지게 되었다. 그러나 하느님의 존재를 의심할 때 또다시 내 내부와 주위에 있는 모든 것이 사멸(死滅)하였다. 그리고 또다시 나는 자살을 기원하게 되었다."(톨스토이,《참회록》)

얼의 나를 깨달아 하느님 속에서 하나인 것을 깨달을 때 이 우주(天地)가 존재하는 데 대하여 감격스런 기쁨을 느끼며 만물이 생육되는 것에 무한한 사랑을 느꼈다는 것이다. 톨스토이의 신앙적인 체험이 그대로 실려 있다. 하느님의 생명인 얼나를 참나로 깨달은 이는 얼나로서 인간적인 경계가 없고, 시간적인 경계가 없고, 공간적인 경계가 없다. 인종의 차이, 세대의 차이, 지역의 차이가 없다는 말이다. 우주인이 되고 곧 하느님 아들이 되는 것이다. "내가 보잘것없는 사람에 지나지 않는다는 생각이 나를 사로잡곤 한다. 그럼에도 우주의 정신은 대체로 나에게 친절하시다. 그 까닭은 나도 모른다."(소로, 《소로의 일기》) 이것은 우주인(하느님 아들)이 된 소로의 생각이다.

2월

중니(仲尼)* 가로되
그이(君子) 줄곧 뚫리고(中庸)
못한 이(小人)는 줄곧 뚫림과는 딴판이니라.

仲尼曰
중 니 왈
君子中庸
군 자 중 용
小人反中庸
소 인 반 중 용

풀이

얼(성령)과 빔(허공)이신 하느님은 없이 계셔 모습(像)만 보이는 사람은 지각할 수가 없다. 얼과 빔이신 하느님의 품속에 있건만 하느님은 없다고 한다. 있다면 우주 속에 있을 것만 같아 속(中)이라 한다.

중니(仲尼) 공자의 자(字). 이름은 구(丘)이다.

지구(地球)의 지각 속에는 용암이 되는 암장이 들어 있다. 그러나 그 누구도 그 속을 들여다볼 수 없다. 그냥 땅의 속이라고 말할 수밖에 없다. 직접 닿을 수 없기 때문이다. 중(中)이란 절대(하느님)인데 상대적 존재로서는 절대에 직접 닿을 수가 없다. 그래서 절대 하느님을 중(中)으로 나타내게 되었다.

또 시간 속에 갇혀 있는 게 사람이라 시간에서 절대이신 하느님을 헤아리면 맨 처음과 맨 마지막을 생각한다. 그러나 영원 절대인 하느님은 시작도 끝도 없다. 상대적 존재인 나의 시작이 되고 끝이 될 뿐이다. 그래서 절대는 시작도 끝도 없는 둥긂(圓)이라고도 한다.

어머니 태집에 있는 태아는 어머니를 보지 못한다. 그러나 어머니를 느낀다. 어느 쪽으로 가도 어머니밖에 없다. 그러니 어머니를 크다고 느낄 수밖에 없다. 상대적 존재인 나는 절대(하느님)의 태집 속에 들어 있는 태아와 같다. 그래서 절대 존재를 느낄 수는 있어도 전혀 볼 수는 없다. 태집을 벗어나지 못하는 태아와 같아 하느님은 그저 영원 무한하여 크다(大)고 할 수밖에 없다.

상대적 존재는 온갖 것이 많이 있으나 없는 것과 같고 절대적 존재인 하느님은 없는 것 같은데 오직 홀로 계신다고 할 수밖에 없다. 그래서 '무(無)'라고 한다.

나를 비롯한 만물은 개체이다. 하느님은 개체를 품은 온통이다. 온통은 온통밖에 없는 하나(一)이다. 그래서 둘 없는 절대인 하나(一)라 한다. 없이 계시는 하느님께서는 내가 기도 명상을 하면 내 마음속에 하느님의 생명인 얼을 주신다. 그것이 예수가 말한 일용할 양식이다. 그게 중용(中庸)이다. '용(庸)' 자는 '경(庚)' 자와 '용(用)' 자가 합쳐져서 이루어진 글자다. '경(庚)'은 영근 쌀을 뜻한다. '용(用)'은 쓰는 것이다. 형이상학적인 일용할 양식인 얼(성령)을 받아서 쓰고 살면 참사람이다. '경(庚)'은 위로 솟고 옆으로 뚫는 것을 나타낸다. 얼로 위로 하느님과 뚫리고 옆으로 이웃과 뚫림이다.

 몸나밖에 모르는 좀사람(小人)은 아직 하느님이 계신 줄도 모른다. 그러나 얼나를 깨달은 이는 얼(성령)을 하느님으로부터 날마다 때마다 받아서 산다. 이것이 중용이다. 몸나밖에 모르는 좀사람은 이 일을 도무지 알지 못한다. 반중용(反中庸)이란 위로 막혀 하느님을 모르고 이웃과 막혀 자기밖에 모른다는 것이다. 이것을 나타낸 글자가 '혹(惑)'이다. 마음이 막히고 닫혀 자기밖에 모르는 이가 반중용이다. 이웃 나라에 공격적인 닫힌 나라를 그린 것이 땅의 나라 '國(국)'이다. 그래서 예수는 내 나라는 땅의 나라가 아니라고 하였다. 그러므로 소로의 말대로 수성(獸性)이 지배하는 땅의 나라는 적게 다스릴수록 좋은 것이다.

그이(君子)에게 줄곧 뚫림(中庸)이란
그이(君子)이므로 때로 뚫음(時中)이요
못한 이(小人)에게 줄곧 뚫림이란
못한 이(小人)이므로 어려움도 꺼림도 없느니라.

君子之中庸也
군 자 지 중 용 야
君子而時中
군 자 이 시 중
小人之中庸也
소 인 지 중 용 야
小人而無忌憚也
소 인 이 무 기 탄 야

풀이

얼로 솟난(重生) 군자는 하느님으로부터 성령을 받는데, 때로 받는다. 이를 '때로 뚫림(時中)'이라 하였다. 때가 한정되어 있지 않고 언제 어느 때가 될지 모르게 수시로 받는다(뚫린다). 예수가 그리스도(성령)는 때 없이 도둑처럼 온다는 것도 이 시중(時中)을 말한다. 마하트마 간디는 그의 《날마다의 명상》에서 말하기를 "삶의 모든 순간마다 번쩍 깨어 있지 않으면 진리(성령)는 결코 얻을 수 없다."고 하였다. 이것도 시중을 말한 것이다. 이제 여기라는 순간에 온통이신 하느님을 만나는 것이 시중이다. 류영모는 이렇게 말하였다.

■ 현재를 깊이 알아야 한다. 거룩한 생각이 자꾸 나와야 한다. 영원한 생명(얼나)이 있다는 것을 미신적으로 망상해서는 안 된다. 지금 내게서 나오는 생각이 자꾸 흘러나와서 사상(思想)의 바다가 된다는 것을 알아야 한다는 이 생각 때문에 얼의 바다, 얼의 나라를 믿는 것이다. 내 속에서 말이 자꾸 나온다. 그것을 보아서 말씀의 나라가 있는 것을 믿는 것이다.

지구의 지각 속에 있는 용암이 화산이 되어 폭발해 나오듯 하느님의 생명인 얼이 말씀이 되어 내 마음속에서 터져 나온다. 그것이 '카이로스(kairos)'이고 '모크샤(moksha)'이고 '가온찍기'이니 곧 시중(時中)이다.

'소인지중용야(小人之中庸也)'에 '반(反)'이 빠져 있는데 주희는 넣어서 읽었다. 왕숙(王肅)의 주석본에 반(反)이 들어 있고 정자(程子, 정이천)도 그렇게 생각하여 주희도 이를 따른다고 하였다. 류영모는 '반(反)'이 없는 원문 그대로 옮겼다. 이러나저러나 뜻은 같다. 얼나를 깨닫지 못한 이(小人)는 어버이 없는 자식과 같아 제멋대로다. 어려움도 거리낌도 없이 파렴치한 짓을 함부로 저지른다. 류영모는 이런 말을 하였다.

■ 흔히 몸을 위해서는 다부지게 사는 사람이 많다. 그 대표적인 예가 소매치기, 사기꾼, 깡패, 그리고 브로커를 비롯한 이권 운동을 하는 사람들일 것이다. 그러나 우리는 참나를 가지고 다부지게 살아보자. 다부지게 살려면 자기 생각을 분명히 지녀야 한다. 생각을 떠나지 않고 생각으로써 싸워 나가야 한다. 이 세상에서 다부지게 살려고 하지 않으면 정말 아무것도 못 된다. 다부지게 살아보자는 것이야말로 올바른 실존 철학일 것이다.

얼나의 깨달음이 군자의 중용이고 제나의 왕국(邪敎)을 만드는 것이 소인(小人)의 중용이다. 혼자 거룩한 체하면서 못할 짓이 없다.
　현대에서 성자 소리를 들은 이가 톨스토이와 마하트마 간디이다. 톨스토이와 간디가 지극히 존경한 이가 바로 소로이다. 그러한 소로가 거침없이 욕설을 내뱉은 일이 있었다. "오늘 자유의 몸인 유색인 여인이 우리 집에 묵고 있다. 그녀가 북부에 온 이유는 버지니아 노포크(Norfolk)에서 무어라는 사람의 노예로 있는 남편의 몸값을 얻기 위해서였다. 그녀는 남편이 더는 남쪽 지방으로 팔려 가지 않도록 하려고 무어를 설득하여 남편을 사려고 했다. 무어는 6백 달러를 주고 그를 샀음에도 그녀에게 8백 달러를 요구했다. 나도 자연히 무어가 우리 지역에서 가장 비열한 자보다 더 비열한 자라는 생각을 하지 않을 수 없었다. 나는 이렇게 욕해본다. 노예주처럼 비열한 놈."(소로, 《소로의 일기》)

이(子)[※] 가로되
줄곧 뚫림(中庸) 그뿐이거늘
백성이 못한 지 오래구나.

子曰
자 왈
中庸其至矣乎
중 용 기 지 의 호
民鮮能久矣
민 선 능 구 의

풀이

   같은 뜻의 글이 《논어》 옹야 편에도 나오는데, 《논어》에는 '중용지위덕야(中庸之爲德也)'로 나와 있다.

───────────────────────────────

이(子) 류영모는 스승이란 뜻을 지닌 '자(子)'를 '이'로 옮겼다. 이응(ㅇ)이 없는 'ㅣ'로 썼다. 사람이 바로 선 모습이 'ㅣ'다. 영어에 '나'라는 단어도 'I(아이)'다. 하늘로 머리 두고 곤추선 이는 입지(立志)한 사람이다. 그이, 저이 하듯이 '이'를 사람을 높인 말로 쓰자고 하였다.

얼나(靈我)로 '진·선·미'를 구현하며 사는 이는 중용(中庸)하는 이요. 몸나로 '탐·진·치'를 저지르며 사는 이는 중용을 못하는 이다. 이 관계를 류영모는 이렇게 말하였다.

■ 이 고깃덩어리 몸은 온통 죄악이다. 깜짝 정신을 못 차리면 내 속에 있는 얼나(독생자)를 내쫓고 이 죄악의 몸뚱이가 차지하게 된다. 그러므로 사람은 얼로 깨지 않으면 멸망해버린다. 이 몸뚱이는 멸망하고 만다. 그런데 내 속에 죽지 않는 얼나(독생자)가 있어 영생한다. 몸나는 죽지만 '믿음의 나'가 산다는 것이다. 영생이란 몸나와는 상관없다. 위에서 오는 믿음이 영생하는 것이다. 이 몸은 죽는다. 신앙이 뭔지 모르지만 이 신앙이 산다는 것이다. 이 신앙은 내게는 신앙이지만 위에서 오는 성령이 믿음을 일으킨다.

중용(中庸)은 하느님과 얼로 통해 거룩한 생각을 하는 것이다. 그 이상은 없다. 또 류영모는 이렇게 말하였다.

■ 이 세상에 신통한 일이란 없다. 그런데 하느님의 얼이 통하면 시원하다. 내가 생각을 했는데 나도 모르는 것을 보면 내 생각도 하느님으로부터 오는 것 같다. 나오기는 나에게서 나오는데 오기는 하느님으로부터 온다. 나오는 것은 생각이고 오는 것은 생명(얼)이다. 얼생명으로 온 것이다. 얼나이기 때문에 나지 않고 죽지 않는 영원한 생명이다.

그런데 사람들이 이것을 못한 지 오래임을 통탄하는 것이다. 류영모는 사람들의 무지를 안타깝게 생각하였다.

■ 백성은 깨닫는 것이 아니다. 그저 좋다면 이리 가고 저리 가고 하는

것이다. 남이 하는 짓은 빠지지 않고 죄다 한다. 그러나 뭔지 모르고 한다. 민주(民主)가 되려면 깨닫는 사람의 수효가 많아야 한다. 이 대중이란 삶의 뜻은 생각지도 않고 그저 좋다니까 한다는 것이다. 세상 사람들의 마음을 보니 진리를 따르는 이는 없고 다 가짜 문명이라는 빛에 홀려 정신이 나간 것 같다. 이에 참으로 진실한 한 점(얼나) 마음으로 하느님께 제사 드리고 싶은 것은 모든 인류가 하느님의 의로 모두가 마음속의 진리의 한 점(얼나)을 깨치고 나오기를 빌 뿐이다. 이런 세상이 하느님의 말씀을 들을 리가 없다. 그것은 난 데가 다르기 때문이다. 이 땅 위에 짐승인 몸나로 사는 이는 하느님의 말씀을 모른다. 얼나를 깨달아 진리 정신이 풍부해지면 진리의 정신을 일으키는 얼나가 참나다. 우리는 이미 정신 세계에서 하느님과 연락이 끊어진 지 오래이다. 그리하여 사람들이 이승의 짐승이 되었다. 우리들이 산다고 하는 몸뚱이는 혈육의 짐승이다. 질척질척 지저분하게 먹고 싸기만 하는 짐승이다. 하느님으로부터 성령을 받아 몸나에서 얼나로 솟날 때 비로소 사람이 회복된다.

그러나 짐승인 제나로 사는 사람들은 얼나를 깨달은 하느님 아들들이 깨우치고 사랑할 대상이다. 그래서 노자가 말하기를 "착한 사람은 착하지 않는 사람의 스승이요 착하지 않은 사람은 착한 사람의 밑감(자료)이라, 그 스승을 귀히 여기지 않고 그 밑감을 사랑하지 않으면 비록 슬기로워도 크게 헤매는 것이다."(《노자》, 27장)라고 말하였다.

4월

이(子) 가로되
길 못 가는 것을
나 알았다.
슬기로운 이 지나쳐 가고
어리석은 이 못 미쳐 가는구나
길 안 밝은 것을
나 알았다.
닦아난 이(賢者) 지나쳐 가고
같지 못한 이(不肖者)
못 미쳐 가는구나

子曰
자 왈
道之不行也
도 지 불 행 야

我知之矣
아 지 지 의

知者過之
지 자 과 지

愚者不及也
우 자 불 급 야

道之不明也
도 지 불 명 야

我知之矣
아 지 지 의

賢者過之
현 자 과 지

不肖者※
불 초 자

不及也
불 급 야

풀이

이 글에서 '도(道)'는 하느님이신 천도(天道)가 아니라 세상 나라를 바로 다스리는 선정(善政)을 말한다. 공자가 '정(政)'은 '정야(正也)'라 하였다. '정(政)' 자도 '정(正)'을 '잡는다(手)'는 회의 문자다. 공자가 자주 말한 "방유도(邦有道)", "방무도(邦無道)"라 할 때의 '도(道)'와 같은 뜻이다. 공자가 말한 "조문도 석사가의(朝聞道 夕死可矣)."(《논어》, 이인 편)의 '도(道)'는 절대(하느님) 도(道)이다. 아침에 하느님으로부터 들리는 성령의 말씀을 들으면 저녁에 이 몸뚱이는 죽어도 좋다는 뜻이다. 바꾸어 말하면 아침에 얼나를 깨

불초자(不肖者) '초(肖)'는 '닮을 초' 자다. 즉 '불초자'는 아버지를 닮지 않은 불효자란 뜻이다. 같지 않은 이, 같잖은 이, 곧 못난이다.

달으면 저녁에 제나는 죽어도 좋다는 뜻이다. 사실은 제나가 먼저 죽어야 얼나를 깨닫게 된다. 이것이 석가가 말한 '고집멸도' 사성제이다.

그러므로 이 글에서 '지나쳐 간다'는 지자(知者)·현자(賢者)는 절대(하느님)에서는 결코 지나쳐 간 이들이 아니다. 절대(道)에는 지나쳐 가는 일이 없다. 예수, 석가처럼 지극한 이들이 어디 있는가. 그러나 우리는 예수, 석가를 지나쳐 갔다고 하지 않는다.

여기에서 지나쳐 간다는 말은 노자(老子) 사상의 무리, 곧 《논어》에 나오는 은자들을 두고 하는 말이다. 공자가 말한 광자(狂者), 견자(狷者)들이다. 나라를 바로잡아보려고 노력하지 않으려는 숨은 이들을 가리킨다. 은자들은 애써봐야 뜻대로 안 되는 일을 왜 어리석게 하려느냐는 것이었다. 그들은 헛되게 애쓰는 공자를 어리석게 보았다. 은자들의 생각이 옳았다. 말이 좋아 주유천하(周遊天下)지 공자는 14년의 세월을 허송하였다.

공자 말하기를, "가운데로 가려(中行)는 이를 만나 함께하지 못하면 지나친 광견(狂狷)자와 더불겠다. 광자(狂者)는 진리를 향해 나아가고 견자(狷者)는 나쁜 짓은 하지 않는다."(《논어》, 자로子路 편)라고 하였다. 공자는 은자들을 존경하였다. 다만 숨어 살며 나라의 정치를 바로 잡아보겠다는 생각이 없는 것을 못마땅하게 여겨 그들을 두고 지나치다고 말하였던 것이다. 그러나 공자의 생각이 모자랐다는 것은 오늘에 와서는 분명하다. 공자가 정치를 해보려고 앉을 자리 더울 겨를 없이 수레를 타고 천하 여러 제후를 찾아다녔지만 공자를 써주는 제후가 없었다. 그러니 은자들의 생각이 더 현명하였다고 하지 않을 수 없다. 공자가 말한 '부득중행(不得中行)'의 '중(中)'은 중용(中庸)의 '중(中)'과는 상관이 없다. 정치를 바로잡는 것이 사람으로서의 사명이요 보람이라고 여긴 공자 자신의 인생관·세계관을 중(中)이라 생각한 것이다. 류영모도 말하기를 "중국의 공자와 맹자는 사람들의 살림(政治)을 바로잡아보자는 것이 목적이었다. 그 시대에는 이에 열성을 띤 활동이 있었다."라고 했다.

그러므로 여기에 못 미치는(不及) 어리석은 이(愚者) 같지 않은 이(不肖子)는 정치를 맡고 있는 왕을 비롯한 제후 대부들을 말한다. 임금들이 선왕인 요·순이나 문왕·무왕을 닮지 못한 못난이(不肖子)들이라는 것이다. 그리고 왕이나 제후를 바로 이끌지 못하는 어리석은 재상들이요 대부라는 것이다. 같잖은 임금에 어리석은 재상이라는 말이다. 그들 때문에 바른 정치가 행해지지 않고 정의(正義)가 불명(不明)하게 되었다는 뜻이다.

맹자가 말하기를 "공자가 어찌 가운데 길(中道)을 가고자 바라지 않았겠는가. 꼭 얻지 못하여 그 다음을 생각한 것이다(孔子豈不欲中道哉不可必得故思其次也)."(《맹자》, 진심 하편) 여기에서 말하는 중도(中道)도 중용(中庸)과는 관계가 없는 정치하는 벼슬길을 말한 것이다.

예수, 석가처럼 엄격하게 정치를 멀리하는 것이 더 옳은가? 공자나 노자처럼 정치에 관심을 갖는 것이 더 옳은가? 예수, 석가처럼 정치를 멀리하는 것이 옳다고 생각한다. 권력은 짐승 성질(獸性)의 소산이라 근본이 폭력적이다. 그러므로 대개는 탐·진·치의 수성이 월등하게 센 이들이 권좌에 오르게 되어 있다. 그리고 그 둘레에도 그 비슷한 이들이 몰려든다. 공자와 맹자가 월등한 정치 철학과 정책을 알고서도 실행할 수 없었던 것은 음흉하고 포악한 이들에게 밀린 것이다. 땅의 나라 국가를 원천적으로 죄악시한 톨스토이가 미국의 에이브러햄 링컨을 극찬하였다. "역사상 위대한 영웅들과 위인들이 많이 있었지만 진정한 거인은 링컨 한 사람밖에 없습니다. 그는 자기를 미워하고 죽이려던 원수들까지도 용서하고 형제처럼 대하며 사랑의 손을 내밀었습니다. 링컨은 마치 예수 그리스도의 축소판이라고 할 수 있습니다. 그의 미소는 따사로운 햇살같이 빛났으며 그의 행동은 바위처럼 단단했고, 그의 인품은 친절과 관용으로 넘쳤습니다. 우리는 모두 링컨을 인류 역사상 가장 위대한 성자로 영원히 기억할 것입니다."(전광,《백악관을 기도실로 만든 대통령 링컨》)

안 먹고 안 마시는 이 없건마는
바로 맛 알 이가 적구나.

人莫不飮食也
인 막 불 음 식 야
鮮*能知味也
선 능 지 미 야

풀이

　안 먹고 안 마시는 이 없건마는 바로 그 맛을 알 이가 적다는 말은 알맞은 말이 못 된다. 사람들이 너무도 식색(食色)의 맛에 붙잡혀 있어서 인생이란 무엇인가 하는 삶의 뜻맛(意味)을 찾을 생각조차 못하고 있다. 그래서 식도락(食道樂)이라는 말이 있지만, 음식 맛을 제대로 알려면 금식을 하든지 절식을 해야 한다. 자꾸 먹어대면 맛있는 것도 맛이 없어진다. 로마 사람들은 식도락에 빠져 배가 부르면 새의 깃털로 목구멍을 간질여 토한 뒤에 또 먹었다고 한다. 그 짓을 하다가 나라가 망하였다. 음식의 맛보다는 삶의 맛을 바로 알아야 한다. 몸나의 삶 맛은 쓰고 쓴 괴롬이다. 그러나 얼나의 삶맛은 기쁨이다. 얼나의 삶맛을 모르고 사는 이를 석가는 무명(無明)이라 하였고 쇼

선(鮮) 적다.

펜하우어는 맹목(盲目)이라 하였다. 이 말은 탐·진·치의 몸나를 참나로 아는 착각에 빠져 있어 깜깜 어둡다는 것이다. 참나인 얼나를 깨닫는 견성득도(見性得道)를 하면 그 법열(法悅)의 맛이 일생 동안 황홀하다. 이 법열의 맛은 제나(自我)가 죽는 멸아극기(滅我克己)의 맛이요 견성득도의 맛이다. 두 맛이 한 맛이다.

■ 이 껍데기 몸으로 말하면 어쩔 수 없이 어머니의 모태에서 나왔다. 이 몸은 땅에서 나와 땅으로 간다. 위에서 온 얼은 위로 간다. 하느님이 영원하면 얼나로는 영원하다는 생각을 가져야 한다. 하느님이 보내시는 성령이 나의 영(얼)이다. 나는 제나의 죽음 맛 좀 보고파 그런데 그 죽음 맛을 보기 싫다는 게 뭔가. 이 몸을 벗어던지고 얼은 들려야 한다. 하늘에서 온 얼은 하늘(절대)에 올리우고 땅에서 온 몸은 땅(상대)에 떨어지는 것이다. 그러나 여기 있는 동안에는 땅의 일을 충실히 해야 한다. 나는 다음에 대학생이 될 테니 유치원 일은 안 한다고 해서는 안 된다.(류영모)

참되게 살려는 이는 제나의 죽음 맛을 기뻐한다. 제나의 죽음 뒤에 얼나의 솟나는 기쁨을 맛볼 수 있기 때문이다.

석가처럼 얼나(道)를 깨닫는 기쁨을 맛보면 오욕(五欲)의 즐거움이 아무것도 아닌 것을 알게 된다. 그런데 사람들은 개미가 꿀단지에 모여들듯 오욕의 맛에만 빠져든다. 노자가 말하기를 "음악과 음식은 나그네의 발걸음을 멈추게 하지만 도(道)가 나오는 입은 심심하여 맛이 없다며 보아도 보잘 게 없고 들어서 듣잘 게 없다고 한다."(《노자》, 35장) 노자는 또 다섯 빛깔에 홀리며 얼눈을 뜨지 못하고 다섯 소리에 빠지면 얼귀가 막히고 다섯 맛에 반하면 얼맘이 닫힌다는 것이다(《노자》, 12장). 제나 감각을 부정해야만 얼나가 드러난다는 말이다.

이(子) 가로되
길(道) 그 가지를 못할까 보다.

子曰
자 왈
道其不行矣夫
도 기 불 행 의 부

풀이

　류영모는 이 세상에 이상향(유토피아)을 세우자는 것은 어리석은 생각이라고 말하였다. 그렇게 되는 세상이 아니라고 하였다. "이 세계는 말기다. (그만두라는 것이다.) 애초에 최초(하느님)의 의지가 조금 하다가 말자고 시작한 것이다. 우리의 할 일은 말라, 말자 하려고 나온 거다. 이 세계는 소극적으로 생긴 거다. 자꾸 번성해 나가자고 있는 게 아니다. 마침내는 말자고 생긴 세상이다. 어떤 결과를 보자고 된 세상이 아니다. 이렇게 얼굴이 쭈그러들듯이 이 세상은 그런 것이다. 그러니 아멘 할 수밖에 없다." 그렇다고 아예 포기하여서는 안 된다고 말하였다. 되는 듯하다가도 안 되고 안 되는 듯하다가도 되는 세상이라고 말하였다.

"현실적으로는 비관적이고 신앙적으로는 낙관적이다."라는 슈바이처의 말은 정곡을 찌른 바른말이라고 생각된다.

예수도 말하기를 "이 세대가 왜 이다지도 믿으려 하지 않고 비뚤어졌을까? 내가 언제까지나 너희와 함께 살며 이 성화를 받아야 한단 말이냐?"(마태오 17：17) "마치 장터에서 편 갈라 앉아 서로 소리 지르며, '우리가 피리를 불어도 너희는 춤추지 않았고 우리가 곡을 하여도 너희는 울지 않았다.' 하는 아이들과도 같다."(루가 7：32)

공자도 말하기를 "나는 성인을 보지 못하였다. 군자라도 만나보았으면 좋겠다. 나는 선한 사람을 보지 못하였다. 한결같은 이라도 만나보았으면 좋겠다(聖人吾不得而見之矣 得見君子者 斯可矣 善人吾不得而見之矣 得見有恒者 斯可矣)."(《논어》, 술이 편) "나는 아직 인(仁)을 좋아하고 불인(不仁)을 미워하는 이를 못 보았다(我未見好仁者惡不仁者)."(《논어》, 이인 편)

석가도 각도(覺道)한 직후에 혼자 이런 생각을 한 적이 있다. "생로병사(生老病死)의 몸나에 붙잡혀 있는 중생들에게 나지 않고 죽지 않는 영원한 생명이 있다는 것을 어서 빨리 일러주어야 하겠다. 그러나 중생들이 이 깊은 묘법을 알아듣기보다는 오히려 말하는 나를 박해하여 그들로 하여금 깨달은 이(불타)를 박해하는 큰 죄를 더 짓게 할 뿐이 아니겠는가. 차라리 전도 설법을 그만두고 조용히 혼자 살다가 죽는 것이 낫지 않겠는가." 사람들이 어찌하여 진리의 말씀을 듣고 깨닫지 못하는가. 몸나에 붙잡혀 몸나를 참나로 알기 때문이다. 마하트마 간디는 "우리가 육체적이기 때문에 하느님의 신격에 관한 개념을 가질 수 없다."(간디, 《날마다의 명상》)고 말하였다.

6월

이(子) 가로되
순(舜)은 그 큰 슬기로다.
순은 묻기를 좋아하고 가까운 말을 잘 살펴서
몹쓸 것(惡)은 덮어두고 잘함(善)을 드러내서
그 두 끝이 잡힌 데서
그 바로 뚫림을 백성에게 쓰니
그 이로써 순임금 됨이니라.

子曰
자 왈
舜 其大知也與
순 기 대 지 야 여
舜 好問而好察邇言*
순 호 문 이 호 찰 이 언
隱惡而揚善
은 악 이 양 선
執其兩端
집 기 양 단

用其中於民
용 기 중 어 민
其斯以*爲舜乎
기 사 이 위 순 호

풀이

　우(虞)나라 순(舜)임금은 기원전 5000년~기원전 2500년 사이에 있었던 것으로 추정되는, 중국 황하 유역에서 일어나 채도(彩陶)를 사용했던 양사오 신석기 문화 시대의 사람이다. 중국이 역사 시대로 들어오는 데 문화적 위인들로 일컬어지는 삼황오제(三皇五帝)의 마지막 인물이다. 역사적으로 구약 성경에 나오는 몇백 년씩 살았다는 노아의 할아버지 므두셀라와는 달리 신빙성이 있다고 보고 있다. 순임금은 지금으로부터 적어도 4천2백 년 전 사람이다. 우리나라 단군왕검 시대와 맞먹는다. 제정일치(祭政一致) 시대의 지도자다. 순은 농사짓고 도기 굽는 농부였는데, 어진 인품이 소문이 나 요임금에게 후계자로 뽑혔다. 순임금도 치수(治水)에 공이 많은 우(禹)에게 제위를 물려주었다. 이러한 덕치(德治) 시대를 높이 사서 요순시대는 중국 역사상 이상(理想) 시대의 본보기가 되었다. 그래서 공자, 맹자도 입만 열면 요순이라 하였던 것이다.

　공자가 순임금을 기리며 말하기를 "임금답도다. 순(舜)이여 높고도 크도다. 천하를 차지하였건만 아랑곳없는 듯하였다(君哉舜也 巍巍乎有天下而不與焉)."(《논어》, 태백 편, 《맹자》, 등문공 상편) 맹자는 순을 동이(東夷) 사람이라고 하였다. 순 시대에 치수를 하던 우가 황하 지류인 낙수(洛水)에서 등에 낙서(洛書)를 업은 거북이가 나왔다고 하는데, 《천부경(天符經)》에

이언(邇言)　가까운 사람들이 흔히 쓰는 말.　　**사이**(斯以)　이로써.

낙서(洛書)가 나오니 무슨 연관이 있는지도 모르겠다. 순이 한(漢)족이면 어떻고 한(韓)족이면 어떠하리요만 밝힐 수만 있다면 사실은 사실대로 밝혀지는 것도 나쁘지 않다.

맹자는 순에 대하여 이렇게 말하였다. "자로(子路)는 남이 제 허물을 일러주면 기뻐하였다. 우 임금은 좋은 말을 들으면 절을 하였다. 순(舜)은 크신이라 선(善)을 사람들과 함께 하여 내 고집을 버리고 남을 따랐다. 남의 좋은 점을 본받아 선(善)을 하기를 기뻐하였다. 밭 갈고, 질그릇 굽고, 고기잡이하던 그런 시절부터 임금이 될 때까지 어느 것 하나 사람들에게서 본뜨지 않는 것이 없었다. 사람들에게 본떠 선(善)을 하는 이것이 사람들과 함께 선을 하는 것이니 군자에게는 남들과 더불어 선을 하는 것보다 큰 것이 없다(君子莫大乎與人爲善)."(《맹자》, 공손추公孫丑 상편) 이렇게 선(善)을 찾아가는 것이 곧 도(道)이신 하느님께로 올라가는 것이다. 그러니 큰 슬기(大智)인 것이다. 순이 잘 묻고 예사로운 여느 말을 살피는 것은 선(善)을 찾는 것이다. 남의 악을 감추어주고 남의 선을 드러내 주는 것도 책선(責善)을 위해서인 것이다. 맹자도 순의 구선(求善)은 막았던 강을 끊은 것처럼 쏟아져 내렸다고 말하였다. "집기양단 용기중어민(執其兩端 用其中於民)"의 뜻을 바로 알아야 한다.

두 끝을 잡는다는 말의 '두 끝'이란 무엇인가. 사람에게 한쪽 끝이 삶이라면 한쪽 끝은 죽음이다. 생사(生死)의 두 끝을 잡아 젖히면서 뛰어오르면 생(生)도 아니고 사(死)도 아닌 생사를 뛰어넘은 얼(靈)이 나온다. 얼이 중(中)이다.

자연에서 두 끝은 한쪽 끝이 음(陰)이면 한쪽 끝이 양(陽)이다. 두 끝의 음양을 잡아 젖히면서 뛰어오르면 음도 양도 아닌 태극(太極)이 된다. 태극이 음양의 중(中)이다. 이것이야말로 정반합(正反合)의 참 변증법이다. 얼(靈)로 백성을 다스리고 태극(太極)으로 백성을 다스린다는 것이다. 그것이 중

어민(中於民)이다. 그래서 공자가 말하기를 "함 없이 사람 다스리기는 순인 저!(無爲而治者 其舜與)"(《논어》, 위령공 편). 하느님의 도(道)로 다스려 인위(人爲)가 없으니 무위(無爲)다. 하느님의 말씀인 중(中)이 도(道)다. 무위(無爲)는 사람이 제나의 욕심에서 하는 것이 아니라 얼나의 뜻으로 하는 것이다. 다시 말하면 짐승 노릇인 탐·진·치의 삼독(三毒)을 하지 않는 것이 하지 않음(無爲)이고, 또한 하느님 아들 노릇인 진·선·미의 삼덕(三德)을 하는 것이 무위(無爲)다. 톨스토이는 노자의 무위 사상에 감동하였다. 그런데 공자도 무위를 말하고 있는 것이다.

생(生)과 사(死)의 제나를 넘어서 얼나로 사람들을 교화한다면 이것은 예수가 말한 하느님 나라(天國)요 석가가 말한 깨달음의 나라(佛國)이다. 백성을 강압하고 착취하며 이웃 나라와 갈등하고 전쟁하는 짐승의 나라가 아닌 것이다. 톨스토이는 공자나 노자의 성인 정치가 이루어질 때 적어도 백성들에게 유해(有害)하지 않고 유익(有益)할 수 있다고 말하였다. 류영모는 이렇게 말하였다.

■ 이 씨알(民)을 위함이 하느님 위함이다. 이 소자 중에 가장 작은 자에게 한 것이 내게 한 것이다. 백성을 모른다 하면서 하느님만 섬긴다 함도, 하느님을 모른다 하고 백성만 위한다 함도 다 거짓이다. 이 시대가 민주주의 시대가 되어서 처음부터 마음이 민주가 되어야 한다. 씨알이 나라의 임자가 된 것은 천의(天意)요 천도(天道)이다.

옛날 임금들이 본받아야 할 임금이 요임금과 순임금이었다면, 오늘날 대통령이 본받아야 할 대통령은 미국의 링컨 대통령이다. 링컨은 참으로 어렵게 4백여만 명이나 되는 (당시 미국 인구는 3천1백만 명) 흑인 노예들이 자유인으로 살 수 있게 하였다. 링컨은 1863년 1월 1일 노예 해방령을 선포한 뒤리치먼드를 방문하게 되었다. 한 흑인이 링컨 대통령 앞으로 다가와 무릎을 꿇고서 그의 발에 입을 맞추며 최상의 경의를 표하며 "대통령 각하, 당신은 우리를 노예의 족쇄에서 풀어 준 해방자이시고 구세주이시고 모든 노예들의 아버지이십니다. 우리 모두는 당신께 진심으로 감사와 영광을 드립니다."라고 말했다. 링컨은 무릎을 꿇은 흑인을 일으켜 세우며 이렇게 말하였다. "어서 일어나세요. 사람에게 무릎을 꿇는 일은 옳지 않습니다. 하느님께만 영광을 올리십시오. 여러분에게 자유를 주신 분은 하느님이십니다. 저는 단지 이 일을 위해 쓰인 도구에 불과합니다. 이제부터 여러분은 하느님께서 주신 자유와 권리를 가지고 가정과 나라와 하느님을 위해서 열심히 일하시면 됩니다."(전광, 《백악관을 기도실로 만든 대통령 링컨》)

7월

이(子) 가로되 사람들이 다 말하기를
내가 (짐승이 치일) 덫과 (짐승이 빠질) 구렁 속으로 몰아넣을 줄 안다고 하는데
그 (먼저 사람이) 거기 안 빠지게 할 줄은 모르는구나.
사람들이 다 말하기를
내 아노라 하지만 줄곧 뚫림에서 고른 것을
달포(期月)도 못 지키는구나.

子曰
자 왈
人皆曰
인 개 왈
予知 驅而納諸* 罟擭*陷穽*之中而
여 지 구 이 납 저 고 화 함 정 지 중 이

저(諸)　지어(之於)를 줄여 저(諸)로 대신한다.
고화(罟擭)　그물이나 나무로 만든 덫.
함정(陷穽)　빠지는 구덩이.

莫之知避*他
막 지 지 피 타

人皆曰
인 개 왈

予知 擇乎中庸而
여 지 택 호 중 용 이

不能期月*守也
불 능 기 월 수 야

풀이

사람은 덫을 놓을 구렁을 파서 짐승을 잡는 약은 꾀를 쓴다. 그런데 사람 저희는 식(食)의 덫에 걸리고 색(色)의 구렁에 빠져 죽어가고 있다. 이런 사람들이 미련퉁이지 슬기롭다고 할 것이 무엇인가.

중국 하(夏)나라의 걸(桀), 은(殷)나라의 주(紂) 임금만이 주지육림(酒池肉林)으로 식(食)의 덫에 걸리고 경국지미(傾國之美)의 색(色) 구렁에 빠져 죽었는가. 그 바로 뒤에 주(周)나라 여왕(厲王)과 유왕(幽王)이 또 그 어리석은 짓을 하였다. 그 뒤로도 수많은 위정자들이 식과 색으로 멸망하였다. 어찌 임금들만이겠는가. 관리는 관리대로 백성은 백성대로 식색(食色)의 덫에 치이고 구렁에 빠져 죽어갔다. 오늘날도 마찬가지다. 어떤 이는 자신은 하느님의 얼숨을 쉬는 중용(中庸)으로 하느님 아들(君子)의 길을 걷는다 하고도 한 달이 못 되어 식색의 지옥에 갇히고 만다.

삼국지(三國志)로 유명한 촉(蜀), 오(吳), 위(魏)나라 가운데 유비의 촉나라가 가장 먼저 망하고 다음에 조조의 위나라가 사마의(司馬懿) 후손에게 나라를 빼앗겨 진(晉)나라가 되었다. 진나라가 오나라를 멸하여 천하를 통일하

피(避) 피하다.   **기월**(期月) 꽉 찬 한 달.

였다. 천하를 통일한 것은 진나라 무제(武帝) 사마염(司馬炎)이다. 사마염이 제위에 오른 초기에는 왕도(王道)를 따르겠다고 하여 사치를 멀리하고 검약한 기풍을 기르고자 하였다. 꿩의 털로 짠 값비싼 가죽털옷인 치두구(雉頭裘)를 진상 받자 사치품이라 하여 대주전 앞에서 불태웠다. 그러던 무제가 얼마 못 가서 사치와 방종에 빠져 1만 명이나 되는 미녀들을 후궁에 불러들였다. 미녀들이 너무 많아 황제 자신도 어느 미녀를 골라야 할지 모른 채 날마다 양이 끄는 수레를 타고 다니다가 양이 멈추는 곳의 후궁 처소에 들러 식사를 하고 그곳에서 밤을 지냈다. 후궁들은 1만 대 1의 경쟁 속에서 황제의 사랑을 차지하려고 눈에 보이지 않는 불꽃 튀는 경쟁을 벌였다. 그리하여 후궁들은 자기들이 거처하는 처소 문 앞에 수레를 끄는 양이 좋아하는 대나뭇잎을 꽂거나 소금을 뿌렸다.

  무제는 중용(中庸)을 이룬 것이 아니라 중용 흉내를 내려 한 것이다. 하느님으로부터 성령을 받은 이라면 한 달이나 일 년을 지내고 그만두는 일은 없다. 몸의 숨이 끊어질지언정 성령이 끊어지지는 않는다. 그것을 옛사람으로는 공자·맹자·노자·장자·예수·석가에게서 보았다. 가까운 사람으로는 톨스토이·간디·류영모에게서 보았다. "우리가 하느님을 부르는 것은 잊지 않게 하기 위해서다. 순간이라도 하느님을 잊으면 그 틈으로 다른 생각이 들어오기 때문이다. 잊지 않으려고 하느님을 찾고 기도를 한다."(류영모)

8월

이(子) 가로되
회(回)*의 사람됨이
줄곧 뚫린 데서
한 잘함(善)을 얻으면
주먹을 부르쥐고 속에 넣어 가지고 잃지 않더니라.

子曰
자 왈
回之爲人也
회 지 위 인 야
擇乎中庸
택 호 중 용
得一善
득 일 선
則拳拳*服膺*而弗失之矣
즉 권 권 복 응 이 불 실 지 의

회(回) 공자의 수제자 '안연(顔淵)'을 가리킴.   **권권**(拳拳) 주먹을 쥐고 안 놓음.
복응(服膺) 가슴에 품다. '권권복응'은 늘 마음에 두고 받들어 지닌다는 뜻이다.

풀이

《논어》에서 공자는 제자 가운데 덕행(德行)으로는 안연, 민자건(閔子騫), 염백우(冉伯牛), 중궁(仲弓)을 치고, 말하기로는 재아(宰我), 자공을 들었고, 정치로는 염유, 자로를 들었고 글로는 자유, 자하를 들었다. 이들을 공문(孔門)의 십철(十哲)이라고 한다. 십철 가운데서도 안회만이 거의에 이르렀다고 공자는 말하였다.

애공(哀公)이 공자에게 "제자 가운데 누가 학문을 좋아합니까?" 하고 물었다. 공자 대답하기를 "안회(顔回)라는 제자가 있었는데 학문을 좋아하고 노여움을 옮기지 아니하고 같은 잘못을 두 번 하지 않았다. 불행하게 목숨이 짧아서 죽고 지금은 없다. 그러고는 학문을 좋아한다는 이를 듣지 못하였다."(《논어》, 옹야 편)라고 말하였다.

또 공자는 안회를 이렇게 칭찬하였다. "어질고나 회(回)는. 한 그릇 밥과 한 쪽박의 물을 마시고 지저분한 거리에서 살았으니 다른 사람들이라면 그 근심을 견디지 못하였으련만 회는 거침없이 즐겼으니, 회는 어질도다."(《논어》, 옹야 편) 다른 제자들에게는 칭찬하기를 아끼는 공자인데 안회에게만은 칭찬하기를 아끼지 않았다. "말하고 게으르지 않은 이가 안회이다."(《논어》, 자한 편) "안연은 내가 나아가는 것은 보았지만 멈추는 것은 보지 못하였다."(《논어》, 자한 편) "안회는 내 말에 기뻐하지 않는 데가 없었다."(《논어》, 선진 편)

공자가 제자들과 함께 광(匡) 땅에서 수난을 당한 일이 있었다. 제자들이 뿔뿔이 흩어졌다가 모였는데 안회가 보이지 아니하였다. 걱정을 하고 있는데 뒤에서 안회가 나타났다. 공자가 반가워하면서 그대가 죽은 줄 알았다고 말하자 안회가 대답하기를, "스승님이 계시는데 회가 어찌 죽을 수 있습니까." 라고 하였다. 그러나 회는 스승인 공자보다 먼저 죽고 말았다. 공자는 안회의 죽음을 너무도 슬퍼하며 통곡하기를 "이럴 수가, 하늘이 나를 죽였도다. 하늘이 나를 죽였도다(天喪予 天喪予)."라고 한탄하였다. 공자가 기대하던 정신적 후계자를 잃었으니 공자를 망쳤다 해도 지나친 말이 아닐 것이다.

　여기서도 공자는 안회의 사람됨을 말하고 있다. 이 세상에 태어나서 사람 한 사람 만나고 가야 할 것이다. "죽은 사람 앞에서 통곡하는 것은 이 사람도 아무도 못 만나고 갔구나. 나도 누구 하나 못 만나고 갈 건가 하는 생각이다."(류영모) 공자는 안회를 만났고 안회는 공자를 만났다. 공자와 안회의 만남처럼 값진 만남도 드물 것이다. 스승 공자를 몸부림치도록 울린 죽음이라면 안회는 요절을 아쉬워하지 않고 기뻐하며 숨졌을 것이다.

　예수는 넓은 길을 택하지 말고 좁은 문을 택하라고 말하였다. 사람에게는 몸의 욕망을 따르는 탐욕과 얼의 영생을 바라는 중용(中庸)이 있는데 안회는 어진이라 멸망의 몸생명을 택하지 않고 영생의 얼생명을 택하였다.

　득일선(得一善)의 '일선(一善)'은 일일일선(一日一善)이라 하듯이 '한 가지 착한 일'로 풀이할 수 있을 것이다. 그러나 착한 일 한 가지를 했다고 그것을 두 주먹을 부르쥐고 가슴속에 품고서 버리지 않는다는 것은 말이 안 된다. 착한 일은 왼손이 하는 것을 바른손이 모르게 하라고 하였다. 여기에서는 그러한 일선(一善)이 아니라 《대학(大學)》에서 말하는 지어지선(止於至善)의 지선(至善)과 같은 일선(一善)으로 보아야 한다. 하느님이신 이 지선(至善)을 놓치지 않고 마음속에 꼭 간직하고자 두 주먹을 부르쥐었다는 말이다. 이것이 그대로 기도요 염불이다. 지선(至善)의 지경은 하느님과 내가 하나 된 그 자리다.

　공자의 제자 가운데 단순하고 청빈하고 용기 있는 무인 기질의 자로(이름은 '유由')가 있었다. 자로는 스승 공자로부터 칭찬도 듣고 나무람도 들었다. 공자가 자로를 칭찬하기를 "해진 무명옷을 입고도, 여우와 담비의 가죽옷을 입은 이와 함께 서고서도 부끄러워하지 않는 이는 유(자로)로다. 시샘하지 않고 바라지 않으니(不忮不求) 어찌 착하다 아니하리오." 자로가 '불기불구(不忮不求)'라는 말을 늘 외우자 공자 말하기를 그것만으로 어찌 만족스런 선(善)이라 하겠느냐고 하였다.(《논어》, 자한 편) 삶의 목적은 제나에서 얼나로 천명(遷命)하는데 있는 것이지 얼마의 선행으로 만족해서는 안 된다.

이(子) 가로되
온 누리(天下) 나라집(國家) 고르게 하거나
높임(爵)과 태임(祿)을 안 받거나
시퍼런 칼날을 밟기는 하겠을지라도
줄곧 뚫림(中庸)은 못하리로구나.

子曰
자 왈
天下國家可均*也
천 하 국 가 가 균 야
爵祿*可辭也
작 녹 가 사 야
白刃可蹈也
백 인 가 도 야
中庸不可能也
중 용 불 가 능 야

균(均) 잘 다스려 백성들이 고르게 사는 것.
작녹(爵祿) 작(爵)은 높은 벼슬, 급여인 녹(祿)은 '태임'이라 옮겼다. '곗돈을 태우다'와 같이 '주다'라는 뜻.

풀이

나라를 고르게 다스리는 것은 어려운 일이다. 높은 벼슬을 사양하는 것은 어려운 일이다. 시퍼런 칼날을 밟는 것도 어려운 일이다. 이 세 가지는 세상에서 대난사(大難事)임에 틀림이 없다. 그런데 이 세 가지 어려운 일은 할 수 있어도 중용(中庸)은 할 수 없다고 하였다. 중용이 무엇인데 나라를 고르게 다스리는 일이나 높은 벼슬자리를 사양하는 일이 시퍼런 칼날을 밟는 것보다 훨씬 더 어려운 일이라고 하였는가? 중용은 제나로 죽고 얼나로 솟나 하느님의 품속으로 몰입하는 일이기 때문이다. 제나를 넘어서서 예수처럼 "제 뜻대로 마시고 아버지의 뜻대로 하소서."(마르코 14 : 36)의 자리에 이르는 것이 중용인 것이다. 중용에 이른 이는 예수와 석가처럼 하느님의 말씀이 나온다.

구경의 깨달음(究竟覺)에 이르려면 이제까지 나라고 믿으면서 살아온 '나'가 거짓나임을 깨달아야 한다. 이는 자신이 범인이면서 그 사실을 모르는 채 범인을 잡으러 다니는 형사와 같다. 그 형사가 범인을 잡을 수 있겠는가. 그래서 어렵다는 것이다. 형사 스스로 자기가 범인인 줄 깨닫고 자신의 손목에 수갑을 채우고 자수하는 일이 구경의 깨달음에 이르는 길이다. 자기를 의심해야 한다. 그러면 이제까지의 참나로 알던 제나가 거짓나인 것을 알게 되어 제나를 버리고 참나에 이르게 된다. 참나가 곧 나지 않고 죽지 않아 영생하는 얼의 나다.

■ 이 몸뚱이는 멸망한다. 멸망해야 할 것이니까 멸망하는 것이다. 회개(메타노에오)란 쉽게 말하면 몸뚱이가 참나가 아니라는 것을 아는 것이다. 몸이 죽더라도 얼은 죽지 않는다는 것을 깨닫는 게 회개다.(류영모)

나라를 고르게 다스린다는 것은 박시제중(博施濟衆)하는 일이다. 널리 은혜를 베풀어 중생을 살리는 것이다. "자공(子貢)이 스승 공자에게 박시제중

(博施濟衆) 하면 인(仁)이라고 해도 좋겠습니까 하고 묻자 공자 대답하기를 어찌 인(仁)만이겠는가. 반드시 성(聖)일 것이다. 요순(堯舜)도 오히려 거기에 대해서 근심하였다."(《논어》, 옹야 편) 한(漢)나라 문제(文帝)와 경제(景帝)는 나라를 잘 다스려 나라에 물자가 남아돌게 하였다. 그리하여 문경(文景) 시대라는 말을 들을 만큼 태평성대를 이루었다. 그러나 문제와 경제가 중용(中庸)을 이루어 하느님의 말씀을 한 성인은 아니다.

유교에서는 높은 벼슬에 올라 많은 국록을 받는 것을 입신출세(立身出世)라 하여 가장 큰 성공으로 여긴다. 공자, 맹자도 이를 뜻대로 하지 못하여 안타까워하였다. 맹자는 석 달 동안만 임금을 모시지 못하여도 마음이 초조해진다고 하였다. 공자, 맹자의 이러한 생각이 관존민비(官尊民卑)라는 잘못된 사상을 부채질하여 오늘에까지 끔찍한 폐해를 가져오고 있다. 관존민비 사상을 극복하지 못하면 이 인류에 아무런 희망이 없다. 그런데도 맹자와 거의 동시대 사람인 장자(莊子)는 재상 자리를 제안받았으나 죽은 신귀(神龜)가 되어 값진 함 속에서 귀한 대접을 받기보다는 산 자라가 되어 진흙 속에 뒹구는 것이 좋다면서 한마디로 사양하였다. 후한(後漢)의 광무제(光武帝)는 즉위하자 동문수학한 죽마고우 엄광(嚴光)의 인품을 높이 사서 초빙해 정사(政事)를 맡기고자 하였다. 이를 예측한 엄광은 이름을 바꾸고 숨어버렸다. 광무제는 초상화를 그려 전국에 수배를 하였다. 드디어 어느 곳에서 양의 갖옷을 입고 연못에서 낚시질을 하고 있다는 보고가 올라왔다. 광무제는 크게 기뻐하여 폐백과 수레를 보내 불러오게 하였다. 사신이 세 번째 찾아가서야 겨우 엄광을 데려올 수 있었다. 그 소식을 들은 광무제는 엄광이 머무는 객관으로 찾아갔다. 그러나 엄광은 광무제가 왔다는 말을 듣고도 자리에서 일어나지 않았다. 광무제가 엄광에게 다가가서 "나를 도와주지 않을 텐가. 서로 돕는 게 의리가 아닌가."라고 하자 엄광이 "자네는 옛날 요임금에게서 임금이 되라는 말을 듣고 귀가 더러워졌다고 영천에 가서 귓구멍을 씻었다는 허유(許由)의 얘기를 듣지 못했나. 선비에게는 불굴의 높은 뜻이 있다네. 나를 귀찮게 하지 말아주게."라면서 거절하였다.

시퍼런 칼날을 밟는 것은 어렵다. 무당이나 차력사가 자기 최면을 걸어 시퍼런 작두 위에 올라서면 사람들이 박수를 친다. 여느 사람은 할 수 없기 때문이다. 시퍼런 칼날 위에 서는 것은 죽는 일이나 같다. 왕자 비간(比干)은 기울어져 가는 은 왕조를 구하고자 주왕(紂王)에게 사흘에 걸쳐서 충간하기를 멈추지 않았다. 그러자 성인의 심장에는 7개의 구멍이 있다 하니 과연 비간의 심장에 7개의 구멍이 있는지 보자며 비간을 죽여 그의 심장을 꺼내어 갈기갈기 찢어버렸다. 공자도 은나라에는 세 사람의 인자(仁者)가 있었다고 말하였다. 비간(比干)·미자(微子)·기자(箕子) 세 사람을 말한다. 그러나 앞의 엄광과 비간에게서 하느님의 말씀을 들을 수는 없다. 사람의 인격을 통해서 나오는 하느님의 말씀이 중용이다.

생물은 바다에서 생겨났다. 그래서 아가미로 숨 쉬면서 살았다. 그 뒤에 진화한 짐승이 나타나서 뭍으로 올라왔다. 그 짐승들은 허파로 기(공기)를 숨 쉬면서 살았다. 사람도 기숨을 쉬면서 살고 있다. 그 사람들 가운데 얼(성령, 불성)숨을 쉬는 이가 나타났다. 지금으로부터 2천 년에서 3천 년 사이에 일어난 일이다. 그들은 몸으로는 기숨을 쉬지만 생각(정신)으로 얼숨을 쉰다. 기도 명상이 얼숨을 쉬는 것이다. 기도 명상을 공자는 '잠잠히 아는 것(默而識之)'이라고 하였다. 이것이 얼숨 쉬는 것이다. 얼숨을 쉬는 것이 곧 중용(中庸)인 것이다. 그래서 류영모는 '줄곧 뚫림'이라고 옮겼다. 얼숨이 줄곧 뚫렸다는 말이다. 류영모는 이렇게 말하였다.

■ 말씀이 곧 하느님이다. 우리의 몸생명은 목숨인데 얼생명인 말숨과 바

꾸어놓을 수 있다. 공자를 논어와 바꾸어놓을 수 있는 것이 바로 그것이다. 우리에게 생각과 말숨(말씀)이 끊이지 않는 것은 누에가 실을 뽑는 것이다. 그리하여 목숨이 말숨 속에 번데기가 되어 들어가게 된다. 이것이 바로 사는 삶이다. 누에는 죽어야 고치가 된다. 죽지 않으려는 생각은 버려야 한다. 생각의 실, 말숨의 실을 뽑아 생각의 집, 말숨의 집, 사상의 집을 지어야 한다.

이 지구는 물리 시대, 생물 시대를 거쳐 지금은 영성 시대에 와 있다. 누구나 얼숨을 쉬어 나지 않고 죽지 않는 얼나로 솟나야 한다. 그 얼숨을 쉬는 것이 중용이다. 예수, 석가, 공자, 맹자, 노자, 장자가 귀한 것은 제나로 죽고 얼나로 솟나 얼숨을 쉰 하느님의 아들이기 때문이다. 달(月)에 개미 한 마리라도 있으면 달은 살아 있는 나라가 된다. 그처럼 얼숨 쉬는 사람이 지구 위에 한 사람이라도 있다면 지구는 하느님 나라가 된다.

자로(子路) 센 것을 물으니

子路 問强
자 로 문 강

풀이

　어느 날 공자가 제자 안연에게 말하기를 "(나라에) 쓰임을 받으면 나가고 버림을 받으면 숨는다. 오직 나와 너만이 이럴 수 있을 것이다." 그러자 옆에서 듣고 있던 자로가 이르기를 "스승님께서 삼군(三軍, 大軍)을 거느리신다면 누구와 함께하시겠습니까?" 공자 가로되 "맨주먹으로 범을 잡고 맨몸으로 강을 건너다 죽어도 뉘우치지 않는 사람과는 함께하지 않겠다. 반드시 일을 함에 조심하고 잘 꾀하여 이룰 수 있는 이라야 할 것이다."(《논어》, 술이편) 자로는 호용(好勇)한 무인(武人) 기질을 지닌 것을 알 수 있다. 강(强)한 무(武)의 힘보다 유(柔)한 문(文)의 힘이 더 세다는 것을 믿는 공자로서 다혈(多血)적인 무골(武骨)의 자로에게 그렇게 호감이 갈 리가 없었다.

　강하다느니 약하다느니 말하는 것은 힘을 두고 말하는 것이다. 힘에는 몸나의 힘, 맘나의 힘이 있는데 자로가 물은 '센 힘'은 몸나의 힘을 말한 것으로 보인다.

'힘 력(力)' 자는 힘을 주어 근육이 불쑥불쑥 드러난 팔뚝을 그린 상형 문자이다. 힘이 세면 남을 제압하게 된다. 이를 강(强)하다고 한다. '강(强)' 자는 갑옷을 입은 벌레처럼 센 활을 나타낸 회의 문자이다. '약(弱)' 자는 장식이 달린 어린이용 활의 상형 문자이다. 활이 옛날에는 오늘의 핵무기처럼 위력이 있었던 것이다. 권력과 재력도 넓은 의미로는 체력이라 하겠다. 몸힘의 세기(强)를 묻는 것은 제나(自我)의 사람들이다. 제나의 사람들은 짐승이라 물리적 체력의 강자가 되기를 바란다. 체력이 세든 재력이 세든 강자가 되면 어깨에 힘을 주고 으스대는 것이 보통이다. 설치던 공룡들이 물러나듯 제나의 폭력 시대는 물러가야 한다.

이(子) 가로되
앞(南)쪽의 센 거냐.
뒤(北)쪽의 센 거냐.
그러면 너의 센 거냐.

子曰
자 왈
南方之强與
남 방 지 강 여
北方之强與
북 방 지 강 여
抑*而*强與
억 이 강 여

풀이

 중국은 워낙 넓은 나라라 중국 안에서도 남쪽과 북쪽이 많이 다르다. 그러나 여기서는 만리장성을 기준으로 만리장성의 북쪽과 만리장성의 남쪽을 생각할 수 있다. 만리장성이 만들어지기 전에도 소규모의 성벽이 있었다. 만리장성은 그 성들을 이은 것이다. 만리장성 북쪽 사람은 자연 조건이 좋지 않아 사람들이 사납고 싸우기 잘하였다. 북쪽의 강(强)이 결국 만리장성을 쌓게 만들었던 것이다. 진시황같이 중국 천하를 통일한 최강자가 역설적으로 방어의 만리장성을 쌓았다는 것은 북쪽 강(强)의 실상을 잘 말하여준다. 북방에서 일어난 큰 나라 원(元), 금(金), 청(淸)에 중국이 오랫동안 지배를 당하였다. 북쪽에 큰 나라가 일어나기 전에도 북쪽 여러 부족들의 침입이 두려운 것이었다. 그러나 그 북방의 무(武)의 강(强)이 중국을 차지하였으나 오히려 남쪽(중국)의 문(文)의 강(强)에 삼켜져 버렸다는 것은 중국 역사의 아이러니이기도 하다. 《중용》에 "남쪽의 강(强)인가 북쪽의 강(强)인가"라는 글귀가 나올 만하다. 중국 역사의 배경을 안다면 결코 이상한 말이 아닌 것을 알 수 있다.
 마지막의 '너의 강(强)인가'는 자로의 무골 기질을 말한다. 너 자신의 센 것에 대하여 알고 싶다는 말인가라는 뜻이다.

너그럽고 부드러움을 가지고 가르치고
길(道) 모른 것(잘못)을 (곧장) 갚지 않는 것이

억(抑)　어조사 '그러면'.
이(而)　여기서는 '너 여(汝)'와 같은 뜻으로 '너'라고 새김.

앞(南)쪽의 센 것이니
그이(君子) 그리 하(사)느니라.

寬柔以敎
관 유 이 교
不報無道
불 보 무 도
南方之强也
남 방 지 강 야
君子居之
군 자 거 지

풀이

　남쪽을 '앞쪽'이라 옮긴 것은 한자인 '南'을 그대로 쓰지 않고자 함이다. 사람이 집을 지을 때 남향으로 짓기에 남쪽은 앞쪽이고 북쪽은 뒤쪽이 된다. '남(南)'의 순우리말 '마'가 있지만 앞, 뒤로 하는 것을 더 좋게 생각한 것이다.
　남쪽의 강(强)은 결국 군자(君子)의 강(强)이다. 군자는 무도(無道)한 사람에게도 보복을 하지 않고 '관유(寬柔)'로써 가르친다는 것이다. 이는 예수가 말한 '악을 대적하지 말라'는 정신과 같다.
　"나는 이렇게 말한다. 앙갚음하지 마라. 누가 오른뺨을 치거든 왼뺨마저 돌려대고 또 재판에 걸어 속옷을 가지려고 하거든 겉옷까지도 내주어라. 누가 억지로 오 리를 가자고 하거든 십 리를 같이 가주어라. 달라는 사람에게 주고 꾸려는 사람의 청을 물리치지 마라."(마태오 5 : 39~42)
　맹자도 똑같은 말을 하였다. "군자는 인(仁)을 마음으로 하고 예(禮)를 마음으로 한다. 인자(仁者)는 사람을 사랑하고 예자(禮者)는 사람을 공경한다. 사람을 공경하는 이를 사람들은 항상 공경한다. 가령 어떤 사람이 내게 대하기를 함부로 하면 군자는 분명 스스로 반성한다. 내가 그 사람에게 분명 불인(不仁)하였지, 분명 무례(無禮)하였지, 그렇지 않고서야 이런 일이 어찌하여 일어나게 되었을까. 그가 스스로 반성하여도 어질었고 스스로 반성하여도 예가 있었는데도 그 사람의 함부로 함이 여전하면 군자는 또다시 자기반성을 한다.

내가 틀림없이 불충(不忠)하지 않았던가. 스스로 반성하여 충성하여도 함부로 함이 여전하면 군자는 말하기를 이 또한 망측한 사람이로구나. 이러할 것 같으면 짐승과 같구나. 짐승에게 따지는 것은 어렵지 않겠는가."(《맹자》, 이루 하편)

노자도 같은 말을 하였다. "천하에 물보다 더 부드러운 것이 없건마는 굳고 센 것을 치는 데는 이 물보다 나은 것이 없으니 그 부드러운 성질은 변치 않는 까닭이다. 그러므로 부드러움이 굳은 것을 이기고 무른 것이 센 것을 이기는 줄을 세상 사람들이 모를 리 없건만 이를 하려 하지 않는다."(《노자》, 78장)

20세기에 너그럽고 부드러운 얼나의 센 힘을 보여준 이가 비폭력 무저항의 실천으로 대영 제국을 이기고 인도의 독립을 이뤄낸 마하트마 간디이다. 공자가 "내 길은 하나로 꿰뚫었다(吾道一以貫之)"라고 한 '충서(忠恕)'는 바로 '너그럽고 부드러움'이다.(《논어》, 이인 편) 이는 인격의 완성과 성숙에서만 나온다.

굳은 것을 가지고 막고 날카로운 것을 지니고 찌르려다가
죽어도 싫지 않아 하는 것은
뒤(北)쪽의 센 것이니
세다는 놈이 그리 하(사)느니라.

衽*金*革*
임 금 혁
死而不厭
사 이 불 염
北方之强也
북 방 지 강 야
而强者居之
이 강 자 거 지

풀이

제사장이 보낸 하수인들이 예수를 잡아가려고 하자 베드로가 한 하수인의 귀를 칼로 잘라버렸다. 이를 본 예수가 "칼을 도로 칼집에 꽂아라. 칼을 쓰는 사람은 칼로 망하는 법이다."(마태오 26 : 52)라고 말하였다.

중국 역사에서 가장 이름난 명검은 월나라 왕 구천(句踐)의 칼과 오나라 왕 부차(夫差)의 칼이다. 이 두 명검은 진시황도 탐을 내었다고 한다. 그런데 1965년 전국초묘(戰國楚墓) 제1호 고분에서 칼자루에 구천의 이름이 새겨져 있는 명검이 발굴되었다. 그리고 1976년에는 후베이성 샹판(襄陽)에 있는 채파(蔡坡) 제12호 고분에서 부차의 칼이 출토되었다. 오월동주(吳月同舟)는 원수끼리 같은 배를 탔다는 말이다. 월왕 구천과 오왕 부차는 불구대천의 피맺힌 원수다. 부차는 아버지의 원한을 갚고자 비단 이불 대신 섶 위에서 자면서(臥薪) 적개심을 불태웠다. 구천은 자신이 오왕의 신하가 되고 아내가 오왕의 첩이 된 치욕을 씻고자 음식을 먹을 때마다 쓰디쓴 쓸개를 맛보면서 복수심을 돋웠다. 그리하여 그들은 서로가 칼로써 망하는 중국 역사상

임(衽) 옷깃. 깔자리 임. 칼과 방패로 찌르고 막는 데서 옷깃이 스치는 것.
금(金) 창검의 무기.
혁(革) 가죽으로 만든 갑옷.

보기 드문 비극의 주인공이 되었다. 그런데 그 어리석은 싸움이 아직도 세계 곳곳에서 벌어지고 있으니 사람이 지닌 탐·진·치 삼독이라는 원죄적인 짐승 성질이 참으로 끈질기기도 하다.

인류 역사상 풍운아 두 사람을 들라면 칭기즈칸과 알렉산드로스일 것이다. 칭기즈칸은 《중용》에 나오는 북쪽의 강자(强者) 중에서 대표적인 인물임에 틀림없다. 그야말로 '임금혁 사이불염(衽金革 死而不厭)'의 용맹으로 아시아 전역을 석권하여 아시아인들을 떨게 하였고 유럽에까지 진격하여 유럽인들을 떨게 하였다. 칭기즈칸에게는 두려운 사람이 없었다. 그런 그가 북경에서 얻은 문사(文士) 야율초재(耶律楚材)를 극진히 모시고 그의 가르침을 받았다. 세상을 다스리는 것은 칼의 힘으로만 되는 것이 아니다. 문(文)의 힘이 필요하다. 문(文)이 무(武)보다 강한 것은 무(武)의 힘은 사람에게서 나오지만 문(文)의 힘은 하늘(天)에서 나오기 때문이다. 천하무적 알렉산드로스는 그리스 철학자 아리스토텔레스를 스승으로 받들고 배웠다. 알렉산드로스는 승전할 때마다 얻은 전리품 가운데 학문 연구에 도움이 될 자료는 스승 아리스토텔레스에게 보냈다.

༺༻

그러니 그이(君子) 곱(和) 살으나 흐를 줄 없으니
세구나 뚜렷이(矯).
줄곧 (가운데) 서서 기대려 안 하니
세구나 뚜렷이, 나라가 길(道)대로 갈 제
제가 막을(塞) 것을 다름없이(不變) 하니
세구나 뚜렷이.
나라가 길대로 못 갈 제

죽도록 갈림 없이 하니
세구나 뚜렷이.

故 君子和而不流
고 군자화이불류
强哉矯*
강 재 교
中立而不倚*
중 립 이 불 의
强哉矯 國有道
강 재 교 국 유 도
不變塞*焉
불 변 색 언
强哉矯
강 재 교
國無道
국 무 도
至死不變
지 사 불 변
强哉矯
강 재 교

풀이

 군자(君子)란 거짓인 몸나에서 참인 얼나로 거듭난 이다. 군자는 석가의 '깨달은(붓다) 이'요, 예수의 '하느님 아들'이다. 군자는 영원한 생명인 얼나를 깨달았기에 두려움이란 없다. 그래서 뚜렷이 세다. 남들에게서 사나이답게

교(矯) 뚜렷하다.   **의**(倚) 기대다.
색(塞) 막다.

못한다는 말이 듣기 싫어서 개죽음을 택하는 것과는 차원이 다르다. 일본 사람들의 만용의 대명사가 된 태평양 전쟁 당시의 가미카제(神風) 특공대원들의 의식 조사 발표를 보면 남들이 하니까 자기도 따라서 한다는 것이 주를 이루고 있다.

참사람인 군자의 용기란 그런 것이 아니다. 뚜렷한 참된 주관이 있다.

■ 세상에 두려운 것이 없어야 한다. 이 세상에서 두려운 것이 없다고 하는 사람은 참을 꼭 잡은 사람이다. 두려운 것이 있다면 그것은 하느님밖에 없다. 곧 하느님만이 두려운 것이 되어야 한다. 참으로 무서워해야 할 것은 무서워해야 한다. 무서워해야 할 것을 무서워하지 않고 무서워하지 않아도 될 것을 무서워하기 때문에 세상에 될 것도 되지 않는다. 내 몸은 잡아다 죽인다 해도 내 영혼이야 어떻게 하겠는가. 그러니 세상에 무서워할 것은 없다. 해(害)를 입는다 하여도 내 목밖에 더 날아가겠는가. 무서워할 것은 오직 하느님밖에 없다.(류영모)

군자의 주체는 밖에 있지 않다. 참나인 하느님밖에 없다. 하느님이 나의 참나가 되는 것이 중용(中庸)이다. 그때 '나'는 제나(自我)가 아닌 얼나(靈我)이다. 몸나를 종으로, 얼나를 임자로 하는 인격을 지닌 이가 군자이다.

군자는 남이 없다. 하느님에게 남이 있을 리가 없고 남의 것이 있을 리가 없기 때문이다. 하느님의 뜻을 내 뜻으로 하는 이가 군자인 것이다. 그러므로 이웃 형제의 잘못에 대하여 보복하지 않는다. 악에 대항하지 않는다는 말이다. 일흔에 일흔 번도 더 용서하는 마음이 화(和)의 정신이다. 원효의 화쟁(和諍) 정신도 이것이지 다른 게 아니다. 일본이 대화(大和) 정신을 내세우면서 전쟁을 일으키는 것은 대화(大和)의 글뜻도 모르는 무지한 소치라 아니할 수 없다. 또 군자는 머리를 언제나 하늘로 둔다. 군자의 마음이 하느님의 뜻을 향하였다는 말이다. 예수는 십자가의 죽음조차도 "제 뜻대로 마시고 아버지의 뜻대로 하소서."(마태오 26 : 39)라고 하였다. 이것이 중용의 중립(中立)이다. 이쪽에도 안 끼고 저쪽에도 안 낀다고 중립이 아니다. 하느님께 속하는 것이 중립이다. 하느님 뜻대로 하는 것이 중립이다. 그러므로 군자는 사람들에게 부화뇌동하지 않는다. 사람이 따르든 안 따르든 상관 하지 않는다. 이것이 바로 흐르지 않고(不流) 기대지 않는(不倚) 것이다. 공자·맹자·노자·장자·예수·석가의 삶이 그러하다. 그들이 시류에 흐르고 시세를 따랐다면 그들의 가르침은 오늘날까지 있을 수 없었다. 공맹(孔孟)의 가르침도 없었을 것이고 노장(老莊)의 가르침도 없었을 것이고 석가의 가르침도 없었을 것이고 예수의 가르침도 없었을 것이다.

군자는 나라에 정의가 행해지면 나 자신부터 불의가 일어나지 못하도록 막는 데 변함없이 힘쓰고, 나라에 정의가 행해지지 않으면 나 혼자라도 바르게 살기를 죽도록 변함없이 지킨다.

"어진 이는 세상에 적이 없다. 지극한 인(仁)으로 그 불인(不仁)을 물리치니 어찌 방패를 피로 적시겠는가."(《맹자》, 진심 하편)

"믿음을 두텁게 하고 배우기를 좋아하며 선도(善道)를 죽기로 지킨다. 세상에 도(道)가 있으면 나타나고 도(道)가 없으면 숨는다."(《논어》, 태백太白 편)

"천하에 넓게 살며 천하의 바른 자리에 서며 천하의 한길(大道)을 간다. 뜻을 얻으면 백성과 더불어 하고 뜻을 얻지 못하면 혼자 그 길을 간다. 부귀도 그를 음란하게 못하며 가난도 그를 바꾸지 못한다. 권력과 무기의 힘도 그를 굽힐 수 없다. 이를 일러 대장부라 한다."(《맹자》, 등문공藤文公 하편)고 하였다.

하느님을 향한 한 조각 붉은 마음은, 아니 한 오리 참빛은 가난도 외로움도 죽음도 어쩌지 못하였다. 제나의 수성(獸性)을 좇아 멸망의 넓은 길로 가느냐, 얼나의 영성(靈性)을 좇아 영생의 좁은 길로 가느냐는 저마다의 결심에 달렸다. 예수, 석가, 공자가 간 좁은 길, 소로, 톨스토이, 간디가 간 좁은 길로 가야 한다. 두리번거리거나 기웃거릴 것도 없다. 오로지 하느님께로 돌아가는 것이다. 마지막 승리는 여기에 있다. 이보다 센 것은 없다. 예수가 "나는 이겼노라."라고 말하지 않았던가. 거기에 온 우주의 별들이 기뻐서 원무(園舞)를 추고 땅 위의 만물이 기뻐서 환호를 보냈다. 이 우주가 열리고 예수처럼 삶의 승자는 없었다. 그의 머리에 씌워진 가시관은 승자의 월계관임에 틀림이 없다.

11월

이(子) 가로되
감추인 것을 찾고 괴상한 수를 부릴 수 있다고
뒷누리(後世)에 말하는 이 있으나
나는 하지 않겠다.

子曰
자 왈
素隱行怪
소 은 행 괴
後世有述焉
후 세 유 술 언
吾弗爲之矣
오 불 위 지 의

풀이

　공자, 석가, 예수는 2천 년이나 앞선 옛날 사람이지만 지극히 상식적이고 합리적인 생각을 지니고 있었다는 공통점이 있었다. 그들을 신격화하려고 상식 밖의 이야기가 끼어들어 있지만 그것은 뒷사람들의 잘못일 뿐이다. "신앙은 이성을 초월하지만 비이성적인 것은 아니다."(간디, 《날마다의 명상》)라고 말한 마하트마 간디의 말은 지극히 옳은 말 이다.

공자는 괴(怪)·력(力)·난(亂)·신(神)에 대해서는 입에 올리지도 아니하였다(《논어》, 술이 편)고 한다. 괴(怪)란 해괴한 사물을 말한다. 역(力)은 힘이 센 것을 말한다. 난(亂)은 윤리에 어긋나고 도덕을 그르치는 행동을 말한다. 신(神)은 잡신을 말한다. 그래서 《중용》 16장인 일명 '귀신장'은 공자의 말이 아니라고 말하나 그것은 모르는 소리다. 공자가 병이 무거워 누워 있을 때 제자 자로가 병을 낫게 하여 달라고 빌자 하였다. 공자는 듣고서 "비는 수가 있느냐?"고 물었다. 자로가 대답하기를 "있습니다. 뇌(誄)라는 책에 쓰여 있기를 '너는 위로 천신(天神), 아래로 지기(地祇) 곧 땅의 신에게 빌어라'라고 하였습니다." 공자는 "구(丘)가 빈 지는 오래다."라고 말하고 자로의 청을 거절하였다(《논어》, 술이 편). 공자가 미신을 아주 싫어하였다는 것을 보여 주고 있다. 오늘같이 과학이 발달한 때에도 고등 교육을 받은 이들이 생명이 위독하게 되면 그 학식에 대한 신념은 어디 가고 곧장 미신에 솔깃한다. 오늘날 각처에 기도원이라고 하면서 엉터리 병원 노릇을 하는 곳이 많다. 그 기도원을 차린 이들이 많은 돈을 벌었다고 신문에까지 오르내린다. 류영모는 이렇게 말하였다.

■ 우리는 결국 신비(神秘)를 좇고 가는데 그 결과 아직도 신비라는 것이 있다는 것을 알 수 있다. 있다는 것이 아니라 그냥 그대로 있다. 그러나 신비파니 신비주의라 해서 잘못 알아들으면 안 된다. 여기에는 자칫 잘못하면 폐단이 따른다. 어떤 이들은 "모두가 신비다. 추리고 학문이고 과학이고 소용없다. 이것을 해 가지고는 신(神)을 만날 수 없다. 신은 내려

올 것이다."라고 말한다. 이렇게 되면 개돼지와 같은 처지가 된다. 그 지경이 되면 윤리나 도덕이 다 없다고 하는 것이 된다. 희망조차 없게 된다. 직접 신과 접촉한다고 한다. 황홀경에 들어가서 인식 세계를 부인하는 지경에 간다. 이런 신비주의는 대단히 불행한 것이 되고 만다. 상대 세계에서 겹친 불행을 맛보게 된다. 이것이 남녀가 접촉하는 것이 죄가 아니라고 하는 그것이다. 이것이 성력파(性力派) 교회에는 다 있다. 귀신 무당과 같은 신이 내리는 교파가 중세기에 한 번 크게 일어났다 없어졌는데, 우리나라 요사이 교회는 더욱 이러한 경향으로 흘러가고 있다. 방황하는 교회가 되어 가고 있다. 신령한 것은 영(靈)이다. 믿는 사람들은 영이라고 하면 성령을 생각하고 믿지 않는 사람들은 영이라고 하면 영특한 것을 생각한다. 보통 사람의 힘으로 알 수 없는 것을 알고 싶어하는 사람일수록 영한 사람을 찾게 된다. 그래서 귀신이 집힌 사람을 무당이라고 하여 무당을 찾는 사람도 많다. 그래서 백백교 같은 사교(邪敎)가 생긴다. 대학교를 나오고 똑똑한 사람도 이런 데 흥미를 가지는 이가 많이 있다. 이런 이들은 덜된 사람으로서 얼에 통한 사람이 아니라 덜(魔)에 씌인 사람이다.

■ 우리의 생명을 키울 생각으로 신통(神通)을 찾으면 그것은 진리를 찾는 것과 조금도 다를 것이 없다. 그러나 우리의 욕심을 위해서 얼을 찾으면 그것은 마귀에 떨어지고 만다. 신통이 문제가 아니고 우리의 마음이 문제이다. 마음이 깨끗하면 성령이 되고 마음이 더러우면 악마가 된다.

《주역(周易)》 계사(繫辭) 상전에 '탐색색은(探賾索隱)'이라는 말이 나온다. 시책(蓍策)과 귀갑(鬼甲)이라는 기구를 써서 궁금한 것을 점을 쳐서 알아내는 것을 말한다. 《중용》에서 말하는 '색은(索隱)'도 《주역》의 '색은'과 같은 뜻임은 말할 것 없다. 공자는 '시구'로 점치는 장문중(臧文仲)을 비난하였다. 공자는 "점 안 친다(不占而已矣)."(《논어》, 자로 편)라고 하였다. 위편삼절(韋編三絕)이 되도록 《주역》을 좋아하였다지만 거짓이다. 《논어》에 《서경》이나 《시경》은 인용하여도 《주역》은 인용한 적이 없다. 《논어》 술이 편의 "가아수년 오십이학역 가이무대과의(加我數年 五十以學易 可以無大過矣)"에서 '역(易)'은 '역(亦)' 자로 봐야 한다. 공자가 《주역》의 부록 '십익(十翼)'을 썼다는 것도 사실이 아님이 밝혀졌다. 공자는 《주역》의 가치를 인정하지 않았을 것이다. 류영모도 《주역》에서는 '계사' 전을 읽어야 한다고 하였다.

석가가 구도(求道)를 위하여 집을 나와 6년 동안 고행한 것이나 예수가 하느님의 뜻을 좇기 위해 십자가의 죽음을 마다하지 않음도 괴행(怪行)이라면 엄청난 괴행이지만 그런 괴행은 하지 않아서 걱정이지 탓할 일이 아니다. 성인들의 기행은 오히려 사람들에게 깊은 울림과 가르침을 준다. 그러나 제나로만 사는 범인들의 기행은 오히려 사람들을 역겹게 하고 멀리하게 할 뿐이다.

위나라 의공(懿公)은 학(鶴)을 지나치게 좋아하여 학을 기르는 데 국고를 탕진하였다. 학에게 작위까지 주었다. 학에 미친 의공에게서 관리도 군인도 백성도 등을 돌려 결국 융적의 침략을 받아 죽었다. 제나라 환공(桓公)의 신하 가운데 역아(易牙)는 제 자식을 죽여 요리하여 주군에게 바쳤다. 수조(豎刁)는 스스로 거세하여 환관이 되었다. 조양자(趙襄子)는 공격해 온 지백(智伯)을 죽인 다음 그 두개골에 옻칠을 하여 변기로 사용하였다.

당나라 태종은 불로장생을 바라고 도인들이 만든 단약(丹藥)을 먹어 그 약의 독기로 51세에 죽었다. 이처럼 '색은괴행'은 역사의 기록에 남아 후세에도 입에 오르내리지만 한마디로 우스운 일이다. 그래서 공자는 나는 그런 짓은 하지 않겠다는 것이다. 흔히 하는 말에, 개가 사람을 물면 기사감이 안 되지만 사람이 개를 물면 기사감이 된다고 한다. 그래서 신문에 실리고자 개를 물어뜬는 바보짓을 하겠는가. 맹자는 "사람은 하지 못하는 것이 있어야 한다. 그 뒤에 옳게 할 수 있다(人有不爲也而後可以有爲)."(《맹자》, 이루 하편)라고 말하였다.

그이(君子) 길대로 가다가 여태
가온 것을 없이 하고 마는 일 있으나
나는 할 수가 없다.

君子 遵道而行
군 자 준 도 이 행
半途而廢
반 도 이 폐
吾弗能已矣
오 불 능 이 의

풀이

"염구(冉求)가 스승 공자에게 '스승님의 도(道)를 기뻐하지 않는 것은 아닌데 힘이 부칩니다.'라고 하자 공자 대답하기를 '힘이 모자라면 길 가운데서 그만두는데 이제 그대는 미리 금을 그어놓고 안 가려 하지 않는가.'"(《논어》, 옹야 편)

사람들은 궁신지화(窮神知化)의 신앙생활을 할 수도 있고 안 할 수도 있다고 생각한다. 신앙생활을 하면 좋고 안 해도 그만이라고 생각한다면 그것은 크게 잘못된 생각이다. 삶의 구경의 목적은 참나(眞我)를 찾는 데 있지 다른 데 있는 것이 아니다. 참나를 찾지 않으면 삶을 헛사는 것이다. 세상에서 말하는 성공이란 아무것도 아니다. 그 성공이라는 것이 죽음 앞에 무슨 쓸 데가 있는가.

죽음은 실패다. 죽음 앞에는 방귀처럼 냄새를 풍기고 사라지는 성공을 가지고 무슨 성공이라고 할 수 있겠는가. 명목 가치밖에 없는 지폐를 주고 실질 가치를 지닌 금화로 태환해 가지듯이 멸망의 가짜 생명인 몸나를 바쳐서 영생의 진짜 생명인 얼나로 바꾸어야 하는 것이다. 인생의 절대 목적이 이것인 데 이것을 하지 않겠다니 참으로 어리석기 그지없다. 돈을 바꾸어야 할 때 바꾸지 않으면 휴지가 되듯이 몸나를 얼나로 바꾸지 않으면 먼지가 되어버린다. 예수는 이를 '생명 옮김(遷命)'이라고 말하였다. "내가 하는 말을 알아들어 하느님께서 내게 보낸 얼나를 깨닫는 이는 영원한 생명을 얻어 죽음에 이르지 아니하나니 죽음의 제나에서 영생의 얼나로 옮겼느니라."(요한 5 : 24, 박영호 의역)

한때 시련을 겪고 몸나의 삶에 회의를 느낄 때는 참나를 알아보려는 구도심을 내다가도 식색(食色)의 보장에 여유가 생기면 몸나의 안락에 빠져버리고 만다. 참으로 인생의 구경(究竟) 목적을 알았다면 그렇게 도중에 그만두는 일은 있을 수 없다. 몸나의 삶에서 벗어나 얼나의 삶으로 솟아난 이는 십자가의 수난이 열두 번 기다린다 하여도 그만두지 않는다.

류영모는 이러한 실화를 이야기한 일이 있다. 큰물이 나서 대동강이 큰 황룡이 되어 꿈틀거리다 금방이라도 승천할 기세였다. 그러니 강에는 초가집도 떠내려오고 디딜방아도 떠내려왔다. 온갖 살림 도구가 떠내려오는데 황소 한 마리가 떠내려왔다. 황소는 워낙 힘이 세어 헤엄쳐 강둑으로 올라왔다. 그러자 황소 주인도 소 고삐를 잡은 채로 끌려 올라왔으나 이미 숨져 있었다. 그 소 임자가 소 고삐를 숨지고도 놓지 않았듯이 하느님을 참나로 믿는 믿음줄은 사나 죽으나 놓치지 말아야 한다고 말하였다.

■ 구원이란 외적인 제도를 고치자는 것이 아니라 내적인 일을 바로잡자는 것이다. 식색(食色)이 사는 것이 아니라 말씀이 사는 것이다. 본 생명인 얼은 한없이 풍족하다. 하느님의 말씀은 마르지 않는다. 그러므로 목마르지 않다. 성령의 운동이 말씀이다. 생명이 영원함을 알면 당장 시원해진다. 하느님이 영원하면 우리의 얼생명도 영원한 것이다.(류영모)

그이(君子) 줄곧 뚫린(中庸) 대로만 하야
누리에 뒤 밀리어 알림을 보지 못하야도
뉘웃지 않는 것은
오직 씻어난 이(聖者)가 할 수 있다.

君子 依乎中庸
군 자 의 호 중 용
遯*世不見知而
둔 세 불 견 지 이
不悔
불 회
唯聖者 能之
유 성 자 능 지

풀이

　류영모는 이렇게 말하였다. "세상에 나타나려 하지 말고 숨으려고 하라. 숨으면 숨을수록 더 기쁨이 충만하게 된다. 그것은 더 높이 올라갈 수 있기 때

둔(遯) 숨는다.

문이다. 오르려는 사람은 깊이 숨어야 한다. 숨는다는 것은 더 깊이 준비하고 훈련한다는 것이다. 훈련에 훈련을 통하여 사람은 도(道)에 이르는 것이다."

공자는 사람들이 자기를 몰라주는 데 대하여 태연하려고 애를 썼다. "사람들이 알아주지 못하여도 서운해하지 않으면 또한 군자가 아니겠는가."(《논어》, 학이 편)라는 말을 하였는가 하면 "사람들이 나를 몰라주는 것을 걱정하지 않는다. 내가 능하지 못한 것을 걱정한다."(《논어》, 헌문 편) 그러나 세상이 너무도 자신을 몰라주는 것이 서운하였다. 제자 자공을 보고 "나를 못 알아주는구나."라고 하자 자공이 "어찌 스승을 못 알아준다고 하십니까?"라고 하였다. 공자가 말하기를 "하늘을 원망치 않고 사람 탓도 않으며 땅(下)의 것을 배워 하늘(上)에 미치었다. 나를 알기는 하느님뿐이다."(《논어》, 헌문 편)라고 하였다.

세상 사람들은 권력을 가지든지 금력을 가져야 알아준다. 하다못해 체력이라도 강해야 알아준다. 그러나 군자에게 그런 세상의 힘은 없다. 오로지 중용(中庸)에 의지할 뿐이다. 중용은 마음속으로 하느님의 성령으로 하느님과 교통하는 것이다. 성령은 내 마음에 와서 이성(理性)을 통해 말씀이 되고 감성(感性)을 통해 사랑이 된다. 지각 속의 암장(magma)이 뿜어 나와서 용암(lava)이 되는 것과 같다.

■ 얼이 통한다. 내가 생각했는데 나도 모르는 것을 보면 내 생각도 하느님에게로부터 오는 것 같다. 나오기는 나에게서 나오는데 오기는 하느님에게서 온다. 나오는 것은 생각이고 오는 것은 생명이다. 내가 낳았는데도 나를 안 닮았다. 아버지를 닮았다. 계란도 무정란(無精卵)은 썩는다. 참의 씨는 하느님에게서 온다. 말씀은 하느님에게서 온다. 하느님에게서 온 것을 있다시 옴(如來)이라고 한다.(류영모)

이것이 얼의 줄곧 뚫림(中庸)이다. 공자·맹자·노자·장자·예수·석가에게서 진리의 말씀과 열린 사랑을 **빼면** 그들의 존재는 아무것도 아니다. 이게 의호중용(依乎中庸)이다. 예수는 멸망의 생명인 제나에서 부활의 생명인 얼나로 솟남을 삶의 목적으로 하는 의호중용의 삶을 사는 것을 이렇게 말하였다. "내가 이를 위하여 났으며 이를 위하여 세상에 왔나니 곧 진리에 대하여 증거하려 함이로라."(요한 18 : 37, 한글개역)

소로는 하버드 대학을 졸업한 뒤에 콩코드숲 속에 숨어 살았다. 그를 알아준 사람은 에머슨뿐이었다. 소로가 유일하게 출간한 저서 《월든》은 당시 겨우 219권이 팔렸으며 44살 이른 나이에 죽었다. 그러나 오늘에 와서 소로는 미국의 정신이 된 세계적인 사상가이다.

공자, 맹자는 숨은 것도 아니다. 오히려 소인(小人)들에게 뒤 밀리어 알아줌을 보지 못하였다. 그래도 하늘 원망도 하지 않고 사람 탓도 하지 않을뿐 아니라(不怨天 不尤人) 하느님께 감사하고 사람들을 측은히 여긴다. 이는 오직 얼나로 솟난 성자(聖者)만이 가능한 일이다.

성인(聖人)이란 몸나를 버리고 얼나를 깨달은 이다. 성령의 나, 말씀의 나를 깨달은 이다.

■ 어머니 배에서 나온 것이 나가 아니다. 속알이 나다. 정신이 나다. 속사람이 나다. 겉사람은 흙 한 줌이요 재 한 줌이다. 그러나 속사람은 하늘나라를 세울 수 있다. 그것은 한없이 크고 한없이 강한 나다. 지강지대(至剛至大)한 나다. 놓아두면 우주에 꽉 차고 움켜잡으면 가슴 세 치에 들어서는 얼나다.(류영모)

그이(君子)가 가는 길은
(맨) 쓰임인데 (밑도 끝도) 보지는 못한다. (보이진 안 한다.)

君子之道
군 자 지 도
費而隱
비 이 은

풀이

  '비이은(費而隱)'이란 세 글자는 《노자》 41장에 나오는 "얼은 숨어 있어 있음이 없다. 그저 오직 얼을 잘 대어주어 이루게 한다(道隱無名夫唯道善貸且成)."와 같은 뜻의 말이다. 다만 글의 순서가 뒤바뀌었을 뿐이다. 비(費)는 널리 쓰인다는 뜻이다.

  얼(道)이란 전기와 같아서 모든 사람에게 생명을 준다. 전기 제품에 전기가 들어가서 움직이듯 사람에게는 얼(道)이 들어가서 정신이 살아난다. 얼이 들어가지 않으면 살아 있으되 죽은 것이다. 그러나 전기가 눈에 보이지 않듯이 얼은 숨겨져 있어 보이지 않는다. 무명(無名)이란 이름이 없는 것이요 있지 않다는 뜻이다. 그래서 없이 계시다고 무(無), 공(空)이라 한다. 주희는 무(無), 공(空)은 허망하다면서 아주 싫어하였다. 알고 보면 무(無), 공(空)이 바로《중용》의 비이은(費而隱)이지 다른 것이 아니다. 주희가 정신을 가다듬고《중용》의 이 12월을 주석하였다면 노자와 석가를 비난한 것을 잘못하였노라 용서를 빌었을 것이다. 주희는 비이은(費而隱)의 군자지도(君子之道)를 음양(陰陽)에 갖다 붙이는 잘못을 저질렀다.《중용》을 주석한 주희의 공로는 이 잘못으로 없어졌다. '비이은(費而隱)'은 하느님인 무극이지 음양이 아니다.

■ 얼의 나(道)는 보이지 않지만 있다는 것을 알아야 한다. 얼의 나로는 하느님과 한 생명이다. 눈은 눈 자신을 볼 수 없지만 다른 것을 봄으로써 눈이 있는 것을 알 수 있듯이 얼의 나는 얼을 볼 수 없지만 생각이 솟아 나오니까 얼이 있는 줄 안다. 생각하는 것이 얼의 나가 있다는 증거이다. 얼의 나가 없다는 것은 자기 무시요 모독이다. 얼의 나가 있으면 하느님도 계시는 것이다. 얼의 나는 하느님의 생명인 얼이기 때문이다.(류영모)

우주 만물은 빔이요 얼인 없음(無)의 하느님의 변형으로 내고 거둔다. 하느님은 온통(all)이다. '올(all)'은 우리말 '얼(靈)'과 통한다.

지아비와 지어미 어리석음에도
같이 갈 줄 아는 길이나
그 끝 닿음에 미침에는 비록 씻어난 이도
또한 알지 못하게 된 것이 있구나.

지아비와 지어미 (따위) 같지 아니함에도(不肖)
곧 잘할 수 있어 가는 길이나
그 끝 닿음엘 미침은 비록 씻어난 이(聖人)라도
또한 할 수 없는 것이 있구나.
하늘 땅의 큼으로도
사람이 오히려 뜻에 어그러질 바 있으니
그러므로 그이(君子)가 큰 것을 말하면
누리(天下) 짊어지지도 못할 것이며
작은 것을 말하면 누리(天下) 잡아서 깨뜨리지를 못할 것이니라.

夫婦之愚
부 부 지 우
可以與知焉
가 이 여 지 언
及其知也 雖聖人
급 기 지 야 수 성 인
亦有所不知焉
역 유 소 부 지 언
夫婦之不肖
부 부 지 불 초
可以能行焉
가 이 능 행 언
及其至也 雖聖人
급 기 지 야 수 성 인
亦有所不能焉
역 유 소 불 능 언
天地之大也
천 지 지 대 야

人猶有所憾[*]
_{인 유 유 소 감}

故 君子語大 天下莫能載焉
_{고 군 자 어 대 천 하 막 능 재 언}

語小 天下莫能破焉
_{어 소 천 하 막 능 파 언}

풀이

　부부란 둘이 아니다. 불이(不二)다. 그래서 부부일신(夫婦一身)이라고 말한다. 그리하여 부부가 하나 되고자 한집에 살고 한방을 쓰고 한 이불에 잔다. 그래도 하나가 안 되어 부부가 얼싸안아보고 그래도 하나가 못 되면 자식을 낳고는 이제야 한 몸을 이루었다고 생각한다. 그래서 어리석고 같잖은 부부도 알고 행한다고 말하였다. 자식 낳을 줄 모르는 부부는 없으니 말이다. 진리란 둘이 아니고 하나인 것이다. 그러나 가시버시(부부)라는 이 하나는 연습으로 해본 거짓 하나에 지나지 않는다.

　참하나는 하느님 아들이 얼(성령)로 하느님 아버지와 하나 되는 것이다. "아버지께서 내 안에 계시고 내가 아버지 안에 있음을 깨달아 알리라."(요한 10 : 38) "나와 아버지는 하나이니라."(요한 10 : 30) 이것이 '지극함에 이름(及其至也)'이다. 여기에 이르면 성인(聖人)이나 각자(覺者)라도 모르는 것이 있고 하지 못하는 것이 있음을 알게 된다.

　류영모는 이렇게 말하였다.

■ 이렇게 말하면 말이 안 될지 모르지만 나는 '하나'라는 말 자체도 불만이다. 우리가 만든 말이기 때문이다. 더구나 둘이 아니면 하나라고 할 수

감(憾)　섭섭히 여김. 마음에 어그러짐.

있겠는가. 하나에다 하나를 더하면 둘이 되는가. 안 된다. 하나 둘은 모두 신비다. 무엇인지 모르는 것이, 무엇이라 할 수 없는 것이 상대(相對)요 절대(絕對)다. 애당초 있다는 것이 무엇인지, 없다는 것이 무엇인지 잘 모른다. 상대의 자리에서 보니까 있다(有) 없다(無)지 있다 없다가 어디에 있느냐. 절대의 자리에서는 있다 없다가 무엇인지 우리는 생각할 수가 없다. 우리는 절대적 유무(有無)를 모르고 있다. 상대적 유무는 과학을 수단으로 해서 조금은 알고 있다. 이것도 사실은 그렇게 느끼고 있을 뿐이다.

그래서 하늘 땅이 크다지만 성인에게는 오히려 마음에 어그러진다. 빔(허공)에 별이 담긴 태극(太極)에서 만족할 수 없어 무극(無極)에까지 가고야 만다. 이 우주(天地)가 아무리 크다 하여도 상대적인 있음에는 만족스럽지 않기 때문이다. 무(無)에 이르러야 마음이 시원하다. 그 없음(無)이 중용지도(中庸之道)의 모습이라 생각되기 때문이다.

군자가 그 무극(無極)의 큼(大)을 말하면 무극은 빔(허공)이다. 이 우주(天地) 안에 실을 수 없을 뿐만 아니라 이 우주가 그 무극 안에 담긴다. 또 군자가 무극의 작음(小)을 말하면 무극은 얼(성령)이라 우주가 덤벼들어도 깨뜨리지 못할 뿐 아니라 무극 앞에 이 우주가 사라지고 만다. 그래서 불이즉무(不二卽無)다.

■ 둘이 아니면 하나도 아니고 둘도 아니다. 셋도 아니다. 곧 없는 것이다. 상대(相對)로 없으면 절대(絕對)다. 절대는 무(無)다. 둘 아니면 없는 거다. 상대적 유(有), 상대적 무(無)도 아닌 것이 불이(不二)다. 불이(不二)는 무이(無二)라 해도 좋다. 불이(不二)면 무이(無二)다. 불이즉무(不二卽無)라면 상대 세계에서 종 노릇을 벗어날 수가 있다.(류영모)

《중용》의 이 글귀는 《노자》, 《장자》, 불경에 조금도 손색이 없다. 주희는 육상산(陸象山)이 인품은 나무랄 데 없이 훌륭하지만 그 생각이 불교적이라 못마땅하게 생각하고 아쉬워하였다. 주희가 중용의 뜻을 바로 알았다면 그런 좀스런 생각은 하지 않았을 것이다. 진리 되시는 하느님 앞에 종교의 구별이 있을 수 없다. 여러 종교는 겉으로는 다교(多教)이지만 속으로는 일원(一元)인 것이다. 하느님은 온통(전체)이라 둘일 수가 없다. 참사람은 가정을 떠나고 국가를 멀리하고 종교를 넘는다. 예수와 석가가 바로 그러하였다. 예수와 석가에게는 하느님의 얼나라뿐이었다. 가정도 국가도 종교도 초월하였다.

읊이(詩)에 이르되 "솔개는 하늘 높이 날아오르고
고기는 깊은 물에 솟아 뛰논다." 하였으니
그 위아래로 살피어 이른(言) 것이니라.

詩云*
시 운
鳶*飛戾*天
연 비 려 천
魚躍于*淵
어 약 우 연
言其上下察也
언 기 상 하 찰 야

시운(詩云) 《시경(詩經)》에 이르기를. 《시경》 대아(大雅) 한록(旱麓) 편에 있는 구절이다.
연(鳶) 솔개.
려(戾) 이르다(至).
우(于) 부터.

풀이

솔개는 하늘 높이 날아오르고 고기는 깊은 물에 솟아 뛰듯이, 하느님(道)은 나를 초월하여 계시면서 내 속에 내재(內在)하신다. 예수는 초월하여 계시는 하느님을 아버지라 하고 내재하여 계시는 하느님(道)을 하느님 아들이라 하였다.

석가는 초월하여 계시는 얼을 니르바나(涅槃)라 하고 내재하여 계시는 하느님을 다르마(法)라고 하였다. 《중용》에서는 초월하여 계시는 하느님을 천(天)이라 하고 내재하여 계시는 하느님을 성(性)이라 하였다. 초월하여 계시는 하느님으로부터 거룩이 내리고 내재하여 계시는 하느님으로부터 기쁨이 솟는다. 초월하여 계시는 하느님과 내재하여 계시는 하느님이 따로가 아닌데, 둘이 아닌데 이 '내'가 위아래가 있고 안팎이 있는 상대 세계에 머물고 있기 때문에 그렇게 둘로 느껴질 뿐이다.

이처럼 하늘에 나는 솔개와 물에 뛰노는 고기만 보아도 하느님(道)을 생각할 줄 알아야 한다. 모든 것은 하느님의 기호요 상징이다. 류영모는 우주의 현상은 하느님이 내게 주신 편지라고 말하였다. 말로 할 수 없는 하느님을 말로 나타내자니 없이 계시는 하느님(道)이라 모순된 말을 할 수밖에 없다.

■ 물에 용(龍)이 뛰듯이 참말 속에는 참뜻이 뛰어오른다. 영원히 사는 것은 참뜻뿐이다. 하느님의 뜻은 영원하다. 참뜻만 가지고 가야 한다. 아버지의 참뜻이 나의 본체인 참나다. 참뜻이 우주의 뿌리다. 뜻만은 영원히 죽지 않는다. 참말만이 영원한 생명이다. 하느님의 뜻과 내 뜻이 하나가 되어 영원한 참뜻을 이루어야 한다.(류영모)

율곡(栗谷) 이이(李珥)는 16세에 어머니 신사임당을 여의었다. 사춘기의 나이에 사랑하는 어머니를 여의고는 삶에 회의가 일었다. 어머니 의상을 벗자 바로 서울 강남에 있는 봉은사를 찾아가 불경을 읽었다. 유교의 가정교육을 받은 그가 절에 가서 불경을 읽게 되었다는 것은 그가 받은 충격이 얼마나 컸던가를 헤아릴 수 있다. 19세 되던 해에는 금강산에 들어가 마하연 도량에서 참선을 하였다.

어느 날 율곡은 금강산 깊은 골짜기에서 혼자 수도를 하고 있는 노승을 찾았다. 그리고 노승에게 공자와 석가 중에서 누가 더 훌륭한 성자냐고 물었다. 노승은 공자는 석가와는 비교도 안 되는 속인(俗人)에 지나지 않는다고 말하였다. 그 말을 듣고 율곡은 불교에서 말하는 진리가 유교에도 있다고 말하였다. 그러자 노승이 마음이 곧 부처(卽心是佛)라는 말이 유교에 있느냐고 물었다. 율곡이 대답하기를, 맹자는 사람의 본성은 선하다(道性善)고 하였는데 마음이 부처라는 말과 다를 것이 없지 않느냐고 하였다. 그러자 노승은 웃으면서 공(空)을 초월하고 색(色)을 초월한다는 말이 무슨 뜻인지 알아듣겠느냐고 물었다. 청년 율곡이 대답하기를, 《중용》에 '솔개가 하늘에 날고 물고기가 깊은 물에서 뛰논다(鳶飛戾天 魚躍于淵)'는 말이 있는데 같은 뜻이 아니겠느냐라고 하였다. 그 노승이 정신세계의 일을 현상 세계에 비할 수 있겠느냐고 하자 율곡이 단순한 비유가 아니라 상징으로 쓴 것이라고 하였다. 노승은 그제야 깜짝 놀라며, 그대는 보통 선비가 아니다. 그대라면 나를 위하여 연어(鳶魚)를 운으로 한시를 한 수 지어줄 수가 있을 것이다. 나의 청을 들어 달라고 하자 율곡은 그 자리에서 연어 시를 읊었다. "솔개 날고 물고기 뛰니 아래위가 한가지라. 그것이 색(色)도 아니고 공(空)도 또한 아님이라. 싱긋이 웃음 지으며 나를 돌아보니, 홀로 서 있는 숲속에 해가 기울었네(鳶飛魚躍上下同 這般非色亦非空 等閑一笑看身世 獨立斜陽萬木中)."

율곡과 비슷한 나이인 17세에 절에 들어가 참선을 한 주희는 어찌하여 율곡과는 달리 불교를 몹시 배척하였는지 모르겠다. 오늘의 우리도 우러러 마지않는 율곡의 높고도 깊은 인품은 약관의 나이에 불경을 읽은 영향이 적지 않다고 지적하고 있다. 앞으로 유교의 나아갈 길은 소극적으로 다른 종교를 배척하지 않는 율곡 이이 같은 태도거나 적극적으로 다른 종교를 포용하는 고운(孤雲) 최치원(崔致遠) 같은 방편이라야 한다고 생각한다.

제나의 개체의식(個體意識)이 깨어지고 얼나의 전체의식에 이르면 하느님만이 온통으로 계신다. 온통인 하느님 안에 낱동(개체)에는 나 아닌 남이란 없다. 나 아닌 남이 있으면 아직 구경각(究竟覺)인 온통(전체)인 얼나에 이르지 못하여 미혹(迷惑)에 빠져 있는 것이다. 배척하는 남이 있고 두려워하는 몬(物)이 있으면 아직 미혹에 빠져 있다는 것을 알아야 한다.

그이(君子)가 가는 길(道)은
지아비 지어미에서 첫 끝을 잡았으나
그 맞 끝 닿은 데로 미치도록(及) 갈 길은
땅에서 하늘로 뚫림이니 살펴 갈 것이니라.

君子之道
군 자 지 도
造*端乎夫婦
조 단 호 부 부
及其至也
급 기 지 야
察乎天地
찰 호 천 지

조(造) 처음. 조단(造端)은 첫 끝.

12월 113

풀이

《중용》에서는 부부(夫婦)가 군자지도(君子之道)의 첫 끝(造端)이라고 하였다. 그러나 성경 창세기에는 인류의 타락은 부부에서 비롯한 것을 일러준다.

■ 창세기에 동산 중앙에 있는 나무의 실과라고 한 것은 분명히 우리의 생식기를 말한 것이 아니겠는가. 뱀이라고 말은 하나 뱀의 꼴이 마치 남자의 생식기 그것과 무엇이 다른가. 생식기가 유혹하는 것 같은 유혹이 어디 있는가. 이른바 시험 중에 색욕의 유혹이 대단한 것이다. 먹는 것은 제법 사양하고 사리는 것이 있다. 그러나 색(色)에 대해서는 거의 모든 인류가 이 시험에 당하였고 또 이기는 데 어려움을 느끼고 있다. 아담은 하와가 유혹했다고 하고, 하와는 뱀이 유혹했다고 했지만 아담의 생식기가 하와를 유혹했다고 하는 것이 옳을 것이다. 모든 삼독의 근원은 남자가 책임져야 할 성질의 것이다. 그런데 항시 책임은 하와에게 전가하려고 한다. 어쨌든 서로가 유혹한 것이기에 그 짓이 생긴 것은 사실이다. 맛도 있음직하고 만져볼 만큼 탐스럽기도 하고 먹어보니 맛이 좋고 해서 아담과 하와가 같이 먹었다는 것이다. 맛에 잡히면 그때도 그랬는데 요새 와서는 말할 나위도 없다. 다른 맛이 있음직해서 남의 여자도 건드려 보고 남의 남자도 꾀어본다. 맛에 맘이 나면 사람은 아주 짐승만도 못하다.(류영모)

사실 시집가고 장가가서 부부를 이루는 것이 군자의 첫걸음이라면 혼인한 남녀는 모두가 군자가 되었어야 할 것이다. 그런데 공자 때도 중국의 인구는 몇천만 명이 되었다는데 공자는 한 사람의 군자도 못 만났다고 하였다. 혼인을 안 해서 군자가 못된 것은 아닐 것이다. 사실은 예수를 비롯하여 혼인하지 않은 사람 가운데에 군자가 많다. 석가도 혼인 생활을 하다가 그만두었다.

공자도 혼인 생활이 원만치 못하였다고 한다.

여기에서 '군자지도 조단호부부(君子之道 造端乎夫婦)'의 뜻은 배우(配偶)에서 배천(配天)에 이르는 슬기를 깨치라는 것이다. 배천이라는 말은 《중용》 26장에 나오고 《노자》 68장에 나온다. 하느님 속에 들어가 하느님과 하나 되는 것이 배천이다. 배우(配偶)가 첫끝(造端)이라면 배천(配天)은 미처 이름(及至)이다. "미치도록 갈 길은 땅에서 하늘로 뚫림"이란 놀라운 번역이다. 하늘 땅을 살피는 것이 최고의 경지에 이르는 것이 될 수는 없기 때문이다.

배우에서 배천에 이르자면 식색을 끊는 해혼(解婚)을 하여야 한다. 해혼이란 마하트마 간디나 류영모처럼 가정은 가지되 성생활은 끊는 것이다.

■ 식색(食色)의 물신(物身)을 초월하지 못하면 우리의 정신 생명이 자라지 못한다. 언제나 먹을 것을 삼가고 남녀를 조심해야 한다. 하룻밤을 자도 남녀유별 하여 만리장성을 쌓아놓고 자야 오랑캐의 침입을 받지 않는다. 색마(色馬, 色魔)는 오랑캐의 말보다 더 무섭다. 포악하고 음흉하고 잔인한 것이 성범죄다. 언제나 자기의 몸을 공경하여 일평생 시험에 빠지는 일 없이 건강과 정결을 지켜야 한다. 건강한 육체로 음식을 이기고, 건강한 정신으로 남녀를 이겨야 한다. 음식과 남녀에 지면 곧 병신이 되고 등신이 되어 죽게 됨이 마치 서리가 내리면 얼음이 어는 것과 같다. 음식과 남녀를 이긴 사람만이 건강한 육체와 정신을 지니고 새벽에서 저녁까지 살아갈 수 있다. 식욕과 성욕에 끌려다니면 인생은 무의미하고 신세를 망치게 된다. 식색을 삼가면 온 나라가 행복해진다.(류영모)

배우와 배천이 비슷한 점이 있다 하여 배우를 첫 끝이라 하고 배천을 맞 끝이라 할 수 있지만 전혀 차원이 다르다. 그렇기 때문에 에스컬레이터를 타고 있으면 가만히 서서 목적지에 이르듯 배우에서 배천에 이르게 되지 않는다.

어버이를 떠나서 배우를 맞듯 처자를 떠나야 배천을 할 수 있다. 처자를 떠나는 것이 식색을 이기는 것이다. 출가하여도 식색을 이기지 못하였으면 출가한 것이 아니다. 어떻든 몸나를 버리고 얼나로 솟나는 것이 하느님이신 천도(天道)에 이르는 것이다. 류영모는 이를 '땅에서 하늘로 뚫림'이라 하였다.

■ 하느님 아버지와 우리의 얼이 통하여야 아들(天子)의 권리를 얻을 수 있다. 그러면 간단히 안심입명(安心立命)을 할 수 있다. 영원한 목숨까지 통해서 들어가는 것이 입명(立命)이다. 영장(靈長)의 동물로서 하루 아침에 깨닫고 나서면 그대로 하느님의 아들인 성령을 얻는다.(류영모)

배우에서 배천까지 이르는 것이 공자가 말한 "아래에서 배워서 위에 다다름이다(下學而上達)."이다. 배우를 넘어서야 배천에 이른다. 짐승의 제나에서 하느님 아들인 얼나로 목숨 옮김(遷命)을 하는 것이다. 예수는 이것을 이렇게 말하였다. "너희(제나)는 아래(어버이)에서 났고 나(얼나)는 위(하느님)에서 났으며 너희(제나)는 세상에 속하였고 나(얼나)는 이 세상에 속하지 아니하였느니라."(요한 8 : 23, 한글개역) 이 세상에 속하였다는 것은 생멸(生滅)하는 상대 세계에 속하여 죽을 생명이라는 뜻이다. 이 세상에 속하지 않았다는 것은 생멸을 초월한 절대 세계에 속하여 영원한 생명이라는 뜻이다.

사랑하자는 삶이라 사랑을 해야 한다. 그런데 사람은 첫사랑보다는 마지막 막사랑을 바로 해야 한다. 막사랑은 하느님과의 사랑이 되어야 한다. 예수, 석가는 하느님과 막사랑을 바로 한 사람들이다.

이(子) 가로되
길은 사람에게 멀지 않으니
사람에게 멀다면 그것을 가지고 길을 삼는다 치더라도
갈 수는 없을 것이니라.

子曰
자 왈
道不遠人
도 불 원 인
人之爲道而遠人
인 지 위 도 이 원 인
不可以爲道
불 가 이 위 도

풀이

　1장에서 "천명지위성 솔성지위도(天命之謂性 率性之謂道)"라 하였는데 사실은 천(天)·성(性)·도(道)가 따로 있는 것이 아니라 하나이다. 천(天)이

성(性)이고 성(性)이 도(道)란 말이다. 온통인 얼의 하느님은 하나이면서 크다(一大) 하여 '천(天)'이라 하고 마음속에 솟아난다(心生) 하여 '성(性)'이라 하고 내 머리라 찾아간다(道之) 하여 '도(道)'가 될 것이다. 곧게 가게 한다(行直) 하여 '덕(德)'이라 하고 사람은 똑같은 씨(人二)라 하여 '인(仁)'이라 한다. 살구씨를 '행인(杏仁)'이라 한다. 이는 무한(無限)의 하느님과 유한(有限)의 제나가 만나 이어지는 과정을 그린 것일 뿐이다. 하느님의 얼이 내 마음속에 온 참나(眞我)이다. 몸뚱이에 매달린 제나가 거짓나(假我)다. 나서 죽는 거짓나가 나도 죽지 않는 얼나를 만나는 것이 위도(爲道)다. 위도는 기도요 참선인 것이다. 참나(얼나)와 거짓나(제나)가 만나는 데는 반드시 거짓나가 죽어야 한다. 죽지(항복하지) 않으면 만남이 이루어지지 않는다. 얼나가 생명의 임자(主)로, 제나(自我)는 죽은 (항복한) 종으로 만났을 때 견성(見性) 위도(爲道)가 이루어진다. 그때 짐승이던 제나가 죽고 얼나로 솟나 하느님 아들이 된다.

  천·성·도는 절대 존재인 얼이라 유일무이(唯一無二)다. 그러므로 시간을 초월하여 무시부재(無時不在)하고 공간을 초월하여 무소부재(無所不在)하고 인간을 초월하여 무인부재(無人不在)하다. 우주 만물에 중성미자(中性微子)라는 것이 있다. 천체(태양)들의 핵융합 시에 방출되는 소립자(素粒子)로 질량이 거의 없고 보이지도 않는다. 다른 물질과 상호작용도 거의 하지 않는다. 그리하여 사람의 몸 같은 것은 물론 지구 같은 천체도 없는 듯이 통과한다. 그러므로 중성미자에게는 다른 것은 없는 것과 같다. 하느님 곧 성령은 중성미자와 같아 성령에게는 상대 세계란 없는 것과 같이 남김없이 빈틈없이 다 차지하였다. 그러므로 성령인 도(道)가 가깝다 멀다 말하는 것은 어리석은 소리다. 그러나 제나가 죽지(항복하지) 않으면 성령인 도(道)의 존재를 전혀 의식하지 못한다. 그리하여 무도(無道)한 존재가 된다.

■ 내가 한번 죽어야 맘이 텅 빈다. 한번 죽은 맘이 빈 맘이다. 빈 맘에 하느님 나라, 열반 나라가 채워진다. 이 제나(自我)는 거짓 생명이다. 참 생명을 찾아야 한다. 우리의 일은 참나를 찾는 거다. 하늘나라에는 참나가 들어간다. 거짓 생명은 죽어야 한다. 사람들은 이 세상에서 거짓 생명을 연명시키는 데만 궁리하고 골몰한다. 그래서는 안 된다. 참나와 하느님은 하나다. 참나와 성령이 하나다. 참나로는 내 생명과 하느님의 생명이 하나다. 참나와 하느님은 이어져 있다. 그리하여 유한(有限)과 무한(無限)이, 절대와 상대가 연결되어야 한다. 그것이 영원한 생명이다. 진선미(眞善美)한 생명이다.(류영모)

그래서 노자가 말하기를 "위의 선비(上士)는 도(道)를 듣고 힘써 가고 가운데 선비(中士)는 도(道)를 듣고 있을까 없을까 하고 아래 선비(下士)는 도(道)를 들으면 크게 비웃는다. 웃지 않으면 도(道)라 하기에 모자란다."(《노자》, 41장)고 하였다.

읊이에 이르되
"도낏자루 비어낸다. 도낏자루 비어낸다.
그 대중(則)이 멀잖으니
자루 잡고 자룻감 내길
빤히 보며 멀다고 망설일까." 하였으니
그러므로 그이(君子)
사람 본대고 사람을 고치는 것이라
고쳤으면 그만이다.

詩*云
시 운

伐柯伐柯
벌 가 벌 가

其則*不遠
기 칙 불 원

執柯*以伐柯
집 가 이 벌 가

睨*而視之
예 이 시 지

猶*以爲遠
유 이 위 원

故 君子
고 군 자

以人治人
이 인 치 인

改而止
개 이 지

풀이

    도낏자루를 새로 만들려고 도낏자루 감이 될 나무를 베러 간 이가 도낏자루 감으로 알맞은 나무가 어떠한 나무일까를 다른 데서 알아보고자 애썼다. 바로 코 밑에 들고 있는 도낏자루를 빤히 보고 있으면서도 알아차리지를 못하는 것이다. 그 어리석은 이가 다른 이가 아니라 바로 나 자신이라는 말이다.

- -

시(詩) 《시경》의 유풍(幽風) 벌가(伐柯)에 나오는 글귀다.
칙(則) 대중, 본. 則(법 칙, 모범 칙).
가(柯) 도낏자루.
예(睨) 빤히 보다.
유(猶) 망설이다.

'천명지위성(天命之謂性)'이란 하느님께서 내 마음속에 보내온 하느님의 생명을 얼나(靈性)라고 이른다는 뜻이다. "아버지께서 생명의 근원이신 것처럼 아들도 생명의 근원이 되게 하셨다."(요한 5 : 26)와 똑같은 말이다. 내 속에 온 하늘 생명(天命)을 하느님 아들이라 붓다(佛陀)라 성인이라 한다. 류영모는 말하기를 "기독교를 믿는 자는 예수만이 하느님 아들이라 하지만 하느님 아들은 예수만이 아니다. 하느님 아들은 영원한 생명이다. 하느님으로부터 오는 성령이다."라고 하였다.

그러므로 밖에서 하느님 아들·붓다·성인을 기다리는 것은 어리석은 짓이다. 제 속에 하느님 아들이 있고 붓다가 있고 성인이 있다. 하느님 아들이나 붓다나 성인은 내 속에 온 영원한 생명(얼나)인 것이다. 제 속에 온 천명(天命)인 하느님 아들·붓다·성인을 모르면 밖으로 오는 하느님 아들·붓다·성인도 알아주지 못한다.

그러면 거짓에 속기만 한다. 그래서 군자는 이인치인(以人治人)한다는 말을 이렇게 고쳐야 한다. 이진인치가인(以眞人治假人), 곧 참나인 얼나로서 거짓나인 제나를 다스린다는 것이다. 이것이 바로 '솔성지위도(率性之爲道)'이다. '개이지(改而止)'는 회개이지선(悔改而止善)이다. 얼나를 깨달아 하느님 나라에 머무는 것이다. 맹자가 "인야자인야 합이언지도야(仁也者人也 合而言之道也)"(《맹자》, 진심 하편)라고 말하였다. 얼은 (짐승이 아니고) 사람이다. 얼나(仁)를 깨달은 사람(人)을 합하여 하느님 아들(道)이라 한다는 뜻이다. 예수가 자신을 사람의 아들(人子)이라고 한 것은 짐승이 아니고 사람이라는 말이다.

이리하여 군자는 제나로 죽고 얼나로 솟나 영원한 생명에 들어선다. "제나(自我)가 죽어야 참나(眞我)가 산다. 나(自我)가 완전히 없어져야 참나다. 참나는 우주의 중심이요 제나의 임자(主)다. 제나의 임자란 제나를 다스리고

책임지는 자유의 존재라는 것이다."(류영모)

군자는 스스로가 제나에서 얼나로 솟난 뒤에 스스로 깨달은 말씀을 사람들에게 가르친다. 그리고 스스로 먼저 삶의 본을 사람들에게 보인다. 내가 바르게 되는 것이 남을 바르게 하는 길이기 때문이다. 맹자가 말하기를 "큰 사람이 있으니 나를 바르게 하여 다른 것을 바르게 하는 이다(有大人者 正己而物正者也)."(《맹자》, 진심 상편)라고 하였다. 군자는 남에게 강요하는 일은 하지 않는다. 강요한다고 될 일이 아닌 것을 알기 때문이다. 타율적인 도덕은 제압(制壓)이지 도덕이 아닌 것이다.

공자가 말하기를 "바르게 타이르는 말에는 안 따르랴만 고치는 것이 귀하다. 부드럽게 일러주는 말에는 기뻐하겠지만 알아듣는 것이 귀하다. 기뻐해도 알아듣지 못하고 따라도 고치지 않으면 난들 어찌하겠는가."(《논어》, 자한 편)

남의 잘못은 일흔에 일흔 번도 용서하면서 오래 참고 기다린다. 그래서 고치면 반갑고 못 고쳐도 그만이다. 사랑과 참는 것 이외에는 어떠한 수단 방법도 써서는 안 된다. 내 속의 얼의 생명을 나타내 보이면 되는 것이다. 그래서 석가는 세상을 떠나면서 자신의 법(진리)을 이을 후계자를 세우지 않고 제 속의 얼나를 좇으라고 말하였다. 예수는 세상을 떠나면서 자신의 가르침을 이을 후계자를 세우지 않고 얼나(보혜사)에게 가르침을 받으라고 말하였다. 그래서 땅에 있는 스승을 스승이라 하지 말라고 일렀다.

곧은 마음(忠) 푸는 마음(恕)이 길(道)과 버슴(違)이 멀지 않으니라
내게 싫은 것은
남에게 말지니라.

忠恕違道不遠
충 서 위 도 불 원
施諸己而不願
시 저 기 이 불 원
亦勿施於人
역 물 시 어 인

풀이

  공자의 제자들은 공자의 사상을 온전히 알았던 것 같지가 않다. 그러나 예수의 제자들보다는 학문이 있었다. 안연이 일찍 세상을 떠난 것이 아쉽기 그지없다.

  안연 다음으로 증자가 공자의 사상을 이었다고 보고 있다. 《중용》을 쓴 자사도 증자에게 배웠다는 말이 있다. 증자는 스승 공자의 사상이 단 두 글자 '충서(忠恕)'인 것을 알았다.

  공자가 증자에게 "삼(參)아, 나의 길은 하나로 꿰뚫었다(吾道一以貫之)."고 말하자 증자는 "네."라고 대답하였다. 공자가 나가자 제자들이 무슨 말이냐고 증자에게 물었다.

  증자는 "스승님의 도(道)는 '충서(忠恕)'일 뿐이다."(《논어》. 이인 편)라고 말하였다. 증자가 말한 '충서(忠恕)'의 뜻은 사람에 대하여 적극적인 사랑인 성실(誠實)함이 충(忠)이고 소극적인 사랑인 관용(寬容)이 서(恕)라 생각된다. 증자의 말로 세상에 널리 알려진 일일삼성(一日三省)에서 반성해야 할 첫째가 "사람이 일을 함에 불충(不忠)하지 않았던가(爲人謀而不忠乎)."이다. 이것만으로도 증자의 충(忠)에 대한 생각을 짐작할 수 있다. 공자의 제자들이 공자의 천명(天命)을 외경하는 사상을 약화시키거나 놓친 데서 일어난 현상으로 보인다.

공자의 인(仁)은 하느님의 생명인 얼씨이다. 얼씨가 말씀으로 사랑으로 나타난다. 충서의 충(忠)은 하느님에 대한 사랑이고 서(恕)는 이웃에 대한 사랑이다. 충(忠)은 중(中)과 심(心)으로 하느님께 뚫린 마음이고 서(恕)는 여(如)와 심(心)으로 하느님과 같은 어진 마음이다. 그러므로 하느님 사랑, 이웃 사랑이다. "마음과 뜻과 힘을 다하여 하느님을 사랑하고 또 그와 같이 이웃을 사랑하라."이다. 얼나로 거듭나지 않고는 그렇게 하지 못한다. 류영모는 충(忠)에 대하여 이렇게 말하였다.

■ 예수가 말한 '마음이 가난한 자'란 마음에 아무것도 없는 자라는 말이다. 지저분한 것이 도무지 없는, 가운데의 가운데, 속의 속을 충(忠)이라고 한다. 속이 비고 곧은 것이 충이다. 아직도 임금에게 충성하는 것을 충으로 알고 있으면 이 시대를 밤중으로 알고 있는 것이다. 임금 없는 세상에는 충이 필요없다고 생각하면 이는 아직 충이 무엇인지 생각지 못한 것이다.

임금에게 바치던 충(忠)을 하느님에게 바쳐야 한다는 것이다. "내가 바라지 않는 것을 또 남에게 하지 말라(施諸己而不願 亦勿施於人)."는 《논어》에 나오는 말이다. 《논어》 위령공 편에는 글자가 좀 다르다. "기소불욕 물시어인(己所不欲 勿施於人)"이다.

내가 싫은 것을 남에게 하지 않는 것이 예(禮)의 처음이요 마지막이다. 예수는 "너희는 남에게서 바라는 대로 남에게 해주어라."(마태오 7 : 12)라고 하였다. 손바닥의 앞뒤처럼 어울리는 말이다. 이는 서(恕)에 해당되는 말이다. 이 글 앞에 충(忠)에 대한 말이 있어야 된다고 생각한다. "없이 계시는 하느님께서 이 나를 내셨사오니 이 나도 없이 되어 하느님께 돌아갈지이다." 이것이 우리의 기도가 되어야 한다.

그이(君子)가 가는 길 넷인데
구(丘)는 하나도 못하였다.
아들에게 바라듯이
아버지를 못 섬겼고
섬기(臣)에게 바라듯이
임금을 못 섬겼고
아우에게 바라듯이
언니를 못 섬겼고
벗에게 바라듯이
벗에게 먼저 못하였노라.
날마다 할 노릇과
날마다 할 말의 삼가기를
모자란 노릇이면
그예 힘써 채우고
남은 말이면 다 안 해 좋으니
노릇 보아 말을 하고
말한 대로 노릇을 한다면
그이(君子) 어찌 올차지 않겠는가.

君子之道四
군 자 지 도 사
丘未能一焉
구 미 능 일 언

所求乎子
以事父未能也
所求乎臣
以事君未能也
所求乎弟
以事兄未能也
所求乎朋友
先施之未能也
庸德之行[*]
庸言[*]之謹
有所不足
不敢不勉
有餘不敢盡
言顧行

용덕지행(庸德之行) 다음 행의 '용언지근(庸言之謹)'과 같이 '용행지덕(庸行之德)'으로 보아야 옳다. '용(庸)'은 일상(日常), 일용(日用)의 뜻이다. '날마다 할 노릇의 어짊(德)'이라 하는 것이 맞다.
용언(庸言) 일상(日常)에서 쓰는 말이다.

行顧言
행 고 언
君子 胡*不恈恈*爾*
군 자 호 불 조 조 이

풀이

《서경》에 이런 말이 나온다. "순(舜) 임금이 신하 설(契)에게 이르되, 설아, 백성이 서로 친하지 아니하며 오품(五品)이 순하지 아니하므로 너를 사도(司徒, 백성의 교화를 담당한 관직)로 삼나니 다섯 가지 가르침(五敎)을 공경하여 펴되 너그럽게 하라."(《서경》, 우서虞書 순전舜典) 여기에 오품(五品)은 부·모·형·제·자(子) 사이의 도의를 말하고 오교(五敎)는 부자유친(父子有親), 군신유의(君臣有義), 부부유별(夫婦有別), 장유유서(長幼有序), 붕우유신(朋友有信)의 오륜(五倫)을 말한다(《맹자》, 등문공 상편). 여기《중용》에서는 '부부유별', '장유유서'가 빠지고 '형제우애(兄弟友愛)'가 들어 있다. 사람은 사람 사이가 중요해 사람을 인간(人間)이라고 말한다.

공자는 이 네 가지 가운데서 하나도 하지 못하였다고 말하였다.《논어》에는 "군자지도(君子之道)가 셋이 있는데 나는 하지 못하였다. 어진 이는 근심하지 않고(仁者不憂), 슬기로운 이는 홀리지 아니하고(知者不惑), 날쌘 이는 두려워하지 않는다(勇者不懼)."라고 하였다.

유교는 하느님(天)과 관계를 잇는 이는 모든 백성을 대표한 천자(天子)인 황제의 특권으로 생각하였다. 그래서 천제(天祭)는 천자밖에 못 올리고 그밖의 사람은 올리지 못하였다. 중국 사람인 오경웅(吳經熊)은 가톨릭 신자가

호(胡) 어찌.
조조(恈恈) 올차다. 알차다. 성실하다.
이(爾) 어조사.

되어 마음 놓고 하느님께 직접 기도를 올릴 수 있게 되니 자신이 황제가 된 느낌이 들더라고 말하였다. 서민들에게는 가족 윤리가 중심이 되고 거기에 붕우(朋友) 관계와 군신(君臣) 관계가 끼어 있을 뿐이다. 다음은 효도에 대한 류영모의 생각이다.

■ 유교에서는 위(上)를 받든다는 것은 부모나 조상을 받드는 것을 말한다. 조상을 받들고 아래 권속들을 거느리는 것이 인간의 본연이라고 말한다. 이것은 태극에서 음양만 말하듯 그 윗자리인 무극(無極)을 잊은 탓이다. 유교가 활발히 발전을 못 본 것은 이 근원을 잊었기 때문에 그렇다. 천상(天上), 하느님을 생각하지 않았다.

■ 사람은 하느님에 대한 효(孝)는 잊어버린 지 오래이고 아버지를 하늘같이 아는 것을 효라 한다. 부모보다는 하느님 아버지가 먼저라야 한다. 천명(天命)에 매달린 유교가 망천(忘天)을 하여도 이만저만이 아니다. 효도를 곧잘 하다가도 장가가서 자식 낳으면 그 효도가 쇠한다고 유교에서 말한다. 나는 천도(天道)가 쇠하는 것이 처자(妻子) 때문이라고 생각한다. 왜 그렇게 되느냐 하면 근본 영혼(얼나)을 추원(追遠)하고 사모하여야 하는데 전향(轉向)하여 제 아내와 자식들을 거두어 먹이겠다는 욕심을 좇느라 그렇게 된 것이다. 효도의 실상은 하느님에게 하라는 것이다. 하느님을 바로 아는 사람은 최선의 효를 할 수 있다. 하느님에 대한 정성이 부모님에 대한 정성이 되고 만다. 이 근본 이치를 모르기 때문에 오늘날 설움 받는 어버이들이 많다.

율곡의 《격몽요결》에 이런 말이 있다. "형제는 아버지 어머니로부터 끼친 몸을 함께 받았다. 더불어 나와 같은 한 몸으로 보아야 한다. 먹을 것과 입을 옷이 있고 없음에 모두 함께함이 마땅하다. 설사 형이 굶주리고 아우가 배부르거나 아우가 춥고 형이 따스하면 이는 한 몸 가운데 한쪽 지체가 아프고 혹은 성함이라 몸이나 마음이 어찌 두루 편함을 얻겠는가. 이제 사람들이 형제간에 서로 사랑하지 않는 것은 모두 부모를 사랑하지 않는 연고에서다. 만일 부모를 사랑하는 마음이 있다면 어찌 부모의 자녀를 사랑하지 않으랴."(《격몽요결》, 거가장居家章)

부모보다 하느님께 효도할 줄도 알아야 하지만 나아가 형제처럼 인류를 사랑할 줄 알아야 한다. 하느님을 아버지처럼 사랑한다면 인류를 쌍둥이 정신으로 서로 사랑해야 하느님을 사랑하는 것이 된다.

불교에서는 삼업(三業)이라 하여 행동의 신업(身業), 언어의 구업(口業), 사고(思考)의 의업(意業)을 든다. 유교에서는 언행을 말한다. 결국 같은 것이다. 덕행(德行)과 근언(謹言)을 하여야 하는데 모자람이 있으면 힘써 채우고 남거든 억지로 다 하지는 말라는 것이다. 말은 짓을 돌보며 하고, 짓은 말을 돌보며 해야 한다는 것이다. 그래서 공자는 말하기를 "군자는 그 말이 그 행동보다 지나치는 것을 부끄럽게 생각한다(君子 恥其言而過其行)."(《논어》, 헌문 편)고 하였다. 언행일치(言行一致)로 믿음을 이루는 것이 성인(成人)의 길인 것이다. 류영모는 이렇게 자기 자신을 돌이키며 뉘우치는 말을 하였다.

■ 나는 부귀와 명예를 모르고 하느님 아버지만을 사모하는 소자(小子)이다. 이 사람이 오늘까지 이만 사천여 일이나 살았다. 그동안 날마다 그날의 일과를 다 했으면 성인이 되었을지 모른다. 그간 일과(日課)를 게을리해서 이 모양이 되었다.

사람의 인격은 그 사람이 죽어 관 속에 들어간 다음 관 뚜껑이 덮어지고서야 평가되는 것이라고 말한다. 그 까닭은 사람은 일생 동안 눈에 안 보이는 인격의 상(像)을 자기 스스로 날마다 때때로 조각하고 있기 때문이다. 죽으면 그 조각이 끝나게 되는 것이다. 그때 가서 품평을 할 수 있는 것이다. 사람들은 몸나를 참나로 알고 몸나를 다듬고자 성형 수술도 서슴지 않는데 그것은 어리석은 짓이다. 꼴 없는 인격의 나가 참나인 것이다. 인격의 상은 그 누구도 손대지 못한다. 자기 스스로 조각할 수밖에 없다. 그것이 하느님께서 나에게 맡기신 삶의 숙제라고 할 수 있다.

공자의 사진은 물론 그림(초상화)도 없는지라 사람들은 상상으로 공자의 모습을 그린다. 그러나 이상스럽기만 하다. 공자의 상(이미지)은 내 마음속에 뚜렷하다. 공자의 모습도 예수, 석가와 많이 닮은 모습이다. 이렇게 마음속에 상을 모신 이들에게는 눈에 보이는 어떤 상도 필요가 없다. 눈에 보이는 상은 눈에 안 보이는 상을 모시지 못한 사람에게만 필요하다.

그이(君子)
그 자리에 닿아서 노릇을 하고
그 밖은 하려고도 아니하느니라.

君子
군 자
素*其位而行
소 기 위 이 행
不願乎其外
불 원 호 기 외

풀이

군자(君子)의 자리는 이제 여기 하느님의 생명이 마음속에 샘솟는 자리다. 외형적인 시간, 공간은 아무런 상관이 없다. 하느님의 얼(성령)을 받으면 거룩한 생각이 나온다. 이 자리가 하느님 아들의 자리다.

소(素) 닿아서. 素(본디 소).

■ 현재를 깊이 알아야 한다. 생각이 자꾸 나와야 한다. 영원(永遠)이, 영생(永生)이 있다는 것을 미신적으로 망상(妄想)하여서는 안 된다. 지금 나오는 생각이 자꾸 흘러서 진리의 바다가 된다는 것을 알아야 한다. 이 생각 때문에 얼의 바다를 믿는 것이다. 내 속에서 말이 자꾸 나온다. 그것을 보아서 말씀(로고스)인 얼의 세계가 있는 것을 믿는다. 사람들이 무(無)에서 와 무(無)로 가는 것 같아서 허무를 느끼는데 무가 무가 아니다.(류영모)

전구가 꽂혀야 할 자리는 전기가 들어오는 소켓이다. 전구가 소켓에 꽂힐 때 전등불이 켜진다. 개체인 내가 닿아야 할 자리는 하느님의 성령에 이어지는 자리다. 그러면 정신의 빛을 놓아 3천 대천 세계를 밝히게 된다. 정신의 광명이 사방에 비치는 것이다. 그것을 본보기로 보여 준 이가 예수요 석가이다. 마하트마 간디는 이렇게 말하였다. "사람은 하느님이 아니다. 사람을 하느님이라 부르지 말라. 그러나 사람은 하느님의 얼빛의 한 오리를 지니고 있다." (간디,《날마다의 명상》)

전구의 수명이 다하면 새 전구를 꽂아야 다시 불이 켜진다. 한 개체의 생명이 다하면 다른 개체가 그 자리에 닿아 다시 불빛을 밝힌다. 개체인 전구의 수명이 나의 생명인 게 아니다. 전구에 빛을 주는 하느님이 보내시는 성령인 전기가 나의 영원한 생명이다.

■ 개인으로 보면 호흡을 반복하고 민족으로 보면 생사(生死)를 반복한다. 호흡을 반복하는 것이 몸이 사는 길이요 생사를 반복하는 것이 민족이 사는 길이다. 나뭇잎은 돋아났다 지지만 나무는 그대로 있다. 여기에서 변하는 것 속에 또 변하지 않는 것을 본다. 몸과 맘의 나로는 변하면서 얼의 나로는 변하지 않는 것이 영생하는 것이다. 영원한 생명이 되면 몸

이 죽어도 살아도 여기서도 저기서도 나도 너도 언제나 행복하다. 생명의 비결은 한결(常)을 알아 그 가운데 드는 것이다. 영원한 현재가 되는 것이다. 그것이 얼나의 생명이 되어서 하느님과 하나 되는 것이다.(류영모)

생로병사 하는 생멸(生滅)의 회오리가 태풍이 되어 돌아가는데 그 속에 태풍의 눈과 같은 자리, 오도 않고 가도 않는 자리가 가온찍기(「·」)로 영생의 자리다. 군자는 그 자리에 닿고자 하지 세상에서 말하는 부귀한 자리에는 마음이 없다. 세상 사람들이 부귀의 자리를 향하여 꿀단지에 개미 모여들듯이 모여드는 것을 민망하게 생각한다. 삶의 실현이란 소유가 아니다. 제 마음속에 솟아나오는 얼의 생명을 나타내는 것이다. 석가 붓다가 카필라성에 돌아와서도 걸식을 하자 부왕 숫도다나는 "샤카(석가)족에는 거지라고는 없었는데 네가 왜 샤카족을 욕되게 하느냐."라며 그를 나무랐다. 그러자 석가 붓다는 자신은 샤카족이 아니고 붓다 계통이라고 하였다. 얼나의 사람이지 몸나의 사람이 아니란 말이다.

꽃

가멸고 높은 데 닿았으면
가멸고 높은 데서 제 노릇을 하고
가난하고 얕은 데 닿았으면 가난하고 얕은 대로 제 노릇을 하고
못 열린 땅에 가 닿았으면
못 열린 데서 제 노릇 하고
어려운 걱정에 가 닿았으면
어려운 걱정 속에서 제 노릇을 하나니
그이(君子) 들어가서 제 얻을 것을 못 얻을 바 없느니라.

素富貴
소 부 귀

行乎富貴
행 호 부 귀

素貧賤 行乎貧賤
소 빈 천　행 호 빈 천

素夷狄
소 이 적

行乎夷狄
행 호 이 적

素患難
소 환 난

行乎患難
행 호 환 난

君子無入而不自得焉
군 자 무 입 이 부 자 득 언

풀이

  군자는 몸이 어떤 자리에 놓이더라도 마음은 하느님 아들(天子)의 자리에 닿고자 한다는 것이다. 그러므로 몸의 처지 때문에 맘이 흔들리지 않는다.

  공자는 부귀를 싫어하지 아니하였다. 올바른 부귀를 바랐을 뿐이다. 말하자면 청부존귀(淸富尊貴)를 바랐다. 공자는 "부(富)가 구해진다면 비록 채찍 잡는 이(馬夫)라도 나는 하겠다. 하여도 구해지지 않는다면 내 좋은 대로 살 것이다."(《논어》, 술이 편)라고 말하였다.

  공자는 빈천(貧賤)하게 지내는 것이 하늘의 뜻이라면 빈천한 속에서도 안빈낙도(安貧樂道) 하겠다고 하였다. 공자 말하기를 "나물 먹고 물 마시고 팔 굽혀 베개 삼아도 즐거움이 또한 그 속에 있다. 옳지 않은 부와 귀는 내게 뜬 구름과 같다."(《논어》, 술이 편)고 하였다.

열리지 않은 곳이란 미개한 곳을 말한다. 공자 때 중국 주변의 여러 민족을 말한다. 이적(夷狄)이란 소위 오랑캐라는 말인데, 그 말을 쓴 한족(漢族)을 위해서도 그런 말은 쓰지 말아야 한다. 교만은 소인(小人)의 일이기 때문이다. 중화(中華)라는 자만 때문에 미개하다고 얕본 그들에게 정복되어 처참한 시련을 겪어야 했다.

공자가 구이(九夷, 중국 동쪽 지역)에 가서 살고자 하였다. 어떤 이가 그 말을 듣고서 "그곳은 미개한 곳인데 어떻게 살겠습니까?"라고 물었더니 공자 말하기를 "군자가 사는데 어찌 미개함이 있겠는가."라고 하였다(《논어》, 자한 편).

군자는 환난을 당하여도 목숨을 잃을지언정 얼나(道)는 지킨다. 공자 일행이 진(陳)나라에서 여행하다가 양식이 떨어지자 따라간 제자 중에는 굶주리고 병이 나서 자리에서 일어나지 못하는 이도 있었다. 자로가 언짢아서 스승 공자에게 묻기를 "군자도 궁할 때가 있습니까?" 공자 대답하기를 "군자는 궁해도 좋지만 소인(小人)은 궁하면 함부로 행동하게 된다."(《논어》, 위령공 편)라고 하였다.

맹자는 하늘(하느님)이 큰일을 맡길 제 사람에게 먼저 매서운 시련을 준다고 했다. "하늘이 앞으로 이 사람에게 큰 맡김(일)을 내릴 제 반드시 먼저 그 마음을 괴롭히고, 그 몸을 지치게 하고, 그 배를 주리게 하고, 그 손을 빈털터리가 되게 하고, 그 하는 일을 흐트러지게 하나니 그 마음을 흔들어 꾹 참게 하는 까닭은 못하는 것을 더 잘하게 하심이라. 사람들은 언제나 잘못한 뒤에야 고치나니 맘이 고달프고 생각이 띵해서야 (속사람이) 살이나 얼굴빛에 나타나고 목소리에 풍긴 뒤라야 깨우쳐지느니라."(《맹자》, 고자告子 하편)라고 하였다.

류영모는 이렇게 말하였다.

■ 사람이 얼나로는 하느님의 아들이기 때문에 아버지인 하느님을 찾게 되는 것은 어쩔 수 없다. 그러나 세상을 사랑하는 사람은 하느님을 알려고 하지 않는다. 세상을 미워하는 사람에게만 하느님이 다가오시는 것을 알게 된다. 하느님께서 우리들에게 하느님을 알고 싶은 생각을 일으켜준다. 이 세상이 괴롭고 어떻게 할 줄 모르는 이가 하느님을 알려고 할 때 하느님께서 다가오신다.

군자는 어떤 처지에 놓여도 하느님과 성령의 대화가 끊어지는 일이 없다. 어떤 부귀도 그를 부패하고 타락하게 못하고 어떤 고난도 그를 절망하고 좌절케 못한다. 더욱 정진(精進)해 입정(入定)하게 할 뿐이다. 그러므로 그는 언제나 마음속에 들어가 성령의 말씀을 얻어듣고 수처위주(隨處爲主), 입처위진(立處爲眞) 한다.

남녀의 사랑도 내가 사랑을 해야지 남의 사랑 이야기만 듣고 사랑을 알 수는 없다. 진리도 내가 깨달아야지 남의 글만 읽어서는 진리를 알 수 없다. 하느님을 내가 체험해야지 남의 말만 듣고서는 하느님을 알 수 없다. 자득(自得)이란 내가 스스로 하느님을 경험하는 것을 말한다. 스스로 하느님이 참나임을 깨닫는 것이다. 소설을 쓰듯이 상상이나 짐작을 하는 것이 아니다. 제나로 죽고 얼나로 솟나는 것이다. 간디는 말하였다. "제나가 죽을 때 얼나를 깨닫는다."(간디, 《날마다의 명상》) 사람에게 얼나를 스스로 깨달을 때처럼 기쁜 때는 없을 것이다.

윗자리에 있어 아래를 누르지 않으며
아랫자리에 있어 위를 잡아당기지 않고

제 몸만 바르고 남에게 바라지 않으면
원망이 없을 것이다.
위로 하늘을 원망치 않고
아래로 사람을 탓하지 아니하노라.

在上位不陵下
재 상 위 불 능 하
在下位不援上
재 하 위 불 원 상
正己而不求於人
정 기 이 불 구 어 인
則無怨
즉 무 원
上不怨天
상 불 원 천
下不尤人
하 불 우 인

풀이

　이 구절에서 나오는 '불원천 불우인(不怨天 不尤人)'이란 말은 맹자도 인용해 쓸 만큼 사람의 입에 자주 오르내리는 말이다. 《논어》 헌문 편에 나오는 공자의 말씀이다.

　공자와 맹자를 비롯한 유교 사상에서는 성인(聖人) 군자(君子)가 정치를 하여야 한다고 보았다. 될 수 있으면 요와 순처럼 얼나를 깨달은 하느님 아들이 임금의 자리에 올라 나라를 다스리는 것이 가장 좋다고 생각하였다.

　미국 사람들이 링컨을 가장 훌륭한 대통령으로 존경하는 것과 같은 마음이다. 링컨은 예수와 같은 하느님 아들이라고 할 수 있을 것이다. 윗자리와 아랫자리에서 지켜야 할 도리는 윗자리에 있어 아래를 누르지 않으며 아랫자리에 있어 위를 잡아당기지 않고 제 몸을 바르게 하고 남에게 바라지 않으면 원망이 없다는 것이다.

위로 하늘을 원망하지 않고 아래로 사람 탓도 아니한다는 것이다. 제나가 없는 이가 군자인데 하늘 탓도 사람 탓도 없는 것은 당연하다. 톨스토이는 공맹(孔孟)의 바람처럼 성인이 권좌에 오를 때만이 무해(無害)하며 유익(有益)할 수 있다고 말하였다.

그런데 석가와 예수는 정치에 대한 생각과 관점이 달랐다. 석가는 정치를 할 수 있는 성주(城主)의 아들로 태어났는데도 그 권력의 자리를 버렸다. 예수는 민중이나 일부 제자들로부터 임금이 되라는 종용을 받았으나 못 들은 체 잘라버렸다.

석가와 예수의 생각은, 세상을 부인하고 하느님께 다가가면 얼나로 솟나 영생하고 세상을 사랑하고 하느님을 모른다면 몸나로 멸망한다는 것이다. 류영모도 석가, 예수와 생각이 같았다. "석가, 예수는 상대 세계에 대해서는 철저한 부정(否定)이다. 철저한 부정을 안 하려면 석가와 예수를 믿지 말아야 한다."고 하였다.

예수는 제자들에게 이렇게 말하였다.

"세상에서는 통치자들이 백성을 강제로 지배하고 높은 사람들이 백성을 권력으로 내리누른다. 그러나 너희는 그래서는 안 된다. 너희 사이에서 높은 사람이 되고자 하는 사람은 남을 섬기는 사람이 되어야 하고 으뜸이 되고자 하는 사람은 종이 되어야 한다. 사실은 사람의 아들도 섬김을 받으러 온 것이 아니라 섬기러 왔고 많은 사람을 위하여 목숨을 바쳐 몸값을 치르러 온 것이다."(마태오 20 : 25~28)

그러므로 그이(君子)

뚫림(命)만 기다리며 쉽도록 사는데

못한 이(小人)는 아슬아슬히 가면서 요행만 찾는구나.

故 君子
고 군자

居易*以俟*命
거 이 이 사 명

小人行險以徼*幸*
소 인 행 험 이 요 행

풀이

몸나의 삶에서 얼나의 삶으로 부활한 이가 군자(君子)다. 따라서 군자는 세상의 재물로 하는 몸살림은 지극히 간소하게 한다. 그러나 하느님의 성령으로 하는 마음살림은 지극히 넉넉하게 한다. 이것이 군자의 거이사명(居易俟命)이다.

석가·예수·노자·장자·공자·맹자가 모두 이렇게 살았다. 이들 가운데서 공자·맹자의 몸살림 정도가 좀 높았을 것이다. 공자·맹자는 요즘으로 치면 승용차인 마차를 타고 다녔다.

예수는 말하기를 "고생하며 무거운 짐을 지고 허덕이는 사람은 다 나에게로 오너라. 내가 편히 쉬게 하리라. 나는 마음이 온유하고 겸손하니 내 멍에

이(易) 간이하게.
사(俟) 천명을 기다리다. 俟(기다릴 사).
요(徼) 구하다.
행(幸) 요행(僥倖).

를 메고 나에게 배워라. 그러면 너희의 영혼이 안식을 얻을 것이다. 내 멍에는 편하고 내 짐은 가볍다."(마태오 11 : 28~30) 예수의 이러한 생활 태도가 바로 거이사명(居易俟命)의 생활 태도이다. 집은커녕 방 한 칸도 없어 머리조차 둘 곳 없는 예수의 몸살림이었다. 고생하며 무거운 짐을 진 이들을 불러서 무엇을 어떻게 도와주겠다는 것인가. 거이사명의 삶을 사는 본을 보여 주겠다는 말이다.

천명(天命)을 기다린다는 말은 영원한 생명인 하느님의 성령을 받는다는 말이다. 영원한 생명인 얼나를 받아 몸나를 버리고 얼나로 살면 몸의 살고 죽음과는 관계없이 얼로 영생하는 것이다. 얼이요 빔이신 하느님께서는 비롯도 없고 마침도 없는 영원 절대의 계심(존재)이기 때문이다.

"나를 보내신 이(성령)를 믿는 이는 영원한 생명을 얻을 것이다. 그 사람은 심판(죽음)을 받지 않을 뿐만 아니라 이미 죽음의 세계에서 벗어나 생명의 세계로 들어섰다."(요한 5 : 24)

그러나 몸나밖에 모르고 사는 못한 이(小人)는 몸나의 속성인 탐욕, 진에(성냄), 치정(음란)의 삼독(三毒)을 일삼으니 위험천만이다. 그야말로 요행으로 살아간다. 공자가 말하기를 "사람이 사는 것은 올바르고서다.

그렇지 않고 살아가는 것은 요행히 죽음을 면한 것이다."(《논어》, 옹야 편)라고 하였다.

유교에서 소인(小人)이란 어린이라는 말이 아니다. 아직 얼나로 솟나지 못한 여느 사람을 소인이라고 한다. 얼나로 솟난 이를 대인(大人)이라고 한다. 대인은 군자와 같은 뜻이다. 제자 공도자가 맹자에게 묻기를 "다 같은 사람인데 어떤 이는 대인(大人)이 되고 어떤 이는 소인이 되니 어째서입니까?" 맹자가 대답하기를 "얼나를 좇으면 대인이 되고 몸나를 좇으면 소인이 된다."(《맹자》, 고자 상편)고 하였다.

이(子) 가로되
활을 쏨에 그이(君子) 같음이 있으니
바로 못 맞히고는
도리어 제 몸에서 더욱 더 바름을 바람이로다.

子曰
자 왈
射有似乎君子
사 유 사 호 군 자
失諸正鵠*
실 저 정 곡
反求諸其身
반 구 저 기 신

풀이

　《논어》 두 곳에 활 쏘는 이야기가 나온다. 그러나 《중용》에 나오는 이런 구절은 나오지 않는다. 중국 사람들이 익혀야 할 여섯 가지 재주 가운데(六藝) 활쏘기도 들어 있다. 문인(文人)인 공자도 활쏘기를 한 것 같다. 공자는 음악에도 조예가 깊었는데 활쏘기도 잘하였으리라 생각된다. 몸이 건장하였다고 전한다. 활을 쏘아서 정곡을 맞히지 못하였으면 활을 쏜 나 자신에게 문제가 있다는 것이다. 과녁 탓도 활 탓도 아니라는 것이다.

　공자는 말하기를 "군자는 잘못된 탓을 내게서 찾는데 소인(小人)은 남에게서 찾는다(君子求諸己 小人求諸人)."(《논어》, 위령공 편) 또 공자 말하기를

정곡(正鵠)　과녁의 중심점. 바르고 중요로운 목표.

"참으로 나를 바르게 하면 다스리는 일에 종사하여도 무슨 일이 있겠는가. 나를 바르게 못하면서 어찌 남을 바르게 할 것 같은가."(《논어》, 자로 편)

맹자는 말하기를 "대인(大人)이 있어 나를 바르게 하면 모든 것이 바르게 된다(有大人者 正己而物正者也)."(《맹자》, 진심 상편) 또 맹자는 "내가 구부러져 있으면 남을 곧게 할 수 없다(枉己者 未有能直人者也)."(《맹자》, 등문공藤文公 편)고 하였다.

공자의 말씀에서 가장 큰 울림을 주는 말씀을 고르라고 한다면 이 말씀을 들겠다. "하느님을 원망치 않으며 사람 탓도 안 한다. 아래(땅)에서 배워서 위(하느님)에 다다랐다. 나를 알아주는 분은 하느님뿐이시다(不怨天 不尤人 下學而上達 知我者 其天乎)."(《논어》, 헌문 편) 공자의 이 말씀을 생각할 때면 "아버지, 나의 아버지! 아버지께서는 무엇이든 다 하실 수 있으시니 이 잔을 나에게서 거두어주소서. 그러나 제 뜻대로 마시고 아버지의 뜻대로 하소서."(마르코 14 : 36)라고 한 예수의 말씀이 떠오른다. 이 공자의 말씀과 예수의 말씀은 속뜻이 같다고 생각한다. 사람이 여기에 이르면 하느님 아들의 자격을 갖춘 것이다. 예수가 하느님의 아들이듯이 공자도 하느님의 아들임이 분명한 까닭이 여기에 있다.

예수, 석가, 공자는 삶의 목적이 짐승인 제나에서 하느님 아들인 얼나로 솟나는 데 있다는 것이다. 겉으로 보면 예수, 석가, 공자의 삶은 결코 성공한 삶이라고 할 수 없을 것이다. 그러나 인류에서 예수, 석가, 공자처럼 성공적인 삶을 산 이가 없다고 본다. 삶의 최고이며 최후의 목적인 얼나로 솟나 하느님과 하나가 되었기 때문이다.

15월

그이(君子)가 가는 길은
꼭 가까운 데로부터 멀리 가는 것과 같으며
낮은 데로부터 높은 데로 오르는 것과 같으니라.

君子之道
군 자 지 도
辟* 如行遠必自邇*
비 여 행 원 필 자 이
辟如登高必自卑
비 여 등 고 필 자 비

풀이

　가장 가까운 곳을 '이곳'이라고 한다. 그래서 가까운 것 가운데서 가장 가까운 것이 이(나)다. 영어의 아이(I)가 나다. 모든 것은 이(나)로부터 시작한다.

비(辟)　여기서는 비유할 비(譬)와 같음.
이(邇)　가까이.

그리하여 가장 먼 그(하느님)에게로 가자는 것이다. 그에게로 가는 데는 우주를 버리고 지구를 버리고 나라를 버리고 가정을 버리고 몸을 버리고 제나(自我, ego)를 버려야 한다.

마지막에 종교조차 뛰어넘는다. 제나(自我)를 버리는 것이 모든 것을 버리는 것이다. 제나를 버리면 그(하느님)에게 이르게 된다. 이를 "하늘에 든다, 열반에 든다."라고 한다.

■ 우리는 으뜸(元)으로 돌아간다. 맨 처음 나온 데로 간다. 복원(復元)하는 것이다. 그렇다고 집으로 돌아가는 것은 아니다. 집이라는 것은 가다가 쉬기 위해서 지나다가 들르는 곳이다. 자신에게 가까운 것은 다 버려야 한다. 집에 대한 것을 버리고 싶다. 그러니까 이 지구도 우리에게는 집에 지나지 않는다. 마침내는 집을 내버리고 나가야 한다. 지나가는 한순간밖에 안 되는 이 세상을 버리고 간다면 섭섭하다고 한다. 그러한 바보들이 어디 있는가. 하느님은 보본추원(報本追遠)이요 경이원지(敬而遠之)다. 하느님을 가까이 붙잡겠다면 안 된다. 하느님은 멀리서 찾아야 하며 그것이 학문이 되어야 한다. 학문을 낳지 못하는 신앙은 미신이다. 아버지의 신비를 찾는 일은 그것이 학문을 낳는 데 있다.(류영모)

하느님이 아니 계시는 곳이 없는 빔이요 얼인데 멀리 계실 까닭이 없다. 그 개체인 제나는 아주 작아 온통인 하느님은 원대하여 멀고 크게 느껴진다. 그래서 하느님께로 돌아가는 것은 멀리 가는 것처럼 느껴진다. 류영모는 이렇게 말하였다.

■ 하느님은 원대(遠大)하여 보이지 않고 근소(近小)한 것만 보인다. 근소한 사람이란 개체들이 벌레와 다른 것은 자꾸 전체인 원대를 찾아 위

로 올라가겠다는 정신이 있기 때문이다. 우리가 아무리 만물의 영장(靈長)이라 뽐내도 위로 올라가겠다는 진리 정신이 없으면 벌레와 같은 것이다. 우리는 머리 위에 하느님을 존중(尊重)하겠고 하느님께로 더 가까이 올라가겠다는 일념(一念)으로 어렵고 괴로운 삶을 이겨나가야 한다. 하느님의 생명이신 얼(성령)을 찾아가는 것이 삶의 목적이다. 이것이 하느님께 바치는 효(孝)이다. 하느님의 얼이 영원한 생명인 참나이다.

■ 또 나는 아무래도 낮은 데 떨어진 것 같다. 저 높은 그가 계시는 곳으로 올라가야 할 것 같다. 이 낮은 곳은 더러운 곳이요 죄악된 곳이다. 목적이 삶에 있다면 그 삶이라는 것은 하늘에 있지 결코 이 땅에 있는 것이 아니다. 삶의 참뜻은 하늘에 있지 여기에 있지 않다. 참뜻은 영원한 허공이 보이지 않는 데 있지 여기 이 환상(幻像)계에 있지 않다. 땅이라는 것은 물질계를 말한다. 세상 사람은 거의 세상을 잘 다스려야 한다, 또는 땅덩어리인 나라를 잘해 나가야 한다고 한다. 그러나 하늘에 가는 길을 잘해야지 세상이나 나라를 잘 다스려야 한다는 것은 기어코 헛일밖에 되지 않는다. 사람들은 하늘에 먼저 해야 할 것을 땅에 먼저 한다. 사는 목적을 하늘에 두지 않고 이 세상에 둔다. 이 세상에는 우리가 가질 목적이 없다. 이 땅에서 참이라고 하는 것은 상대적 참이지 온전한 참이 아니다.

읊이(詩) 가로되
아내와 아들이 잘 모딘 것이
거문고나 비파 치는 듯하며
언니 아우를 서로 맞아 고루 좋아함이
너희 집안 참 좋고 안팎으로 참 즐거워하는구나 하였는데

詩*曰
시 왈

妻子好合
처 자 호 합

如鼓*瑟琴
여 고 슬 금

兄弟既翕* 和樂且耽*
형제기흡 화락차탐

宜*爾室家 樂爾妻帑*
의 이실가 낙이처노

풀이

일하는 사람에게 쉰다(休息)는 것은 매우 중요하다. 쉬는 동안에 활력이 다시 채워지기 때문이다. 그러나 일하지 않고 놀기만 하는 사람에게 쉰다는 것은 아무런 의미가 없다. 가정이란 휴식을 취하는 곳이다. 하느님(인류)을 위하여 힘써 일하는 사람에게는 가정이 필요하다. 가정에서 활동할 힘을 얻기 때문이다. 그러나 하느님(인류)을 위해 일하지 않는 사람에게 가정이란 나를 가두는 감옥에 지나지 않는다. 하느님을 위하여 일하는 이에게 가정이란 긴요한 것이다. 그래서 류영모는 이렇게 말하였다. "천지·부모·부부·자녀는 모두 신성한 것이다. 한없이 깨끗한 것이다. 그것은 언제나 닫아 두어야 한다. 그것은 언제나 진리에 복종하여야 한다."

그런데 하느님을 모르고 가정밖에 모르는 사람에게 가정이란 감옥이요 지

시(詩) 《시경》의 소아(小雅) 상체(常棣) 편.
고(鼓) 울리다, 두들기다. '고슬금(鼓瑟琴)'은 비파와 거문고를 뜯는다는 뜻.
흡(翕) 서로 맞다.
탐(耽) 즐거워하다.
의(宜) 좋다, 유순하다.
노(帑) 자식.

옥이다. 처옥자쇄(妻獄子鎖)라는 말이 있다. 아내는 감옥이요 자식은 족쇄란 뜻이다.

■ 우리는 세상에서 가정이라는 데서 살림을 하지만 세상을 지낸 뒤에 보면 빈 껍데기 살림을 실생활로 여기고 산 것이다. 물질생활은 변화하여 지나가는 것뿐이다. 예수와 석가는 가정에 갇혀 살지 않고 하느님의 속인 무한대에서 살았다.(류영모)

예수는 혼인하여 아내와 자식을 둔 적이 없으니 가정을 이루지 아니하였다. 석가는 혼인하여 아내와 자식을 두었으나 집을 나와 승려가 되었고 뒤에 아내와 아들도 출가해 승려가 되었다.

공자는 아내와 자식을 두었으나 수레를 타고 여행을 하느라고 처자와 함께하는 가정생활을 못 하였다. 류영모는 이렇게 말하였다.

■ 사람은 제 집을 떠나서 나그네가 되어 애쓰고 고생하며 생각하는 데서 철이 나고 속알이 영근다. 성인으로 추앙되는 공자도 살아서는 섬길 임금을 찾아 이 나라 저 나라로 돌아다니느라고 앉은 자리가 더워질 겨를이 없었다고 한다. 공자는 집에서 밥 먹은 때가 없었다. 밤낮 집을 떠나 고생하면서 얻은 인간지(人間智)가 유교의 가르침이다.

사람이 가정도 소중히 알아야 하지만 하느님을 위하여 가정도 넘어설 줄 알아야 한다. 가족주의에 빠져 침체한 유교가 부활할 수 있는 길은 가족주의를 극복하는 것이다. 하느님 신앙으로 지양된 가정이야말로 존경과 사랑이 넘치는 가정을 이룬다.

류영모는 구기동 집 앞뜰에 '수(囚)' 자를 돌로 박아 놓았다. 가정에 살지만 가정에 갇히면 죄수밖에 안 된다는 것을 일깨우고자 일부러 만들어 놓은 것이다. 가정을 초월하자는 것을 잊지 말자는 염원이었다. 가정은 하느님의 얼나라도 날아오를 도약대이다. 혼인하지 않고 혼자 살기를 즐긴 소로는 축복받은 사람이라고 말하지 않을 수 없다. 혼인하지 않고 혼자 산다고 삶의 목적을 이룬 것은 아니다. 소로는 홀로 살면서 이미 마흔 살에 얼나를 깨달았다. "자신 안에 있는 신성(神性, 얼나)을 보기 위해 누구에게도 가까이 가지 않는 사람만이 진실로 혼자일 수 있다."(소로, 《소로의 일기》)

이(子) 가로되
그 아비 어미된 거야
그저 좀 좋으리 하시니라.

子曰
자 왈
父母
부 모
其順*矣乎
기 순 의 호

풀이

어릴 때는 어버이를 하느님처럼 받들고 자라서는 배우자를 하느님처럼 사랑하고 늙어서는 자식들을 하느님처럼 의지한다. 그러나 가정밖에 모르면 가정에 갇히게 된다. 그래서 일찍 아버지를 여읜 예수는 가족에 대하여 이렇게 말하였다. 유교인들이 들으면 깜짝 놀랄 말이 아닐 수 없다. "그리고 제자들

순(順) 기쁘다. 아주 좋다.

을 가리키시며 '바로 이 사람들이 내 어머니이고 내 형제들이다. 하늘에 계신 내 아버지의 뜻을 실천하는 사람이면 누구나 다 내 형제요 자매요 어머니이다.' 하고 말씀하셨다."(마태오 12 : 49~50) 이는 짐승인 핏줄(혈연)을 지양하고 하느님 아들인 얼줄(靈綠)로 초월하자는 말이다. 제 가족을 사랑하지 않는 이도 못난이지만 제 가족밖에 모르는 이도 또한 못난이다. 짐승인 제나로 사는 이는 핏줄밖에 없겠지만 하느님 아들인 얼나로 솟난 이는 남이 없다. 얼나로는 모든 사람이, 모든 물체가 한 생명이다.

그러므로 슬기로운 아버지는 20세가 넘은 자녀에게 앞으로는 아버지가 아니라 친구가 되겠다고 해야 한다. 그동안 하느님을 대신한 대리 아버지를 하였다. 이제부터 나는 너의 아버지가 아니라 친구가 되겠다고 할 때 너의 참 아버지는 하느님이시라고 일러준다. 선생도 마찬가지다. 예수는 "참 스승님은 하느님이시다."라고 일러주었다. 하느님 스승을 보혜사(保惠師)라 하였다. 그리고 마지막에는 나는 너의 친구라고 하였다. 하느님께서 너의 바른 스승님이라고 일러준 것이다. 예수야말로 바른 스승인 점이 여기서 드러난다. "너희는 스승 소리를 듣지 마라. 너희의 스승은 오직 한 분뿐이고 너희는 모두 형제들이다. 또 이 세상 누구를 보고도 아버지라 부르지 마라. 너희의 아버지는 하늘에 계신 아버지 한 분뿐이시다."(마태오 23 : 8~9)

예수의 말씀 가운데서 이 말씀은 잊어선 안 될 귀한 말씀이다. 아버지를 넘어서 스승님께로, 스승님을 넘어서 하느님께로 오르는 길이다. 아바(父), 스승(師), 한님(天)께로가 사람이 걸어가야 할 길이다. 예수와 공자는 직접 가르쳐준 스승은 없었다. 아버지에서 바로 하느님께로 올라갔다. 하느님께서 바로 아버지요 스승님이었다. 요즘처럼 학교라는 우상 숭배에 빠진 이들은 예수, 석가에게 학위증을 보자고 할는지 모르겠다. 얼나로 솟난 증거로는 제나가 죽어 없고 하느님의 말씀이 있고 하느님의 사랑이 있다. 이것이 하느님 아들인 증표이다.

　공자의 언행이 적혀 있는 《논어》에도 어버이에게 효도하라는 말씀이 없지 않지만 공자 자신이 어버이에게 효도하고 제사 올린 데 대해서는 거의 말이 없다. 후대의 사람들이 생각하듯이 공자가 가족 지상주의자는 아닌 것이 틀림없다. 그러므로 부모에 대한 말씀에 이어 하느님에 관한 말씀이 나온다. 하느님 사랑에 이른 이만이 어버이도 바로 사랑할 수 있다. 유교가 그렇게 효도를 외쳐 왔는데 어찌하여 불효의 세상이 되어버린 것인가? 하느님 아버지에 대한 천효(天孝)가 무너졌기 때문에 어버이에 대한 효도도 따라서 무너진 것이다.

16월

이(子) 가로되
귀신의 하이는* 노릇이
그 장하구나!

子曰
자 왈
鬼神之爲德
귀 신 지 위 덕
其盛矣乎
기 성 의 호

풀이

　오늘 우리들은 귀신이라면 마귀(魔鬼)나 악령(惡靈)을 생각한다. 그래서 귀신이 나온다면 무서워서 벌벌 떨기 마련이다. 그러나《논어》나《중용》에서 말하는 귀신은 오늘 우리가 말하는 도깨비 귀신이 아니다. 하느님을 귀신이

하이는 '하'는 '해라'의 본디(옛)말이다. 류영모는 해(日)도 '하이'가 줄어 '해'가 되었다고 생각하였다. '날, 일'이라는 뜻의 일본어 '히(ひ)'도 '해(日)'가 건너간 것이다.

라 하였다.

제자 번지(樊遲)가 앎(知)에 대하여 물었을 때 공자는 "씨알들이 옳음에 힘쓰게 하고 하느님을 공경하여 그러면 슬기롭다고 할 것이다(務民之義 敬鬼神而遠之 可謂知矣)."(《논어》, 옹야 편)라고 하였다. 도깨비 귀신과는 전혀 상관이 없다. 분명하게 천(天)과 같은 하느님이다.

이 구절로서 만족스럽지 못하다면 다시 한 구절을 보자. "공자 가로되 우(禹)는 내가 보기엔 빈틈이 없다. 자신의 음식은 변변치 않으면서 귀신(鬼神)에게는 효(孝)를 다하고 자신의 옷은 허술하게 입으면서 제례의 의관은 아름답게 하였고 자기가 머무는 궁실은 보잘것없었지만 백성들의 농경지 관개에는 힘을 다하였다. 우(禹)는 내가 보기에는 빈틈이 없다."(《논어》, 태백 편) 여기에 나오는 귀신도 분명하게 하느님이다. 그리고 공자는 하느님이신 귀신 외에는 함부로 제사 지내는 것을 배격하였다. 공자는 "귀신 아닌 것에 제사하는 것은 아첨이다."(《논어》, 위정 편)라고 말하였다. 그러므로 《중용》의 귀신도 반드시 하느님(天)이시다. "하느님의 하는 노릇이 장하구나(鬼神之爲德 其盛矣乎)."

철학자 칸트는 하늘의 별과 마음의 도덕률에 감탄을 하였다지만 감탄을 하면 할수록 온 우주의 임자이신 하느님(鬼神)이 장하시고 장하시다고 아니할 수 없다. 아무리 못난 존재로 태어났다 하여도 존재 자체에 신비의 빛이 황홀하게 빛난다. '귀(鬼)' 자는 큰 둥근 얼굴, 곧 하늘을 그린 상형문자이다. '신(神)'은 제단(示)에 하느님의 얼이 번개처럼 뻗쳐 내리는 것을 그린 상형문자이다. 그리고 보면 귀신이 우주에 가득 찬 얼의 하느님이 내 마음속에 번개처럼 뻗치어 깨우침을 주는 하느님이신 것이 분명해진다. 귀신을 음양이나 도깨비로 낮춘 것은 큰 잘못이다.

그런데 주희의 귀신에 대한 생각은 엉뚱하다. 귀(鬼)는 '돌아갈 귀(歸)'로

'음(陰)'이고, 신(神)은 '펼 신(伸)'으로 '양(陽)'이라는 것이다. 그래서 공자의 천신(天神)에 대한 개념은 없애버리고 음양을 신격화하고 말았다. 그리하여 하루도 자정에서 정오까지는 신(神), 정오에서 자정까지는 귀(鬼), 한 달도 하루에서 보름까지는 신, 보름 지나서 그믐까지는 귀, 일 년도 정월에서 유월까지는 신, 칠월에서 섣달까지는 귀, 숨쉼도 호(呼)는 신, 흡(吸)은 귀, 일생도 소장(少壯)은 신, 노쇠는 귀, 곧 생(生)은 신, 사(死)는 귀라는 것이다. 주희는 이와 같이 자연의 음양의 변화를 귀신이라 하였다. 자연 현상의 배후를 말하는 것도 아니다. 주희는 공자의 하느님을 없애버렸다. "하늘이 내게 속알(德)을 주었다."는 하느님을 버렸다. 음양이 어떻게 공자에게 속알을 줄 수 있겠는가. "나를 알아주는 이는 하늘뿐이다."라고 하였다. 음양이 어떻게 공자를 알아줄 수 있겠는가. 공자의 신(神)은 자연신만이 아니라 인격(신격)신이다.

맹자는 말하기를 "거룩하여 알 수 없는 존재를 일러 신(神)이라고 한다(聖而不可知之之謂神)."(《맹자》, 진심 하편)고 하였다. 음양의 법칙이 거룩하거나 알 수 없는 것은 아니다. 그 현상은 과학으로 알고 있다. 음양이 신일 수는 없다.

■ 하느님은 잡신(雜神) 노릇은 하지 않는다. 잠깐 보이는 이적, 기사 같은 것을 하고자 영원한 하느님이 한 곳에서 사람이 보는 데서 신통변화를 부릴 까닭이 없다. 이런 뜻에서 참 신(神)은 우리가 바라고 생각하는 것 같은 신이 아니다. 참 하느님은 없는 것 같다. 없는 것 같은 것이 하느님이다. 신통 괴변은 하느님이 하는 것이 아니다. 하느님은 무한한 시간과 무한한 공간의 큰 늘(常)이요 한 늘이다, 우주다. 머리 위에 계셔 한울님이다. 이 하느님을 아버지로 모시는 아들은 큰나(大我, 얼나)라 남을

해칠 것도 없고 욕할 것도 없다. 남이 없다. 그러니 자유이다. 남이 있으면 자유에 제한을 받게 된다.(류영모)

〰️

보아도 보이지 않고
들어도 들리지 않는데
몬(物)에 몸소이므로 빼놓은 몬이 있을까보냐.

視之而弗*見
시 지 이 불 견
聽之而不聞
청 지 이 불 문
體*物而不可遺
체 물 이 불 가 유

풀이

　노자는 "도(道)는 보려도 볼수 없고 들으려도 들을 수 없고 붙잡아도 잡히지 않는다."(《노자》, 14장)고 말하였다. 노자의 도(道) 또는 천도(天道)가 하느님이시듯 공자의 귀(鬼) 또는 귀신(鬼神)이 하느님인 것이다. 그런데 어찌하여 귀신이 잡귀·잡신으로 변하여 삼복더위를 잊게 하는 납량 이야깃거리가 되었는지 모르겠다. 거룩한 하느님도 짐승인 제나의 머릿속에 들어가면 도깨비로 만들어버리고 만다. 하긴 얼나를 깨달은 예수, 석가를 화를 면하게 하고 복을 내리는 장승으로 만들어버린 제나들이 아닌가?

──

불(弗)　아니 불(不)과 같은 뜻이다.
체(體)　몸소.

주희가 말하는 음양(陰陽)이 귀신이라면 안 보일 까닭도 안 들릴 까닭도 없다. 이 세상에 음양의 이치로 안 된 것이 없어 맨 보이고 들리는 것이 음양인데, 안 보이고 안 들린다는 말은 거짓말이 된다. 이런 어처구니없는 잘못된 주자 철학의 유교가 일천 년을 내려왔으니 유교가 잔지러지지 않을 수 있었겠는가. 오늘날 유교는 돌아가신 선조에게 제사 올리는 것이 모두이다. 유교를 일으킨 공자, 맹자가 통곡할 일이 아니겠는가.

우선 공자, 맹자의 신관(神觀)을 뚜렷하게 밝힌 다음에 거기에서 진일보하여야 한다. 류영모는 이렇게 말하였다.

■ 맘은 항상 궁신(窮神)하는 자리에 있어야 한다. 신(神)을 알려는 것이 궁신이다. 신(神)이 딴 것이 아니다. 우리들이 바로 신이다. 지금에는 신의 능력을 나타내지 못할망정 이 다음에 신으로 돌아가는 것만은 사실이다. 궁극에는 내가 신(神)이 되겠다는 것이 아닌가. 신(神)의 자리에 간다는 말이다. 거짓나인 제나(自我)로는 죽고 참나인 신(神)으로 솟아나자는 것이다.

이런 생각에까지 미쳐야 그야말로 절대 유일신관을 가지게 된다. 절대 유일신이란 하느님 한 분밖에는 아무것도 없다는 뜻이다. 모든 것은 하느님의 속물에 지나지 않는다. 그래 하느님은 온통(全體)이시다. 그러므로 우리가 돌아간다면 하느님께로 돌아가는 것밖에 다른 데 갈 데가 없다. 사실은 지금도 우리는 하느님 속에 있다. 하느님께로 간다는 것은 유(有)의 가(假)존재에서 무(無)의 실존재로 바뀌는 것을 말한다. 그러니 하느님이 되는 것이다. 하느님께 돌아가서도 여기서 누구라는 것처럼 새 판을 벌인다고 생각한다면 어리석기 그지없는 생각이다. 죽어서나 살아서나 하느님과 하나 되자는 것이다. 하느님이 되는 것이다. 새로 다른 하느님이 되자는 것이 아니다. 그리스

신화에서처럼 여러 신이 있다고 생각하면 그야말로 망상이다. 신은 여러 신이 있을 수 없다. 여럿이 있다면 신이 될 수 없다. 하느님은 한 분이시다. 그 하느님에 동화(同化)되는 것이다. 그것이 하느님이 되는 것이다.

류영모가 이렇게 말하였다.

■ 하느님이란 언제부터 있고 어디에 있다면 하느님이 아니다. 언제부터 어디서 어떻게 생겨 무슨 이름으로 불린다면 그것은 하느님이 아니다. 상대 세계에서 절대 하나라면 하느님을 말하는 것이다. 유(有)와 무(無)를 다 합친 전체는 하나뿐이다. 하나뿐이라 절대이다. 전체요 절대인 하나가 하느님이다. 온통 하나는 허공이다. 우리가 알아야 할 것은 빈탕인 데(허공)가 하느님의 겉모습이라는 것이다. 하느님 속 생명은 얼(성령)이시다. 무한대의 허공에 충만한 얼이 절대자 하느님이시다.

빔(空)과 얼(靈)로 변하지 않는 것이 하느님의 본모습(正體)이고 변화하는 만물은 하느님의 겉모습(現象)이다.

온 누리(天下) 사람들로 하여금
깨끗이(齊) 맑히(明) 매무시* 입성(盛服)*하고
이어 받들게(祭祀) 한다.
그들의 모든 위(上)로나 그들 왼켠(左) 오른켠(右)으로나
그득 차임이 (곧 출렁일듯) 하고나.

매무시(盛)   옷을 입을 때 매만져 가다듬는 일.
입성   옷이라는 말. "매무시 입성하고"는 '옷을 단정하게 입고'라는 뜻.

使天下之人
사 천 하 지 인

齊明盛服
제 명 성 복

以承祭祀
이 승 제 사

洋洋乎*如在其上
양 양 호 여 재 기 상

如在其左右
여 재 기 좌 우

풀이

류영모는 말하였다.

■ 이 몸뚱이 자체는 참나일 까닭이 없다. 그래서 몸뚱이가 나라는 생각이 있으면 참되게는 못 산다. 몸뚱이가 나라는 생각이 없어져야 한다. '제사 제(祭)' 자는 사람이 고기를 손으로 받들고 있으면 신(神)이 무엇인지 가리키고 싶은 것을 보인(示)다는 글자다. 고기를 들고 있는 것을 그린 것이 '있을 유(有)' 자이다. 몸뚱이를 든다는 말이다. 몸뚱이를 들고 있는 것이 있음(有)이 된다. 그래서 우리는 이 몸뚱이를 바쳐서 위(神)에서 무엇인가를 보이는 것을 기다린다. 우리가 제 몸뚱이 하나를 가지고 살아가는 것이 제사를 지내는 것이다.

■ 제(祭)를 지낼 때 목욕재계라 하여 몸을 깨끗이 하고 제사를 지낸다. 칠재삼명(七齋三明)이라 하여 7일 동안 씻을 것 씻고 3일 동안은 맘을 밝게 하고자 조용히 지낸다. 이리하여 제를 지낸다. 제는 기도하는 것과

양양호(洋洋乎) 그득 차다. 출렁이다.

다를 것이 없다. 궁극적으로 성명(誠明)하자는 것이다. 하느님을 알자는 것이다. 그리하여 하늘의 제를 지내는 데 정성이 지극하고 밝은 이는 천하를 다스리는 데 무슨 어려운 일이 있을 리 없다는 것이다. 천하를 다스리는 데 손바닥을 들여다보는 것 같다는 것이다.

제왕이 하늘에 제사를 지낼 때 온 백성도 동참하게 한다는 말이다. 귀신이 시킨다는 말이 아니다. 그렇게 온 나라가 하늘에 제사를 올리면 하느님(성령)이 위로 좌우로 그득 찬 것을 느낀다. 얼(성령)은 무소부재(無所不在)하여 어디서나 얼(성령)의 움직임을 느낀다는 것이다. 그 느낌의 차는 있을 수 있고 그 나타내는 차는 있을 수 있어도 하느님과의 관계를 깨닫는다는 사실에는 다름이 없다.

자로가 하느님(鬼神) 섬기는 일을 물었을 때 공자가 이렇게 답했다. "아직 사람도 사랑하지 못하면서 하느님을 사랑할 수 있겠는가(未能事人焉 能事鬼)."(《논어》, 옹야 편) 이는 자로에게 하느님을 섬길 필요가 없다는 뜻으로 한 말이 아니다. 사람을 사랑하는 것이 하느님을 사랑하는 일이라는 뜻이다. 하느님은 옷 달라 밥 달라 하는 일이 없으니 사람들에게 옷을 주고 밥을 주는 것이 하느님에게 주는 것과 같다는 뜻이다. 공자는 천명(天命)을 가장 두려워한다고 하였으니 하느님 사랑이 필요 없다고 할 까닭이 없다. 하느님 섬김에 결정적인 말씀은 예수가 간단명료하게 밝혔다. "하느님은 얼이시니 하느님을 섬기려는 이는 참인 얼로 받들어라."(요한 4 : 24, 박영호 의역)

읊이(詩)에 가로되
검(神)의 다다르심은

헤아릴 길 없거늘
하물며 싫음이 있을까 하였으니

詩*曰
시 왈
神之格*思*
신 지 격 사
不可度*思
불 가 탁 사
矧*可射*思
신 가 역 사

풀이

   하느님의 성령이 내게 이르심은 헤아릴 수 없다. 예수가 하느님의 성령(그리스도)이 도둑같이 언제 올지 모른다고 한 것과 같다.

   석가가 집을 나와 구도의 생활을 할 때에 6년 만에 깨달음을 얻게 될 줄은 석가 자신도 몰랐을 것이다. 사람은 하느님의 얼(성령)을 받아서 몸나의 사람에서 얼나의 사람이 된다. 예수와 석가는 35살 전후에 하느님으로부터 얼(성령)을 받은 것 같다. 바리새인들이 예수를 보고 "당신이 아직 쉰 살도 못 되었는데 아브라함을 보았단 말이오?"(요한 8 : 57) 라고 한 것을 보면 40살을 넘긴 것 같다. 톨스토이와 류영모는 50살에 이르러서 최고의 깨달음을 얻

....

시(詩) 《시경》 대아(大雅) 억(抑) 편.
격(格) 이르다. 나리다. 오다.
사(思) 글자 수를 맞추려고 넣은 어조사.
탁(度) 헤아리다.
신(矧) 하물며.
역(射) 싫어하다.

은 것 같다. 류영모는 이렇게 말하였다.

■ 나라면 마음이다. 마음에서 생각이 나오고 말씀이 나온다. 이 생각 이 말씀이 어디로부터 나오는지 모르지만 아무래도 얼의 하느님이 계셔 내 마음에 거룩한 생각을 일으키고, 진리의 말씀을 주시는 것 같다. 그래 이 거룩한 생각, 진리의 말씀을 하느님의 씨(얼)라고 한다. 이것은 예수와 석가를 비롯하여 모두가 똑같다.

소로는 44살에 세상을 떠났는데도 진리에 대하여 알 만큼은 알았다. 풋내가 나지만 오히려 신선한 느낌을 준다. 사람은 짐승인데 하느님의 얼(성령)을 받아 얼나로 솟날 때 비로소 짐승 성질을 버린 사람이 된다. 그 앞서는 사람이라 부르지만 사람이 아니라 온전히 짐승이다. 짐승에서 하느님 아들인 사람이 되는 데는 반드시 하느님으로부터 하느님의 생명인 얼(성령)을 받아야 한다. 하느님의 얼(성령)을 받아 얼나로 솟나야 영원한 생명에 이른다.

그 가장 작아서도 좇아 나타남(顯)이라
참(誠)을 덮어 둘 수 없는 것이
이 같구나.

夫微之顯
부 미 지 현
誠之不可揜*
성 지 불 가 엄
如此夫*
여 차 부

풀이

　상대적 존재는 절대적 존재를 감지할 수가 없다. 그래서 없음(無)이라 한다. 그 없음(無)이란 감지할 수 없다는 뜻이지 없다는 뜻은 아니다. 없지만 아주 없는 것은 아니다. 그런데 내 마음으로 태아가 어머니를 느끼듯 느낄 수 있다. 그것을 '미(微)'라고 한다. 예수도 겨자씨만 한 믿음만 있어도 큰 산을 옮길 수 있다고 하였다.(마태오 17 : 20) 겨자씨만 한 믿음이 미(微)다. 미(微) 이상의 큰 믿음이 있는 것이 아니다. 없이 계시는 하느님이라 와도 안 오신 것 같다. 겨자씨만 한 미(微)의 믿음만 있으면 산만 옮기는 것이 아니라 우주보다 더 무거운 생명을 사망(제나)에서 영생(얼나)으로 옮길 수도 있다. 마음속에 온 절대(하느님)인 미(微)는 말씀이 되어 나타난다. 성(誠)이 하느님의 말씀이다. 말씀(言)을 이룬(成) 것이 '성(誠)' 자다. 성인의 입으로 나오는 말씀은 그 누구도 막을 수 없다. 성인이 입을 못 열면 길가의 돌들이 소리 지르게 된다는 것이고 골방에서 한 말이 지붕 위에서 외쳐진다는 것이다.

　■ 큰 얼(하느님)이 계셔서 깊은 생각을 내 속에 들게 하여주신다. 말씀은 사람 보고 한다. 사람과 상관하지 않으면 말씀은 필요 없다. 따라서 사는 까닭에 말씀이 나온다. 말은 하늘 마루 꼭대기에 있는 말이다. 우리는 그 말을 받아서 써야 한다. 하느님과 영통(靈通)이 끊어지면 생각이 결단이 나서 그릇된 말을 생각하게 된다. 정신 세계에서 하느님과 연락이 끊어지면 이승의 짐승이다. 질컥질컥 지저분하게 아래로 싸는 짐승이다.(류영모)

엄(揜)　덮어 두다.
부(夫)　문장의 첫머리에 있을 때는 '그' 또는 '저'의 뜻이고, 문자의 맨 끝에 있을 때는 단순히 감탄을 나타내는 어조사이다.

'성인 성(聖)' 자에 귀(耳)와 입(口)이 들어 있는 것도 까닭이 있다. 하느님의 말씀을 들어서 사람들에게 말을 하라는 것이다. 밑에 '壬' 자는 '임금 왕(王)'이 아니고 똑바르게 걷는 발을 그린 상형 글자다. 하느님의 말씀을 바르게 듣고 바르게 말하라는 것이다. 그것이 거룩한 사람이 할 일이다. 어느 누가 화산이 폭발하여 용암이 분출하는 것을 막을 수 있겠는가. 성인의 가슴(마음)으로 뿜어져 나오는 말씀은 용암의 분출보다 더 위력적이다. 우리는 하느님에게 영원한 생명인 말씀밖에 다른 것을 구해서는 안 된다.

■ 요새 이상한 것을 찾는 사람들이 많은데 그것은 학문의 적(敵)이다. 신앙은 학문 이상이지만 신앙의 결과로 학문을 낳아야 한다. 궁신(窮神)하면서 지화(知化)가 되어야 한다. 학문을 낳지 못하는 신앙은 미신이다. 하느님의 신비를 찾는 일은 그것이 학문을 낳는 데 있다. 연구에 연구를 계속하여 학문의 기도(祈禱)가 되어야 한다. 기도는 보편적이고 심오한 추리가 되어 우리의 정신 생명이 최고의 활동을 해야 한다. 추리(推理)가 영감(靈感)이 되어 진리를 깨닫고 법열(法悅)을 체험할 때 우리의 건강한 육체의 맥박은 하느님을 찬미하는 반주가 되어 될 것이다.(류영모)

그런데 주희는 동문서답 식으로 '성(誠)'은 진실무망(眞實無妄)인데 음양의 합산(合散)에는 실(實)이 아닌 것이 없고, 그래서 나타남을 가릴 수 없다는 것이다. 이는 범을 고양이로 만드는 정도가 아니다. '성(誠)'은 《중용》에서 큰 비중을 차지하는 글자이다. 중용(中庸)이란 두 글자가 합쳐진 것이 성(誠)이다. 요한복음에 나오는 로고스(Logos)와 같다. 류영모는 '참'으로 옮겼다. 지성(至誠)을 류영모는 하느님으로 보았다. 류영모의 《중용》 강의에서 '정성 성(誠)' 자의 풀이를 들은 수강생들이 크게 감동하였다. 그 가운데 그때 서울 중앙 YMCA 총무 현동완도 있었다. 현동완은 류영모 본인이 완강히 사양하는데도 생후 2만 2천 일 맞이 기념행사를 열었다. 기념 강연회 장소였던 YMCA 강단 앞 벽에 붓글씨로 크게 성(誠) 자를 써 붙였다. 그날 찍은 사진에 성(誠) 자가 분명히 보인다.

이(子) 가로되
순(舜) 그는 큰 어베이(大孝)였다.
노릇(德)은 씻어난 이(聖人)가 되고
높임은 하늘 아들(天子)이 되고
가멸(富)로는 네 바다(四海) 안 것을 두었고
종묘를 받들고
자손을 이었구나.

子曰
자 왈
舜 其大孝也與※
순 기 대 효 야 여
德爲聖人
덕 위 성 인
尊爲天子
존 위 천 자
富有四海之內
부 유 사 해 지 내

宗廟*饗*之
종 묘 향   지
子孫保*之
자 손 보   지

풀이

　공자가 요순(堯舜)을 높였듯이 맹자도 요순을 높였다. 맹자가 말을 하면 요순 소리를 하였다(言必稱堯舜)는 것이다. 글자 수로《중용》이《대학》의 곱이 되듯이《맹자》는《논어》의 곱이 좀 넘는다. 그래도 공자가 순을 말한 것보다 맹자가 순을 말한 것이 그 백 배는 될 것이다.《맹자》에는 순임금의 간추린 전기가 들어 있다고 말할 수 있다. 고자 상편, 만장 상편, 이루 상편에 주로 실려 있다. 그 일부를 옮겨본다. "맹자 가로되 천하 사람들이 기뻐 날뛰면서 자기를 따르려 하는데 천하 사람들이 기쁘게 자기를 따르려 하는 것을 보고도 하찮게 여긴 것은 오직 순뿐이었다. 어버이의 뜻을 받들지 못하면 사람으로 칠 수 없으며 어버이에게 순종하지 못하면 아들로 칠 수 없다고 생각했던 것이다. 순은 어버이 섬기는 도리를 다했기 때문에 아버지 고수도 기뻐하게 되었고, 고수가 기뻐하였기 때문에 천하가 감화하였으며 고수가 기뻐했기 때문에 온 천하의 아버지와 아들들이 제 직분을 다하기에 이르렀으니 이를 가리켜 곧 큰 효도라고 말한다."(《맹자》, 이루 상편)

　공자나 맹자의 말은, 어릴 때 어버이를 따르고 어버이를 섬기다가 혼인해 제 처자가 있으면 효심이 줄어드는데, 지극한 효성은 평생을 두고 어버이를

여(與) 어조사.
종묘(宗廟) 조상을 모시는 사당.
향(饗) 제사 지내다. 제사 받다.
보(保) 보전하다.

그리워하는 것이다. 순은 나이 오십이 되어도 효심이 한결같았다는 것이다.

"큰 효도는 목숨을 마칠 때까지 부모님을 그리니 오십이 되어도 그리는 이를 나는 대순(大舜)에게서 보았다."(《맹자》, 만장萬章 상편)

그런데 맹자는 순에 대하여 이렇게 말을 끝내고 있다. "순도 사람이고 나도 또한 사람이다. 순은 세상의 본보기가 되어 후세에까지 전해져 온다. 나는 한낱 시골뜨기임을 못 벗었으니 이게 근심이다. 어찌하리오. 나도 순같이 되는 것이다."(《맹자》, 이루 하편)

덕위성인(德爲聖人)에 덕을 한다는 것은 그 마음을 지배하는 임자가 탐·진·치를 추구하는 제나가 아니고 진·선·미를 추구하는 얼나일 때 인덕(仁德)을 하는 것이다. 그 사람은 속인(俗人)이 아닌 성인(聖人)이다. 류영모는 덕(德)에 대하여 이렇게 말하였다.

■ 덕(德)이란 속알로서 지혜·정신·인격이 충만한 사람이다. 그런 사람은 무엇을 생각 없이 가까이하든가 멀리하든가 하지 않는다. 지나치게 친절히 하는 것도 잘못이고 지나치게 무시하는 것도 잘못이다. 친압(親狎)이나 모멸은 속알이 모자라는 데서 일어난다. 친압처럼 간사한 것이 없고 모멸처럼 어리석은 일이 없다.

성인(聖人)이라 하면 밥도 안 먹고 뒤도 안 보는 신인(神人)으로 생각하기 쉬운데 그것은 잘못된 생각이다. 사실은 사람이다. 얼나(靈我)로 사는 이는 사람이고 몸나로 사는 이는 짐승이다. 류영모는 성인에 대하여 이렇게 말하였다.

■ 성인이 무엇이냐. 몬(物)에 빠지고 미끄러지려는 나를 몬(物)을 저버리고 깨끗해 보라는 사람이 아니겠는가. 거룩해 보자는 것이 성인이 아니

겠는가. 위에서 내려온 일을 자꾸 생각하고 윗자리(하느님)와 같이 거룩해 보자는 것이 성인이 아니겠는가.

중국 사상에서 하느님 아들(天子) 사상이 있었다는 것은 놀라운 것이다. 예수가 이 사실을 알았으면 얼마나 기뻐하였겠는가. 그런데 그 내용이 문제다. 제왕만이 하느님의 아들이라는 것이다. 그런데 어느새 기독교에도 예수만이 하느님의 아들이라는 생각이 굳어졌다. 그래서 예수만이 하느님의 독생자라는 것이다. 이렇게 되면 기독교의 하느님 아들이 중국의 하느님 아들보다 나을 것이 없다. 하느님 아들은 시간·공간·인간을 초월한 유일 절대의 얼나인 것이다. 얼나를 깨달은 이는 몸은 짐승이나 마음은 하느님 아들이다. 얼나를 깨닫지 못한 이는 몸도 마음도 짐승이다.

'부유사해지내(富有四海之內)'도 잘못된 말이다. 옛날에는 국토와 백성이 제왕의 사유(私有)라는 잘못된 생각을 하였다. 그런 생각은 오늘에는 이미 없어졌다. 예수처럼 옷 두 벌 없이 살아도 "아버지께서는 모든 것을 저에게 맡겨주셨습니다."(마태오 11 : 27)라는 생각을 지녀야 한다. 이 예수의 정신이야말로 온 우주의 모든 것이 내 것이 아니면서 내 것이다. 이 우주의 것은 내 것이라 할 수 있어도 나라는 생명은 내 것이 아니요 하느님의 것이다. 내 소유, 내 처자라는 생각이 어리석은 생각이다. 참삶은 재물의 소유에 있지 않고 참나인 얼나를 깨달음에 있다. 이제껏 조상의 위패를 모신 사당에 나아가 제사를 올리는 것이 효도의 한 가지였다. 그러나 이제 그런 일은 그만두어야 한다. 조상은 하느님께로 돌아가 하느님과 하나가 되어 하느님이 되었다. 그러니까 하느님께 기도를 드리면 된다. 예수의 말씀대로 하느님께서는 얼과 참이시라. 얼과 참으로, 곧 얼나로 솟나 기도를 올려야 한다. 얼나로 하느님과 영통을 하는 것이 참된 제사다. 류영모는 이렇게 말하였다.

■ 나는 위에서 은혜가 쏟아지는 믿음을 갖지 않는다. 여기서 이렇게 하는 이상 더한 은혜를 바라지 않는다. 이 정도라도 할 수 있는 게, 위에서 오는 게 없으면 아무것도 안 된다. 이걸 생각하면 무한한 감사를 드린다. 이것도 위로부터 오는 것이 없으면 안 된다. 너희가 이 세상에서 필요한 건 다 있다고 예수가 말했다. 이 자리에서 할 수 있는 이것도 위로부터 오는 게 없으면 아무것도 안 된다.

'자손보지(子孫保之)'는 자손이 끊어지지 않고 이어져 보전된다는 말이다. 속막대언(續莫大焉)이라 하여 자손이 끊어지는 것을 큰 잘못으로 생각하였다. 이는 예수, 석가와는 반대되는 생각이다. 예수, 석가는 몸나의 생명이 이어지는 것을 잘못으로 생각하였다. 얼나로 솟나는 것이 문제일 뿐이었다. 류영모도 이렇게 말하였다.

■ 후손 끊어지는 것을 걱정하지 말고 정신 끊어지는 것을 걱정해야 한다. 사람을 잇대는 것은 새 새끼나 돼지 새끼 같은 미물들이 잇대주는 것이 아니고 사람의 새끼가 이어준다. 사람이라 함은 곧 정신이 대표이다. 이 정신이 이어져야지 자손 끊어지는 것을 걱정할 필요가 없다. 사람은 아주 많아도 단군 할아버지의 정신을 잇댈 사람은 삼국시대에도 별반 찾아볼 수 없었다. 그런데 그 뒤 오늘날에 이르기까지 단군 할아버지의 정신이 끊어지는 것을 염려하는 사람이 있다는 말을 들어보지 못하였다. 이 사회는 정말 철학을 좀 해야겠다. 생각을 해야 한다는 말이다.

참으로 대효(大孝)는 하느님께 효도를 하는 천효(天孝)이다. 내 뜻대로 말고 하느님 아버지의 뜻대로 하시라는 예수가 대효(大孝)를 한 사람이다. 몸뚱이를 낳아준 어버이에 대한 효도는 소효(小孝)에 지나지 않는다. 대효를 하는 사람이라야 소효도 바로 한다. 세 가지, 즉 천명(天命), 대인(大人), 성인지언(聖人之言)을 두려워한 공자도 대효(大孝)를 한 사람임에 틀림없다.

류영모는 이러한 말을 하였다.

■ 사람은 하느님에 대한 효를 잊어버린 지 오래이고 땅의 아버지를 하늘같이 아는 것을 두고 효라 한다. 하느님 아들(天子)에게도 땅에 아버지가 있다는 것은 틀린 말이다. 부모보다는 하느님 아버지가 먼저라야 한다. 천명(天命)에 매달린 유교가 망천(忘天)을 하여도 이만저만이 아니다. 그래서 유교가 맥을 쓰지 못한다.

그러므로 큰 어베이(大德)는
반드시 그 자리를 얻고
반드시 그 태임(祿)을 얻고
반드시 그 이름을 얻고
반드시 그 오래 삶을 얻는다.

故 大德
고 대덕
必得其位
필 득 기 위
必得其祿
필 득 기 록
必得其名
필 득 기 명
必得其壽
필 득 기 수

풀이

이 구절은 이제까지 풀이한 대로 따르면 아무런 값어치 없는 글이 되고 만다. 주희도 얼나를 깨달아 크게 나타낸 대덕(大德)인 공자가 제 왕에 오르지 못한 것을 지적하고 있다. 그러면 이 글은 몽땅 쓸데없는 거짓말이 되고 만다. 그러므로 이 글은 철인이 정치를 하여야 한다는 플라톤의 이상론처럼 생각해야 한다.

《서경》의 주서(周書) 홍범(洪範) 편에 오복(五福)이 나온다. 첫째는 오래 사는 것(壽), 둘째는 재물이 많은 것(富), 셋째는 건강한 것(康寧), 넷째는 덕(德)을 좋아하는 것(攸好德), 다섯째는 목숨대로 평안히 살다가 죽는 것(考終命). 예수는 오복에서 넷째인 유호덕(攸好德)만 해당된다. 그러니 '대덕(大德)'을 오복(五福)을 다 갖추는 것처럼 말하는 것은 잘못이다.

오히려 예수가 말한 하느님 아들의 자리, 그야말로 진짜 천자(天子)의 자리에 이르는 것이다. 곧 성불(成佛)한다는 말이다. 그 자리가 바랄 자리요 오를 자리다. 그 자리가 하늘나라에 들어간 영원한 생명의 자리다. 그리고 그 자리에는 하느님이 말씀과 사랑을 넉넉하게 주신다. 풍성한 하느님의 얼(성령)이 말씀과 사랑으로 드러나는 것이다. 하느님의 말씀과 사랑으로 사는 하느님 아들에게는 그 이상의 값진 보상(祿)이 없을 것이다.

사람에게 개인적인 이름이란 필요 없다. 얼나로 거듭난 사람에게는 몸나의 이름이 소용이 없다. 이름이 있다면 하느님 아들이요 붓다요 성인이다. 얼나에게는 다른 개체적인 이름이 필요 없다. 이미 나고 죽는 개체(상대)를 초월하여 영생의 전체(절대)에 들었기 때문이다. 전체(절대)에게는 이름이 필요 없다.

이미 불생·불멸의 얼나로 부활하였으면 땅 위에서 일찍 죽고 오래 살고는 아무런 관계가 없다. 몸은 죽어도 얼은 영원하기 때문이다. 노자는 이를 두고 "죽어도 죽지 않는 것이 얼목숨이다(死而不亡者壽)."(《노자》, 33장)라고 하였다. 몸으로 일찍 죽으려고 할 것 없듯이 오래 살려고 할 것도 없다.

■ 사람은 사는 동안에 지나친 욕심을 가지고 있다. 신선(神仙)이 되어 영생불사(永生不死)하기를 바라는가 하면 예수를 믿어서 예수가 내려와 자기를 죽지 않고 살려서 하늘로 구름 타고 올라가길 바라고 있다. 살 욕심 때문에 이런 것을 믿는다. 영생한다고 하는 것은 피, 살, 뼈가 사는 게 아니고 말씀(얼나)이 사는 것이다.(류영모)

므로 하늘이 몬*(物)을 내되
반드시 그 감(材)을 따라 도탑(篤)게 하니
므로 자랄 놈은 북을 돋고
기울 놈은 엎어버리니라.

故 天之生物
고 천 지 생 물
必因其材而篤焉
필 인 기 재 이 독 언
故 栽*者培*之
고 재 자 배 지
傾者覆*之
경 자 복 지

몬 물(物)의 순우리말.
재(栽) 자라다.
배(培) 북돋우다.
복(覆) 뒤엎다.

풀이

　이 땅에 살고 있는 생물은 모두 약 3천만 종이나 된다고 한다. 거기서 사람들이 활용하고 있는 것은 겨우 180종 정도에 지나지 않는다고 한다. 《중용》은 여기에서 다윈의 적자생존(適者生存) 원리를 지적하고 있다. 그 생물의 바탕이 좋은 것을 도탑게(후대) 한다는 것이다. 잘 자라는 것은 북돋워 주고 쓰러진 것은 뒤엎어버린다는 것이다. 이것은 한편 참혹한 것 같지만 우생(優生)의 종족 보존을 위해 필요하다. 그리고 지나친 번식은 종족의 자멸을 가져오기 때문에 열악한 종자는 도태되어야 한다. 쥐, 사슴, 하마 같은 동물은 지나치게 번식하여 과밀 상태에 빠지면 집단으로 물에 빠져 죽는다. 이를 '레밍(Lemming) 현상'이라고 한다. 그러나 이것은 어디까지나 자연의 법칙이다. 그것은 악하다 선하다 할 성질의 것이 아니다. 사람이 장애인, 늙은이, 병든 이, 약한 이, 어려운 이를 돌보아주는 것은 다른 차원의 문제이다.

　적자생존의 경쟁 원리에서 살겠다면 사람이 짐승이 되자는 것이다. 사람은 아흔아홉 마리의 양보다 잃어버린 한 마리의 양을 더 소중히 알아야 한다. 이는 살신성인(殺身成仁)의 정신이다. 그런데 예수는 이렇게 말하였다. "누구든지 있는 사람은 더 받아 넉넉해지고 없는 사람은 있는 것마저 빼앗길 것이다."(마태오 25 : 29) 여기에 있는 것은 영원한 생명인 얼나를 깨닫겠다는 구도 정신을 말한다. 사람은 끊임없이 기도하지 않으면 믿음이 없어지고 만다. 숨을 쉬지 않으면 죽어버리는 것과 같다. 잠시라도 한눈을 팔면 잡된 생각이 스며든다. '도수유불가리(道須臾不可離)'를 가리킨 말이다. 얼나는 잠시도 떨어져서는 안 된다는 말이다. 개인이나 역사나 하느님의 성령인 얼나를 떠나서는 존재할 가치가 없다. 살아서도 죽은 것이다. 이 역사가 죽은 자가 죽은 자를 장사 지내는 일에서 벗어나자면 진리의 얼(성령)을 받은, 진리 정신이 살아 있는 이가 있어야 한다. 그가 바로 하느님 아들이요 붓다요 성인이다.

🌥

읊이(詩)*에 가로되

아름답고 좋은 그이(君子)

나타낸 좋은 노릇(德)이

모두 뭇사람에게 좋았으니

하늘로부터 받은 태임(綠) 이어

돌아보아 하이시고

하늘로부터 거듭남이라.

詩曰
시 왈

嘉*樂君子
가 락 군 자

憲憲*令*德
헌 헌 영 덕

宜民宜人
의 민 의 인

受祿于天
수 록 우 천

保佑命之
보 우 명 지

自天申之*
자 천 신 지

....

시(詩) 《시경》 대아생민(大雅生民)의 가락(可樂) 편.
가(嘉) 아름다운, 착한.
헌헌(憲憲) 현현(顯顯)으로 새겨서 뚜렷이 나타내다.
영(令) 착한 영덕(令德)은 '선덕(善德)'과 같은 뜻이다.
신지(申之) 거듭 뚫리다. 거듭나다. 주희는 주석에서 '신(申)'을 '거듭(重)'이라 하였다.

풀이

류영모는 죽은 뒤라도 자기를 군자(君子)라고 불러준다면 기꺼이 받아들이겠다고 말하였다.

■ 나더러 무엇을 하고 싶은가라고 묻는다면 나도 그이(君子)가 되고 싶다고 할 수 있다. 기왕에 생명을 타고 나온 이상에는 어떻게든지 바로 살겠다는 '그이(君子)'라는 소리를 나는 듣고 싶다. 이 세상에는 수많은 사람의 그이가 있다. 나라는 사람에게 두어 사람이라도 "그이는 지금 생각해도 참 좋은 사람이다. 나쁜 감정이 없어."라고 하면서 나를 그이라고 하여준다면 나는 여부없이 그 말을 받겠다. 공자, 증자도 다른 사람이 아니다. 그이가 되겠다는 사람이다.

'가락군자(嘉樂君子)'는 류영모가 말하였듯이 나쁜 감정이 없고 아름답고 좋으며 착하고 기쁜 그이(君子)이다. '헌헌영덕(憲憲令德)'이란 착한 행동, 곧 선행(善行)을 말한다. 선행을 세상에 뚜렷이 나타내 보인다는 말이다. 선행영덕(善行令德)이란 제나가 얼나의 뜻을 받들어 살신성인(殺身成仁)함이다. 살신(殺身)이란 제나를 부정하고 희생한다는 말이다. 짐승인 제나를 부정하고 희생함으로써 선덕(善德)을 이룰 수 있다.

공자가 말하기를 "그이(군자)는 세상을 떠나서 이름이 일컬어지지 않을까 걱정한다(君子 疾沒世而名不稱焉)."(《논어》, 위령공 편)라고 하였다. 가락군자라면 세상을 떠난 뒤에 가서 더욱 이름이 불리는 법이다.

그 뚜렷이 나타난 영덕(令德)을 사람들이 좋아한다. 그런데 사람을 민(民)과 인(人)으로 나누었다. 민(民)은 아직 얼나에 눈뜨지 못한 대중이다. 인(人)은 이미 얼나에 눈뜬 사람이다. '민(民)' 자는 눈이 어두운 모습을 그린 상형문자이고 '인(人)' 자는 바로 선 사람을 그린 상형문자이다.

참에 눈뜨지 못한 대중(大衆)이 군자를 기뻐한다는 것은 믿지 못할 말이다. 예수를 미칠 듯이 반기다가 언제 그랬더냐는 듯이 예수를 십자가에 못 박으라고 소리친다. 이게 민(民)이다. 예수의 제자들처럼 진심으로 기뻐하는 이들이 인(人)이다. 류영모도 "대중들은 사물의 뜻은 생각지도 않고 그저 좋다면 다 하려고 한다. 대중이 다 깨닫는 것은 아니다. 그저 좋다면 다 하려고 한다. 그저 좋다면 이리 가고 저리 가고 하는 사람들이다. 남이 하는 것은 빠지지 않고 죄다 하려고 한다. 그러나 뭔지 모르고 한다. 민주화가 되려면 깨닫는 사람의 수효가 많아야 한다."라고 했다. 공자도 말하기를 "백성으로 하여금 따르게는 하여도 깨닫게는 못한다."(《논어》, 태백 편) 맹자도 말하기를 "군자가 하는 것을 뭇사람들은 참으로 알지 못한다(君子之所爲 衆人固不識也)."(《맹자》, 고자告子 하편)라고 하였다.

'수록우천(受祿于天)'은 하늘로부터 보수를 받는다는 말이다. 이것이 맹자가 말한 하늘 벼슬(天爵)이다. 예수, 석가가 사람에게 얻어먹어도 그것은 하느님으로부터 받는 녹봉이다. 오늘이 하루를 사는 것도 하늘이 주시는 녹봉이다. 굶어 죽어도 "오늘도 일용할 양식을 주옵시고"라고 감사 기도를 올린다. 하느님께서 썩어질 몸을 위한 양식만 주시고 영생할 성령을 주시지 않는다면 어찌 사랑의 하느님이라 하겠는가. 몸은 굶어 죽어도 영생의 얼생명을 받는다면 무슨 아쉬움이 있겠는가. 오히려 기쁨이 넘칠 것이다.

그리하여 깨닫지 못한 민중을 돌보며(保佑) 이르기를 '하늘로부터(自天) 거듭나라(申之)'라는 것이다. 신(申)은 거듭이라는 뜻이다. 신(申) 다음 생(生)을 넣어 신생지(申生之)로 새기면 된다. 이것은 어느 한 군자의 말이 아니다. 공자, 석가, 예수를 비롯한 모든 군자들의 공통된 생각이요 가르침이었다. 신(申) 자는 번개가 뻗쳐 내려온다는 상형문자인 동시에 두 손으로 막대기를 받들어 올린다는 회의 문자이기도 하다. 하늘로부터 얼이 번개처럼 내려오기도

하고 말씀을 똑바로 받들어 올린다는 뜻이다. 아주 좋은 글자이다.

사람은 짐승 성질인 탐·진·치의 수성이 셀수록 사납고 모질고 거칠다. 불교의 6가지 행법인 육바라밀(六波羅密, 보시布施, 지계持戒, 인욕忍辱, 정진精進, 선정禪定, 반야般若)을 실천하면 너그럽고 부드러운 사람으로 바뀐다. 스님이 너그럽고 부드럽지 못하면 육바라밀을 멀리 한 것이다.

얼나로 솟난 가락군자는 너그럽고 부드럽다. "공자께서 조용히 계실 때에는 너그럽고 부드러웠다(子之燕居 申申如也 夭夭如也)."라고 《논어》술이 편에서 전한다.

므로 큰 노릇한 이는
반드시 하이(시키)심을 받나니라.

故 大德者
고 대 덕 자

必受命
필 수 명

풀이

"대덕자 필수명(大德者 必受命)"을 주희는 '천명(天命)을 받아 천자(天子, 제왕)가 되는 것'이라고 주석하였다. 그랬으면 좋으련만 그런 일은 아주 드물었다. 그러므로 그런 뜻을 가지고는 오늘에 와서는 죽은 글이지 산 글이 될 수 없다.

공자가 말하기를 "하늘이 내게 덕을 주었다(天生德於予)."(《논어》, 술이 편)고 하였다. 이는 바꾸어 말하면 천명(天命)을 받았다는 말이다. 천명인 덕

(德)을 받아서 대덕자(大德者)가 되는 것이지 대덕자가 되어서 천명을 받는 다는 것은 차례가 바뀐 것이다. 이는 제왕의 등극을 수명(受命)으로 보았다는 증거이다. 주권신수(主權神授)를 말한 것이다. 오늘날은 주권재민(主權在民)의 시대다. 명(命)을 왕권이 아닌 하느님의 말씀으로 새겨야 한다. "공자 가로되 덕(德) 있는 이는 반드시 말이 있다. 말이 있는 이라고 반드시 덕이 있는 것이 아니다(子曰 有德者 必有言 有言者 不必有德)."(《논어》, 헌문편)라고 하였다. 하느님의 성령을 받아 얼의 나로 솟난 이는 하느님의 아들(天子)이다. 그 얼나가 하느님의 아들이다. 그러므로 하느님의 아들은 아무리 많아도 하나다. 그러므로 한 나신 아들(독생자)이다.

예수와 석가 같은 얼나를 깨달은 이들은 얼의 나라를 참나라로 생각하였다. 그래서 천국이니 불국이니 하였다. 그런데 공자, 맹자는 여기에 대한 분명한 말이 없다. 군왕들이 소유하고 있는 나라를 잘 다스려 보려고 안간힘을 썼다. 여기에서 예수·석가와 공자·맹자의 다름이 분명하게 보인다. 그런데 예수, 석가의 가르침을 좇겠다는 이들이 이 땅 위에 천국이나 불국의 유토피아(이상 국가)를 세우려 하였다. 얼토당토않은 생각이다. 그 일은 예수, 석가도 못하였다. 예수와 석가는 얼나를 깨달아 하느님과 얼로 교통하는 것을 하늘나라, 붓다 나라라고 하였을 뿐이다. 하느님의 얼나라는 비롯도 없고 마침도 없는 영원 무한의 나라다. 예수와 석가는 처음부터 이 얼나라에 들어가는 것에 가르침의 목표를 두었다. 공자, 맹자는 여기에 분명한 이야기 없이 땅의 나라에 마음을 기울였다. 그래서 류영모는 유교는 중간 목표는 분명한데 최고의 목표는 분명치 않다고 말하였다. 그러고는 이렇게 말하였다.

■ 무본(務本)이란 밑둥(하느님)에 힘쓰는 것을 뜻한다. 유교의 정신은 온통 무본이다. 위에서 아래까지 백성 전체가 이 밑둥(하느님)에 힘써 나가

면 가야 할 곳(하느님 나라)에 거의 다다른다. 이것이 지어지선(止於至善)이다. 완전에 이르렀을 때 움직이지 말라는 것이다. 지선(至善)에 가서 멈추는 이것이 궁극의 목적이다.

18월

이(子) 가로되
걱정 없을 이는
그 문왕(文王)뿐이지
왕계 같은 아버지
무왕 같은 아들에
아버지가 일으켰고
그 아들에 가서 베풀었구나.

子曰
자 왈
無憂者
무 우 자
其惟文王乎
기 유 문 왕 호
以王季爲父
이 왕 계 위 부
以武王爲子
이 무 왕 위 자

父作之 부작지
子述之 자술지

풀이

　주(周)나라의 시조는 요순시대에 농업 담당 장관이었던 후직(后稷)이다. 성은 희(姬), 이름은 기(棄)다. 후직의 아들이 부줄(不茁)이고 부줄의 아들이 공유(公劉)이며 공유의 9대손인 고공단보(古公亶父)가 태왕(太王)이다. 이 태왕이 기산(岐山)으로 옮겨와 세운 나라 이름을 주(周)라 하였다. 태왕에게는 세 왕자가 있었으니 태백(泰伯), 중옹(仲雍), 계력(季歷)이다. 셋째인 계력이 문왕의 아버지인 왕계(王季)이다. 계력이 두 형들을 제치고 왕위에 오른 데는 사연이 있다. 태왕은 계력의 아들 곧 손자 창(昌)의 인품을 높이 샀다. 창이 훌륭한 왕재(王材)임을 확신한 태왕은 창에게 왕위가 이어지도록 셋째 왕자인 창의 아버지 계력을 후계자로 택하고자 하였다. 이러한 아버지의 뜻을 알게 된 첫째 왕자 태백은 아우 중옹까지 설득하여 함께 오나라 땅 형만(荊蠻)으로 몰래 숨어버렸다. 공자는 임금의 자리를 아우에게 돌리고자 몸을 숨긴 태백을 지덕(至德)이라 하여 칭송하였다. 공자의 그 말이《논어》태백 편 첫 구절에 실려 있다. "태백은 지덕이라 할 만하다. 세 번이나 나라를 사양하였다. (멀리 몸을 숨겨) 백성들이 그의 지덕을 칭송할 길조차 없었다." 태백이 몸을 숨기도록 한 주인공 창(昌)이 바로 서백(西伯), 뒤의 문왕(文王)이다. 공자가 요순에 이어 가장 존경한 임금이 문왕이다.

　맹자는 양혜왕(梁惠王)을 깨우치고자 했는데 그 본보기로 문왕(文王)을 들었다. 즐기더라도 문왕처럼 백성과 함께 즐기고, 무용(武勇)을 좋아해도 문왕처럼 백성의 안정에 쓰라고 하였다.

공자가 진(陳)나라에 가기 위하여 광(匡) 땅을 지나다가 그곳 사람들의 습격을 받았다. 공자의 모습이 광 땅에서 포학을 부린 양호(陽虎)의 모습과 비슷하여 광 사람들이 공자를 양호로 잘못 알아봐 일어난 사건이었다. 공자 일행이 광 땅 사람들에 포위되어 공격을 받았는데, 그 위급한 상황에서 공자는 태연히 이렇게 말하였다. "문왕은 이미 돌아갔으나 문(文)은 여기에(내게) 있지 아니한가. 하늘이 장차 이 문(文)을 없애려 하지 않는다면 문왕의 뒤를 이은 내게 이 문(文)을 주지 않았을 것이다. 하늘이 이 문(文)을 없애려 하지 않는다면 광 사람들이 나를 어찌하겠는가."(《논어》, 자한 편) 공자는 유교의 진리인 '문(文)'이 요·순·우·탕·문왕·주공에서 공자 자신에게 이어진다고 굳게 믿어 의심치 아니하였다. 문왕은 훌륭한 아버지 왕계(王季)와 훌륭한 아들 무왕을 두어 시름이 없겠다는 말이다. 아버지는 짓고 아들은 좇는다는 것은 공자가 말한 사문(斯文)으로 보아야 할 것이다.

공자는 중국에서 성자들이라 일컬어지는 착한 이들이 권좌에 앉는 것을 이상(理想)으로 생각하였다. 그러나 그런 일은 그야말로 옛날이야기로 끝이 났다. 톨스토이는 말하였다. 옛 중국처럼 성자가 권좌에 오르면 무해(無害)할 뿐만 아니라 유익(有益)할 수 있다는 것이다. 그러나 현실은 "원뿔의 꼭짓점과 같은 최고 권력자가 앉은 정상(頂上)의 자리에는 대개 다른 사람들보다 교활하고 뻔뻔스러운 사람이 차지하고 있다."(톨스토이,《국가는 폭력이다》) 폭군의 등장을 막는 길이 민주주의 정치 제도이다. 민주주의 제도는 그래도 덜 나쁜 이들이 권좌에 오를 수 있게 한다. 그러나 성자보다는 교활하고 자만한 이들이 권좌에 오른다. 그 까닭은 대중은 어리석고 성자는 집권욕이 없기 때문이다.

그런데 사람이 아무리 좋은 조건에 있다 하여도 근심이 없는 것은 좋지 않다. 하느님의 뜻을 이루기 위해서 사람은 여유 있는 근심을 해야 한다. 공자는 말하기를 "덕(德)을 닦지 못하고 배운 것을 가르치지 못하고 의로운 것을 듣고도 실천하지 못하고 착하지 못한 것을 고치지 못하는 것이 나의 근심(憂)이다."(《논어》, 술이 편)라고 하였다.

무왕(武王)이 대왕, 왕계,
문왕의 줄을 이어서
한 번 싸움옷을 입고 누리(天下)를 두었는데
몸이 온 누리(天下)에 나타낸 이름을 잃지 않고
높임은 하늘 아들이 되고
가멸(富)은 네 바다 안 것을 가졌고
종묘 받들 자손을 지녔구나.

武王 纘*大王 王季
무 왕 찬 대 왕 왕 계
文王之緒*
문 왕 지 서
壹戎*衣而有天下
일 융 의 이 유 천 하
身不失天下之顯名*
신 불 실 천 하 지 현 명
尊爲天子
존 위 천 자

찬(纘) 잇다.
서(緒) 줄. 왕통. 緒(실마리 서).
융(戎) 싸움옷.
현명(顯名) 나타낸 이름.

富有四海之內
부 유 사 해 지 내
宗廟饗之 子孫保之
종 묘 향 지 자 손 보 지

풀이

　중국 역사상 폭군의 표본은 하(夏)의 마지막 임금 걸(桀)과 은(殷)의 마지막 임금 주(紂)였는데, 무왕은 은나라 주(紂)를 멸망시키고 천하를 차지하여 제위에 올랐다. 그것을 "한 번 싸움옷 입고 천하를 두다(壹戎衣而有天下)."라고 나타냈다. 그리하여 선왕들이 드러낸 이름을 잃지 않고 높여 천자가 되었다.

　그러나 문왕, 무왕이 세운 나라도 그 후손 여왕(厲王) 시대에 이재(理財)에 밝은 이공(夷公)을 등용하여 가렴주구로 백성을 착취하였다. 또 무당을 불러들여 백성을 탄압하였다. 그리하여 3년을 못 가서 견디다 못한 백성들이 일어나 여왕(厲王)을 응징하려 하자 여왕은 도망쳐 버렸다.

　또 유왕(幽王)은 미인 포사(褒姒)에 빠져 나라도 아랑곳없었다. 잘 웃지 않는 포사가 비단 찢는 소리를 들으면 웃었던지라 유왕은 하루에 비단 백 필씩을 찢도록 했다. 그리하여 국고가 텅 비게 되었다. 또 포사는 실수로 올려진 봉홧불을 보고 여러 곳에서 달려온 군사의 모습을 보자 웃었다. 그리하여 아무런 긴급한 일도 없는데 자꾸만 봉화를 올려 군사들을 달려오게 하였다. 잦은 거짓 봉화는 나라의 신의를 완전히 무너뜨리고 말았다. 그리하여 결국 침입한 견융(犬戎) 부족에게 무참하게 죽임을 당하였다.

　핏줄과 얼줄은 전혀 다르다. 문왕, 무왕의 핏줄에 여왕, 유왕이 나온 것이다. 오히려 얼줄은 공자에게로 이어졌다. 그러므로 세습적인 왕조는 올바른 제도가 아닌 것을 알 수 있다. 요와 순이 훌륭한 것은 임금 자리를 핏줄을 떠나 얼줄로 물려주었다는 사실이다. 그들이 몸나의 사람이 아니고 얼나의 사람임을 뚜렷이 입증한 것이다.

오늘날의 민주주의는 어진 사람을 지도자로 뽑자는 데로 나아간 정치 제도이다. 그러나 참으로 어진 이는 자신을 숨기려 하고 잘난 체하는 이들이 설치는 제도가 되었다. 류영모가 이렇게 말하였다.

■ 우리가 민주주의 시대에 사니 그 민주주의라는 것은 참 귀한 것이다. 우리는 민주주의가 중하고 귀한 것을 알아야 한다. 대중히 옳고 그른 것을 구별하는 데서 민주의 무게가 있다. 책임 있는 자리에 옳고 바른 사람이 앉아야 한다. 어떤 사람이 돈을 많이 쓰고 별 운동을 다 해서 감투를 썼다면 이것은 아무것도 아니다. 바라지 않는 것을 자꾸 써라 써라 해서 쓰는 감투가 정말 감투이다.

무왕이 끝에 하이심(命)을 받으니
주공(周公)이 문무의 노릇을 이루어
대왕과 왕계를 뒤좇아 왕 하고
그 위로 (돌아간 이) 받들기를 하늘 아들(天子)의 짓보이(禮)로 하였으니
이러한 짓보이(禮)가
제후(諸侯)와 대부(大夫)와 선비와 뭇사람에까지 사무치니(達)
아비가 대부인데
아들이 선비면
장사는 대부로 지내고 받들긴 선비로 하며
아비가 선비 되고

아들이 대부였거든
장사는 선비로 지내고
받들긴 대부로 하며
돌 입는 거상은 대부까지
세 해 입는 거상은 하늘 아들(天子)까지 사무치니
아버지 어머니 돌아간 데는
높은 이 낮은 이 없이 한가지니라.

武王 末*受命
무 왕 말 수 명

周公 成文武之德
주 공 성 문 무 지 덕

追王*大王王季
추 왕 대 왕 왕 계

上*祀先公*以天子之禮
상 사 선 공 이 천 자 지 례

斯禮也
사 례 야

達乎諸侯大夫*及士*庶人
달 호 제 후 대 부 급 사 서 인

父爲大夫
부 위 대 부

말(末) 말년 무왕이 늙어서.
추왕(追王) 제후왕에서 제왕(帝王)으로 미루어 받듦.
상(上) 윗 선조.
선공(先公) 선조.
대부(大夫) 제후 아래의 벼슬.
사(士) 대부 밑에 있던 신분.

子爲士
자 위 사

葬以大夫 祭以士
장 이 대 부 제 이 사

父爲士
부 위 사

子爲大夫
자 위 대 부

葬以士
장 이 사

祭以大夫
제 이 대 부

期之喪* 達乎大夫
기 지 상 달 호 대 부

三年之喪 達乎天子
삼 년 지 상 달 호 천 자

父母之喪
부 모 지 상

無貴賤一也
무 귀 천 일 야

풀이

　문왕의 뒤를 이은 이가 문왕의 아들 발(發), 곧 무왕이다. 무왕이 늙어서 혁명을 하였다. 주(紂)에서 은(殷) 왕조는 멸망하고 주(周)나라 시대가 열리었다. 그때 무왕은 태공망(太公望) 여상(呂尙)을 사부(師父)로 삼고 아우 주공(周公)의 도움을 받았다. 그래서 주공이 문무지덕(文武之德), 곧 문왕과 무왕의 덕을 이루었다고 하였다.

기지상(期之喪)　일 년 동안 입는 상(喪).

무왕이 혁명의 깃발을 올렸을 때 백성들에게 혁명의 당위성을 천명하기를 "천지는 만물의 부모요 사람은 만물의 신령함이니 성실한 총명이 원후(元后, 임금)가 되고 원후가 되면 백성의 부모가 되나니 이제 상(商)나라(또는 은나라) 임금 수(受, 주왕의 이름)가 위로 하늘(天)을 공경치 아니하며 아래로 백성에게 재앙을 내렸도다."(《서경》, 주서 태서泰誓 편)

무왕의 공격을 받은 주(紂)는 자신의 재물을 모아 두던 녹대에 올라가 스스로 불에 타 죽었다. 그때 백이, 숙제는 무왕이 제후국으로서 천자인 주왕을 친 것은 천도(天道)와 인도(人道)를 어긴 것이라 하였다. 그러고는 주(周)나라 곡식을 먹지 않겠다 하여 수양산에 들어가 고사리만 먹다가 영양실조로 굶어 죽었다. 맹자는 무왕이 천자(天子)를 죽인 것이 아니라 왈패를 죽인 것이라고 말하였다. 그래도 맹자는 정치의 차원을 이렇게 나눴다. "요·순이 자연처럼 순리로 다스리는 것을 성지(性之) 하는 도치(道治)라 하고, 탕왕과 무왕이 사회적인 인의(仁義)로 정성을 다하여 다스리는 것을 신지(身之)의 덕치(德治)라 하고, 관중과 환공이 억지 수단을 써서 다스리는 것을 가지(假之) 하는 법치(法治)라 한다(堯舜性之也 湯武身之也 五霸假之也)."(《맹자》, 진심 상편)고 말하였다.

사학자들이 역사를 쓸 때에 인류 역사에 제왕이 지배하는 국가가 나타난 것을 역사의 큰 발전이라 한다. 그것은 잘못된 판단이다. 생물학자 데스몬드 모리스와 프란스 드 발의 말에 의하면 유인원들도 그러한 나라를 이룩하고 있다는 것이다. 드 발이 지은 《정치하는 원숭이》에 침팬지들의 권력 투쟁을 관찰하여 기록하였다. 드 발은 주장하였다. "아리스토텔레스가 사람을 정치적 동물이라고 불렀을 때 그는 자신이 얼마나 올바른 이해에 가까운지 몰랐음에 틀림없다. 이제 우리는 정치적 활동은 우리 사람의 가까운 친척(유인원)과 공유하는 진화사적 유산의 일부인 것으로 생각한다. 정치의 기원은 인간성의 기원보다 오랜 것이다."(드 발, 《정치하는 원숭이》) 그러므로 유인원의 성질을 알려면 마키아벨리가 쓴 《군주론》을 읽는 것이 빠르다고 말하였다.

정치를 낳은 것은 짐승인 제나가 지닌 수성(獸性)이지 하느님 아들이 지닌 영성(靈性)이 아니다. 그런데 공자는 영성인 얼나의 인정(仁政)을 하고자 하였으니 될 리가 없었다. 요순(堯舜)의 인정(仁政)은 기적(奇蹟)이 아니면 이상(理想)일 것이다. 요순 뒤로는 중국 역사에서 한 번도 인정이 이뤄진 적이 없었기 때문이다. 톨스토이는 국가는 폭력의 토대 위에 이뤄진 것이라고 말하였다. "권력 기관의 토대는 물리적인 폭력이다. 물리적 폭력 행사가 가능한 것은 집권자 한 사람의 의지에 따라 일치단결하여 행동하는 무장 병력 조직 덕분이다. 군대는 언제나 그리고 현재도 여전히 권력의 근간이 되고 있다. 권력은 언제나 군대를 지휘하는 자의 손아귀에 있었다."(톨스토이, 《국가는 폭력이다》)

오늘날에도 지구상에는 독재 정권에 신음하는 국민들이 있다. 그 밖의 나라에는 성인은 아니지만 덜 나쁜 사람들이 권좌에 앉아 있어 다행인 것이다. 그래서 소로는 '가장 적게 다스리는 정치'를 이상적인 정치로 말하였다. 1856년 세계는 영국과 미국 사이에 전쟁이 벌어질지 모른다며 떠들썩하였다. 소로는 일기에 이렇게 적어 놓았다. "두 나라는 문명과 기독교 정신과 상업적 번영의 이해관계를 잊고 상대방의 목을 조르기 위해 최후의 한 걸음을 내디딜 각오를 하고 있다. 이렇게 필사적으로 총을 쏘고 총에 맞을 준비를 한 사람들을 보면 정신병원 지망자라고 생각하지 않을 수 없다. 호전적인 국가가 가야 할 정신병원은 어디에 있는가. 전쟁 준비를 하는 국가가 한둘이 아니다."(소로, 《소로의 일기》)

제사 지내는 격에 대하여 자세히 언급한 것은 봉건 시대의 계급 제도에서 나온 것이라 오늘에는 쓸데없는 것이다. 더구나 얼나로 거듭난 이에게는 몸나의 죽음이란 아무것도 아니다. 그러므로 추모의 의식도 형이상화해야 한다. 음식 제사는 그만두고 명상 기도로 추모해야 한다. 류영모는 이렇게 말하였다.

- 조상에게 제사 드리는 것이 효(孝)요 하느님에게 제사 올리는 것이 경(敬)이다. 이는 모두 정성을 쏟아야 하는데, 요새 말로 하면 정신 통일을 해야 한다. 마치 햇빛을 렌즈에 모으면 불이 붙듯이 우리의 정신을 쏟아 정신을 통일하면 위로부터 계시를 받고 맘눈이 열린다.
- 이상(理想)을 실현할 사람만이 위대한 인물이다. 제사는 결국 위대한 인물이 되는 것이다. 제사는 잠깐 동안 절하는 것이 제사가 아니다. 평생 동안 하느님의 뜻을 이루려고 노력하는 것이 제사다. 짐승에서 사람 되는 것이 제사다. 제례는 사람 되는 것의 상징일 뿐이다.

이(子) 가로되
무왕과 주공은
그 사무친 어베이(孝)였다.

子曰
자 왈
武王周公
무 왕 주 공
其達孝矣乎
기 달 효 의 호

풀이

　무왕과 주공이 혁명을 일으키며 천명한 말에 "천지(天地)는 만물의 부모"(《서경》, 주서 태서泰誓 편)라는 말이 있다. 그리고 주왕은 "위의 하느님을 공경치 않고 아래 백성에게 재앙을 내렸다."고 말하였다. 이는 부모에 대한 효도가 하늘에 대한 효까지 닿은 것이다. 이것이 달효(達孝)이다. 그래서 황제를 하느님 아들이라 하여 천자(天子)라고 하였다. 그런데 이름만 천자였지, 어디 공자와 예수 같은 하느님 아들이 있었던가? 땅의 나라 임금에게서 하느님 아들을 바랐으니 그야말로 나무에서 고기를 찾는 어리석음이 아닐 수 없다.

공자도 자신은 "아래에서 배워 위에 다다른다(下學而上達)."라고 하였다. 하늘에까지 다다르는 효도가 달효이다. 달효는 곧 천효(天孝)이다. 몸을 낳아준 어버이만 섬기는 효는 달효가 아니라 막힌 효도인 색효(塞孝)라고 할 수 있다. 색효로만 끝나면 그 효도는 무효(無效)인 무효(無孝)가 되어버린다. "조상에게 올리는 제사는 종당에는 하느님께로 간다. 하느님께 제사 지낸다는 데서 개인적인 조상 제사의 우상 숭배가 지양된다. 제단에 차려놓은 제물(祭物)은 하느님과 상관이 없다. 제사는 성령을 통해 하는 것이다."(류영모)

무왕과 주공이 친효(親孝)에서 천효(天孝)에 다다랐기 때문에 공자가 귀히 알았다. 주공은 형인 무왕을 잘 도왔을 뿐 아니라 무왕의 어린 아들 성왕(成王)을 깨우치며 선정을 베풀었다. 그 가르침이 《서경》 금등 편에 잘 나타나 있다.

공자가 말하기를 "너무 내가 쇠잔하였는가. 내가 꿈에서 주공을 본 지가 너무 오래되었다."(《논어》, 술이 편) 공자에게 이렇게 사모함을 받는다는 것은 놀라운 일이다.

공자는 무왕을 문왕, 주공보다 아래에 두었다. "공자 이르기를, 순임금의 음악 소(韶)는 미(美)를 다하고 선(善)을 다하였는데 무왕의 음악 무(武)는 미(美)는 다하였으나 선(善)은 다하지 못하였다."(《논어》, 팔일八佾 편) 무왕은 비록 정의를 위해 칼을 썼다고 하나 칼에 피를 묻혔기에 지선(至善)일 수는 없다.

무릇 어베이(孝者)는
남(사람)의 품었던 뜻을 잘 이으며
남(사람)의 일으킨 일을 잘 베푸는 것이니라.

夫孝者
부 효 자
善繼人之志
선 계 인 지 지
善述人之事者也
선 술 인 지 사 자 야

풀이

　공자는 "아버지가 살아 계시면 그 뜻을 보고, 아버지가 떠났으면 그 짓(行)을 보아 돌아가시고 3년 동안은 아버지의 길을 고치지 않아야 효(孝)라 할 수 있다."(《논어》, 학이學而 편)라고 하였다. 공자는 말하기를 "아버지, 어머니를 섬김에 부모님이 잘못할 때는 부드럽게 바른말을 해드리고 내 뜻을 따라주지 않는 것을 알아도 이제까지 공경하던 것을 어겨서는 안 되며 괴롭더라도 부모님을 원망하지 않아야 한다."(《논어》, 이인 편)라고 하였다.

　무왕과 주공은 훌륭한 아버지 문왕의 뜻을 잇고 짓을 좇아서, 위로 하늘을 공경하고 아래로 백성을 돌보기에 정성을 다하였다. 그래 달효(達孝)라는 말을 들었다. "남(人)의 뜻, 남의 일"이라 한 것은 흔히 쓰는 말이다. "남의 자식이 되어"라는 말을 우리도 쓴다. 하느님 아버지의 생명인 얼나에서는 땅에서 몸을 낳아준 아버지, 어머니도 나와 같은 사람임을 알아야 한다. 예수의 몸나는 마리아가 낳았지만 얼나는 하느님이 낳았다. 석가의 몸나는 마야가 낳았지만 얼나는 니르바나가 낳았다. 예수가 하느님을 아버지라 한 까닭이 여기에 있다. 석가는 니르바나를 어머니라고 말하면서 니르바나에 돌아가기를 염원하였다.

받드는 집에 갈(가을)봄 손을 대고
끼쳐 나려 온 그릇과 옷을 벌려놓고
때 되면 새로난 마지*를 올리나니라.

春秋 修其祖廟
춘 추 수 기 조 묘
陳*其宗器* 設其裳衣*
진 기 종 기 설 기 상 의
薦*其時食*
천 기 시 식

풀이

　증자는 말하기를 "상례(喪禮)를 극진히 하고 제사를 정성껏 모시면 민심도 따라서 후덕한 곳으로 돌아오리라."(《논어》, 학이 편)고 하였다. 제정일치 시대에는 제왕이 지내는 제사가 그대로 정치이기도 하였다. 은나라 말기에 주

마지　부처님께 올리는 밥, 제사상에 올리는 밥.
진(陳)　벌려놓다.
종기(宗器)　선조들이 남겨둔 그릇.
상의(裳衣)　선조들이 입던 옷.
천(薦)　바치다, 올리다.
시식(時食)　철이 바뀔 때마다 올리는 제사 음식.

왕의 잔인무도한 포악이 날로 더하자 은나라의 태사, 소사 두 제관(祭官)이 은나라의 종기(宗器)를 가지고 주나라로 망명해 왔다. 종기의 이동은 곧 천명의 이동을 상징하는 것이었다.

종기는 나라의 보물이었다. 주나라의 종기는 붉은색의 테두리가 있는 보도(寶刀)라는 적도(赤刀), 삼황오제(三皇五帝)의 책이나 칙어(勅語)인 대훈(大訓), 천색(天色)을 지닌 옥(玉)인 천구(天球), 복희(伏羲) 때 용마의 등에 지워져서 황하에서 출현한 흑백의 점으로 이루어진 도면인 하도(河圖) 등이었다. 그밖에도 홍벽(弘璧), 대옥(大玉), 이옥(夷玉), 대패(大貝) 등 여러 가지가 《서경》 주서 고명(顧命) 편에 나와 있다.

상의(裳衣)는 선왕들이 쓰던 의관(衣冠)을 말한다. 선조들이 쓰던 의관에는 선조들의 넋이 남아 있다고 생각하였다. 그리하여 제사 때는 그 의관을 벌려놓았다. 선조의 몸은 땅속에 들어가 흙이 되었으니 선조들이 몸에 가까이 하던 의관이 선조를 대신하는 것이다. 그러니 제사 의식에 중요한 자리를 차지하는 것은 당연하다. 임진왜란 중이던 1598년 왜군에 납치되어 간 도예공 심수관은 15대째 같은 심수관의 이름으로 이어져 온다. 15대 심수관이 말하기를 "저의 집 가보는 망건입니다. 1대 선조가 쓰던 것인데 가업을 공식적으로 물려줄 때 망건을 물려줍니다. 외국에 끌려와 선조가 이 망건을 쓰고 흘린 땀과 눈물, 그리고 도자기를 위한 흙을 발견했을 때의 감동을 잊지 말라는 것이지요."라고 하였다.

광주 무등산 뒤쪽에는 임진왜란 때 큰 공을 세우고도 이순신 장군처럼 참소를 입어 죽임을 당한 김덕령 장군의 사당인 충장사(忠壯祠)가 있다. 거기에는 김덕령 장군의 묘를 이장할 때 출토된 4백 년이 지나도록 남아 있는 수의가 전부 잘 보관되어 있다. 그것을 보았을 때 김덕령 장군을 만난 듯 가슴이 뭉클했다. 의복보다는 글씨요 글씨보다는 사상이다. 성인의 말씀이 경전이 되어 받들어지는 것은 이런 까닭이다. 그러므로 경전을 읽으며 숙고하고 명상하는 것이야말로 제사 가운데 제사이다. 물질적인 제사에서 정신적인 제사로 상달(上達)되어야 한다. 그러므로 참선이나 기도가 가장 으뜸가는 제사인 것이다.

시식(時食)이란 사계절 그때그때를 대표하는 알맞은 음식을 마지(祭物)로 올리는 것이다. 이는 성경의 구약 시대에 있던 제사 의식과 다름이 없다. 공자는 인류사적으로 드문 대정신인이면서도 이런 물질적인 제사 의식을 부정하지 않고 그대로 받아들였다.

노(魯)나라에서 벼슬을 했을 때에는 노나라 대묘(大廟)에 들어가서 제사를 진행하는 일도 맡아보았다. 거기에서 공자는 일일이 주위 사람들에게 물어서 제례를 진행하였는데, 이를 보던 사람들은 제례에 밝다던 추인의 아들(공자)이 대묘에 들어가 하나하나 물어서 하는 것을 보니 아는 것이 없나 보다고 수군거렸다.

그 말을 전해 들은 공자는 그렇게 물어 가면서 진행하는 것이 참 예라고 대답하였다.(《논어》, 팔일 편) 그런데 예수와 석가가 물질적인 제사를 완전히 부정한 것은 놀라운 일이 아닐 수 없다. 예수와 석가의 존귀한 진가가 여기에 있는 것이다. 그런데 뒤에 와서 사찰과 성당에 이제는 교회에서까지 촛불을 켜서 제사 의식으로 돌아가려는 것은 예수와 석가의 가르침을 거스르는 일이라 아니할 수 없다.

🌀

종묘에서의 짓보이(禮)는
흄(昭) 감(穆)으로 줄(序) 바름이오
작은 높이(貴) 얕이(賤)를 가름이오

일 매김(序事)은 닦아난 이(賢)를 따로 함이오

여럿이 술 치는데 아래서 위로 함은

밑(賤)까지 미치도록 함이오

잔치에 터럭을 보는 것은 나이를 따르려 함이니라.

宗廟*之禮
종 묘 지 례

所以序*昭穆*也
소 이 서 소 목 야

序爵* 所以辨貴賤也
서 작 소 이 변 귀 천 야

序事 所以辨*賢也
서 사 소 이 변 현 야

旅*酬* 下爲上
여 수 하 위 상

所以逮*賤也
소 이 체 천 야

燕毛* 所以序齒*也
연 모 소 이 서 치 야

종묘(宗廟) 역대 제왕의 위패를 모셔놓은 사당.
서(序) 차례.
소목(昭穆) 위패를 모시는 차례를 나타내는 두 줄. 으뜸 선조의 위패가 남쪽을 향해 자리하였다면 왼쪽이 소(昭)의 줄, 오른쪽이 목(穆)의 줄이다.
작(爵) 귀족들의 신분을 나타냄. 5작위 또는 천자(天子), 제후, 대부, 사(士), 서민의 신분을 말한다.
변(辨) 분별하다.
여(旅) 여럿이.
수(酬) 술을 잔에 따르다.
체(逮) 미치다(及).
연모(燕毛) 제사 지낸 뒤에 벌이는 잔치. 머리칼이 센 정도에 따라 나이 차례대로 앉히기 때문에 연모라 한다.
치(齒) 나이.

풀이

《중용》이 본디 《예기》의 한 편이었던 것을 생각하면 《중용》에 제례(祭禮)가 끼어 있는 것은 이상할 것이 없다. 앞에 나오는 《중용》과 성질이 다르기 때문에 19월부터는 한(漢)나라 유학자들의 잡기(雜記)가 끼어든 것이라고 주장하기도 한다.

성명(性命)의 본질을 밝히는 《중용》과는 달라 오늘에는 별 값어치가 없다. 그러나 이왕 끼어 있으니 없앨 수도 없고 다루지 않을 수 없다. 그저 옛날 제례의 절차를 알게 된다.

조상의 위패는 소목(昭穆) 두 줄로 차례를 지킨다. 작위의 신분에 따라 순서가 매겨진다. 어진 이는 제사의 진행을 맡는다. 여러 사람에게 술을 쳐 권할 때는 아랫사람이 윗사람에게 하여 모두가 차례 의식에 동참하게 한다. 제사 지낸 뒤의 잔치에는 머리칼의 센 정도에 따라 나이를 따져서 한다. 류영모는 제사에 대하여 이렇게 말하였다.

■ 제사는 정성이 문제지 형식은 문제가 아니다. 기독교의 예배도 마찬가지다. 진실이 담겨야지 형식적인 예배는 예배가 아니다. 옛날 사람이 정신을 통일하려 목욕 재계를 한 것처럼 요새 예배를 보는 사람들도 준비에 준비를 하여 정성을 쏟고 정신을 통일하여야 한다. 이상(理想)을 실현한 사람만이 위대한 인물이다. 제사는 결국 위대한 인물이 되는 길이다. 옛날 중국의 천자(天子)가 제사 지낼 때에는 우리나라 사직공원과 같은 교사(郊社)에 가서 천제(天祭)를 지냈다. 그것은 제왕만이 드릴 수 있었다. 천자는 하느님 아들이라고 생각했기 때문이다. 지금 기독교에서는 누구나 하느님 앞에 기도할 수 있는데 이것은 모든 사람이 다 하느님의 아들이라고 생각했기 때문이다.

그 자리를 밟아

짓보일(禮) 하며

울림(樂)을 치며

그 높음을 우러르고

그 가까움을 사랑하야

죽은 이 섬기기를 살아 섬기듯 하며

없은 이 섬기기를 있어 섬김같이 하는 것이

어베이(孝)의 가장(至)함이니라.

踐其位
천 기 위

行其禮
행 기 례

奏其樂
주 기 악

敬其所尊
경 기 소 존

愛其所親
애 기 소 친

事死如事生
사 사 여 사 생

事亡如事存
사 망 여 사 존

孝之至也
효 지 지 야

풀이

"그 자리를 밟는다(踐其位)."는 말은 참으로 꼭 알아야 할 말이다. 하느님 아들의 자리를 아주 본보기로 밟은 이가 바로 맹자이다. 맹자는 중국 역사의 우상적인 존재라 할 순임금에 대하여 이렇게 말하였다. "순도 사람이요 나도 또한 사람이다(舜人也 我亦人也)."(《맹자》, 이루 하편) 그다음 말이 "순은 세상의 본보기가 되어 후세에까지 전해졌는데 나는 아직 시골뜨기를 면치 못한 이것이 근심이다. 근심하여 어쩔 것인가. 순과 같아지면 그만이다(如舜而已矣)." 그래서 맹자가 하는 말이 "성인도 나와 더불어 같은 사람이다. 성인은 내 마음속에 있는 같은 얼나를 먼저 깨달은 것일 뿐이다(聖人與我同類者 聖人先得我心之所同然耳)."(《맹자》, 고자 상편)라고 하였다. 예수가 모두가 제 십자가를 지고 나를 따르라고 한 것이 바로 '천기위(踐其位)'하라는 말이었다.

임금인 아버지를 두어 임금의 아들이다. 따라서 임금의 자리에 오르게 되는 것도 천기위(踐其位)가 아닌 것은 아니지만 천기위로 칠 것이 못 된다. 수기위(隨其位)라고나 할까. 스스로 하느님 아들(天子)의 자리에 올라야 한다. 제왕의 자리가 아닌 십자가의 자리가 하느님 아들의 자리다. 십자가의 자리란 정신이 육체를 이긴 자리인 것이지 다른 것이 아니다. 정신이 육체를 이기는 수많은 십자가가 여기저기 많이 서 있다. 사람들이 눈이 어두워 보지 못하고 있다.

주기악(奏其樂) 제례를 행할 때에도 음악을 연주하였다. 예배 볼 때 찬송가를, 찬불가를 부르는 것도 그것이다. 참으로 정신이 육체를 이기는 자리에 선다면 이 지구상의 모든 소음이 그대로 음악으로 변할 것이다. 소로는 개똥지빠귀의 노랫소리는 내 영혼이 먹는 약이라고 말하였다.

여기서는 선왕의 높음을 공경하고 그 친함을 사랑하는 것이다. 그러나 십자가의 자리에 선 이는 예수와 석가를, 공자와 노자를 높이며 가까이할 것이다. 《중용》에 예수, 석가, 노자가 왜 나오느냐고 하는 고루한 유생(儒生)이 없지 않겠지만 맹자가 말하기를 "군자는 또한 인(仁)일 뿐이지 같을 필요가 있는가(君子亦仁而己矣 何必同)."(《맹자》, 고자 하편)라고 하였다.

사람이 죽은 다음 땅속에 묻히기에 전에는 사(死)라 하고 땅속에 묻히면 망(亡)이라고 한다. 그래서 보통은 붙여서 사망(死亡)이라고 한다. "몸나로는 죽어 없어진 이를 얼나로 살아 계신 이로 받드는 것(祭如在 祭神如神在)."(《논어》, 팔일 편)이 지극한 효도라는 것이다.

그런데 여기에서 생각을 분명하게 해야 한다. 사람의 몸나는 죽어 없어지고 얼나는 영생한다는 것이다. 얼의 나는 나지도 않고 죽지도 않는다. 얼나로는 죽음이 없는데 '생존한 것처럼'은 모자라는 생각이다. 죽은 예수를 살아 있는 것처럼 생각하자는 것이 아니다. 하느님의 생명인 얼나는 곧 참나로 내내 살아 있는 영원한 생명이다.

■ 숨 안 쉬면 끊기는 이 목숨은 가짜 생명이다. 이 가짜 생명은 죽어야 한다. 사람들은 이 세상에서 가짜 생명을 연명하는 데만 궁리하고 골몰하고 있다. 그래서는 안 된다. 참 생명을 찾아야 한다. 얼의 생명이 참나다. 참나가 하늘나라에 들어간다.(류영모)

영원한 생명인 얼나는 하늘나라에서 나오지도 않고 들어가지도 않는다. 무거무래역무주(無去無來亦無住)다. 그래서 예수는 "나는 이 세상에 속해 있지 않다."(요한 8 : 23)고 말하였다. 이 세상에 속한 몸나는 났다 죽었다 하지만 이 세상, 곧 상대 세계에 속하지 않은 얼나는 나지도 않고 죽지도 않는 영원한 생명이다.

류영모는 이렇게 말하였다.

■ 이 백성이 죽음을 위해서는 지나치게 무얼 많이 한다. 어버이가 굶어 죽었다는 소리는 들어도, 죽고 나면 빚을 잔뜩 지더라도 초상을 치르는 데는 돈을 많이 쓴다. 부모가 죽고 나면 초상 치르느라 부모가 물려준 논밭이 날아간다. 그래야 효자라는 거다. 그러나 반대다. 그 논밭을 지켜 나가는 것이 효자다. 기독교 신자는 한 70년 동안 제사를 안 지냈으므로 복을 받았다. 관혼상제를 지나치게 잘 지내는 것은 참 통곡할 일이다. 기독교가 제사를 금한 것은 참으로 감사해야 할 일이다. 사람이 죽었는데 촛불을 켜놓고 절하고 울고 하는 게 그게 뭔가. 무덤에 혼자 묻혀 절을 받으려고 하는 게 늙은이들의 심리인데, 이건 젊은 사람들보다 늙은이가 더 철이 없다. 40억 인구가 한군데 묻히면 친목도 되고 좋을 것이다. 이 집트에서 미라가 돼서 무슨 일이 있었으며 무슨 일을 봤길래 그렇게 무덤에 마음을 쓰는가.

얼나(靈我)를 깨닫지 못하고 몸나를 참나로 알고 사는 사람들에게는 류영모의 주장이 어리둥절할 것이다. 그러나 몸나에서 얼나로 솟난 이에게는 너무도 당연하고 현명한 생각임을 안다. 죽어서는 안 될 것이 죽는다고 생각하는 비통함과, 죽을 것이 죽는 것은 시원하다고 생각하는 것은 그야말로 천양의 차이가 있기 때문이다.

류영모의 생명관을 듣고 깊은 깨달음이 있어야 한다. 그리하여 이제까지의 착각에서 깨어나 정각(正覺)을 얻어야 한다.

사람의 몸은 60조 개가 넘는 세포로 되어 있다. 그 세포 하나하나에 독립된 생명이 있어서 생겨서는 죽는다. 7년이면 온몸의 세포가 싹 갈린다. 내 몸의 세포끼리 먼저 죽은 세포를 죽었다고 남은 세포들이 섭섭해하며, 그 세포의 주검을 놓고 정중하게 장사 지내고 애곡하고 그 죽은 날에 제사까지 지낸다면 나로서는 그 광경을 어떻게 보아야 할 것인가. 그 세포들이 쓸데없는 짓을 하고 있다고 생각할 것이다. 세포의 죽음을 나의 죽음으로 생각하지 않을 뿐 아니라 그 세포들이 나고 죽는 신진대사를 계속함으로써 내 몸의 생명이 이어진다. 몸나라는 개체 생명은 전체 생명(하느님)에 있어서는 하나의 세포에 지나지 않는다. 나라는 개체가 나서 죽음으로써 큰 생명(하느님)이 영생한다. 그러므로 큰 생명을 참나로 깨닫고 몸나의 개체가 나라는 생각을 버려야 한다. 그리하여 놀랍게 나서 기쁘게 죽어야 한다. 그런데 야단스럽게 장례를 치르고 요란스럽게 제사를 지내는 것은 생각해 볼 일이다. 오히려 영원한 생명을 생각하며 몸나의 나고 죽음이 아무것도 아닌 헛것임을 깨닫는 기회로 삼아야 한다.

개체의 죽음은 죽음이 아니다. 영생의 부활인 것이다. 예수와 석가가 보여준 것이 그것이다. 개체의 몸생명에서 전체의 얼생명으로 부활하였던 것이다. 예수가 개체의 몸생명에서 다시 개체의 몸생명으로 부활하였다면 그것은 있을 수 없는 일이요 있어도 안 될 일이다.

들 밖(郊社)에서 받듦(禮)은
하느님(上帝)을 섬김이요
종묘에서 보임(禮)은
그 돌아간 이를 받드는 것이니
들(郊)과 사직(社)의 하느님 받듦과
새마지(禘嘗) 뜻(義)이 밝을 것이면
나라 다스림은
손살피* 보는 것이다만.

郊社[*]之禮
교 사 지 례

所以事上帝[*]也
소 이 사 상 제 야

宗廟之禮
종 묘 지 례

所以祀乎其先也
소 이 사 호 기 선 야

明乎郊社之禮
명 호 교 사 지 례

禘嘗[*]之義
체 상 지 의

治國
치 국

其如示諸掌乎
기 여 시 제 장 호

풀이

　교사(郊社)에서 올리는 제례는 하느님을 섬기는 것이고 종묘에서 지내는 제례는 선조를 받드는 것인데, 교사에서 올리는 천신제(天神祭)와 종묘에 올리는 체상제(禘嘗祭)의 깊은 뜻을 알면 세상에서 가장 어렵다는 나라를 다스리는 일쯤은 제 손바닥 들여다보듯 쉽다는 이야기다. 이것은 다른 사람의 말이 아니라 사람들로부터 성인으로 추앙되는 공자의 말이다. 《논어》에 "어떤 이가 체제(禘祭)의 뜻을 물었더니 공자 가로되 '모르겠다. 세상에서 그 뜻

손살피　손의 윤곽을 살피라는 경계 표지.
교사(郊社)　도읍 둘레의 들. 郊(들 교), 社(둘레 사, 땅귀신 사).
상제(上帝)　하느님. 공자가 하느님의 뜻으로 쓴 천(天), 귀신(鬼神)보다 먼저 쓰였다.
체상(禘嘗)　임금이 종묘에 햇곡식을 올리는 제사. 체(禘)는 여름 제사, 상(嘗)은 가을 제사.

을 안다면 천하를 다스리기가 손바닥 보는 것과 같을 것이다.'라고 하면서 손바닥을 가리켰다."(《논어》, 팔일 편) 생이지지(生而知之)라는 말을 들을 만큼 박식한 공자가 모르겠다는 말을 하였다는 것은 중요한 사실이다. 공자는 물음을 받고 모르겠다고 한 적이 거의 없다. 전쟁, 진(陣) 치는 법, 농사 짓는 법 말고는 그 물음이 나올 것을 알고 있었다는 듯이 나무에서 따온 듯한 훌륭한 대답을 하는 공자이다. 더구나 제례는 공자의 전문 분야라 할 수 있다. 예수도 사람들의 물음에 말문이 막힌 적이 없었다. 오직 이스라엘이 언제 회복(독립)되느냐는 물음에만 나도 모르고 아버지만 아신다고 하였다. 여기에 공자가 모른다고 하니 더욱 알고 싶어진다. 천하를 손안에 넣고 다스려 보고 싶어서가 아니라 절대 존재인 하느님과 상대 존재인 사람(나)의 관계가 밝혀지기 때문이다.

맹자는 "시조리자 지지사 종조리자 성지사(始條理者 智知事 終條理者 聖之事)."(《맹자》, 만장 하편)라는 말을 하였는데, 이 말은 철학을 시작하는 것은 지자(智者)이지만 철학을 끝맺는 것은 성자(聖者)의 일이라는 뜻이다. 철학을 끝내야 신앙에 들어선다. 체(禘)의 뜻을 아는 것은 신앙(종교)의 일인 것이다. 그래서 신앙 문제를 어려워한 공자라 조심스럽게 모른다고 한 것이다. 공자는 얼마든지 아는 척할 수 있지만 공자는 그런 이가 아니다. 공자는 "아는 것은 안다고 하고 모르는 것은 모른다고 하는 이것이 참 아는 것이다."(《논어》, 위정 편)라고 말한 바 있다.

예수가 가르친 핵심은 이와 같다고 할 수 있다. "얼이요 참이신 하느님은 내게도 얼의 생명을 주셨다. 그 얼의 나로는 하느님은 아버지이시고 나는 아들이다. 그 하느님과 아들은 얼나로는 하나이다. 그러므로 죽는 몸나에서 영생의 얼나로 솟나야 (거듭나야) 한다."

그 하느님 아버지와 얼로 통하는 것이 기도이다. 그러므로 늘 기도를 하여야 한다는 것이다. 이 기도가 체제(禘祭)의 깊은 뜻이다.

그런데 주희는 하느님(上帝)에 대해서 자신의 주관을 분명하게 밝히지 않았다. 정명도(程明道)는 "공경하면 하느님을 만날 수 있다(毋不敬可以對越上帝)."(《근사록近思錄》)고 하였다.

공자는 하느님을 천(天)이라 하였지만 그 앞서는 상제(上帝)라고 하였다. 원래 '제(帝)' 자는 한자로 '하느님'을 나타내었다. 공자가 그 뜻을 모르겠다고 한 체제(禘祭)의 '체(禘)' 자도 우주를 총괄하는 하느님이라는 뜻으로 '천제(天祭)'와 같다. '상제(上帝)'를 한 글자로 나타낸 것이 '제(帝)'이다. 류영모는 이렇게 말하였다. "'제(帝)' 자는 위를 가리키는 '고(高)'의 머리와 '묶을 속(束)'을 붙여서 된, 하나(하느님)에다 묶어놓는다는 뜻의 글자다. 라틴어 '종교(religio)'라는 뜻과 같다. 종교란 하느님과 나가 얼로 이어지는 것이다. 위(하느님)에 내려온 얼이 있어 그 얼이 우리를 다스리고 있다." 류영모는 또 조상에게 올리는 제사에 대해 이렇게 말하였다.

■ 조상에게 올리는 제사는 종당에 하느님께로 간다. 천자(天子)가 천하 만민을 대표해서 하느님께 제사를 지내는 것이다. 그것은 곧 만백성들이 지내는 것과 같다. 하느님께 제사 지낸다는 데서 개인적인 조상 제사의 우상 숭배가 지양된다. 제물(祭物)은 하느님과는 상관이 없다. 음식 차리는 제사, 사실 이것이 없어져야 한다. 그것이 있고서 우상 숭배를 하지 말라는 것은 말도 안 된다. 제사는 정신을 통해 하느님을 알자는 것이다.

선조의 얼이 물방울이라면 하느님은 바다. 물방울이 바다에서 하나 되었다. 그러므로 나 개인의 선조에 대한 제사는 의미가 없다. 선조에 대한 사모의 정은 하느님께로 승화되어야 한다.

천자가 만백성을 대신하여 천제를 올리던 제정일치 시대의 제사장(제왕)

노릇은 이제는 없어졌다. 이제는 유교를 믿는 한 사람 한 사람이 천자가 되어 천제를 올려야 한다. 그것이 기도인 것이다. 유교도 반드시 기도할 줄 알아야 할 것이다. 천자(天子)가 없어졌으면 진작부터 각자가 하느님께 기도 올리는 것을 배웠어야 한다. 유교는 자연히 목자 잃은 양 떼들처럼 흩어지고 말았다. 겨우 아버지나 할아버지 제사를 모시는 데 그치고 있다. 하느님과 이음이 끊어진 것이다. 오늘의 유교는 생명의 바다를 외면한 내륙 하천인 요르단강이 죽음의 바다(死海)로 변한 것과 같이 되었다. 하느님에 대한 제사는 끊어진 채 개인의 선조에게 올리는 제사만 지내 왔기 때문이다. 류영모는 체제(禘祭)에 대하여 이렇게 풀이하였다.

■ 원래 백성은 자기 조상에게만 제사 지내고 천자(帝王)인 대제사장이 온 천하를 대표해서 자기도 알 수 없는 조상(祖上) 이상의 것에 대하여 체제(禘祭)를 올렸다. 이것이 곧 하느님에게 들어가는 길이다. 이 길을 아는 것이 체(禘)를 아는 것이고 체(禘)를 알면 천하를 다스리는 데 막힐 것이 없다는 것이다. 지금은 낱낱의 개인들이 하느님 앞에 나와서 체(禘)를 바쳐야 한다. 모든 사람이 이 체(禘)를 알고 나간다면 이 세상은 조금 더 바르게 될 것이다. 정신이 나아갈 것이다. 자기가 나아가 보본(報本)하는 것이다. 이 사람의 가온(中)은 체제(禘祭)를 말하는 것이다.

류영모는 상제(嘗祭)에 대하여 이렇게 말하였다. "삶이란 잠시 동안인데 하느님께 기도하려고 온 것이다. 예수가 가르치기 전에는 짐승들을 잡아 제사를 지내는 어리석은 기도를 올렸지만 예수가 다녀간 뒤로는 물질(금전)로 기도를 올리는 일은 그만두고 얼나로 하느님과 통하여 일치감을 느끼는 기도를 할 줄 알게 되었다. 그것이 명상(선정)의 기도이다." 소로는 일기 쓰는 것이 기도라고 말하였다. "내가 날마다 일기를 쓰는 까닭은 하느님을 위해서이다. 일기는 우편 요금을 선불로 한 하느님에게 날마다 한 장씩 써 보내는 나의 글월(편지)이다." (소로, 《소로의 일기》)

■ 상(嘗)도 제사를 지낸다는 뜻이다. 일본 사람이 신상제(神嘗祭)라고 해서 햇곡을 올리고 우리가 추수 감사제라고 해서 햇곡을 올리는 것이 이것이다. 한 해 동안 하느님의 은덕으로 된 곡식을 이 죄 많은 사람이 먹는 데 탐내지 말라고 미리 하느님께 올리고 나서 먹는 것이다. 제(祭)에 제물을 올리는 것은 어디까지나 자기 몸 대신으로 지내는 것인데, 그러한 것은 하지 않아도 좋다. 내 몸으로 제물을 삼아서 제를 지내는 마음으로 머리를 하늘에 들고 가는 것이 옳다고 생각된다. 그래서 이 사람은 제(祭)라는 것은 기도라고 생각한다. 하느님을 추원(追遠)하는 것이 기도다. (류영모)

애공(哀公)이 나라 바름(政)을 물으니

哀公 問政
애 공 문 정

풀이

　애공은 공자 시대 노(魯)나라의 제후다. 계(季)·맹(孟)·숙(叔) 삼가(三家) 대부들의 득세로 실권을 행사하지 못하였다. 애공은 공자를 찾아서 대화를 나누었고 공자가 궁실로 찾아가기도 하였는데,《논어》에도 다섯 번이나 대화가 나온다. 두 번은 애공과 제자들의 대화다.

　"애공이 묻기를, 어찌하면 백성이 따르겠습니까? 공자 대답하여 가로되, 곧은 이를 들어 굽은 이들 위에 두면 백성이 따를 것이요 굽은 이를 들어 곧은 이 위에 두면 백성들이 따르지 않을 것입니다."(《논어》, 위정 편)

　공자가 14년 동안 구직(求職)을 위해 떠나 주유천하(周遊天下)를 끝내고 노나라로 돌아온 것이 애공의 청 때문이었다는 말이 전해온다.

　《논어》에는 애공이 문정(問政)한 말은 나오지 않는다. 《논어》에는 여러 사람이 정치에 대해 묻는 이야기가 나온다. 외부 사람으로는 제(齊)나라 경공(景公), 초(楚)나라의 섭공(葉公), 노(魯)나라 계강자(季康子) 등이 있다. 그 밖에는 제자들이 물었다. 정(政)을 물은 데 따른 공자의 대답으로 사람들의 입에 자주 오르내리는 것은 계강자의 물음에 대답한 "다스림이란 바른 것이다(政者正也)."라는 말과 경공의 물음에 대답한 "임금은 임금답고 신하는 신하답고 아버지는 아버지답고 아들은 아들다워야 한다(君君臣臣 父父子子)."이다.

이(子) 가로되
환함(文)*과 궂음(武)*의 바름이
판에 박아 있으니
그 사람이 있으면
그 바름(政)이 서고
그 사람이 없어지면
그 바름도 쉰다.

子曰
자 왈
文武之政
문 무 지 정

환함(文) 문왕(文王)을 가리킨다. 문왕의 문(文)이란 대도(大道)요 정도(正道)라 환히 뚫렸다는 뜻이다.
궂음(武) 무왕(武王)을 가리킨다. 무왕은 검을 들고 일어나 주왕이라는 통보다 더 더러운 것을 치우는 궂은일을 하였다. 그래서 궂음이라 하였다. 류영모는 문왕과 무왕의 정치로만 보지 않고 일반적인 문무의 바름을 말하고자 하였다. 정치란 문무로 나라를 다스리자는 것이다.

布[*]在方策[*]
포 재 방 책

其人存則
기 인 존 즉

其政舉
기 정 거

其人亡則
기 인 망 즉

其政息
기 정 식

풀이

　《서경(書經)》의 본디 이름은 상서(尙書)이다. '상(尙)' 자에는 오르다, 숭상하다라는 뜻이 있다. 맹자가 말한 상지(尙志), 상우(尙友)의 뜻도 짐작할 수 있다. 그 상서는 공자도 보았다. 위서(僞書)가 첨가되었다지만 고상서가 있었다. 그 상서는 정치 교과서라 할 수 있다. 그 속에는 문왕과 무왕의 이야기도 있다. 문무의 바람직한 정치 철학이 상서라는 방책에 다 쓰여 있다. 종이가 없던 옛날에는 목판이나 죽책에다 글을 써놓았다.

　그러므로 정치 철학이 없어서 나라를 잘못 다스리는 것이 아니라 사람이 없어서 나라를 바르게 다스리지 못한다는 것이다. 그 사람(其人)이란 얼나로 솟난 군자를 말한다. 탐·진·치 삼독의 몸나에서 풀려난(解脫) 얼나의 사람이 있어야 한다는 것이다. 탐·진·치의 삼독이라면 석가의 생각인 줄로만 아는데 공자의 가르침이기도 하다.

　공자가 가로되 군자는 세 가지 조심해야 하는 것이 있다. "소년 때는 혈기

포(布) 박다. 새기거나 쓰는 것.
방책(方策) 네모난 목판이나 대나무 쪽을 엮은 것. 종이 대신에 쓴 책인 셈이다.

(血氣)가 미정(未定)하였으니 여색을 조심하고 장년이 되어서는 혈기가 바야흐로 강건해져 싸움을 조심해야 한다. 노년에 이르러서는 혈기가 이미 쇠하여져서 탐욕을 조심해야 한다(少之時 血氣未定 戒之在色 及其壯也 血氣方剛 戒之鬪 及其老也 血氣旣衰 戒之在得)."(《논어》, 계씨季氏 편) 여기에 삼계(三戒)인 색(色)·투(鬪)·득(得)이 치(痴)·진(瞋)·탐(貪)인 삼독(三毒)과 일치한다. 사람이 지닌 짐승 성질인데 다를 까닭이 없다.

이 삼독인 삼계에서 자유로워진 이가 짐승이 아닌 사람이다. 삼독의 노예가 되어 있으면 그것은 짐승이지 사람이 아니다. 몸나가 참나가 아니고 얼나가 참나임을 깨달을 때 사람이 된다. 곧 군자(君子)가 사람이다. 식색(食色)을 으뜸으로 삼는 이는 짐승이고 인의(仁義)를 으뜸으로 삼는 이는 사람이다. 공자, 맹자가 말하는 정치란 인의(仁義)가 구현되는 사회를 만드는 것이다. 식색(食色)을 초월한 군자인 사람이 본을 보여 주어야 한다.

그러므로 탐·진·치를 극기한 사람이 있으면 나라에 바름(政)이 일어나고 극기한 사람이 없으면 나라에 바름도 멈춘다는 것이다. 공자는 정(政)은 정(正)이라고 말하였다. "공자 가로되, 내가 바르면 시키지 않아도 하지만 내가 바르지 아니하면 비록 시켜도 따르지 않는다(子曰 其身正 不令而行 其身不正 雖令不從)."(《논어》, 자로 편) "공자 가로되, 만일 내가 바르게 하겠다면 다스리는 일에 있어서 무슨 일이 있겠는가. 내가 바르게 할 수 없다면 사람들을 바르게 하는 일을 어찌 하겠는가(子曰 苟正其身矣 於從政乎何有 不能正其身 如正人何)."(《논어》, 자로 편)라고 하였다. 맹자도 공자의 생각과 같다. "맹자 가로되, 임금이 어질면 사람들이 어질지 않을 수 없다. 임금이 의로우면 사람들이 의로워지지 않을 수 없다(孟子曰 君仁莫不仁 君義莫不義)."(《맹자》, 이루 하편) 그러나 세상이 쉽게 뜻대로 되지 않는다는 것을 만년의 공자와 맹자는 깨달았을 것이다. 인자(仁者)를 잡아먹는 세상이요 의인

(義人)을 괴롭히는 세상인 것이다. 링컨, 간디가 저격을 받는 세상이 아닌가. 류영모는 이렇게 말하였다.

■ 바로 하려고 노력했지만 바로 되지 않는 게 인간의 역사다. 실패의 역사가 우리 인간의 역사다. 실패의 역사에 무엇을 보려나 하지만 요행으로는 안 된다. 이 원정미정(願正未正)의 역사에 그래도 바르게 해보겠다는 이것이 우리의 길이다. 이것이 인도(人道)다. 하늘이 무능한 인간을 세상에 또 내신 것은 이 인도를 가라는 뜻에서다. 이제까지 바르게 못한 것을 바로 해보자고 인간을 세상에 또 내신 것이다. 따라서 우리는 그렇게 하고 가는 것이다.

사람의 짓은 바름에 빠르고
흙의 짓은 나무에 빠르니
바름은
갈 돋듯니라.

人道敏政
_{인 도 민 정}
地道敏樹
_{지 도 민 수}
夫政也者
_{부 정 야 자}
蒲盧*也
_{포 로 야}

포로(蒲盧) 부들과 갈대. 모두 잘 자라는 수초(水草)이다.

풀이

《맹자》의 공손추 상편에 이런 글이 있다. "공자 가로되, 덕(德)의 영향이 퍼지기가 역말의 전령보다 빠르다(子曰 德之流行 速於置郵而傳命)." 덕(德)이 역말의 전령처럼 빠르다면 악(惡)도 역말의 전령처럼 빠르다는 것을 알아야 한다. 우리나라에도 어느 짬에 서양의 도박 기구인 슬롯머신과 카지노 등이 들어와 탈세를 저지르고 뇌물을 주어 명사들이 수갑을 찬 모습을 보였다. 일반적으로 악(惡)이 선(善)보다 훨씬 빠르다. 아이들도 좋은 말보다 나쁜 말을 더 잘 배운다. 나무가 흙에 빠르듯이 사람이 바름(正)에 빠르다면 순(舜) 같은 이다. 순은 선한 것을 보면 막았던 강물을 끊을 듯한 기세로 달려갔다고 한다. 순의 선을 향한 의지는 강가의 갈대처럼 하루가 다르게 쑥쑥 자랐을 것이다. 그런데 세상에 순처럼 선에 목말라하는 사람이 얼마나 되겠는가. 성인의 덕화(德化)가 역말의 전령보다 빠른 것은 별로 보지 못하여도 나쁜 것은 그처럼 빠르게 퍼지는 것을 볼 수 있다. 요즘은 인터넷 시대가 되어 참으로 빠르다는 것을 실감한다. 그런데 공자는 비관적이기보다는 희망적이었고 부정적이기보다는 긍정적이었다. "계강자가 공자에게 정치에 대해 물으면서, '무도한 놈을 죽여 (두려움을 주어) 사람들로 하여금 인도(人道)로 나아가게 할 것 같으면 어떻겠습니까?'라고 묻자 공자 대답하여 가로되, '그대는 다스리자면서 어찌 죽이는 방법을 쓰려 하는가. 그대가 선하고자 하면 백성도 선해질 것이다. 군자의 덕(德)이 바람이라면 소인(小人)의 덕은 풀이다. 풀에 바람이 불면 풀은 반드시 눕는다.'"(《논어》, 안연 편) 공자는 성인의 감화를 굳게 믿었다. 성인의 감화는 풀을 한쪽으로 쏠리게 하는 바람과 같다는 것이다. 덕풍(德風)의 교화(敎化)를 굳게 믿었다. "서자(徐子)가 말하기를 중니(仲尼, 공자)께서 자주 물을 찬양하여 말하기를 '물이로다 물이로다' 하니 물에서 무엇을 취하여서입니까. 맹자 가로되, 샘이 퐁퐁 솟아 밤낮으로 쉬지 않아 웅덩이를 채운 뒤에 흘러가서 큰 바다에 내다르니 근본이 있으면 이와 같다."(《맹자》, 이루 하편) 맹자는 성인의 마음속에 있는 성선(性善)의 샘물이 넘쳐흘러 세상에 그 덕화(德化)가 바다처럼 가득할 것을 굳게 믿었다.

그러나 그것은 어디까지나 공자와 맹자의 간절한 바람에 지나지 않았다. 그들이 바라던 이상 세계는 이루어지지 않았지만 그들의 이름은 온 지구 위에 가득하게 되었다. 류영모는 이상 세계에 대하여 이렇게 말하였다.

■ 사람들이 툭하면 유토피아(이상 세계)를 말하는데 이상 세계가 온다면 어떻단 말인가. 유토피아도 상대 세계일 것이라 나고 죽는 세계이겠지. 우주 자체가 한숨인데 유토피아인들 우는 소리가 없겠는가. 한숨은 이상 세계에서도 나온다. 그놈의 이상 세계가 어떠한지 그 세상 가지고 사람을 심판할 만한 것이 되겠는가. 공산 유토피아 때문에 그렇게 수많은 사람을 죽여도 된단 말인가. 나는 이 세상은 이상이 이루어지는 곳이 아니라고 생각한다. 그러나 아무리 안 되는 이 세상이지만 혹 되는 듯하면 참 기쁘다. 하룻밤 자고 가는 데일지라도 뭐가 좀 되는 것 같으면 나도 퍽 복을 느낀다. 흙으로 된 이 세상인 이 땅 위에서는 아무것도 되는 것이 없는데, 그러나 8·15 광복을 맞아 나도 참 복이 있다고 느꼈다. 또 4·19 학생 의거가 툭 터져 이것 내가 무슨 복이 있어 쾌한 꼴을 두 번이나 보게 되나 하고 퍽 기뻐하였다. 민중이 민주주의 시민이 된 것을 감격스레 생각해야만 참 민주주의가 된다.

그러므로 바르기(政)는 사람에게 달렸으니
사람 뽑기는 몸가짐으로요

몸 되기는 닦는 길이요
닦는 길은 사랑 가지고다.

故 爲政在人
고 위정재인
取人以身
취인이신
脩身以道
수신이도
脩道以仁
수도이인

풀이

    정치는 인사(人事)에 있다고 한다. 임금 요가 순을 뽑은 것을 보면 성인다움이 있다. 요는 사람을 볼 줄 알았던 것이다. 요는 순을 뽑을 때 순의 호선(好善)하는 몸가짐을 보고 뽑았다. 순의 덕성은 온 나라에 가득 차서 백성들이 하나같이 순을 우러렀으니 새삼스레 다스린다고 명령을 내릴 것이 없었다. 그래서 공자는 이렇게 말하였다. "함 없이 다스린 이는 순(舜)인져, 대체 무엇을 하였는가. (하느님을) 공경하며 나를 바르게 하여(제위에 앉아) 남쪽으로 얼굴 하였을 뿐이다(無爲而治者 其舜也與 夫何爲哉 恭己正南面而已矣)."(《논어》, 위령공 편) 이 말을 달리 나타낸 것이 《논어》 위정 편에 있는 말이다. "공자 가로되 덕(德)으로써 다스림을 하니 비유하면 북극성이 제자리에 있는데 뭇별이 함께하는 것과 같다(子曰 爲政以德 譬如北辰 居其所而衆星共之)."
    수신이도(脩身以道), 수도이인(脩道以仁)은 사람이 되는 길이다. 하느님의 말씀(天命)을 좇음으로 몸나를 다스린다. 이것이 수신(脩身)이다. 몸나의 욕심에 따르면 망신(亡身)을 하게 된다. 그러므로 수신(修身)을 하려면 먼저 하느님의 말씀(天命)을 받아야 한다.

공자는 살신성인(殺身成仁)하라고 하였다. 몸의 생명을 임자로 하는 제나를 죽이(否定)는 것이 사랑(仁)을 이룬다. 사랑(仁)을 이루는 것이 홍도(弘道)를 하는 것이다. 얼나로서는 제나를 통제하고 제나로서는 얼나를 위해 자멸(自滅)해야 한다. 결론은 얼나를 뚜렷하게 내보이자는 것이다. 그러기 위해서 얼나는 온전히 제나를 차지하고 제나는 얼나에 좇아야 한다.

■ 짐승을 기를 때는 우리가 쓸 만큼 사랑하고 길러야지 그 이상 사랑할 필요가 없다. 나를 위해 내 몸뚱이(이도 짐승이다)를 길러야 하지만 이 몸을 지나치게 사랑하고 여기에다 전 목적을 두어서는 안 된다. 하느님의 얼(靈)이 어째서 이런 짐승 속에 있는지 알 수 없다. 하느님의 얼을 기르기 위한 한도 안에서 몸을 건강하게 해야지 몸을 전 목적으로 해서는 안 된다. 부리기에 좋을 만큼 알맞게 길러야 한다. 얼생명은 항상 위에서 왔다는 것을 잊지 말아야 한다.(류영모)

사랑이란(仁) 사람이니
가까운 이를 가까이 함으로 크고
옳음이란 올바름이니
닦은 이(賢)를 높임으로 크다.
가까운 이를 가까이 할 새(사이)와
닦아난 이를 높일 품으로
짓보이(禮)가 생기게 되었다.

仁者人也
인 자 인 야

親親*爲大
친 친 위 대

義者宜*也
의 자 의 야

尊賢爲大
존 현 위 대

親親之殺*
친 친 지 쇄

尊賢之等*
존 현 지 등

禮所生也
예 소 생 야

풀이

《중용》에는 "인자인야(仁者人也)"로 되어 있는데《맹자》에는 "인야자인야(仁也者人也)"(《맹자》, 진심 하편)라고 되어 있다. 이것은 우연의 일치라고 보기 어렵다. 분명히 한쪽이 다른 쪽의 것을 끌어다 쓴 것으로 보인다. 그런데 어느 쪽이 끌어다 쓴 것인지는 단언하기 어렵다.

《중용》의 것을《맹자》쪽이 끌어다 쓴 것으로 하고 20장 17절에서 다시 언급하기로 한다.

맹자는 "사람이 새·짐승과 다른 점은 아주 조금이다. 여느 사람은 이를 버리고 그이는 이를 간직한다(人之所以異於禽獸者幾希 庶民去之君子存

친친(親親)　가까운 이(친척)를 가까이하다. 두 번째 '친(親)'이 친척이란 뜻이다.
의(宜)　올바르다.
쇄(殺)　촌수 등 차례를 낮추어 가는 것.
등(等)　품. 等(등급 등, 헤아릴 등).

之).”(《맹자》, 이루 하편)고 하였다. 새·짐승과 다른 아주 조그마한 것이 사람 노릇 하게 하는 인(仁)이다. 이것이 하느님의 씨인 얼이다. 이 얼나에서 하느님을 사랑하고 이웃을 사랑하는 얼사랑이 나온다. 맹자는 "인(仁)은 사람의 마음이다(仁人心也).”(《맹자》, 고자 상편) 라고도 하였다. 짐승의 마음이 아닌 사람의 마음이란 말이다. 곧 사람에게는 금수(禽獸)와 같은 마음이 대부분인데 아주 작으나마 금수와 다른 마음이 있다. 이것이 인심(人心)이요 곧 인(仁)이다. 주희는 이를 도심(道心)이라 하고 사람이 지닌 금수의 마음을 인심(人心)이라고 하였다. 그러니 음계에서 한 옥타브를 높인 것과 같다.

'친친(親親)'은 가까운 이를 가까이한다는 뜻이다. '친(親)' 자는 칼로 몸을 찌를 수 있을 만큼 가까이서 볼 수 있는 것을 나타낸 회의 문자이다. 우리는 으레 육친(肉親) 사이를 말한다. 가까운 피붙이가 육친이다. 예수에게 누가 가장 가까운 존재냐고 물으면 하느님 아버지라고 할 것이다. 붓다에게 누가 가장 가까운 존재냐고 물으면 니르바나라고 할 것이다. 힌두교 경전인 《우파니샤드》는 하느님이나 스승님을 가까이 한다는 뜻의 제목이다.

친친(親親)의 '친(親)'은 가장 가까운 하느님 아버지가 되어야 한다. 하느님을 사랑하고 그처럼 이웃을 사랑하는 것이 인(仁)일 것이다. 《맹자》에는 "친친인야(親親仁也)"라고 하였다. 《중용》과 관계없다고 보이지 않는다. 그러나 '친(親)'을 '육친(肉親)'으로 보아 왔기 때문에 유교가 엉뚱하게 좁아지고 낮아져 못쓰게 되었다. 류영모가 말하기를 "중국은 가족주의다. 가족주의로 망하였다. 공자, 맹자, 주자도 다 이 잘못이 있다. 그런데 장횡거의 《서명(西銘)》은 '대동(大同)주의'다. 처음에는 이 대동주의를 위험시하였다. 요새 감투 쓰려고 애쓰는 것도 유교 사상의 영향이 크다."

답답한 풀이를 살펴본다. '친친(親親)'이 '인(仁)'이라면 '존현(尊賢)'은 '의(義)'라 하였다. 맹자는 요(堯)가 순(舜)을 자신의 뒤를 이를 사람으로 택한 것을 '존현(尊賢)'(《맹자》, 만장 하편)이라고 하였다. '친친(親親)'을 '하느님 사랑'으로 바꾸어야 한다. 또 친척을 가까이하는 데도 촌수와 항렬을 따지고 어진 이를 높이는 데도 품격과 위계가 있다는 것이다. 여기에서 예도라는 것이 생긴다는 말이다. 사람의 능력은 한계가 있어서 그렇지 하느님을 사랑하는 마음이 그대로 만물에 이를 수 있으면 좋은 것이다. 구태여 부모라 어떠해야 하고 형제라 어찌해야 하고 삼촌이라 이러해야 하고 따질 일이 아니라고 생각한다. 마음에서 우러나는 대로 할 것이다. 또 성현도 구태여 성인, 아성(亞聖), 현인으로 품을 매길 필요가 없다. 품을 매기지 않아도 그분의 정신적인 정도는 알게 된다. 노나라 대부 숙손무숙(叔孫武叔)은 자공이 공자보다 더 어질다는 말을 하였다. 자공이 그 말을 듣고 펄쩍 뛰면서 궁실의 담에 비유하면 나의 담은 어깨쯤 되어서 집안의 좋은 것을 엿보려니와 선생님의 담은 몇 길이나 높아서 그 안의 좋은 것을 보지 못하므로 선생님을 모르고 그런 소리를 한 것이라고 말하였다. 크리스천 가운데 하느님보다 예수가 더 높다고 생각하는 사람이 적지 않다. 어릴 때 우리 아버지가 최고라고 하는 것과 같다. 그 사람의 정신적인 기량(器量)에 따라 평가의 눈이 달라진다.

■ 사람은 늘 사랑의 대상을 찾는다. 기량이 큰 사람은 영원 절대에 가서야 진선미(眞善美)가 있다고 한다. 기량이 작은 사람은 작은 걸로 만족해버린다. 그리하여 기량이 커감에 따라 자꾸 높은 것으로 바뀐다. 그 기량이 아주 크면 사랑의 대상을 영원 절대에 둔다.(류영모)

그러므로 성현에 품을 매길 필요가 없고 매길 사람도 없다. 공자가 말하기를 "어진 이를 보면 같아질 것을 생각하고 어질지 못한 이를 보면 안으로 스스로를 돌이켜 살펴본다(見賢思齊焉 見不賢而內自省也)."(《논어》, 이인편)고 하였다.

在下位 不獲乎上 民不可得而治矣
재 하 위 불 획 호 상 민 불 가 득 이 치 의

풀이

　이 구절은 20장 17절에 다시 나온다. 중복되었으므로 여기서는 줄인다. 주희도 여기서는 주석을 하지 않고 오중(誤重)되었다고 밝혔다. 따로 떨어져 나온 착간(錯簡)임에 틀림이 없다.

그러므로 그이(君子)
몸 닦이(修身)를 힘쓰지 않을 수 없으며
몸 닦이를 생각하니
어버이 섬김을 힘쓰며
어버이 섬김을 생각하니
사람을 알아야겠고
사람 알기를 생각하니
하느님을 알아야 한다.

故 君子
고　군 자
不可以不修身
불 가 이 불 수 신
思修身
사　수 신

不可以不事親
불 가 이 불 사 친
思事親
사 사 친
不可以不知人
불 가 이 부 지 인
思知人
사 지 인
不可以不知天
불 가 이 부 지 천

풀이

　주희는 주석에서, 나라를 다스리는 것은 사람에게 달렸다. 사람을 뽑는 데 그 사람의 몸가짐으로 하니 수신(修身)을 해야 하는데, 그러니 위정자가 되기 위해서는 수신을 해야 하고 수신을 하자니 사친(事親)을 해야 한다고 말한다. 벼슬하기 위해서 수신하고 사친하는 것이 얼마나 진실된 수신이 되며 사친이 되겠는가. 유교가 위선(僞善)에 빠지게 되는 원인이 여기에 있는 것이다. 공자, 맹자를 비롯하여 유교에서는 사람들의 살림을 바로잡아보자는 것을(政治) 인생의 목적으로 삼았던 것이다. 그러나 공자와 맹자는 벼슬자리를 얻고자 하여도 정도(正道)가 아니면 가지를 아니하였다. 위나라 대부 왕손가(王孫賈)가 공자에게 은근히 위나라에 벼슬할 마음이 있으면 임금에게 이야기하는 것보다 권신(權臣)인 자기에게 이야기하는 것이 나을 것이라는 뜻으로 "방에 제사 지내는 것보다 차라리 부엌에 제사 지낸다는 말이 있는데 무슨 뜻입니까?"라고 묻자 공자 대답하기를 "그렇지 않소. 하느님께 죄를 얻으면 빌 곳이 없소(不然 獲罪於天 無所禱也)."(《논어》, 팔일 편)라고 말하였다.

　이제는 벼슬길에 오르기 위한 수신이나 효도는 필요가 없는 세상이다. 법

(法)을 어겨 형(刑)을 살지 않는 이상 고시(考試)에 합격만 하면 관직에 오를 수 있다. 이제는 입신(立身)을 위한 수신을 떠나 참된 수신을 해야 한다.

수신(修身)은 결과를 중시한 데서 나온 말이고 그 원인을 중시한 데서 나온 말은 양심(養心)이다. 양심을 잘해야 수신이 되고 수신이 잘되면 양심이 잘된 것이다. 맹자가 말하기를 "양심에는 욕심을 작게 하는 것보다 좋은 것이 없다(養心莫善於寡欲)."(《맹자》, 진심 하편) 마음에 욕심이 작아지려면 마음에 하느님의 얼(성령)이 와야 한다. 그래서 날마다 기도를 하는 것이다. 얼(성령)은 내 마음속의 욕심을 없앤다. 욕심은 제나이다. 욕심을 없앤다는 말은 제나를 없앤다는 말이다. 그런데 높은 자리에 등용되기를 바라면서 무슨 수신이 될 것이며 양심이 될 것인가.

수신(修身)을 생각하면 사친(事親)을 해야 한다는 말은 모자라는 대로 이치에 닿는 말이다. 어버이를 섬기는 일은 나를 내세우지 않고 어버이의 뜻을 받드는 데 있기 때문이다. 하느님 아버지의 뜻(성령)을 받드는 데야 비길 수 없지만 아쉬운 대로 제나를 죽이는 연습은 된다. 그러나 연습은 어디까지나 연습이지 실행은 아니다. 유교가 잘못된 것은 어버이 섬기는 효도에서 끝나기 때문이다. 군·사·부는 거짓 자리요 비교하는 자리다. 군·사·부를 뛰어넘어 하느님께로 나아가야 한다. 예수는 "그러나 너희는 스승 소리를 듣지 마라. 너희의 스승은 오직 한 분뿐이고 너희는 모두 형제들이다. 또 이 세상 누구를 보고도 아버지라 부르지 마라. 너희의 아버지는 하늘에 계신 아버지 한 분뿐이시다. 또 너희는 지도자라는 말도 듣지 마라. 너희의 지도자는 그리스도 한 분뿐이시다."(마태오 23 : 8~10)라고 하였다.

어버이를 섬기는 데 있어서 사람(人)을 알아야 한다는 말은 성인의 가르침을 알아야 한다는 뜻이다. 여기에 사람은 성인(聖人)이다. 인자(仁者) 인야(人也)의 인(人)이기 때문이다. 공자를 알고 석가를 알고 노자를 알고 예수를 아는 것이 사람을 아는 것이다. 성인은 짐승의 성질인 수성을 죽이고 하느님의 생명인 영성을 받드는 이들이다. 사람들이 공자, 석가, 노자, 예수를 모르기 때문에 어버이 섬기는 효자가 못 된 것이다. 석가, 예수가 가정을 버렸다고 어버이에 불효하라는 줄로 알면 큰 오해다. 어버이에게 올바른 효도를 하기 위해서도 하느님 아버지께 먼저 효도를 하라는 것이다. 그런데 공자를 깊이 바로 알아준 사람이 어디 있었는가. 류영모가 이렇게 말하였다.

■ 예수, 석가를 다 몰랐다. 다 제 욕심 채우려 드니까 누구를 존경하고 좇는 것을 모르게 되는 거다. 예수, 석가도 바른말을 하였는데 사람들이 못 알아들었다. 공자는 모르는 게 없는 줄로 알았다. 그게 잘못인 것이다.(류영모)

사람(人)을 알고자 생각하면 하느님을 알아야 한다는 말은 귀한 말이다. 이런 말이 있기 때문에 《중용》이 귀한 것이다. 성인(聖人)을 알려면 성인의 마음속에 있는 짐승의 성질이 아닌 하느님의 얼(天命之謂性)을 알아야 하기 때문이다. 성인을 아는 것은 성인의 외모를 아는 것이 아니라 성인의 마음속에 있는 얼(성령)을 아는 것이다. 성인의 마음속에 있는 얼(성령)을 아는 것이 곧 하느님을 아는 것이다. 성인의 마음속의 얼(성령)을 알자면 내 마음속의 얼(성령)을 알아야 한다. 이것을 맹자는 "마음을 다하면 바탈(性)을 알고 바탈을 알면 하느님을 안다(盡其心者 知其性也 知其性則知天矣)."(《맹자》, 진심 상편)라고 하였다. 프로이트가 짐승인 몸나로 사는 사람만을 연구하여 범성욕설(汎性慾說, 인간의 모든 행동을 성욕과 연관지어 설명할 수 있다는 이론)을 주장하게 되었다. 얼나로 사는 성인을 연구하였다면 그러한 어리석은 주장은 하지 않았을 것이다. 그러나 몸나에서 얼나로 솟난 사람이 적은 이 세상이라 프로이트의 주장이 진리로 받아들여지고 있다.

앞의 《중용》의 말을 고쳐 말하면 하느님을 알아야 성인을 알게 되고 성인을 알아야 효도를 할 수 있고 효도를 해야 수양(修養)이 된다고 할 수 있다. 이 말은 예수, 석가가 들어도 아멘이라 할 것이다.

■ 하늘을 모르고서 나는 됐다, 내가 낫다, 내가 높다 하는 것은 거짓된 모양내기다. 이것이 이 세상 사람들이 하는 짓이다. 이 세상이 죄다 이렇게 못 깨어났다. 왜 이렇게 되어버렸나. 우리의 성품이 하늘로 갈 건데 하늘을 모르고 땅에만 붙어 있어서다. 하늘을 모르고서 이 세상에서 높아지고 싶은데 그 방법으로 깊은 구멍 옆에 서서 자기가 높거니 하고 생각한다. 요새 자기 차가 지나갈 때 박수 치라 해놓고 그 박수 소리 듣고는 내가 높거니 생각하는 모양인데 그런 얼빠진 짓이 어디 있나. 참을 믿지 않으니까 이 꼴이다. 남은 모두 형편없는데 나만 무엇이 됐지 하고 생각하는 자는 양심이 없는 자다. 우리가 모두 왜 이리 못났을까 하고 한탄하는 것은 하늘 양심이다. 하늘 양심으로 무엇을 하는 것이 찬송이고 염불이다. 정말로 하느님을 사랑하는 자는 참 드물다.(류영모)

자신이 권좌에 오르면 국민을 잘살게 해주겠다는 정치가들을 두고 소로는 이렇게 평하였다. "가장 연륜이 많고 빈틈이 없는 정치가가 더 훌륭한 사람인 게 아니다. 그는 결국 부둣가의 한 마리 회색 쥐에 불과하다. 그는 법률적·정치적 선악을 위해 도덕적 선악을 헌신짝처럼 여기는 습관을 몸에 익혔다."(소로, 《소로의 일기》)

누리에 사모칠 길 다섯이 있고
가져야 할 것이 셋이니

가로되(曰) 임금과 섬기(臣), 아비와 아들,
지아비와 지어미
아우와 언니,
벗 사귐 다섯 가지는
온 누리의 사모칠 길이요
슬기(智) 사랑(仁) 날램(勇) 세 가지는
온 누리에 사모칠 노릇(德)이오니
가지고 하기는 하나이니라.

天下之達道*五
천 하 지 달 도 오

所以行之者三
소 이 행 지 자 삼

曰 君臣也 父子也
왈 군신야 부자야

夫婦也
부 부 야

昆*弟也
곤 제 야

朋友之交也 五者
붕 우 지 교 야 오 자

天下之達道也
천 하 지 달 도 야

知仁勇三者
지 인 용 삼 자

달도(達道) 모든 사람이 반드시 지켜야 할 사람의 도리.
곤(昆) 언니.
달덕(達德) 모든 사람이 반드시 치러야 할 사람의 노릇.

天下之達德*也
천 하 지 달 덕 야
所以行之者一也
소 이 행 지 자 일 야

풀이

　이미 《중용》 앞 월(장)에서 말하였지만 순(舜)이 설(禼)을 사도(司徒, 지금의 교육부 장관)에 앉히면서 백성이 불친(不親)하고 오품(五品, 부·모·형·제·자)이 불손(不遜)하니 오교(五敎)를 조심스레 널리 펴서 너그럽게 하라고 하였다. 그러므로 '오달도(五達道)'는 가족끼리 화목하고 이웃끼리 친밀하라는 가르침이다. 거기에 군주 시대라 군신(君臣)을 넣은 것이다. 이웃끼리 친밀하라는 것이 붕우지교(朋友之交)이다. 이것은 좁은 뜻의 친구 사이만을 뜻하는 것이 아니다. 붕우의 '붕(朋)' 자는 사람의 몸뚱이가 마주 섰다는 글자이고 '우(友)' 자는 서로 손을 잡았다는 글자이다. 만나는 사람끼리 서로 손 잡고 친하라는 것이다. 꼭 이웃에 같이 살아야 이웃이 아니다. 만나면 이웃이다. 전철, 버스에서나 외국에서나 국내에서나 만나는 사람은 다 내 이웃이다. 같은 시대에 났으면 모두가 이웃이다. 한 해와 달 아래 살면 다 이웃이다. 해와 달을 사이에 두고 다 만난 것이다. 해와 달이 서로 만나서 보는 거울이다. 이산가족의 남매가 헤어지면서 한날한시에 달을 보며 만나자고 하지 않았던가.

　'부자(父子)', '부부(夫婦)', '곤제(昆弟)'는 가족 사이다. 가족끼리 서로 유순하며 겸손하게 사랑하라는 것이다. 오늘날 한편으로는 자기 가족밖에 몰라 탈이면서 한편으로는 자기 가족이 귀한 줄을 몰라서 탈이다. 가정을 쉽게 깨뜨리는 이들이 늘어나고 있는 것은 개인적인 불행이요 사회적인 비극이 아닐 수 없다. 간디는 이런 말을 하였다. "가까운 친족에게 화내지 않는 사람은 믿을 만하다. 낯모르는 사람에게 자기 성미를 억제하는 것은 잘할 수 있다. 그러나 그것이 무슨 장점이랄 수 있겠는가?"(간디, 《날마다의 명상》)

 '군신(君臣)'은 임금과 신하 사이를 말하는 것이 아니다. 치자(治者)와 백성을 말한다. 오늘의 관료와 국민 사이다. 서로 너그럽게 사랑하는 것이다. 여기 《중용》에서는 《서경》의 순전(舜典)을 인용하였다.

 이 '오교(五教)'가 곧 '오륜(五倫)'인데, 이것을 다듬은 이가 맹자이다. 맹자가 다듬어서 뜻이 살아난 점도 있지만 오히려 본디의 참뜻이 사라진 점도 있다. 맹자의 오륜은 세상이 다 아는 바와 같이 부자유친(父子有親), 군신유의(君臣有義), 부부유별(夫婦有別), 장유유서(長幼有序), 붕우유신(朋友有信)이다. 친·의·별·서·신(親義別序信)을 붙여서 뜻이 분명해진 반면 뜻이 아주 좁아져버린 것이다.

 맹자가 오륜을 언급하면서 이렇게 말하였다. "사람은 가는 길이 있으니 배부르게 먹고 따스하게 옷 입고 일없이 지내고 가르치지 않으면 곧 새·짐승에 가까워지는지라 성인이 걱정하여 설(契)로 하여금 사도(司徒) 삼아 인륜(人倫)을 가르치게 하였다."(《맹자》, 등문공 상편).

 달덕(達德)이라는 지(智)·인(仁)·용(勇)은 《논어》에 나온다. 《논어》에서는 군자지도(君子之道)라고 나왔다. 그런데 공자는 겸손하게 "나는 할 수 없었다(無我能焉)."라고 말하였다. 그러나 공자는 지·인·용을 한 군자요 성인임에 틀림없다.

 공자 스스로도 말하기를 "인(仁)이 멀다고? 내가 인(仁)을 하고자 하면 이 인(仁)에 이르리라(仁遠乎哉 我欲仁 斯仁至矣)."(《논어》, 헌문 편)고 하였다. 공자는 이어서 말하기를 "어진 이는 시름하지 않고 슬기로운 이는 홀리지 않고 날랜 이는 두려워하지 않는다(仁者不憂 知者不惑 勇者不懼)."(《논어》, 헌문 편)라고 하였다.

지·인·용은 얼나의 속성이다. 탐·진·치는 제나의 속성이다. 그러므로 지·인·용이 셋으로 나누어져 있는 것이 아니라 하나다. 얼나의 삶이다. 지·인·용이 하나가 된 슬기(知)라야 참 슬기이고 지·인·용이 하나가 된 어짊이라야 참 어짊이요 지·인·용이 하나가 된 날램이라야 참 날램이다. 떨어진 지(知)만을 좋아하면 놀아남(蕩)이 되고 떨어진 인(仁)만을 좋아하면 어리석음(愚)이 되고 떨어진 용(勇)만을 좋아하면 어지러움(亂)이 된다.(《논어》, 양화 편)

결국 제나의 지·인·용은 지·인·용이 되지 못한다는 말이다. 얼나로 지·인·용을 하여야 한다. 멀리 공자가 그것이요 가까이 마하트마 간디가 그것이다. 경전을 이룬 지혜, 원수를 사랑한 자비, 죽음을 두려워하지 않는 용기 등은 그들이 제나가 아닌 얼나로 산 군자임을 보여 주는 것이다.

주희는 간신(奸臣) 한탁주(韓侂冑) 일당이 임금의 총명을 가리고 세도를 펴자 목숨을 걸고 한탁주 일당의 잘못을 지적하는 상소문을 올렸다. 그들은 주희를 없애고자 주희가 사문난적(斯文亂賊)의 위학(僞學)을 주장할 뿐 아니라 나라에 반역하는 위험한 사상가라고 모함하였다. 그리하여 주희를 따르던 제자들은 거의 떨어져 나갔다.

주희의 제자로 알려지면 과거에 등용이 되지 못하였던 것이다. 심지어 주희의 장례식조차 관원들의 삼엄한 경계 속에 간소하게 치러야 했다. 주희의 영향력을 두려워하였던 것이다. 그러나 사필귀정이라 죽은 지 40년 뒤에는 공자의 도를 밝힌 업적으로 공자와 함께 사당에 모셔지는 더없는 영광을 차지하게 되었다.

그러나 주희는 공자의 사상을 바르게 알지 못하였다. 한마디로 주희는 공자가 가장 두려워하는 세 가지(三畏)를 몰랐다. 다시 말하면 제나로 죽고 얼나로 솟나는 군자유(君子儒)가 되지 못하였다. 주희 이후에 유교는 정권 투쟁의 도구와 수단으로 전락한 것이다.

타고난 대로 안 것도 있고
배워 안 것도 있고
애쓴 대로 안 것도 있으나
그 알고 보면 한 가지요.
맘에 좋아한 것,
이(利) 보려고 한 것,
힘들여 한 것이 있으나
그 되어 이루고 보면 한 가지다.

或*生而知之
혹　생　이　지　지
或學而知之
혹　학　이　지　지
或困*而知之
혹　곤　이　지　지
及其知之一也
급　기　지　지　일　야
或安而行之
혹　안　이　행　지
或利而行之
혹　이　이　행　지
或勉*强而行之
혹　면　강　이　행　지

혹(或)　있다(有). 류영모는 '어떤 사람'으로 새기지 않았다.
곤(困)　애써서, 고심해서.
면(勉)　힘쓰다. '면강(勉强)'은 '애써 힘쓰다.'라는 뜻.

及其成功一也
급 기 성 공 일 야

풀이

《논어》에 이러한 구절이 있다. "나서 아는 이는 위(上)요, 배워서 아는 이는 다음이요 힘들여 배운 이는 그다음이다. 애써도 못 배운 백성이 곧 아래(下)가 된다."(《논어》, 계씨 편) 《중용》의 글도 《논어》의 글과 연관이 있다. 그런데 류영모는 이제까지 다른 사람들의 새김과는 달리, 사람 사이의 비교가 아니라 한 사람에게서 일어나는 일로 보았다. 더 합리적인 새김이라 하지 않을 수 없다. 이것이 공자가 말한 '온고지신(溫故知新)'(《논어》, 위정 편)하는 것이다.

사람은 타고난 대로 아는 것이 있는가 하면 배워서 안 것도 있고 애써서야 알게 되는 것도 있다. 먹고 마시는 것은 타고난 대로 아는 것이고 읽고 쓰는 것은 배워서 아는 것이고 진리 되시는 하느님을 깨닫는 것은 애써서 된다.

성인(聖人)으로 받들어지는 공자는 배워서 아는 것이 아니라 나면서 안다는 말을 하지만 터무니없는 거짓말이다. 나면서 안 공자라면 책을 맨 가죽끈이 세 번이나 끊어지도록(韋編三絕) 책을 읽었다는 말은 어째서 나왔는가. 공자도 어머니의 젖을 빠는 일은 나자마자 알았을 것이다. 공자는 "내가 아는 것이 있는가. 아는 게 없다."(《논어》, 자한 편)라고 말하였다. 공자는 누구 못지않게 힘써 학문을 하였다. 그 스스로도 "나만큼 학문을 좋아하는 이는 없을 것이다."(《논어》, 공야장 편)라고 하였다.

공자도 석가, 예수 못지않게 고행하였는데, 종일종야(終日終夜) 먹지 않고 자지 않고 번뇌를 한 적이 있다고 하였다. 아무렴 그런 날이 하루 주야뿐이었겠는가. 그의 말대로 하나로 꿰뚫어 아는 데 이르기까지(一以貫之)에는 고뇌의 어두운 날을 지나야만 했을 것이다. 구경(究竟)의 절대지(絕對知)에 이르지 못하면 일이관지를 할 수 없다. 상대지(相對知)는 절대지에 이르는 방편의 다리이다. "아무리 상대지가 많아도 절대지에 비하면 없는 것이나 마찬가지다. 그러니까 절대 진리를 깨치는 것이 급선무다."(류영모)

아는 것과 행하는 것은 그 정도가 같이 간다. 생이지지(生而知之)는 안이행지(安而行之)와, 학이지지(學而知之)는 이이행지(利而行之)와, 곤이지지(困而知之)는 면강이행지(勉强而行之)와 일치한다.

나서 절로 아는 것이 식(食)과 색(色)이듯 식과 색은 쉽게 할 수 있다. 그러나 쉽다고 거기에만 빠지면 삶을 그르치게 된다. 식·색을 자제하고 초월하게 되어야 한다.

배워서 아는 것은 이(利)를 좇는 일이다. 양혜왕이 맹자에게 어떤 이로운 것을 주시겠느냐고 묻자 맹자 대답하기를 "하필이면 이(利)입니까. 인의(仁義)가 있을 뿐입니다."(《맹자》, 양혜왕 편)라고 하였다. 이(利)를 구하는 이가 어디 양혜왕뿐이겠는가. 공자도 말하기를 "3년 동안 배워 봉록(급료) 생각 안 하는 이를 만나기 쉽지 않다."(《논어》, 태백 편)고 하였다. 오늘날 학교에 가는 것도 진리를 배우고자 가는 것이 아니다. 이로운 학과를 찾아서 간다. 그러나 그 수는 적지만 견성득도(見性得道)를 하고자 애쓰는 이들이 있다. 석가의 6년 고행이 그 대표적인 예다. 예수는 밤을 새우며 피땀 흘리는 기도 끝에 살신성인(殺身成仁)하였다. 예수가 진 십자가의 길은 면강행(勉强行)임에 틀림없다.

안이행지(安而行之)와 이이행지(利而行之)로 살아가는 사람이 거의 모두이지만 그래도 안이행지와 이이행지 하는 제나의 삶에 회의를 품고 참나를 찾고자 힘쓰고 애쓰는 구도자들이 있다. 이제 참나를 깨달으면 그것이야말로 삶의 성공인 것이다. 참나를 체득한 성인밖에 성공한 이가 누구란 말인

가. 지위가 높다고 성공했다 생각하지 말라. 재산을 모았다고 성공했다 생각하지 말라. 이름이 알려졌다고 성공했다 생각하지 말라. 죽음의 자리에 서보라. 그 지위가 무엇이며 그 재산이 무엇이며 그 이름이 무엇인가. 영원한 생명을 얻어 몸의 나에서 얼의 나로 솟나는 것만이 성공이다. 그 성공은 나지 않고 죽지 않는 영원한 생명 하나(一也)뿐이다. 그밖에 지저분한 것들은 죽음이 치워준다. 절대 하나뿐이다. 하느님뿐이다.

이(子) 가로되
배우기 좋아함이 슬기(知)에 가깝고
힘써 가음(行)이 사랑(仁)에 가깝고
부끄럼을 앎이 날램(勇)에 가깝다.

子曰
자 왈
好學近乎知
호 학 근 호 지
力行近乎仁
역 행 근 호 인
知恥近乎勇
지 치 근 호 용

풀이

    공자가 말하는 '호학(好學)'이란 오늘날 학교에 가서 공부하기 좋아한다는 뜻과는 다르다. 공자의 호학은 구도(求道)라고 해야 맞다. 도(道) 있는 스승에게 나아가 배우기를 좋아하는 것이 호학(好學)이다. "아침에 도(道)를 들으면 저녁에 죽어 좋다(朝聞道 夕死可矣).”(《논어》, 이인 편)고 한 공자가 아닌가. 공자가 말하기를 "먹음에 배부르기를 구하지 않고 있음에 평안하기를 구하지 않고 일에는 재빠르고 말에는 삼가고 도(道) 있는 데 나아가 바로 고쳐 간다면 호학(好學)이라 말할 수 있다.”(《논어》, 학이 편)고 하였다. 지(知)와 학(學)을 굳이 구별하자면 최고지(最高知)에 이르고자 애쓰는 것이 호학이라 하겠다. 공자는 지(知)를 이렇게 말하였다. 번지가 지(知)에 대하여 물었을 때 공자 가로되 "씨알이 옳음에 힘쓰게 하며 하느님을 공경하여 그리면 가히 슬기롭다고 할 것이다(務民之義 敬鬼神而遠之 可謂知矣).”(《논어》, 옹야 편) 공자가 생각하는 지(知)란 이런 것이다. 이는 마음과 뜻과 힘을 다하여 하느님을 사랑하고 또 그와 같이 이웃을 사랑하라는 기독교의 큰 계명과 같다. '원지(遠之)'는 하느님을 상대적 존재로 가까이하려 말고 절대 존재로 거룩히 받들라는 말이다. 보본추원(報本追遠)하라는 말이다.

'역행(力行)'은 힘을 다하여 배운 것을 실천하는 것이다. 섭공(葉公)이 자로에게 스승 공자에 대해서 물었으나 자로는 대답을 못하였다. 공자가 그 사실을 알고 "너는 어찌하여 이렇게 말하지 못하였는가. 그의 사람됨은 군자지도(君子之道)를 궁행(躬行)하고자 분발하여 먹는 것을 잊고 기뻐하여 근심을 잊고 장차 늙을 것을 모른다.”(《논어》, 술이 편) 이게 바로 역행(力行)이다. 인(仁)에 이르고자 힘써 행하는 것이 역행이다. 인(仁)에 이를 때까지 역행은 멈출 수 없다. 제나(自我)를 죽여서 성인(成仁)을 해야지 제나(自我)가 살기 위해 해인(害仁)을 하여서는 안 된다는 것이다. 이 인(仁)을 실천함에는 스승에게도 양보하지 말라고 했던 공자도 자신에 대하여 이렇게 말하였다. "말(글)은 내가 남만큼 할 수 있지만 군자(君子)를 몸으로 행하는 데는 내 아직 멀었다(文莫吾猶人也 躬行君子則 吾未之有得也).”(《논어》, 술이 편)

꼭 예수처럼 진리를 위하여 십자가에 죽어야 인(仁)을 이루는 것은 아니다. 일생을 진리인 하느님을 위하여 바치는 것이 인(仁)을 이루는 것이다. 어떤 면에서는 일생을 한결같이 진리를 위하여 사는 것이 일시의 순교보다 더 어렵다. 지치(知恥)는 부끄러움을 아는 것이다. 유교는 죄의식이 없다는 소리를 듣는데 지치(知恥)가 바로 죄의식이다. 기독교의 원죄 의식이야말로 쓸데없는 죄의식이다. 하늘에 한 점 부끄럼 없이, 사람에 한 점 부끄럼 없이 살자는 것이 유교의 이상이다. 부끄럼(恥)과 날램(勇)은 이렇게 이어지고 있다. 맹자가 말하기를 "(나쁜 놈) 한 사람이라도 천하를 휘젓고 다니면 무왕은 이를 자기의 부끄럼으로 여겼으니, 이는 무왕의 용기이다."(《맹자》, 양혜왕 하편) 부끄러움을 부끄럽게 여기는 것이 용기라는 말이다. 사람이 낯이 두꺼워 부끄러움을 모르면(厚顔無恥) 비겁한 놈이 된다. 맹자가 말하기를 "사람이란 부끄러움을 몰라서는 안 되는 것이니 부끄러움을 모르는 것을 부끄럽게 여긴다면 부끄럽게 되지 않을 것이다(人不可以無恥 無恥之恥 無恥矣)."(《맹자》, 진심 상편)

공자가 호학(好學)을 말하였다면 노자는 절학(絶學)을 말하였고, 공자가 역행(力行)을 말하였다면 노자는 무위(無爲)를 말하였고 공자가 지치(知恥)를 말하였다면 노자는 무사(無私)를 말하였다. 얼른 보면 반대되는 듯하지만 손바닥의 앞뒤와 같다. 입체적으로 조화를 이룰 때 참 지·인·용에 다다르게 될 것이다. 제나에서 얼나로 솟나면 지·인·용은 바로 내 속에 있다. 밖에 있지 않다.

이 셋을 아는 이는
곧 몸가짐을 알 것이요
몸가짐을 알면

곧 사람 다스림을 알 것이요

사람 다스리기를 알면

곧 누리(天下) 나라집(國家) 다스릴 줄 알리라.

知斯三者
지 사 삼 자

則知所以修身
즉 지 소 이 수 신

知所以修身
지 소 이 수 신

則知所以治人
즉 지 소 이 치 인

知所以治人
지 소 이 치 인

則知所以治天下國家矣
즉 지 소 이 치 천 하 국 가 의

풀이

 예수와 석가의 목적은 사람들에게 나지 않고 죽지 않는, 오도 않고 가도 않는 하늘나라(涅槃)를 가르쳐주는 것이었다. 그 하늘나라(涅槃)에 들어가기 위해서는 멸망의 몸나에서 영생의 얼나로 솟나라고 말하였다.

 그런데 유교에는 그런 말이 없다. 그래서 류영모는 이렇게 말하였다. "유교의 구경(究竟) 목적은 희미하다. 중간 목적(정치)은 분명하다. 형이상학적인 목적은 불분명하다." 그리하여 유교는 마지막에는 정치 잘하자는 이야기로 끝을 맺는다. 생사(生死)의 분수령에서 유교는 언제나 이 세상 쪽으로 기운다. 자로가 스승인 공자에게 군자에 대해 묻자 공자 대답하기를 "내 몸을 닦고서 공경한다(修己以敬)." 자로가 "이같이 하면 그만입니까?" 하자 "몸을 닦고 사람을 평안하게 한다(修己而安人)."라고 답했다. 또다시 자로가 "이같이 하면 그만입니까?" 하자 "몸을 닦고 백성을 평안하게 한다(修己而安百姓). 요순도 이를 오히려 걱정하였다."(《논어》, 헌문 편)라고 하였다. 공자, 맹자를 비롯하여 유학자들은 나라 다스리는 일에서 생각을 떼지를 못한다. 그렇게 나라 다스리는 일을 걱정했는데 제대로 다스려진 일은 오늘까지 한 번도 없었다. 그들의 생각대로라면 이미 중국은 옛날에 이상 국가가 되었어야 옳을 것이다. 그렇게 되었다면 중국에서 "총구에서 정권이 탄생한다."는 말처럼 무도한 사람이 지배하는 일은 없었을 것이다. 어떻든 유교 사상의 현실 세계에 대한 이상은 좋은데 그 이상대로 되지 않는다면 그 이상을 검토해야 할 것이다. 그리하여 인생의 목적이 이 땅에 이상 국가를 실현하는 데 있지 않다는 말에 귀를 기울일 줄도 알았어야 하는 것이다. 유교에서 '자(子)' 자를 붙여서 높임을 받는 스승 가운데 세상에서 뜻을 편 이른바 '득의(得意)'한 이가 누구인가. 한 사람도 없다. 공자는 말할 것도 없고 주희조차 입산하여 불문에서 수도를 하다가 환 속하여 정치에 몸을 담았으나 득의는커녕 박해만 받고 외롭게 죽었다.

또 유교 사상대로 이상적인 국가가 실현된다 하더라도 생로병사조차 없앨 수는 없지 않은가. 이상 국가에서는 죽는 것도 문제가 안 될까. 이상 국가에서는 죽는 것이 더 서러워서 더욱 큰 문제가 될 것이다. 그러면 죽음을 자식처럼 업고 안고 다니면서 이상 국가에서 산다고 행복할 수 있을 것인가. 행복하다면 천박한 사람일 것이다. 그러므로 이상 국가의 실현보다는 죽음이라는 인간의 숙제를 풀어야 한다. 죽음이라는 숙제를 푼 이가 예수·석가·노자이다. 자로가 공자에게 죽음에 대해 물으니 "삶도 모르는데 어찌 죽음을 알겠느냐(未知生 焉知死)."(《논어》, 선진 편)고 말하였다. 살신성인(殺身成仁)을 아는 공자가 죽음을 몰랐다고 보고 싶지는 않다. 그러나 죽음에 대하여 분명한 해답이 있어야 하는 것이다. 예수·석가는 이 몸의 생명은 가짜 생명이라는 것을 분명하게 밝혔다. 참 생명인 얼나를 찾아야 한다는 것이다. 그들은 죽는 몸나의 생명에서 죽지 않는 얼나의 생명으로 솟났다. 그러므로 거짓 생명인 몸나는 죽어야 한다는 것이다. 영원한 생명인 얼의 나로는 하느님과 한 생명이라는 것이다. 이것은 허구의 관념이 아니다. 실제의 체득이다. 정치도 잘 되어서 나쁠 것이 없지만 잘 안 된다고 실망할 것도 없는 것이다. 인생은 이 땅에서 행복하게 살자는 데 있는 것이 아니라 죽는 몸생명을 버리고 영생의 얼생명을 깨닫자는 데 있기 때문이다. "세상을 사랑하면 멸망한다. 진리를 따르면 모든 것이 살아난다."(류영모)

그러므로 호학(好學), 역행(力行), 지치(知恥) 이 셋을 알면 수신(修身)이 되고, 수신이 되면 치인(治人)을 알고, 치인을 하면 천하 국가를 다스릴 줄 안다는 말은, 옛날에는 이런 생각을 한 이들도 있었구나 하고 지나가야 한다. 수신제가치국평천하(修身齊家治國平天下)는 유교의 백일몽(白日夢)에 지나지 않는다. 한 번도 그렇게 된 일이 없었기 때문이다. 앞으로도 없다고 단언할 수 있다.

"몸나의 삶은 꿈이요 거짓이요 가짜다. 꿈은 깨야 한다. 몸나의 삶은 마침내 꿈꾸고 마는 것이다. 꿈 깨자고 하는 게 바른 생각이다."(류영모) 그래도 몸을 지닌 한 수신제가(修身齊家)를 하는 반듯한 사람이 정치를 맡아 반듯한 정치를 하기를 바라지 않을 수 없다. 그렇기 때문에 공자를 멀리할 수 없다.

무릇 누리(天下) 나라집(國家)을 함에
아홉 날(九經)이 있으니
가로되 몸가짐,

닦아난 이를 높임,
가까운 이를 가까임,
큰 섬기를 우러봄,
뭇 섬기를 몸으로 여김,
뭇 씨알을 아들같이,
온 바치를 오게 함,
먼 데 사람을 부침,
저후를 그립게 함이다.

凡爲天下國家
범 위 천 하 국 가

有九經
유 구 경

曰修身也
왈 수 신 야

尊賢也
존 현 야

親親也
친 친 야

敬大臣也
경 대 신 야

體群臣也
체 군 신 야

子庶民也
자 서 민 야

來百工也
내 백 공 야

柔遠人也
유원인야
懷諸侯也
회제후야

풀이

　장횡거는 그의 《서명(西銘)》에서 "하늘(天)은 아버지, 땅(坤)은 어머니, 백성(民)은 동포요, 물체는 나와 함께한 것이며 임금은 내 부모(天地)의 맏아들(長者)이요 그 대신은 맏아들 집의 일 돕는 이라. 나이 높은 이는 내 집 어른으로 대접하고 나이 어린 이는 내 집 어린 이로 대접하며 형제가 없거나 자손이 없거나 아내가 없거나 남편이 없는 이는 말할 데조차 없는 가엾은 형제이다."라고 말하였다. 이것은 모든 사람에게 통하는 말이다.

　그러나 《중용》의 앞의 이 구절은 제왕학이라 할 제왕의 교과서로 제왕이 알아 둘 것이다. 제왕은 제 몸가짐을 바르게 하고 어진 이를 높여서 배우고 친척을 가까이 돌보고 대신을 경애하고 여러 신하들을 내 몸처럼 아끼고 뭇 백성을 자식처럼 돌보고 온갖 기능인을 우대하고, 먼 곳 사람에게 부드럽게 하고, 제후들을 감싸주라는 것이다. 이 모든 것이 결국은 수신(修身)에 직결된다. 그러나 역대 제왕치고 몇 사람이나 수신을 한 군자가 있었는가? 거의 없다. 그야말로 이런 이야기는 제왕의 귀에는 마이동풍(馬耳東風)이요 우이독경(牛耳讀經)에 지나지 않는다. 제왕 가운데는 군자는커녕 오히려 무도한 패륜자, 포악자가 더 많았다.

　수(隋)나라 양제는 아버지 문제의 후궁 선화부인을 겁탈하려다 들켜 궁지에 몰린 나머지 아버지를 살해한 뒤 제위에 올라 기어이 아버지의 후궁 선화를 비로 만들었다. 당(唐)나라 명황(明皇)은 자기 아들의 아내 곧 며느리를 아들로부터 빼앗아 후궁으로 맞아 역사에도 드문 염문의 음락을 일삼았다.

그 여인이 바로 절세미인이라는 양귀비이다.

당나라 이세민(李世民)도 자기 아버지를 죽인 패륜아요, 측천무후(則天武后)도 자기의 뜻을 거스르며 이복형제를 감싼다고 착한 아들을 죽인 악모(惡母)이다. 공자와 맹자가 나서서 역대 제왕들의 자격을 심사한다면 자격 있는 자가 몇 사람이나 나올지 의심스럽다. 맹자도 이것을 잘 알기 때문에 그 군주 시대에도 "백성이 귀중하고 사직은 그다음이고 임금은 가볍다(民爲貴 社稷次之 君爲輕)."(《맹자》, 진심 하편) 라고 하였다. 이 말로 맹자는 명(明)나라 태조 주원장(朱元璋)에게 불경(不敬)한 늙은이로 매도되고 이 글귀는 《맹자》에서 삭제되기도 하였다.

어진 이를 높이는 것이 존현(尊賢)이다. 유비가 삼고초려하여 제갈량을 스승으로 모신 것은 특별한 예외다. 맹자가 말하기를 사람이 난 뒤로 공자같이 훌륭한 이가 없다는데, 공자가 노(魯)나라의 벼슬을 그만두게 된 것을 보면 어이가 없다. 공자가 노나라에 등용되어 노나라가 하루하루 달라지자 이웃 나라 제(齊)가 두려움을 느끼게 되었다. 그리하여 제나라에서 공자를 몰아내고자 계략을 꾸몄는데, 제나라의 미인과 풍류를 골라 노나라에 선물로 보낸 것이다. 노나라의 실력자인 대부 계환자(季桓子)가 이를 받고는 임금과 신하들이 이에 홀랑 빠져 정사(政事)를 팽개치다시피 하였다. 사흘 동안이나 조정에 출근조차 하지 아니하였다. 그리하여 싹수가 틀렸다고 생각한 공자는 벼슬을 버리고 노나라를 떠나버렸다. 공자가 "나 아직 덕(德)을 좋아하기를 여색만큼 좋아하는 이를 보지 못하였다(吾未見好德如好色者也)."(《논어》, 자한 편)라고 한 것도 까닭이 있다. 공자 자신이 제나라 미색(美色)에 밀려난 마음 아픈 기억을 가지고 있었던 것이다. 제왕들은 미색을 좋아하였지 현인(賢人)을 좋아한 이가 드물다.

'친친(親親)'이란 가까운 이를 가깝게 대한다는 뜻이다. 혈친(血親)을 잘

대접한다는 말이다. 후조(後趙)의 폭군 석호(石虎)에게는 아들이 13명이나 되었다. 이 가운데 8명은 형제끼리 왕위 쟁탈전을 벌여 죽고 나머지 5명은 의형제 염민(冉閔)에게 죽임을 당하였다. 그야말로 잔인무도한 골육상쟁(骨肉相爭)이다. 이런 일이 중국 역사에 수두룩하다. 왕권 때문에 친형제를 죽인 조선조의 이방원이나 수양은 중국 역사에 가면 무색하여진다.

제후(諸侯), 대신(大臣), 군신(君臣)은 다 같이 제왕을 도와서 정치를 하는 지배 계층이다. 이들이 충성스럽게 제왕을 돕도록 제왕은 이들을 경애하여야 한다. 제후, 대신, 환관들이 반역하는 일이 비일비재하니 그렇기도 하지만 제왕도 이들을 경애하기보다 감시하였다. 항우와 유방이 천하를 서로 차지하려고 용호상박의 싸움을 벌여 자웅을 가렸다. 항우가 세었으나 포악한 면이 있어 민심은 부드러운 유방에게로 쏠렸다. 그리하여 유방이 항우를 물리치고 한나라를 세웠다.

유방은 건국 공신을 제후왕으로 봉하였으나 그들의 반역이 두려워 한신, 팽 월, 경포, 노관 등을 모조리 차례차례 제거하였다. 신선(神仙)이 되겠다며 숨어버린 장량(張良)만이 죽음을 면하였다. 뭇 백성을 자식처럼 아끼라고 가르쳤다(子庶民也). 백성을 위한다면서 혁명을 하지만 집권을 하면 마음이 달라진다. 어디에 들어갈 때와 나올 때의 마음이 다르다는 것이 사람의 마음이다. 자식처럼 생각지는 않더라도 짐승처럼만 생각지 않아 주었으면 한다. 진시황은 나라를 위해 만리장성을 쌓는다면서, 수양제는 백성을 위해 5천 리 운하를 판다면서 헤아릴 수 없이 많은 백성을 사지로 몰아넣었다. 사람 죽은 송장이 길에 말똥 쇠똥보다 더 널려 있었다고 한다. 오늘은 민자(民子)의 시대가 아니라 민주(民主)의 시대가 되었다. 그런데도 아직 백성을 개똥 취급하는 위정자가 이 지상에는 많다. 그래도 이제는 백성의 투표로 위정자가 뽑힌다. 훌륭한 인물을 뽑기만 하면 그래도 나을 것이다. 공자, 맹자는 그렇게 정치를 통하여 백성을 건지고 싶어 하였다. 공자, 맹자가 오늘날에 살아 있다면 공자와 맹자가 선거를 통하여 위정자로 뽑힐 수 있을까를 생각해 본다. 이 어리석은 민주(民主)가 올바른 일꾼을 뽑을 줄 알까? 더욱이 정치인에는 말 잘하고 잘생기고 엉큼하고 뻔뻔스런 이들이 많다. 맹자는 "나라를 위하여 사람을 얻는 것을 일러 인(仁)이라 한다. 나라를 위해 사람을 얻기란 어려운 것이다(爲天下得人者 謂之仁 爲天下得人難)."(《맹자》, 등문공 상편)라고 하였다. 이런 맹자의 마음가짐으로 민주(民主)의 한 사람 한 사람이 투표를 한다면 민주주의가 더 잘될 것이다. 맹자의 논리로 보자면 올바른 주권 행사를 위한 투표는 곧 인(仁)을 하는 것인데, 투표에 기권을 하다니 말이 안 된다.

내백공(來百工)이란 정치가 안정되고 산업이 활발하면 온갖 기능을 가진 이들이 일터를 찾아와 일을 하게 된다는 말이다. 그러면 경제가 더욱 호황을 이룬다. 그것은 오늘에도 마찬가지다. 소비에트 연방이 무너진 후 과학자들은 받는 급료가 너무 열악하여 서구로 옮겨 갔다. 수학과 생물학의 중추적 학자들이 거의 모두 서구로 옮겨 떠났다. 정신인 못지않게 기능인을 우대하여야 나라 살림이 잘된다. 먼 데 사람에게 부드럽게 대한다(柔遠人)는 것도 매우 중요하다.

사람들은 개울 건너편 사람만 만나도 텃세를 부린다. 먼 데 사람을 부드럽게 대하지는 못하더라도 미워하지는 말아야 한다. 러시아의 과격파들이 외국인을 살해하고, 독일의 신나치주의자들이 외국인을 미워하고 일본의 극우파들이 외국인을 멸시하는 것은 대단히 잘못된 편견 때문이다. 이 지구는, 이 우주는 하느님의 것이지 어느 누구의 것도 아니다. 함께 오순도순 못살 것이 없다. 왜 싸우려는지 모르겠다. 사람이 짐승의 진성(瞋性)을 지녔기 때문이다. 서로 싸우면 나도 너도 못살게 된다. 맹자는 "안으로 법도를 따지는 사람이나 바른말 하는 선비가 없고 밖으로 대적하는 나라와 침략하려는 나라가 없으면 (안락에 빠져) 나라는 언제나 망한다."(《맹자》, 고자 하편)고 하였다. 밖에서 적을 찾으니 그렇지 안으로 적을 찾으면 된다. 안락에 빠지려는 제나(自我)가 나의 적인 것이다.

■ 이 지구가 우리 인류를 얼마 동안 더 실어줄지 모르겠다. 인류 자체가 분열한다면 얼마 못 갈 것이다. 무한이라면 무한일 것이고 유한이라면 얼마 안 된다. 그러한 동안에 인류가 꿈을 꾼다. 이왕이면 좋은 꿈을 꾸어야 좋지 않겠는가. 인간이라는 말은 사람과 사람 사이를 말한다. 사람과 사람 사이가 사랑으로 친교(親交)하여야 하듯 나라와 나라 사이도 서로 도우며 인교(隣交)하여야 한다. 나라 사이도 조금만 하면 배가 아프고 조금만 하면 해(害)를 받고 밤낮 그 짓에 공평과 자유는 찾아볼 수 없다. 사람과 사람 사이가 공평 자유하듯 나라 사이도 공평 자유하여야 한다. 그런데 어느 때나 중국 전국시대의 소진과 장의 같은 이가 지나간 뒤에는 그 턱이다. 번거롭고 시끄럽기는 예나 이제나 같다. 올림픽에서도 세계 제일이면 어떻다는 것인가? 운동 경기를 그렇게 굉장하게 하여도 이 지구 위에 전쟁은 그칠 날이 없다. 체육은 향상될지 모르나 전쟁은 밤낮 그 짓 그 타령이다.(류영모)

몸을 닦으면 길(道)이 나서고
닦아난 이(賢)를 높이면 헤맬 것이 없고
가까운 이(親)를 가까이하면 아자비나 아우들이 원망치 않을 것이오
큰 섬기(大臣)를 우러르면 흐리지(眩) 않고
뭇 섬기(君臣)를 몸으로 여기면 선비의 갚보이(報禮)가 무겁겠고

뭇 씨알(庶民)을 아들 같이면 씨알(百姓)이 나윌(勸) 것이오
온 바치(百工)를 오게 하면 쓸 것이 넉넉하겠고
먼 데 사람을 부치면 사방에서 돌아올 것이오
저후를 그립게 하면 온 누리(天下)가 어렵이(畏) 알리이다.

修身則道立
수 신 즉 도 립

尊賢則不惑
존 현 즉 불 혹

親親則諸父*昆弟不怨
친 친 즉 제 부 곤 제 불 원

敬大臣則不眩*
경 대 신 즉 불 현

體群臣則士之報禮重
체 군 신 즉 사 지 보 례 중

子庶*民則百姓勸*
자 서 민 즉 백 성 권

來百工則財用足
내 백 공 즉 재 용 족

柔遠人則四方歸之
유 원 인 즉 사 방 귀 지

懷諸侯*則天下畏之
회 제 후 즉 천 하 외 지

제부(諸父) 백부, 종부, 숙부 등 모든 아자비.
현(眩) 흐리다, 어둡다.
서(庶) 뭇 무리.
권(勸) 힘껏하다, 나위다(정진하다).
제후(諸侯) 봉건 시대에 천자 아래 일정한 영토를 가지고 그 지역을 맡아 다스린 지방 왕. 류영모는 '제(諸)'를 원음인 '저'로 썼다.

풀이

　몸가짐을 조심하는 것이 수신(修身)이다. 수신을 하면 자기가 나아갈 길을 자기가 알게 된다. 그것을 길(道)이 나선(立)다고 하였다. 수신은 기도이다. 기도를 하자면 몸가짐을 삼가야 하고 수신을 하자면 마음이 하느님께로 향해야 한다. 마음이 어지러워지면 수신도 안 되고 몸이 흐트러지면 기도도 안 된다. 몸을 삼가고 마음을 가다듬어 하느님을 우러르면 얼(성령)이 나아갈 길을 일러준다. 예수는 보혜사(성령)가 가르쳐준다고 하였다. 성인은 이렇게 평생을 살아간다. 이것이 도립(道立) 이다. 술 취한 사람의 눈에는 길이 선다는데 그것은 도립(道立)이 아니라 전도(顚倒)다.《논어》에 유자(有子)가 말하기를 "군자는 밑둥에 힘쓴다. 밑둥이 서면 길이 난다(君子務本 本立而道生)."(《논어》, 학이 편)고 하였다.《중용》의 앞의 구절에서는 "몸을 닦으면 길(道)이 나서고"라는 이 말이 가장 값지다. 다른 얘기는 우리가 잘 아는 말이다.

　나와 관계가 있는 사람들에게 내가 먼저 대접을 하면 저쪽에서 그 보답을 한다는 말도 있다. 어진 이를 높이 받들어 그 뜻을 어기지 않으면 미혹하지 않는다. 어진 이를 멀리하고 미색과 간신을 가까이하면 반드시 미혹하여 나라를 그르치게 된다. 어진 이는 나라의 위험을 알리는 자명고다. 자명고를 찢으면 나라는 끝장이 난다. 늘 자명고의 소리에 귀를 기울여야 한다.

　친척을 가까이하면 원망이 없다고 한다. 위정자의 친인척은 정사에서 멀리해야 한다. 공사(公私)를 구별해야 하기 때문이다. 친척을 가까이하라는 것은 소외감을 느끼지 않을 정도로 하라는 것이지 친인척을 끼고돌라는 것은 아닐 것이다. 공자는 말하기를 "단지 여자와 소인은 데리고 있기가 어렵다. 가깝게 하면 버릇없어지고 멀리하면 원망한다."(《논어》, 양화 편)고 하였다. 덜된 친척도 이와 같은 면이 있을 것이다. 제후, 대신, 군신은 제왕을 돕는 이로는 같다. 관리를 등용할 때는 공자의 말대로 "곧은 이를 들어서 굽은 이 위에 두면 백성이 따른다(擧直錯諸枉則民服)."(《논어》, 위정 편)면 나라의 앞날이 어둡지(不眩) 않을 것이고 신상필벌(信賞必罰)을 지키면 관리들이 충성을 다할 것이다.

뭇 백성을 자식같이 돌보면 백성들이 스스로 따르려고 힘쓸 것이다. 공자 가로되 "백성이란 바름에 따르게 하여야지 바름을 알게 하지는 못한다(民可使由之 不可使知之)."(《논어》, 태백 편)고 하였다. 기능공이 안정된 산업을 할 수 있게 하여 그들이 개발한 기업을 대대로 전수하게 하여야 한다. 관리들의 지나친 수탈로 견디다 못하여 스스로 가업을 단절시키는 비극이 너무도 많았다. 그렇게 만든 위정자의 죄는 역사책에 기록하여 그 죄를 두고두고 세상에 알려야 할 것이다.

외국인들이 여행하고 싶지 않다는 나라가 있다면 그 나라는 불행한 나라일 것이다. 자주 만나는 아는 사람에게만 친절하게 하는 것은 잘못이다. 자주 못 만나는 사람이나 모르는 사람에게는 더 친절하여야 한다. 마지막 만남이 될지도 모르기 때문이다. 낯 모른다고 불친절하다면 사람이 아닌 짐승일 것이다.

- ■ 친근한 이를 공경히 대접해야 한다. 자기 자식이라도 공경해야 한다. 함부로 자식 소리 해서는 안 된다. 공경이란 조심이요 어려워함이다. 사람은 맨 먼저 다른 사람의 인격을 존중해야 한다. 친근한 이를 공경하지 않으면 인(仁)도 의(義)도 없어진다.
- ■ 멀리 있는 이도 애중히 해야 한다. 그것이 하느님을 찾는 근본이다. 저 아프리카놈, 저 일본놈, 저 야만인이라고 하면 안 된다. 그러고도 제 부모에 효하고 제 형제한테 우애해봤자 소용없다. 크게 앉아보면 원근(遠

近) 친소(親疎)가 없다. 그렇다고 부모도 형제도 다 버린다고 생각하면 안 된다. 그러니 공자 말이나 노자 말이나 다 옳다. 맹자 말이나 묵자(墨子) 말이나 다 옳은 것이다. 반대되는 게 있는 것 같아도 그렇지 않다. 알아들을 사람이 잘 알아들어야 한다. 먼 데에 더 가까이 붙고 먼 이를 더 후하게 대해야 한다. 먼 이는 먼 만큼 드물게 만나기 때문이다.(류영모)

깨끗이(齊) 맑히(明) 매므시 입성하고(盛服)
짓보이(禮) 아닌 움지김을 않는 것은
가져 몸을 닦음이요
앰한 뒷말(讒)을 물리치고 빛깔(色)을 멀리하여
재물을 얕이 보고 노릇(德)을 높임은
가져 닦아 난 이(賢)를 나위려(勸) 함이요
그 자리(位)를 높이고
그 탬(祿)을 무겁게 하고
그 좋고 언짢은 것을 한 같게(同) 함은
가져 가까운 이를 가까이함을 나위려 함이요
벼슬(官)을 많이 두어(盛) 구실(使)에 맡기게 함은
가져 큰 섬기(大臣)를 나위려 함이오
곧곧고(忠) 미쁨(信)으로 탬을 무겁게 함은
가져 선비를 나위려 함이오
때에 부리고(時使) 얇게 거둠(薄斂)은
가져 씨알(百姓)을 나위려 함이오
날로 달로 살펴(省) 꼬나서(試)

일한 데 맞게(稱事) 먹이를 줌은(旣稟)

가져온 바치(百工)를 나위려 함이오

가는 이를 보내고 오는 이를 맞으며

잘한 것은 아름답다 여기고(嘉善) 못하는 것을 어여삐 여김은(矜不能)

가져 먼 데 사람을 부침이오

끊져 갈릴 것(絶世) 이어주고

없어지려는 나라를(廢國) 붓뜰어주며(擧)

어지러운 것을 다스리고(治亂) 위태로운 것을 잡아주며(持危)

보려 옴과(朝) 드리러 오는 것을(聘) 때에만 하며

두텁게 가고 얇게 옴은

가져 저후(諸侯)로 그리움이다.

齊明盛服
제 명 성 복

非禮不動
비 례 부 동

所以修身也
소 이 수 신 야

去讒*遠色
거 참 원 색

賤貨而貴德
천 화 이 귀 덕

所以勸賢也
소 이 권 현 야

尊其位
존 기 위

重其祿
중 기 록

同其好惡
동 기 호 악

所以勸親親也
소 이 권 친 친 야

官盛*任使
관 성 임 사

所以勸大臣也
소 이 권 대 신 야

忠信重祿
충 신 중 록

所以勸士也
소 이 권 사 야

時使*薄斂*
시 사 박 렴

所以勸百姓也
소 이 권 백 성 야

日省月試
일 성 월 시

旣稟*稱事*
기 품 칭 사

所以勸百工也
소 이 권 백 공 야

送往迎來
송 왕 영 래

嘉*善而矜*不能
가 선 이 긍 불 능

참(譖) 거짓말로 모함하다.
관성(官盛) 부하 관리들이 많은 것.
시사(時使) 농한기 등 때를 맞춰 일을 시킴.
박렴(薄斂) 얇은 세금, 적은 세금.
기품(旣稟) 희름(餼廩)의 뜻. 먹거리(급료). 희름은 고기와 쌀 등의 먹거리다.
칭사(稱事) 일에 맞춰.

所以柔遠人也
소 이 유 원 인 야

繼絶世
계 절 세

擧廢國
거 폐 국

治亂持危
치 란 지 위

朝聘*以時
조 빙 이 시

厚往而薄來
후 생 이 박 래

所以懷諸侯也
소 이 회 제 후 야

풀이

'제명성복(齊明盛服, 앞의 16장 3절 참고)'은 하느님(선조)께 제사(기도)를 올리는 것이다. '수신(修身)'은 하느님께 기도 올리는 데 있다는 것을 밝힌 것이다. 그런데 유교인은 하느님께 기도 올릴 줄을 모른다. 제물을 차리고 절만 할 줄 안다. 신앙에는 제사신앙, 신조신앙, 깨달음신앙이 있다. 제사신앙은 가장 낮은 단계의 종교이다. 말하자면 유치한 신앙이다. 음식 제사를 정신의 기도로 지양(止揚)하여야 유교가 살아난다. 기도는 하느님과 얼로 통하여 얼(성령)인 진리를 받는 것이다. 하느님으로부터 받은 얼이 얼말씀(文)과 얼사랑(仁)으로 나타난다. 그래서 공자는 숭문(崇文), 시인(施仁)을 가장 소중하게 생각하였다.

가(嘉) 아름답게 여기다. 기리다.   **긍**(矜) 아끼다. 공경하다.
조빙(朝聘) '조(朝)'는 제후가 천자를 찾아뵙는 것이고, '빙(聘)'은 제후가 제왕에게 예물을 바치는 것이다.

'비례부동(非禮不動)'은 《논어》 안연 편에 나온다. 안연이 스승 공자께 인(仁)을 물었을 때 "제나(自我)를 이겨(죽여) 예(禮)를 회복하는 것이 인(仁)을 하는 것이다. 하루에 제나를 이겨 예를 회복하면 천하가 인에 돌아갈 것이다. 인은 내가 해야지 남이 하랴."고 하였다. 안연이 인(仁)의 덕목을 물으니 공자 가로되 "예(禮) 아니면 보지 말며 예 아니면 듣지 말며, 예 아니면 말하지 말며, 예 아니면 움직이지 말라."고 하였다. 나(ego)를 이겨(죽여) 예(禮)를 회복하는 인(仁)이라면 그 예는 하느님과의 사랑을 회복한 것이다. 하느님의 뜻만을 받들자는 말이 비례물동(非禮物動)이다. 남의 여인의 속살을 보지 말자는 소극적인 뜻만은 아니다. 하느님의 뜻이 아니기 때문에 안 본다가 되어야 호기심조차 사라진다.

지도자는 여러 사람과 상대하게 된다. 그러면 서로가 지도자의 마음에 들려고 경쟁한다. 정당한 경쟁이라면 나쁠 것이 없지만 실력이 모자라고 심덕이 나쁜 이가 자기보다 나은 이를 참언(讒言)하여 상대방을 꺾으려 한다. 지도자가 이 참언에 속으면 지도자 자격이 없다. 참언을 물리치는 것이 '거참(去讒)'이다. 지도자가 되면 돋보여 여인들이 유혹의 눈길을 보낸다. 여인들은 힘 있는 이를 좋아하기 때문이다. 지도자가 여인의 유혹에 넘어가면 지도자의 자격을 잃는다. 그러므로 지도자는 원색(遠色)하여야 한다. 지도자는 재물은 낮게, 속알(德)은 높게 알아야 한다. 그러면 어진 이(賢人)들의 지지를 받게 된다.

중국 수나라 문제는 선정(善政)을 베푼 합격권에 드는 제왕이다. 그래서 시호도 문제라는 '문(文)' 자를 받았다. 과거 제도를 처음 실시하여 인재를 등용하였다. 백성들에게 시사박렴(時使薄斂)의 정책을 펴며 농상(農桑)을 장려하였다. 황실에서부터 근검절약하여 사치를 금하였다. 황제와 황후도 예외가 아니었다. 유행을 금하고 금과 옥으로 꾸미는 것을 금하였다. 관리의 부정과 비리는 엄단하였다. 이렇게 20년을 계속하니 서민들의 살림이 풍족해져 태평성대를 구가하게 되었다. 정치적으로는 성공한 황제임에 틀림이 없다. 그런데 문제에게는 한 가지 중대한 허물이 있었다. 사람들을 믿지 못하고 의심하는 것이었다. 사람이 큰돈을 지갑 속에 넣고 다니면 모두가 소매치기로 보인다. 황제의 자리에 있으니 의인(疑人)의 버릇이 생기는 것도 무리가 아니다. 문제는 사람들을 의심하여 까다롭게 감시하고 참소하는 말을 그대로 믿어 공신과 옛 친구들이 모두 문제에게 죽임을 당해 목숨을 보전한 사람이 없었다. 그리고 자신의 자식들과도 모두 원수처럼 되었다.

중국의 황실에도 권력 투쟁이 끊이지 않아 언제나 골육상쟁의 피비린내가 풍겼다. 그래서 황제에게 친친(親親)의 중요성을 말하고 있다. 황실의 혈육들에게 신변 안전을 보장해 주라는 것이다. '존기위(尊其位)', '중기록(重其祿)'이다. '존기위'는 신분 보장이고 '중기록'은 생활 보장을 말한다. 좋은 사람 나쁜 사람을 따지지 말고 일시동인(一視同仁)하여 불평불만을 없애라는 것이다. 그런데 모두가 욕심을 버려야 하는데 욕심이 가득하니 왕족들은 왕위에 오르기 전에는 만족이 될 리 없다. 어떻든 군주 제도가 없어지고 민주 제도가 된 것은 황제들에게도 구원이 된 일이다.

당나라 태종의 '현무문(玄武門)의 변'은 유명하다. 태종이 등극하기 전에 태자인 형 건성과 아우 원길을 현무문에서 죽인 것이다. 조카인 건성의 아들 5명과 원길의 아들 5명도 죽였다. 허유가 요 임금으로부터 임금 되라는 소리를 듣고는 귀가 더러워졌다고 영천에 가서 귀를 씻었다는 것이 결코 지나친 결벽증이 아님을 실감할 수 있다. 형제와 조카를 죽이고 황제 자리에 앉아서 마음이 평안한지 알 수 없다.

대신(大臣)과 사(士)에 대해서는 할 말이 없다. 정직하고 능력 있는 공직자는 신분을 보장하고 생활을 안정시켜주어야 한다. 맹자가 말하기를 "어진 이를 높이고 능한 이를 시켜서 뛰어난 인물을 자리에 앉히면 천하의 선비들이 모두 기꺼이 그 조정에 서기를 바란다."(《맹자》, 공손추 상편)고 하였다. 또 맹자는 "임금이 신하를 손발같이 여기면 신하는 임금을 배나 가슴처럼 여기고 임금이 신하를 개나 말처럼 여기면 신하는 임금을 나라의 일반 백성과 같이 여긴다. 임금이 신하를 흙과 먼지같이 여기면 신하는 임금을 원수같이 여긴다."(《맹자》, 이루 하편)고 하였다. 또 맹자는 벼슬길(官道)에 대해서 말하기를 "뜻을 높여(尙志) 인의(仁義)를 실천할 뿐이다. 한 사람이라도 죄 없이 죽이는 것은 인(仁)이 아니다. 남의 것을 빼앗는 것은 의(義)가 아니다. 살 데가 어디 있느냐 하면 '인(仁)'인 것이요, 길이 어디 있느냐 하면 '의(義)'인 것이다. 인(仁)에 머물고 의(義)로 가면 큰 사람(大人)의 일을 다 갖춘 것이다."(《맹자》, 진심 상편)라고 하였다. "백성들에게서 농기(農期)를 빼앗으면 농사를 못 지어 부모님을 봉양치 못하여 부모님이 얼고 굶주리며 형제 처자가 흩어지게 된다."(《맹자》, 양혜왕 편)라고도 하였다.

　요즘에는 강제 노역이 없고 오히려 영세민에게 노임을 살포하고자 취로 사업을 벌인다. 이는 참으로 꿈같은 일이다. 백성의 삶을 북돋우는 길은 때를 가려 일 시키고 거두는 세는 적어야 한다(時使薄斂)는 것이다. 지금은 만리장성, 진시황릉, 자금성 따위가 중국의 관광 자원이 되었지만 건설할 때는 수많은 백성이 고역을 치렀고 생명을 잃었다. 만리장성을 쌓을 때는 열흘 사이에 1백만 명의 인부 가운데 반수 이상이 죽은 적도 있었다. 당시 온 나라에는 일할 사람이 없어 농가의 논밭은 묵은 채 그대로 버려져 있었고 남편 잃은 여인들의 비참한 모습이 부지기수였다. 한마디로 백성들은 생사의 갈림길을 헤매고 있었다. 이렇게 어렵다 못해 무서운 강제 노역을 모면하고자 많은 장정들이 일부러 고통을 무릅쓰고 자신의 한쪽 팔다리를 잘랐다. 그리하여 일생 불구의 장애인이 되었다. 신체 장애인은 강제 노역에서 면제되었기 때문이다. 평시라면 한이 될 불구의 수족이 오히려 복된 수족이 되었다. 그리하여 중국에는 '새옹지마(塞翁之馬)'라는 숙어가 생겼다. 말을 타다가 다리가 부러져도 나라의 동원을 면하여 화가 복이 된다는 것이다.

백성들에게 강제 노역 못지않게 무서운 것은 터무니없이 무거운 세(稅) 부담이다. 공자 제자 가운데 염구(冉求)라는 이가 있었다. 그는 노나라 대부 계씨(季氏)의 가재(家宰)로 있었다. 계씨는 수탈을 일삼아 노나라 국조(國祖)인 주공(周公)의 후손들보다 더 부자였다. 그런데 염구가 세금을 더 올려 거두려 하였다. 이를 알게 된 공자는 제자들에게 "염구는 내 제자가 아니다. 제자들은 북을 쳐서 이를 꾸짖어야 할 것이다."(《논어》, 선진 편)라고 하였다.

후당(後唐)을 세운 장종(莊宗)은 공겸(孔謙)에게 재무를 맡겼다. 공겸은 장종에게 잘 보이고자 얼마나 세금을 거두어들였는지 백성들은 물론 병사들까지도 가난을 못 견뎌 처자식을 파는 일이 많이 생겼다. 장종의 개인 창고에는 금은보화가 넘쳤다. 공겸은 각종 부가세를 붙였는데 양잠에는 양잠세, 누룩에는 누룩세, 심지어 농기구에까지 세금을 매겼다. 세로 거둔 곡물을 쥐나 새가 먹어서 축낼 것까지 미리 셈하여 세를 덧붙이니 이를 작서모(雀鼠耗)라 하였다. 이런 예는 중국 6천 년 역사에 수없이 많다. 맹자는 "형벌은 덜어주고 세 거둠은 적게 하여주는 것(省刑罰薄稅斂)."(《맹자》, 양혜왕 상편)이 정치의 기본 도리라고 하였다.

날로 살피고 달로 시험하여 일에 맞추어 보수를 주는 것이 백공(百工)을 북돋우는 것이라고 하였다. 중국에는 예부터 인구가 많아 온갖 기능공이 많다. 더구나 인류 문명의 발상지의 한 곳이던 황하 유역이다. 세계사적으로도 종이·나침반·화약·인쇄술은 중국이 자랑하는 4대 발명품이다. 천문 관측의 혼천의와 지진을 관측하는 지동의도 2천 년 전 한(漢)나라의 장형(張衡)이 만들었다.

가는 이 보내고 오는 이 맞이하여 착한 것을 아름답게 여기고 모자라는 것을 어여삐 여기면 먼 데 사람을 부드럽게 대하는 것이다. 중국은 워낙 나라가 커서 중국 안에서도 이민족이 많이 살고 있다. 마르코 폴로의 여행기나 아라비아의 여행가 이븐 바투타의 여행기를 보아도 중국 사람들은 다른 나라 사람에게 친절하여 좋은 인상을 주어 왔다. 동물행동학자 드 발의 말에 의하면, 사람도 짐승들처럼 생김이 다르고 말이 다르고 낯설면 무조건 배타적이게 되어 있다는데 말이다.(드 발,《내 안의 유인원》) 요즘은 국제연합(UN)이 천자(天子) 노릇을 하고 180여 개국은 옛날 중국의 제후 국가처럼 되었다. 외침과 내란으로 위기에 놓인 나라에 유엔이 적극 개입하여 그 나라에 평화를 이룩해야 할 것이다. 맹자가 말하기를 "큰 나라로서 작은 나라를 섬기는 것은 하늘의 뜻을 즐기는 것이요 작은 나라로서 큰 나라를 섬기는 것은 하늘의 뜻을 두려워하는 것이다."(《맹자》, 양혜왕 하편)라고 하였다.

(이같이) 무릇 나라집(國家)을 함에 아홉 날(줄, 經)이 있으니
가지고야 할 것은 하나다.

凡爲天下國家 有九經
범 위 천 하 국 가 유 구 경
所以行之者 一也
소 이 행 지 자 일 야

풀이

오늘날에는 거의 대부분의 나라가 군주 제도가 아닌 민주 제도로 운영되지만 《중용》에서 말하는 국가를 다스리는 원리인 '구경(九經)'이 참고가 될 수

있다. 이 구경(九經)의 나라 줄기의 가닥을 잘 잡아야 나라 다스림이 잘 된다. 그것은 오로지 위정자의 마음 하나에 달려 있다. 위정자가 탐·진·치의 제나에서 지·인·용의 얼나로 솟나야 한다는 말이다. 그러므로 위정자는 얼나인 하나(一)를 잡아야 한다. 맹자는 "대저 도(道)란 하나일 뿐이다(夫道一而已矣)."(《맹자》, 등문공 상편)라고 하였고 공자는 "나의 도(道)는 하나로 뚫렸다(吾道一以貫之)."(《논어》, 이인 편)라고 말하였다. 《중용》에서 말한 "일야(一也)"도 같은 뜻이다.

■ 나는 가끔 문제가 별로 없다고 말하는데 그것은 다만 하나만을 문제로 삼고 있기 때문이다. 따라서 말씀도 결국 하나밖에 없다. 모든 문제는 마침내 하나에 연결되었을 뿐이다. 문제는 언제나 하나인데 하나(절대, 하느님)로 참 산다는 것이다.(류영모)

하나는 하느님의 얼인 말씀이 나의 마음속에 들리는 것이다. 마하트마 간디가 말한 '조용하고 작은 소리'다. 간디가 인도의 독립운동을 지도할 때 중요한 결정을 내릴 때는 하느님의 조용하고 작은 소리를 듣기 위해 밤을 새우며 기도했다고 한다. 지도자가 이 조용하고 작은 소리를 듣느냐 못 듣느냐에 따라 나라가 바로 되고 못 되고 한다. 그래서 하나뿐이다.

■ 하느님은 고요히 사람의 맘의 귀를 여시고 인 치듯 교훈하신다. 절대 존재의 소리가 들려온다. 하느님의 말씀을 막을 길은 없다. 잠잘 때나 꿈속에서 말씀하신다. 절대 존재의 소리를 들어라. 그것은 인생을 멸망에서 구원하시기 위한 소리다. 하느님의 말씀은 공상이 아니다. 진실이다. 구체적이다. 하느님의 말씀은 우주에 가득 차 있다. 우주가 다 하느님의 말씀이다. 하느님의 말씀에 공손히 순응해야 한다.(류영모)

무릇 일은 미리 하면 일어서고(立)
미리 못하면 쓰러지나니
말의 앞을 차리면(定) 잘못이 없을 것이요
일의 앞을 차리면 어려움(困)이 없을 것이요
노릇(行)의 앞을 차리면 탈(疚)이 없을 것이요
길(道)의 앞을 차리면 닿음(窮)이 없을 것이다.

凡事豫則立
범 사 예 즉 립
不豫則廢*
불 예 즉 폐
言前定則不跲*
언 전 정 즉 불 겁
事前定則不困
사 전 정 즉 불 곤
行前定則不疚*
행 전 정 즉 불 구
道前定則不窮*
도 전 정 즉 불 궁

풀이

  증자가 말하기를 "뜻 있는 사람은 마음이 크고 뜻이 굳어야 한다. 맡은 일은 무겁고 길이 멀기 때문이다. 인(仁)을 하는 것을 내 맡았으니 또한 무겁지

폐(廢) 쓰러지다. '입(立)'에 반대되는 말로 썼다.   **겁**(跲) 잘못되다. 跲(넘어질 겁).
구(疚) 탈.   **궁**(窮) 닿다. 막히다.

않은가. 죽어서야 그만두리니 또한 멀지 않은가(士不可以不弘毅 任重而道遠 仁以爲己任 不亦重乎 死而後已 不亦遠乎)."(《논어》, 태백 편) 하루를 살아도 이러한 마음가짐으로 살아야 사람이다.

하물며 위정자(爲政者)의 자리에 있는 사람은 더욱 막중한 책임감을 가지고 신중하되 민첩하고 총괄하되 치밀하여야 한다. "미리 하면 일어서고 미리 못하면 쓰러진다(豫則立 不豫則廢)."는 말은 증자처럼 성인(成仁) 하겠다는 심신의 준비가 있어야 참된 삶을 살 수 있다는 말이다. 맹자의 말인 "찾으면 얻고 버려 두면 잃는다(求則得之 舍則失之)."(《맹자》, 진심 상편)와 같은 뜻이다. 공자는 "사람이 멀리 내다보지 않으면 반드시 다가오는 근심이 있다(人無遠慮 必有近憂)."(《논어》, 위령공 편)고 말하였다. 그러므로 공자가 15살에 학문을 뜻하고 30살에 뜻을 세운 것이 모두 미리(豫) 한 것이다. 온전한 예비는 참나를 깨닫는 것이다.

멀리 생각한다는 것은 돌아갈 하느님을 생각하는 것이다. 멀리 생각한다 하여 이집트의 파라오들처럼 자신들의 거대한 무덤 궁전을 만들어 미라로 안장하였다가 육신의 부활을 준비하는 그 따위 원려(遠慮)는 원려가 아니라 망념(妄念), 사행(邪行)에 지나지 않는다.

죽음이 내 앞에 닥쳐도 살려 달라고 호들갑 떨지 않고 "제 뜻대로 마시고 아버지(하느님)의 뜻대로 하소서."(마태오 26 : 39)라고 할 수 있어야 한다. 몸나의 죽음을 넘어선 이만이 넘어지지 않고(不跲) 어렵지 않다(不困). 그러므로 세상에 나와서 말을 하기 앞서 일을 하기 앞서 노릇을 하기 앞서 길을 나서기 앞서 제나(自我)가 얼나(靈我)의 다스림을 받아 하느님 아들의 자리에 서야 한다. 이것이 '정(定)함'이다.

제왕만이 하느님의 아들인 천자(天子)인 시대는 지나갔다. 이제는 모두가 하느님의 아들이다. 길이 밖에 있는 것이 아니다. 탐·진·치 삼독의 본성을 지닌 제나의 욕망을 꼭꼭 밟아나가는 것이 길이다(惟聖人然後 可以踐形)(《맹자》, 진심 상편). 사람들은 자기가 권좌에 앉게 되면 모든 사람들을 잘살게 해주겠다고 말한다. 막상 권좌에 앉으면 자기만 잘살지 백성들이 잘살게 되는 것이 아니었다. 이 사실을 잘 아는 톨스토이는 《국가는 폭력이다》에서 이렇게 말하였다. "사람들을 돕는 방법은 한 가지밖에 없다. 스스로 착한 삶을 사는 것이다. 사실 유일하게 현실적인 방법이다. 다른 모든 수단은 환상이다." 톨스토이는 이어서 말하였다. "권력을 소유했다는 사실 때문에 권력을 소유하지 않은 사람보다 악을 저지르기가 언제나 쉽다. 그러므로 권력은 완전무결한 사람에게 맡겨져야 한다. 적어도 해롭지 않을 수 있을 뿐만 아니라 유익할 수도 있기 때문이다."

☁︎

아랫자리에 있어서
위를 얻지 못하면
씨알(民)을 다스리지 못하리라.
위를 얻음에 길이 있으니
벗에 미쁘지 못하면
위를 얻지 못하리라.
벗에게 미쁨에 길이 있으니
어버이에게 따르지 못하면
벗에 미쁘지 못하리라.
어버이에게 따름에 길이 있으니
몸을 돌보아 참(말)으로 못하면
어버이에게 따르지 못하리라.

몸을 참(말)으로 함에 길이 있으니
착함에 밝지 못하면
몸을 참(말, 誠)으로 못하리라.

在下位
재 하 위

不獲乎上
불 획 호 상

民不可得而治矣
민 불 가 득 이 치 의

獲乎上有道
획 호 상 유 도

不信乎朋友
불 신 호 붕 우

不獲乎上矣
불 획 호 상 의

信乎朋友有道
신 호 붕 우 유 도

不順乎親
불 순 호 친

不信乎朋友矣
불 신 호 붕 우 의

順乎親有道
순 호 친 유 도

反諸身不誠
반 저 신 불 성

不順乎親矣
불 순 호 친 의

誠身有道
성 신 유 도

不明乎善
불명호선
不誠乎身矣
불성호신의

풀이

　이미 앞에서 언급하였듯이 이 절(節)과 다음 절(節)은 《맹자》 이루 상편에 글자 몇 자가 비슷한 뜻의 다른 글자로 쓰였든가 가감(加減)되었을 뿐 거의 그대로 인용되어 있다. 그런데 《맹자》에서는 맹자의 말로 되어 있고 《중용》에는 공자의 말로 이어지고 있다. 어느 쪽이 원본인지는 단정하기 어렵다. 공자, 맹자를 다 같이 높이는 유학자들이 한 일이기 때문이다. 어느 쪽이든 한쪽이 실수나 착각을 한 것이다. 《중용》 쪽에서 《맹자》를 끌어 썼다면 《맹자》에 뚜렷이 있는 글을 맹자를 빼버리고 공자의 말로 바꿀 까닭이 없다. 그러나 《맹자》를 지을 때 《중용》의 글은 일부 있어도 《중용》이란 책은 없었을 것이다. 그러므로 《맹자》에 인용되기가 더 쉽다고 생각할 수 있다. 그러나 이것으로 《중용》의 신뢰성에 흠집이 생기는 것만은 부인할 수 없다. 《중용》이 실제로 나타난 것은 《맹자》보다 훨씬 뒤이기 때문이다. 《중용》이 《맹자》를 인용한 것이라 하더라도 《중용》의 권위에는 별로 영향이 없다. 궁극에는 글의 연대순에 있는 것이 아니라 글에 내포된 진리에 있기 때문이다. 《논어》에 실려 있는 공자의 말씀이 인용되어 《중용》에도 실려 있고 《맹자》에도 실려 있다. 어떻게 보면 《중용》과 《맹자》가 더 가까운 듯하기도 하다.

　"아랫자리에 있어서 위(上)의 신임을 얻지 못하면 백성을 다스리지 못하리라."에서 아래(下)는 어느 자리이고 위(上)는 누구인가. 백성을 얻어서 다스린다면 제후가 아래이고 위는 제왕이라고 풀이한다. 그러나 이렇게 풀이하면 별 뜻이 없다. 위에도 나쁜 사람이 얼마든지 있기 때문이다. 나쁜 위의 신임을 얻어서 무엇할 것인가. 아래(下位)는 제왕의 자리이고 위(上)는 하느님이라고 보아야 한다. "이 세상이란 낮은 거다. 이 세상이란 내가 깔고 앉을 거다. 세상에는 높은 게 없다."(류영모) 옛날의 제왕 자리나 오늘의 대통령 자리가 높은 자리인 줄로 아는 것이 착각이다. 이 세상에는 높은 자리가 없다. 높은 자리라고 생각하니 거들먹거리는 이들이 나온다. 이제는 민주(民主)의 시대이므로 권좌가 높은 자리라는 생각은 말아야 한다. 황제가 나쁜 놈이면 어떻게 되는가.

그래도 그놈의 신임을 얻어야 할까. 위(上)는 하느님 한 분뿐이어야 한다. 위는 하느님 한 분뿐이다. 백성을 다스리는 이는 하느님이신 위(上)를 얻어야 한다. 위를 얻는 것은 얼(성령)을 받는 것이다. 획(獲)은 줍듯이 얻는 것이 아니다. 힘들여 얻는 것이다. 예수는 "지금까지 하늘나라는 폭행을 당해왔다."(마태오 11 : 12)라고 하였다. 하느님의 얼(성령)을 받지 못하면 백성을 올바르게 다스릴 수 없다. 그러면 성령을 받는 어진 이들의 가르침이라도 받아야 한다. 백성을 다스리는 것은 백성들을 자율적인 도덕인으로 이끄는 것이다. 예수는 위(上)를 얻는 것을 '위에서 나는 것'이라고 하였다. 얼(성령)의 나로 난다는 것이다. "너희(몸나)는 아래서 났고 나(얼나)는 위에서 났으며 너희(몸나)는 이 세상에 속하였고 나는 이 세상에 속하지 아니하였느니라."(요한 8 : 23, 한글개역)고 하였다.

위(하느님)를 얻으려면 길이 있으니 '신호붕우(信乎朋友)' 하여야 한다는 것이다. '붕우'는 좁은 뜻의 '벗'이어서는 안 된다. 손잡고 사는 모든 사람이 붕우이다. 사람은 누구나 손잡고 살아야 할 붕우이다. 아무리 일사가 만사라지만 친구 몇 사람과 신의를 지킨다고 하늘을 얻을 수 있는 것은 아니다. 도둑도 저희끼리의 신의는 더 잘 지킨다. 공자가 말하길 "벗이 있어 멀리서부터 방장(方將) 찾아오면 또한 기쁘지 않은가(有朋自遠方來 不亦樂乎)."(《논어》, 학이 편) 여기에서 '벗(朋)'은 이미 아는 사람을 말하는 것도 아니고 나이가 비슷한 사람을 말하는 것도 아니다. 공자의 인격을 흠모하여 알고자 찾아오는 사람 누구를 막론하고 공자에게는 붕우라는 것이다. 예수도 마지막에는 제자들을 보고 "내가 명하는 것을 지키면 너희는 나의 벗이 된다."(요한 15 : 14)라고 말하였다.

붕우와 미쁘게 지내는 길이 있으니 어버이에게 순종하는 것이라고 하였다. 땅의 어버이 중에는 훌륭한 분도 많지만 그렇지 않은 분도 많다. 덜된 어버이에게 순종한다고 붕우와 미쁘게 될 수 없다. 이 어버이는 하느님 아버지라야 한다. 핏줄의 한 형제끼리 잘 지내는 것은 어버이에게 순종하는 것으로도 되겠지만 핏줄이 같지 않은 붕우들과는 하느님 아버지에게 순명(順命)하는 이가 되어야 한다. 하느님 아버지를 좇는 데는 길이 있으니 스스로를 돌이켜 보아서 참(誠)되어야 한다고 하였다. 나 스스로가 참되는 길은 제 속에 있는 착함을 밝혀야 알 수 있다. 이는 "《대학》에서 명덕(明德)의 도를 밝힌다(大學之道 在明明德)."(《대학》, 1장)는 말과 같다.

여기에서 '선(善)'은 선의지(善意志) 곧 참나(얼나)를 말한다. 톨스토이가 말하기를 "해야 할 것은 나(自我)의 부정이 아니라 동물적인 나가 이성적인 나에게 복종하는 데 있다."(《인생론》)고 하였다. 《중용》 위 구절에서 잊지 말아야 할 말은 "반제신불성 불순호친(천)의(反諸身不誠 不順乎親(天)矣)"다. 류영모는 이렇게 말하였다.

■ 하느님께 가는 길은 자기 마음속으로 들어가는 길밖에 없다. 지성을 다하고 정성을 다하는 것이다. 깊이 생각해서 자기의 속알(德)이 밝아지고 자기의 정신이 깨면 아무리 캄캄한 밤중 같은 세상을 걸어갈지라도 길을 잃어버리는 일은 없을 것이다.

참(말, 誠)이란
하늘(天) 길(道)이요
참(말)을 하는 것이란
사람의 길이니
참(말)이란
힘 안 들게 들어맞고(中)
생각 없이 얻어져
저절로(從容) 가온 맞는(中) 길이니
씻어난(聖) 사람이요
참(말) 하는 것이란
착한 것을 골랐으면 굳이 잡고 가는 것이다.

誠*者
성 자

天之*道也
천 지 도 야

誠之者
성 지 자

人之道也
인 지 도 야

誠者
성 자

不勉而中
불 면 이 중

不思而得
불 사 이 득

從容*中道
聖人也
誠之者
擇善固執之者也

풀이

　류영모는 "참(誠)은 하느님(天)을 말한다. 참(誠)은 하늘이다. 이 참(誠)을 하려는 것이 사람의 길이다. 참(誠)을 생각하는 것이 사는 길이다. 참(誠)을 그리워해야 한다. 참(誠)은 하늘의 길이요. 참(誠)을 그리워하는 것이 사람의 갈 길이다."라고 말했다. 성(誠)을 하느님으로 나타낸 일은 《논어》에서는 찾아볼 수 없다. 《논어》에는 성(誠) 자가 두 번 나오는데 '참되다'라는 수식어로 쓰였을 뿐이다. 류영모는 참(誠)은 언(言)과 성(成)으로 된 회의 문자인데 말씀 이룸의 로고스라고 하였다. 요한복음에 나오는 로고스를 하느님으로 본 것과 같다.

　"성자 천지도야(誠者 天之道也)"란 성(誠)이 천도(天道)라는 말이다. 참(誠)이 하느님이란 말이다. 무소부재(無所不在)하고 무시부재(無時不在)하고 무인부재(無人不在)한 하느님께서 어디 갈 데가 있을 리 없다. 무거(無去) 무래(無來)다. 갈 데가 없는데 길이 무슨 필요가 있겠는가. '천지도(天之道)'란 하느님의 속성이란 뜻이다. 하느님은 참(誠)되시어 영원 무한하시다

성(誠)　류영모는 '참' 또는 '참말', '참말씀'으로 옮겼다.
지(之)　가다. 하다.
종용(從容)　저절로 자연스럽고 태연한. 떠들지 않고 유유한.

는 뜻이다. 노자는 하느님을 도(道), 천도(天道)라 하였다.

"성지자 인지도야(誠之者 人之道也)"는 하느님인 참(誠)에 나아가는 것이 사람의 길이란 말이다. 참(誠)인 하느님께 나아가는 것을 치성(致誠)이라고 하였다. 치성은 기도나 참선과 같은 뜻이다. 하느님에게 정성을 드리는 것을 치성이라고 한다. 하느님이 참(誠)이라 사람도 참(誠)을 드려야 된다는 것이다. 예수는 하느님은 얼이라 얼로 예배해야 한다고 하였다.

참(誠)인 얼(誠)은 그 자체가 길이요 참이요 빛이라 힘쓰지 않아도 맞고 생각하지 않아도 얻는다. 하느님께서는 사람처럼 얼나를 깨닫기 위해 애쓰고 생각할 필요가 없다. 하느님이 얼이기 때문이다. 이는 있어서 있는 스스로가 얼생명(中道)이다. 붓다의 몸이 붓다가 아니듯 공자의 몸이 성인이 아니다. 예수·석가·공자의 마음속에 온 하느님의 얼이 그리스도요 붓다요 성인이다. 그러므로 어떤 몸사람의 마음일지라도 얼(誠)이 오면 그 얼이 그리스도요 붓다요 성인인 것이다. 하느님과 얼로 통하는 이가 그리스도요 붓다요 성인이다. 참(誠)인 얼을 맞은 제나는 참(誠)인 얼나를 꼭 붙잡고 놓치지 말아야 한다. 이것을 《중용》에서는 '택선고집(擇善固執)'이라고 한다. 얼을 찾아 꼭 잡는다는 뜻이다. 마하트마 간디의 진리파지(사티아그라하)와 같은 말이다. 기도요 참선이란 말이다. 택선고집을 하려면 제나가 자기를 부정하여야 한다. 예수가 자기 십자가를 지고 나를 따르라는 말도 택선고집하라는 말이다. 공자가 극기복례(克己復禮)하라는 말도 택선고집하라는 말이다.

공자가 말하기를 "세 사람이 가는데 반드시 나의 스승 될 만한 이가 있다. 그 착한 이를 골라서(擇其善者) 따르고 착하지 않은 이를 보고는 내 잘못을 고친다."(《논어》, 술이 편)고 하였다. 그러나 '택선고집'은 밖에 있는 선(善)이 아니라 내 속에 있는 선(善)인 얼의 나(誠)를 붙잡는 것이다. 이리하여 "성자 천지도야 성지자 인지도야(誠者 天之道也 誠之者 人之道也)"에서 절대와 상대가 만난다. 여기에서 참으로 역사가 이루어지고 생명이 완성된다.

넓히 배우고,
샅샅이 묻고,
삼가 생각하고
밝히 가르고
도탑게 할 노릇이다.

博學之 박학지
審問之 심문지
愼思之 신사지
明辯之 명변지
篤行之 독행지

풀이

　공자는 "옛것을 배워 새것을 알면 스승 될 만하다(溫故而知新 可以爲師矣)."(《논어》. 위정 편)라고 하였다. 옛 글월을 널리 배우는 것이 '박학(博學)'이다. 예수 믿는다고 다른 경전은 안 보겠다고 하는 것은 박학 정신이 아니다. 붓다를 믿는다고 불경만 읽겠다고 하는 것도 박학 정신이 아니다. 주희가 노자, 석가를 배척한 것도 박학 정신에 어긋난다. 공자는 "글월은 널리 배우고 예(禮)로써 조인다(博學於文 約之以禮)."(《논어》, 옹야 편)라고 하였다. 눈에 보이는 땅의 세계를 둘러보는 데도 될수록 여러 나라를 다녀보는 것이 좋은데 하물며 눈에 안 보이는 얼의 세계를 알아보자는데 어찌 한쪽만 보겠다는 것인지 알 수 없다.

■ 알긴 무엇을 아는가. 우리는 아는 것이 없다. 예수교 믿는 사람은 유교를 이단시하고 불교를 우상 숭배라고 한다. 불교에서는 예수를 비난하고 유교를 나쁘다고 한다. 유교에서는 불교, 기독교를 욕지거리하고 무엇을 안다고들 하는지 모르겠다. 남을 모르면 자기도 모른다. 자기가 그이(君子)가 되려면 다른 그이(君子)도 알아야 한다. 지금은 참 멍텅구리 시대이다.(류영모)

살펴 묻는 것이 '심문(審問)'이다. 수사관이 피의자에게 신문(訊問)하는 신문이 아니다. 공자의 제자를 비롯하여 공자를 만난 사람들이 주로 많이 물었던 것이 인(仁), 정(政), 효(孝), 지(知), 군자(君子) 등이었다. 공자는 묻는 사람에 따라서 알맞은 대답을 해주었다는 데 특색이 있다. 그리하여 다 같이 정(政)에 대하여 물어도 똑같은 대답은 없었다. 자장(子張)이 정(政)을 물었을 때는 "있으되 게으르지 않으며 행하되 충(忠)으로써 한다."고 하였다. 자로(子路)가 정(政)을 물으니 "먼저 애써야 한다. 더 말하면 게으르지 말아야 한다."고 하였다. 자하(子夏)가 정(政)을 물으니 "빨리 서둘러서는 안 된다. 작은 이익에 매이지 말라. 서두르면 다다르지 못하고 작은 이익에 매이면 큰 일을 이루지 못한다."고 하였다. 섭공(葉公)이 정(政)을 물으니 "가까운 데 사람들이 기뻐하고 먼 데 사람들이 찾아와야 한다."고 하였다.

그런데 위령공이 공자에게 진(陳) 치는 법을 물으니 공자가 언짢게 생각하여 "예(禮)에 대한 것은 일찍 들었지만 군사에 대한 일은 배우지 못하였으니 대답할 수 없다."(《논어》, 위령공 편)고 하였다. 제자 번지가 공자에게 농사짓는 법을 가르쳐 달라고 하자 공자 대답하기를 "농사는 내가 늙은 농부만 못하다."라고 하였다. 거듭 채소 농사를 물어서 "그것도 늙은 농부만 못하다."(《논어》, 자로 편)라고 하였다. 위령공이나 번지는 살펴서 물을 줄 몰랐다. 묻는 말로도 그 사람의 됨됨이를 알 수 있다. 결국은 내가 나 자신에게 물어야 한다. 내가 누구인가를 물어야 한다. 그래서 제나가 거짓나임을 알고 참나인 얼나를 깨달아야 한다. 밖을 살피다가 내 속을 살펴야 바로 살피는 것이다. 이를 《반야심경》에서는 '관자재(觀自在)'라 하였다. 그리하여 나는 누구인가를 사무치게 물어야 한다. 공자는 "아랫사람에게 묻는 것을 부끄러워 말아야 한다(下問不恥)."(《논어》, 옹야 편)고 하였지만 내가 나 자신에게 내가 누구인지 묻기를 서슴지 말아야 한다. 이것이 샅샅이 묻는 것이다. 돼지들이 물을 건너간 뒤 머릿수를 헤아리는데 자기를 빼고 헤아리듯 나를 빼고 물으면 샅샅이 묻는 것이 아니다. 나를 빠뜨리지 말아야 한다. 나를 철저하게 따지고 물은 이가 석가요 예수이다. "아침에 도(道)를 들으면 저녁에 죽어도 좋다."는 말은 나를 묻는 말이다. 죽음은 내가 죽기 때문이다. "내가 죽어 인(仁)을 이룬다."는 말은 나를 물은 데 대한 답이다. 제나(自我)를 부정하고 참나(成人)를 이루어야 한다는 답인 것이다. 공자는 죽음을 모른 이가 아니다.

'삼가 생각한다(思)'는 공자가 말한 '구사(九思, 시사명視思明, 청사총聽思聰, 색사온色思溫, 모사공貌思恭, 언사충言思忠, 사사경事思敬, 의사문疑思問, 분사난忿思難, 견득사의見得思義)'(《논어》, 계씨 편)를 연상시킨다. 공자 가로되 "배우고 생각하지 않으면 마음이 어둡고, 생각하고 배우지 않으면 마음이 아슬(危)하다."(《논어》, 위정 편)고 하였다. 이 말은 온고지신(溫故知新)과 뜻이 통한다. 배우는 것이 온고(溫故)요 생각하는 것이 지신(知新)이다.

사람이 사람다운 것은 참나이신 하느님을 생각하는 데 있다. 그러므로 사람의 생명은 하느님을 생각하는 데 있다. 사람이 생각할 줄 모르면 죽은 것이나 다름이 없다.

■ 생각은 우리의 바탈(性)이다. 생각을 통해서 깨달음이라는 하늘에 다다른다. 생각처럼 감사한 것은 없다. 생각이라는 바탈을 태우려면 몸이 성해야 한다. 바탈은 생각이 밑천이 되어 자기의 정신을 불사르는 예술의 세계다. 나무에 불을 사르듯이 자기의 정신이 활활 불타올라야 한다. 바탈은 타지 못하면 정신을 잃고 실성(失性)한 사람이 된다. 자기의 소질을 살리는 것은 중요하다. 소질 가운데 소질은 생각하는 소질이다.(류영모)

삼가 생각하는 것은 하느님을 생각하는 것이다. 삼가 생각하는 것이 기도요 참선이다. 몸뚱이에 대한 생각은 생각이 아니라 충동이요 욕망이요 광란이다.

맹자는 "선(善)에 밝지 못하면 그 몸에도 성실치 못할 것이다(不明乎善 不誠其身矣)."(《맹자》, 이루 상편)라고 하였다. 사람은 선(善), 악(惡)도 가릴 줄 알아야 한다. 선악을 가릴 줄 모르면 오줌똥을 가릴 줄 모르는 철모르는 어린애와 같다. '밝히 가르다(明辨之)'는 사람은 참(誠)인 절대자와 거짓(僞)인 상대를 가릴 줄 알자는 것이다. 이것이 밝음에 가는 것이다. 다시 말하면 절대(하느님)를 아는 것이 '명변(明辨)'이다. 하느님이신 얼나(참나)를 모르면 어둠이다. 석가가 말한 무명(無明)이다. "그 생명은 사람들의 빛이었다. 그 빛이 어둠 속에서 비치고 있다. 그러나 어둠이 빛을 이겨본 적이 없다."(요한 1 : 4~5)

'도탑게 할 노릇(篤行)'이란 탐·진·치의 속성을 지닌 제나를 부정하고 얼나를 받들어 지·인·용의 삶을 살아가는 것이다. 이는 예수처럼 자기 십자가를 지고 하느님을 향하여 골고다 언덕길 같은 인생길을 살아 나가는 것이다. 제나의 욕망대로 사는 것은 독행(篤行)이 아니라 경거망동(輕擧妄動)이다. 자장이 행(行)에 대하여 묻자 공자 대답하기를 "언충신(言忠信) 행독경(行篤敬)"이라 하였다.

말은 충성되고 신의 있게, 행동은 돈독하고 공경하라는 뜻이다. 한마디로 공자의 생애가 보인 군자(君子)의 삶이 바로 '언충신 행독경'의 삶이다. 내 마음속에 모신 하느님 아들인 얼나를 드러내 보임이다.

배우지 아니함이 있을지언정
배울진댄
채 못 배운 것을
둬 두지 않으며,
묻지 아니함이 있을지언정
물을진댄
알지 못한 것을
둬 두지 아니하며,
생각지 아니함이 있을지언정
생각할진댄
얻지 못한 것을
둬 두지 아니하며,
가르지 아니함이 있을지언정
가를진댄

밝지 못한 것을
둬 두지 아니하며,
노릇을 아니함이 있을지언정
노릇을 할진댄
도탑지 못한 것을
둬 두지 아니하야
남이 한 번 하여 한 것을
저는 백 번 하여 하고
남이 열 번 하여 한 것을
저는 천 번 하여 할지니라.

有弗*學
유 불 학

學之
학 지

弗能
불 능

弗措*也
부 조 야

有弗問
유 불 문

問之
문 지

弗知
부 지

弗措也
부 조 야

有弗思
사 지
思之
사 지
弗得
부 득
弗措也
부 조 야
有弗辨
유 불 변
辨之
변 지
弗明
불 명
弗措也
부 조 야
有弗行
유 불 행
行之
행 지
弗篤
부 독
弗措也
부 조 야
人一能之
인 일 능 지
己*百之
기 백 지

불(弗) 말다. 아니하다. 불(不)과 같은 뜻이다.
조(措) 두다.
기(己) 저, 나.

人十能之
 인 십 능 지
己千之
 기 천 지

풀이

 삶을 참되게 살아가는 5대 덕목이라 할 수 있는 학(學)·문(問)·사(思)·변(辨)·행(行)을 끝까지 실천하자는 말이다.

 '학(學)' 자는 아이들이 학교에서 스승과 제자 사이에 지혜와 지식의 교류가 이루어지는 것을 나타낸 회의 문자이다. 알려졌다시피 공자는 호학(好學)을 중요시하였다. 작은 고을에 나만큼 충신(忠信)하는 사람은 있겠지만 나만큼 호학하는 이는 없을 것이라고 말하였다. 공자는 형편이 어려워 학교를 다니지 못하였다. 누구든 자신보다 나은 이가 있으면 배웠다. 사람은 지혜를 배우지 않으면 짐승을 면할 길이 없다. 링컨도 열 달밖에 학교를 다니지 못하였으나 호학하는 사람이었다. 그리하여 하느님을 아는 으뜸가는 지혜를 터득하였다. 하느님을 깨닫지 못하면 바로 배운 것이 못 된다. 학(學)으로 각(覺)을 이루어야 한다. 학의 완성이 각인 것이다.

 '문(問)' 자는 가려져 모르는 것을 입으로 물어서 알아내는 것이다. 그래서 알아들어야 한 문(問)은 문(聞)에서 완성된다. 바로 물어서 바로 듣고 바로 듣는 이가 거룩(聖)이다. 그래서 성(聖) 자에 입(口)과 귀(耳)가 있다. 또한 '학' 자와 '문' 자가 붙어서 학문(學問)이 되었다. 스승에게서 학문을 하다 마지막은 하느님에게 학문해야 한다. 그래서 너희 스승님은 하느님이시다라고 하였다. 예수가 떠나면서 얼(성령)에게 배우라고 한 것은 하느님에게 배우라는 말이다.

 '사(思)'는 머리와 심장을 붙여 놓은 글자이다. 머리와 심장에서 생각이 나온다고 본 것이다. 사람이 사람다운 것은 깊은 생각을 할 수 있는 데 있다. 다시 말하면 온통으로서 모든 낱동(개체)들의 생명의 근원이 되시는 하느님을 생각할 수 있는 데 있다. 짐승은 하느님을 생각하지 못한다. 하느님을 생각하지 못하면 짐승을 면할 수 없다.

'변(辨)' 자는 칼로 참외를 두 쪽 내는 것을 나타낸 글자이다. 날카로운 칼로 참외를 자르듯 상대와 절대를 가릴 줄 알아야 한다. 나서 죽는 상대적 존재와 나지 않고 죽지 않는 영원한 존재 하느님을 가릴 줄 알면 무명(無明)에서 얼빛(靈光)의 나라로 옮긴다. 상대와 절대를 가릴 줄 모르면 헤매는 이다.

'행(行)' 자는 십자로를 상형한 글자이다. 사람에게는 짐승 노릇 하는 제나(小人)로 가는 길과 하느님 아들인 얼나(君子)로 가는 길이 있다. 예수는 좁은 길과 넓은 길이 있다고 말하였다. '행(行)'은 짐승의 욕망에서 움직이면 탐·진·치의 짐승 노릇이다. 하느님 얼뜻에 살면 지·인·용, 진·선·미를 행하게 된다. 이는 짐승이 아닌 하느님 아들의 노릇을 하는 것이다.

공자 가로되 "비유할 것 같으면, 뫼(山)를 만드는 데 한 삼태기 흙이 모자라도 이루지 못하고 마는 것은 내가 그만두는 것이다. 비유할 것 같으면, 땅을 고르는 데 비록 한 삼태기 흙을 부어 놓았어도 내가 해 나가는 것이다."(《논어》, 자한 편) 도(道)든 덕(德)이든 인(仁)이든 내가 하는 것이다. 앞에 간 사람들의 말이나 걸음을(前言往行) 거울삼아 내가 하는 것이다.

■ 기도의 생활을 하는 것을 수신(修身)이라고 한다. 유교에서는 기도를 수신이라고 한다. 입으로 기도하는 것이 아니라 몸으로 한다. 그러면 마침내 머지않아서 하늘에 다시 이르게 된다는 것이다. 여기에 희망이 있다. 기도하는 것은 천국의 백성이 되도록 자기를 길러 가는 것이다. 자기를 건전하게 길러서 얼로 하늘에 그치는 것이 지건(止健)이다.(류영모)

공자 말하기를 "심어서 패지 못하는 것도 있고 패서도 영글지 못하는 것도 있다(苗而不秀者 有矣夫 秀而不實者 有矣夫)."(《논어》, 자한 편)라고 하였다. 심는 것은 몸나로 난 것이요, 패는 것은 맘나로 난 것이요, 영근 것은 얼나로 나는 것이다. 60억 넘는 인류 가운데 몸나의 삶 만을 사는 이가 거의 대부분이지만 모두가 얼나를 깨달아 몸나, 맘나가 얼나에 조화되는 삶을 살게 되기를 바라고 빌 수밖에 없다. 이 사람들을 자비심으로 측은히 여겨야 한다.

《중용》을 읽고서 크게 깨달은 바가 있던 장횡거는 《중용》을 읽는 방법에 대해 이렇게 말하였다. "《중용》에 나오는 글들은 모름지기 한 글귀 한 글귀의 말뜻을 알고 나서 그 한 글귀 한 글귀의 말로 하여금 서로 드러내 밝혀 글 전체의 뜻을 알 수 있게 해야 한다."

이렇게만 갈 것이면
어둡던 이도 반드시 밝고
풀이 죽었던 것도 반드시 세어진다.

果能此道矣
과 능 차 도 의
雖愚必明
수 우 필 명
雖柔必强
수 유 필 강

풀이

학(學)·문(問)·사(思)·변(辨)·행(行)의 이 길(道)을 능히 실천해 간다면 비록 어리석더라도 밝아질 것이고 비록 여리더라도 세어질 것이라는 말이다. 이는 세상에서 말하는 총명이나 강인함을 말하는 것이 아니다. 마하트마 간디와 같이 진리에서 총명하고 강인해지는 것이다. 간디도 얼나로 거듭나기 전에는 여느 사람보다 더 어리석은 겁쟁이었다. 학교에서 집에 올 때면 다른 학생들에게 매 맞을까 봐 도망치듯 돌아왔다. 담배를 자유롭게 실컷 못 피우는 처지를 비관하여 자살하려고 하였다. 벗들의 장난에 휘말려 창녀집에 세 번이나 들어갔으나 어리석어 창녀에게 쫓겨났다. 자신은 물론 가족들에게도 영국식 신사 차림을 강요하였다. 식사 초대를 받아 가도 인사말도 못하고 변호사가 되어서도 입이 안 열려 변론을 못하였다. 그러나 뒤의 마하트마는 20세기의 성자가 되도록 현명해졌고 대영제국이 두려워하리만큼 용감해졌다. 공자·맹자·노자·장자·예수·석가도 다 정도의 차이는 있으나 그렇게 자라 깨달은 사람이었다.

참으로 밝게 어진 이의 말을 들어보자.

■ 인생살이에서 우리가 살고 있는 이것이 확실한 것인지 우리는 모르고 있다. 죽는다고 하는 이것 역시 우리는 모른다. 죽는다고 해서 죽어 없어지는 것이 아니다. 어머니 뱃속에서 튀어나와 우리가 살고 있는데 이것이 사는 것이 아니다. 또 여기를 떠나서 죽는다는 것도 죽는 것이 아니다. 배를 갈아 타는 것뿐이다. 이 사람이 60여 년 전에 어머니의 배를 차고 나와서 지금 지구라는 어머니의 뱃속에 있다. 머지않아 이 배를 버리고 다른 배를 타게 된다. 나는 이렇게 생각하고 있다.(류영모)

류영모는 또 이렇게 말하였다.

■ 남을 이기는 것은 남을 죽이는 일이요 나를 이기는 것은 승리요 생명

이다. 참을 찾아 올라가는 길이 나를 이기는 승리의 길이다. 남을 비웃고 사는 것을 자꾸 익히고 남 위에 서기를 자주 익히고 있다. 위로 하느님께로 올라 가는 옳은 길을 버리고 웃을 것만 가지고 익히는 그러한 씨알들이 뭉친 나라, 그러한 나라는 불행한 나라이다.

(처음부터) 참(誠)이 저로 밝는 걸
이르기를 바탈(性)이라고
밝힘으로야 참(誠)되는 것을
이르기를 가르침이라 하니
참(誠)이면 곧 밝고 밝히면 곧 참되느니라.

自誠明
자 성 명
謂之性
위 지 성
自明誠
자 명 성
謂之敎
위 지 교
誠則明矣
성 즉 명 의
明則誠矣
명 즉 성 의

풀이

21월에서 32월까지 열두 월은 자사(子思)의 말이라고 한다. 그래서 구절 첫머리에 스승(공자)의 말씀임을 뜻하는 '자왈(子曰)'이 없다.

류영모는 성(誠)에 대하여 이렇게 말하였다. "성(誠)은 말씀인데 곧 '참'이다. 참은 모든 것의 시작이요 끝이다. 참이 없으면 다 없다. 참이 들어가면 그 물건이 살고 참이 나오면 그 물건이 죽는다. 참은 모든 상대적 존재의 가치를 나타내는데 이것을 신(神)이라고 할 수 있다." 류영모는 성(誠)이 하느님(神)이요 하느님(神)이 성(誠)이라고 말한 것이다. 요한복음 1장 1절에 하느님이 말씀이고 말씀이 하느님이라는 뜻과 다를 것이 없다. "《중용》의 성(誠)은 말씀이다. 말씀으로 모든 것이 이루어졌고 말씀은 영원한 것이다."(류영모) '성(性)' 자가 사람의 마음속에 얼이 샘솟는 모습을 나타낸 글자라면 '성(誠)' 자는 얼이 말씀으로 나온 것을 나타냈다.

공자와 맹자의 가슴에 말씀이 밝았다. 그것이 '자성명(自誠明)'이다. 자(自)는 '하느님으로부터'이다. 하느님으로부터는 '저절로'이다. 땅속에서 용암이 터져 나오듯이 공자, 맹자의 마음속에서 하느님의 말씀(성령)이 터져 나왔다. 용암은 불이라 밝듯이 말씀은 빛이라 밝다(明). 공자는 이것을 "하느님이 내게 속알(德)을 주었다."(《논어》, 술이 편)라고 말하였다. 맹자는 "사람마다 제 속에 귀한 것이 있다."(《맹자》, 고자 상편)라고 말하였다. 지각 속에서 암장이 쏟아져 나온 것을 용암이라고 하듯이 내 마음속에 얼(靈)이 밝아진 것을 성(誠)이라고 이른다는 것이다. 이 성(誠)이 곧 천명(天命)인 것은 말할 것도 없다. 천명은 하느님의 생명인 얼나이다.

"성즉명의(誠則明矣) 명즉성의(明則誠矣)"란 말은 말씀은 빛이고 빛은 말씀이라는 뜻이다. 말씀은 참이고 참은 말씀이다. 다시 말하면 말씀은 얼이고 얼은 말씀이다. 제 속에 온 말씀(誠)을 세상에 증거하는 것이 성(誠)을 밝히

(明)는 일이다. 이것은 곧 세상(사람)을 가르치는 일이다. 《중용》 21장에는 요한복음 1장의 뜻이 그대로 요약되어 있다.

류영모는 하느님의 말씀을 가르치지 않는 오늘의 학교 교육은 틀렸다고 말하였다. 그렇다고 기독교 학교들이 올바르게 하느님의 말씀을 가르치고 있는 것도 아니라고 하였다. "성령은 진리의 영(靈)으로 참나(眞我)다. 진리를 빼고 교육이 어디 있나. 진리(얼나) 없는 교육은 지식의 매매는 될지언정 사람의 구원은 되지 않는다."(류영모)

나면서 아는(生而知之) 성인과 배워서 아는(學而知之) 성인이 있다는 구별은 얼토당토않은 소리다. 어떠한 성현도 나면서 아는 일은 없다. 얼나 편에서 말하면 저절로이지만 제나 쪽에서 말하면 지천명(知天命)의 나이인 50살까지 끊임없는 기도(修身)가 있어야 한다. 꼭 일정한 시한이 있는 것은 아니지만 35살에서 50살 사이에 성령의 얼나를 깨닫는 자성명(自誠明)이 된다. 끊임없는 기도가 없으면 80살이 넘어도 자성명의 체득(體得)은 못한 채 죽게 된다. 줄기만 자라 열매 맺지 못하는 곡식처럼 안타까운 일이다. 줄기 성장에서 열매 성숙으로의 전환은 빠를수록 좋다. 공자·석가·예수는 이를 잘 한 것이다.

오직온 누리(天下) 가장 참(至誠)이야
그 바탈(性)을 다할 수 있으니
그 바탈대로 다하면 사람의 바탈도 다할 수 있고
사람의 바탈을 다하면
몬(物)의 바탈을 다할 수 있고
몬의 바탈을 다하면
하늘땅의 키워 됨(化育)을 돕겠고(贊)
하늘땅의 키워 됨을 도울진댄
하늘땅과 더불음이 된다.

唯天下至誠
유 천 하 지 성
爲能盡其性
위 능 진 기 성
能盡其性則 能盡人之性
능 진 기 성 즉 능 진 인 지 성

能盡人之性則
능 진 인 지 성 즉
盡物之性
진 물 지 성
能盡物之性則
능 진 물 지 성 즉
可以贊天地之化育
가 이 찬 천 지 지 화 육
可以贊天地之化育則
가 이 찬 천 지 지 화 육 즉
可以與天地參矣
가 이 여 천 지 참 의

풀이

류영모는 '성(誠)'에 대하여 이렇게 말하였다.

■ 마음이 바로 되려면 성(誠)이라야 한다. 하늘이 내게 주신 그대로 하면 진리의 뜻, 하느님 아들의 뜻, 불성(佛性)의 뜻이 나온다. 인생이란 하느님(神)을 추궁하는 거다. 우리 속의 얼(靈)을 추궁하는 게 인생이다. 성경에 예수가 말한 "구하라, 찾으라, 두드리라."는 게 하느님(神)의 얼(靈)을 찾으라는 게다. 기도도 영원한 진리를 궁구하는 거다. 유교도 계시(啓示)받을 것 다 받았다.

오직 천하(天下) 지성(至誠)이란 성인(聖人)의 마음에 터져 나온 성(誠)의 말씀을 말한다. '지성(至誠)'이라고 성(誠)에 지(至)를 더한 것은 성(誠)의 절대성을 강조하기 위해서다. 《벽암록》에서 도(道)를 '지도(至道)'라고 한 것도 도(道)의 절대성을 강조하기 위해서다. (《벽암록》, 제2칙 조주지도무난趙州至道無難) 얼나인 지성(至誠)의 자리에서는 자율(自律)이다. 그러나 제나는 지성의 자리에서는 진성(盡性)을 하여야 한다. 그래서 "마음을 다하면 그 바탈(性)을 알고 그 바탈을 알면 하느님을 안다(盡其心者 知其性也 知其性則 知天矣)."(《맹자》, 진심 하편)라고 하였다. 맹자는 수직적으로 말하였는데 여기에는 수평적으로 말하였다.

성인이 바탈(性)을 다하면 남의 바탈(人之性), 몬의 바탈(物之性)까지 다하게 된다는 것은 조금 생각할 문제다. 성인이 바탈을 다함으로써 만인(萬人)과 만물(萬物)도 존재의 가치를 얻게 된다는 뜻이다. 공자는 그의 72제자를 모두 깨닫게 못하였다. 예수도 그의 12제자를 모두 깨닫게 못하였다. "하루 극기복례(克己復禮) 하면 천하가 인(仁)으로 돌아갈 것이다."(《논어》, 안연 편)라는 공자의 말도 이런 뜻으로 보아야 한다.

맹자 말하기를 "그저 군자(君子)가 지나가는 곳에는 그대로 감화되고 군자가 머무는 곳이면 신(神)이 통한다. 위아래가 하늘땅과 함께하니 어찌 좀 도움이 된다고만 하겠는가."(《맹자》, 진심 상편) 이것도 같은 뜻이다. 보잘것없는 나 한 사람이 이 땅 위에 나타나는 데도 무한 우주가 무한한 시간에 천변만화를 천만 번의 천만 번도 더 하였다는 사실을 잊어서는 안 된다. 한 송이 국화꽃과 같은 나의 정신을 꽃피우기 위해 멀리는 우주란(宇宙卵)의 대폭발이 있어야 하였고 가까이는 지구가 쉬지 않고 자전과 공전을 해야 했다. 내가 태어난 자체가 천지(우주)에 동참함이요 내가 죽어지는 것이 천지화육(天地化育)을 돕는 것이다. 하물며 우주의 존재자인 하느님의 말씀을 받은 성인이야 오죽하겠는가. 성인의 영향은 인류 역사에 다함이 없다.

그다음엔 가장 곡진할 것이니
곡진하면 참되고
참이면 꼴이 뵈고
꼴이 뵈면 나타나고
나타나면 밝고
밝으면 움직이고
움직이면 갈리고
갈리면 되나니
오직 온 누리(天下) 가장 참이어야 되게 한다.

其次 致*曲*
기 차 치 곡
曲能有誠
곡 능 유 성

치(致) 가장 지극한. **곡**(曲) 곡진한(마음과 정성을 다하는).

誠則形
성 즉 형
形則著※
형 즉 저
著則明
저 즉 명
明則動
명 즉 동
動則變
동 즉 변
變則化
변 즉 화
唯天下至誠
유 천 하 지 성
爲能化
위 능 화

풀이

'그다음'이란 '지성(至誠) 다음'이란 말이다. 류영모는 지성의 사람을 '얼이 큰 이'라 하며 '엉큼한 이'라고 하였다. 위대한 영혼이란 뜻이다. 인도의 문호 라빈드라나트 타고르가 마하트마 간디에게 붙여준 이름 마하트마(Mahatma) 도 같은 뜻이다.

■ 얼(靈)이 통하는 것, 절대 존재의 소리가 들리는 것처럼 엉큼한 일은 없다. 사람은 절대 존재의 소리를 들어야 얼(靈)이 커져 엉큼해진다. 하느님과 영통(靈通) 내통(內通)하는 엉큼한 사람이 되어야 한다. 하느님

저(著) 나타나다.

과 영통하고 내통하면 우리의 영혼이 커진다. 정신이 커진다. 인격이 커진다. 속알이 커진다.(류영모)

그런데 어떻게 되었는지 얼이 큰 이는 지극히 적다. 석가는 제자들에게 말하기를, 깨달아야 할 사람은 저 땅의 흙처럼 많은데 깨달은 사람은 이만큼밖에 안 된다면서 엄지손가락 위에 흙을 얹었다. 하느님께서는 이러한 뜻을 지니신 것 같다. 히말라야 등반을 갈 때 수십 명의 사람이 출발을 한다. 그러나 정상에 오르는 사람은 한두 사람뿐이다. 그래도 그 등반은 성공한 것이다. 인류 역사라는 대등반에도 한 시대에 한두 사람이 하느님과 영통하는 지성(至誠)에 이르면 그것으로 인류가 성공한 것으로 치는 것 같다. 어떻든 유교(중용)의 '지성'은 기독교의 성령 받음(거듭남)이나 불교의 도를 깨달음(부처됨)과 같은 뜻을 지녔다. 성령이나 불성(佛性)과 같다.

그런데 아직 지성이 시원스레 밝아지지 않았지만 지성이 밝아진 성인을 경모하는 이들이 있다. 공자의 제자들 같은 이들이 그들이다. 그들을 '치곡(致曲)'이라 한다. 류영모는 '곡진(曲盡)'이라 새겼다. 곡진이란 마음과 정성을 다한다는 뜻을 가지고 있다. 곡(曲)은 '굽을 곡' 자이다. 아직 원만(圓滿)에는 못 이른 것이 치곡(致曲)이다. 깨닫지는 못하였는데 스승에 대한, 배움에 대한 정성이 지극하다. 수많은 석가의 제자들 가운데 주리반득(周利槃得)이 가장 어리석었다. 그리하여 수학(修學)은 생각도 못하였다. 그러나 구도심은 지극하였다. 주리반득은 석가를 수행하면서 수많은 제자들이 벗어 놓은 신을 가지런히 챙기는 것을 일로 삼았다. 보통 몇백 명씩 되는 제자들의 신을 가지런히 챙기는 일도 쉬운 일은 아니다. 아마 허리가 펴질 겨를이 없이 굽었을 것이다. 주리반득은 치곡(致曲)한 이다. 그리하여 마침내 주리반득이 깨달음에 이르렀다는 것이다. 또 공자의 고향은 곡부(曲阜, 취푸)인데, 공자가 살았을 때는 중국 곳곳에서 사람들이 공자에게 배우고자 찾아왔다. 그러니 공자의 제자가 되는 것을 두고 '치곡(致曲)'이라 한 것이다. 치곡(致曲)이란 '취푸에 다다름'을 뜻한다. 노자는 내직외곡(內直外曲) 하여야 한다고 말하였다. 치곡(致曲)에도 엉큼의 지성(至誠)은 못 되어도 조금의 정성(精誠)은 있을 수 있다. 곡능유성(曲能有誠)이다.

'성(誠)'이 있으면 꼴(形)이 뵈고 꼴이 뵈면 나타나고(著) 나타나면 밝고(明) 밝으면 움직이고(動) 움직이면 갈리고(變) 갈리면 된다(化)', 이는 인격의 형성 과정을 말한 것이다. '성(誠)'은 심리학적으로 말하면 초자아(超自我, superego)이다. 성(誠)이 형성되어 저명(著明)해지면 제나(自我, ego)가 변화한다는 것이다. 짐승에서 사람이 되는 것이다. 인도의 경전《마누》에는 스승을 찾아갈 때는 짐승인데 12년을 배우고 나올 때는 사람이 된다고 하였다. 수업료는 물 항아리 하나 선물하면 되었다. 그러므로 오직 하늘 아래 성령인 지성(至誠)이 있어서 짐승이 사람이 될 수 있다. 맹자 가로되 "군자의 바탈(性)에는 인의예지(仁義禮智)가 마음에 뿌리내려 그 빛이 산다. 얼굴에 풍겨 부드럽게 빛나며 등에 가득 차 팔다리에까지 퍼지니 말하지 않아도 알게 된다."(《맹자》, 진심 상편)라고 하였다.

가장 참(至誠) 길은
갖어(以) 앞서 알 것이니
나라집(國家)이 일어나려 할 제
반드시 좋은 것이 보임 있을 것이오
나라집이 없어지려 할 제
반드시 못된 것들이 보임 있다.
시풀과 거북에도 보일 것이오
행동거지에도 움직일 것이니
탈(禍)과 좋음(福)이 오려 할 제
된 짓이고 못된 짓을 반드시 먼저 알 것이니
므로 가장 참은 귀신 같으니라.

至誠之道
지 성 지 도
可以前知
가 이 전 지

國家將興
국가장흥
必有禎祥*
필유정상
國家將亡
국가장망
必有妖孼*
필유요얼
見乎蓍龜*
현호시귀
動乎四體
동호사체
禍福將至
화복장지
善 必先知之
선 필선지지
不善 必先知之
불선 필선지지
故至誠如神
고지성여신

풀이

　성령이요 불성인 지성(至誠)이 선지(先知)의 능력이 있다고 생각하기는 동서양이 마찬가지다. 유사(有史) 이래 이 땅 위에는 로마를 비롯하여 수많은 나라가 흥망성쇠를 되풀이하였다. 거기에서 중요한 사실을 알 수 있다.

정상(禎祥)　좋은 징조. 경사로운 징조.
요얼(妖孼)　재앙의 징조. 요악한 귀신의 재앙.
시귀(蓍龜)　고대 중국에서 점치는 데 사용했던 기구. 시초(蓍草, 톱풀)로는 산가지를 만들고 거북 껍질은 불에 태워서 점을 쳤다고 한다.

그 나라가 도덕적일 때 흥하고 부패할 때 망한다는 사실이다. 그러므로 따로 자연 현상에서 어떤 길조(吉兆)나 흉조(凶兆)를 찾을 필요가 없다. 또 시귀(蓍龜)로 점을 칠 것도 없다. 이미 앞에서도 언급하였지만 공자는 "노나라 대부 장문중(臧文仲)이 점치는 거북을 모셔 놓고 온갖 헛된 꾸밈을 많이 하여 백성을 잘 다스리기보다 잡귀신 섬기기를 일삼으니 어찌 슬기롭다고 할까."(《논어》, 공야장 편)라고 말하였다.

진(秦)나라 시황제는 뛰어난 재능과 웅략(雄略)으로 중국을 통일하였다. 그러나 진시황이 그렇게 힘들여 이룩한 천하 통일도 2대를 더 못 넘기고 15년 만에 멸망하였다. 그러나 이미 진나라가 망할 징조는 뚜렷하였다. 분서갱유라는 야만적인 행위, 만리장성의 무리한 축조는 그만두고라도 이미 살아서 지낼 아방궁을 짓고 죽어서 묻힐 여산릉을 만드는 일에서도 드러났다. 아방궁 건축 공사에 70만 명의 백성들이 강제 노역에 동원되고 여산릉 조성에 75만 명의 죄수들이 충원되고 만리장성 축성에 3백만 명의 장정이 징발되었다. 이렇게 백성들을 개나 돼지처럼 우습게 아는 나라가 오래갈 리가 없다.

이와는 달리 한(漢)나라 문제(文帝)는 백성들의 부역과 조세를 경감시켰다. 문제 자신부터 검소한 생활로 모범을 보였다. 시안 동북에 있는 문제가 묻힌 패릉은 어마어마한 규모인 시황제의 여산릉과는 달리 간소하기 그지없다. 문제는 유언하기를, 내가 죽은 다음에 장례를 치를 때는 거마와 의장병을 거창하게 벌여 세우지 않도록 하고 장례에 참석하는 사람의 머리에 쓴 흰 베는 폭이 세 치가 넘지 않도록 하라고 하였다. 그리고 복상(服喪) 기간도 줄이고 복상 기간에도 백성들의 혼인과 제사를 금하지 말며 술과 고기를 금하지 말라고 하였다. 그리고 자신의 무덤에는 금은보석 따위를 쓰지 말고 모두 와기(瓦器)를 쓰고 규모도 작게 하라고 유언했다.

나라의 흥망은 다스리는 사람과 다스려지는 사람들의 행동거지(動乎四體)

에 달려 있다. 그런데 이 세상에는 자연의 재해가 있을 수 있다. 태풍이 심할 수도 있고 지진이 있을 수도 있고 설해(雪害), 충해(蟲害), 냉해(冷害)가 있을 수도 있다. 공해나 전쟁 같은 인재도 있다. 이것을 길흉(吉凶)이라 한다. 천하의 길흉은 만백성과 함께해야 한다(吉凶與民同患). 백성과 함께 걱정을 해야 한다. 생사를 백성과 같이 해야 한다. 그러면 하느님(神)과 관계가 된다. 하느님(神)하고 관계가 되면 신이지래(神以知來)라 말하지 않아도 생각하면 알게 된다. 하느님(神)과 같이 의논하고 생각하면 깨닫지 못한 것이 어느만큼 은근한 가운데 인도하는 것이 있다. 믿음으로 간다고 하는 것이 있다. 그러므로 사람들은 제 걱정만 할 것이 아니라 나라와 인류를 위하여 생각을 할 줄도 알아야 한다.

그러나 개인의 길흉화복을 점치는 일은 삼가야 한다. 류영모는 점치는 것을 미워한다고 하였다. 류영모는 《주역》을 공부하였으나 주나라 사람들의 물리학이라고 하였다. 그리고 《주역》에서는 계사전 편을 읽어야 한다고 하였다.

■ 사람들이 보통 수로는 알 수 없는 일을 무당 같은 영(靈)한 사람에게 알아보려고 무척 애를 쓴다. 거의가 다 그렇다. 아무리 그가 과학에 능한 사람일지라도 어떤 경우에는 신앙이나 신조를 가진 사람이라도 몹시 궁핍할 때나 절망 상태에 가서는 그 짓을 해보고 싶은 마음이 생긴다. 그러면 그 꾀임에 빠지게 된다. '된다니 혹시 해볼까' 이렇게 된다. 그러한 알 수 없는 짓을 알려고 하는 것이 가슴속에 있기 때문에 곧잘 속아 넘어가기 쉽다. 겉으로 보면 똑똑하고 상당한 지식과 무슨 주의니 무슨 신념이 있다고 하는 신앙을 가진 사람이 그 모양이다. 우리는 이 같은 미물에 지나지 않는다.(류영모)

그러나 참되고자 하는 이는 순탄한 삶보다 역경의 삶을 축복으로 안다. 영원한 생명인 얼나는 시련 가운데 깨달아지기 때문이다. 그 본보기가 석가와 예수이다. 일부러 집을 나와 고난의 수행을 택하였다. 이른바 넓은 길을 버리고 좁은 길을 택하는 것이다. 헤르만 헤세는 행복을 달라는 기도가 아니라 고난을 달라는 기도를 하였다.

■ 기도
하느님이시여 저를 절망케 해주소서
당신에게서가 아니라 나 자신에게 절망하게 하소서
나로 하여금 미혹의 모든 슬픔을 맛보게 하시고
온갖 고뇌의 불꽃을 핥게 하소서
온갖 모욕을 겪도록 하여 주시옵고
내가 스스로 지탱해 나감을 돕지 마시고
내가 발전하는 것도 돕지 마소서
그러나 저의 제나가 송두리째 부서지거든
그때 나에게 가르쳐 주소서
당신이 그렇게 하셨다는 것을
당신이 고뇌의 불꽃을 일으켜 주셨다는 것을
기꺼이 멸망하고 기꺼이 죽으려고 하오나 그렇게 할 수 없음은
나는 오직 당신의 품속에서만 죽을 수 있기 때문입니다.

그렇다고 하루살이로 살자는 것은 아니다. 사람은 과거에 겸손하고 현재를 비판하고 미래에는 계획적이어야 한다. 그러나 이미 영원한 생명인 얼나를 깨달은 한 몸나에 지나치게 매달려서는 안 된다. 나의 생명을 비롯한 모든 것은 하느님의 것이니 임자이신 하느님에게 맡기고 모든 것을 하느님의 뜻대로 하옵소서라고 하여야 한다. 그러면 궁금할 것이 없다. 오늘에 하느님의 뜻을

구현하기에 최선을 다할 뿐인 것이다.

지성(至誠)은 신(神)과 같다는 말은 모사라는 말이다. 지성은 신이다. 하느님의 성령은 하느님이시다. "말씀의 임자가 누구인가. 성령(聖靈)이 말씀의 주인공이다. 마태오 10장 20절에서 '말하는 이는 신(神)'이라고 하였다. 우리의 마음속에 말하는 이가 신이다. 우리가 말하는 것이 아니라 신이 말한다. 신의 말씀이 참 말씀이다. 참말을 듣는 이가 많아야 나라가 바로 되어 흥하게 된다."(류영모)

참(誠)이란 저(自)를 이룩함이요
길(道)은 (제 길) 저 가니니라.

誠者 自成也
성 자 자 성 야
而道 自道也
이 도 자 도 야

풀이

주희는 만물이 자연적으로 성취되는 것을 성(誠)이라고 하였다. 사람들이 과학자라 할 만큼 주희에게는 유물적(唯物的)인 면이 있다. 만물은 스스로 생겼는지는 몰라도 머지않아 멸망하게 되어 있다. 그러면 그것은 자멸(自滅)이지 자성(自成)이 아니다. 주희의 생각은 너무나 짧다. 주희처럼 풀이하면 이 글은 죽는다. 성(誠)은 절대적 진리인 얼(靈)이다. 바꾸어 말하면 하느님이시다. 하느님은 누가 있게 하여서 있는 것이 아니다. 모세가 호렙산에서 하느님을 만났을 때 당신은 누구시냐고 하자 "나는 곧 나다."(출애굽 3 : 14)

라고 하였다. 그게 바로 "성자자성야(誠者自成也)"라는 말과 같다. 얼(성령)인 성(誠)은 어떻게 존재하는가 하면 스스로 있어서 있다. 그러나 만물은 하느님께서 있게 해서 있는 것이다. 성(誠)은 스스로가 "길이요 진리요 생명이다."(요한 14 : 6) 성자는 얼나로 참나인 하느님이다. 내가 참나가 되려면 제나가 죽어야 한다.

■ 제나가 죽어야 참나가 산다. 완전히 제나가 없어져야 참나다. 참나가 우주의 중심이다. 참나와 하느님은 하나다. 참나와 성령은 하나다. 참나로는 내 생명과 하느님의 생명이 하나다. 참나와 하느님은 이어져 있다. 그리하여 유한과 무한이 이어져야 한다. 그것이 영원한 생명이다. 진선미란 생명이다.(류영모)

참(誠)이 몬(物)의 마침과 비롯이니
참이 아니면 몬은 없다.
이러므로 그이(君子) 참에 나아가는 것이 으뜸이니라.

誠者 物之終始
성 자 물 지 종 시
不誠無物
불 성 무 물
是故 君子誠之爲貴
시 고 군 자 성 지 위 귀

풀이

　참(誠)은 비롯도 없고 마침도 없다. 그러므로 참은 영원하고 무진하다. 그래서 26월에도 '지성무식(至誠無息)'이라고 말하였다. 《천부경》에서 "하나(一) 곧 '참(誠)'은 비롯 없는 비롯이요 마침 없는 마침(一始無始 一終無終)"이라고 하였다. 하나(一)인 참(誠) 자신은 비롯이 없지만 만물의 비롯이 되고 참(誠) 자신은 마침이 없지만 만물의 마침이 된다는 뜻이다. "나는 알파와 오메가, 곧 처음과 마지막이다."(요한계시록 21 : 6)와 같은 뜻이다. 참(誠)은 만물의 비롯이니 만물이 참에서 나왔고, 참(誠)은 만물의 끝이니 만물이 참(誠)으로 돌아가기 때문이다. 참(誠)은 비롯도 없고 끝도 없는 절대 존재이다. 물(物)은 참(誠)이 상대화된 것으로서 비롯도 있고 끝도 있는 상대적 존재이다. 상대적 존재는 없다가 있고 있다가 없어짐으로써 절대적 존재를 드러낸다. 네온사인이 명멸(明滅)하면서 광고를 하는 것과 같다. 사람들이 생일(生日)과 망일(亡日)을 그냥 지나지 못하고 무엇인가 기념을 하고자 하는 것도 알고 보면 삶의 처음과 마침이 되는 하느님을 그리워하기 때문이다. 류영모는 이렇게 말하였다. "맨 처음과 맨 끝을 찾는 것은 이 속(中) 때문이다. 나 때문이다. 이 속에 맨 처음 맨 끝을 찾는 거다. 상대적인 나에게는 절대적인 나(하느님)가 상대적 시공간의 맨 끝에 있을 것같이 생각되기 때문인 것이다."

　참(誠)이 아니면 만물(萬物)이 없다는 말은 "한처음, 천지가 창조되기 전부터 말씀이 계셨다. 말씀은 하느님과 함께 계셨고 하느님과 똑같은 분이셨다. 말씀은 한처음 천지가 창조되기 전부터 하느님과 함께 계셨다. 모든 것은 말씀을 통하여 생겨났고 이 말씀 없이 생겨난 것은 하나도 없다."(요한 1 : 1~3)와 같다. 말씀이 참(誠)이다. 참(誠)이 곧 하느님(天)이다.

　주희는 물(物)이 이(理)를 얻어서 존재하고 이(理)가 다하면 물(物)도 다한다고 말하였다. 이(理)를 얻는 것이 무슨 말인지, 이(理)가 없어지는 것인지 알 수 없는 말이다.

물(物)은 말씀(로고스)인 참(誠)의 변화일 뿐이다. 절대가 상대화하였다가 절대로 돌아가는 것이다.

이런 까닭에 그이(君子)는 참(誠)에 나아가는(之) 것을 으뜸으로 여긴다. 하느님(니르바나)께 돌아가는 것을 가장 귀하게 여긴다는 말이다. 상대적 존재(사람)로 있으면서 제나(自我)로 죽고 하느님(誠)께 돌아가는 것이 기도요 참선이다. 그러므로 죽음이란 없다. 비롯도 없고 끝도 없는 하느님은 영원하실 뿐이지 죽음이란 없다. 절대가 상대화되었다가 다시 절대화하는 것을 우리는 생멸(生滅)이라고 하는 것이다. 참으로 생멸은 없다. 본디의 모습으로 돌아갈 뿐이다.

토정 이지함은 성(誠)에 대하여 이렇게 말하였다. "맹자가 말하기를, 마음을 기르는 데는 욕심을 적게 하는 것보다 더 좋은 것이 없다고 하였다. 적다는 것은 없다는 것의 시작이다. 적게 하고 또 적게 하여 다시 더 적게 할 것이 없음에 이르면 마음은 비어서 신령하게 된다. 신령의 비춤이 밝음(明)이 되고 밝음의 실상은 참(誠)이다."(《한국의 민속·종교사상》) 이지함도 '참(誠)' 곧 하느님에 이른 것이 틀림없다.

❦

참(誠)은 저를 이룰 뿐 아니라
가지어 몬(物)도 이루는 바니
저를 이룸은 사랑이고
몬(物)을 이룸은 슬기라
바탈(性)의 노릇이요
안팎의 모인 길이니
므로 턱놓아 좋을지니라.

誠者 非自成己而已也
성자 비자성기이이야
所以成物也
소이성물야
成己仁也
성기인야
成物知也
성물지야
性之德也
성지덕야
合內外之道也
합내외지도야
故時措之宜也
고시조지의야

풀이

   하느님이신 '참(誠)'은 스스로 '나'를 이루었다. '나'란 '주체'를 말한다. 사람은 자기 이상의 것을 잘 헤아리지 못한다. 그래서 '나'라면 '인격(人格)'을 뜻한다. 참(誠)도 나를 이루고 있지만 그것은 우리와 같은 인격이 아니라 차원 높은 인격이다. 이를 '신격(神格)'이라고 하자. 참은 유일(唯一) 절대(絕對)이다. 참(誠)은 몬(物)을 이루었지만 몬이 참(誠)을 떠나서 있는 것이 아니다. 참의 일부이다. 그러므로 참(誠)의 자리에서는 참(誠)밖에 다른 무엇이 있을 수 없다. 물질이라고는 하나도 없는 무극(無極) 상태로 있다가 물질계를 개벽한 태극(太極)이 된 것을 말한 것이다. 태극이란 무극인 절대와 물체인 상대를 함께 말한 것이다. 그렇다고 무극이 없어진 것도 달라진 것도 없다. 상대는 있어도 없는 것과 같기 때문이다.

   참인 하느님은 사랑(仁)이시다. 그것을 '성기인야(成己仁也)'라고 나타냈다. 하느님이 물질계인 상대 세계를 만든 것은 자신의 일부를 상대화한 것이다. 그것을 "말씀으로 모든 것을 시었다."라고 하였다. 그런데 지어진 상대적 존재인 사람 속에 하느님의 얼이 그대로 작용한다. 그것을 속알(노릇)이라고 한다. 노릇이란 얼의 작동(用)을 나타내려고 한 것이다. '합내외지도(合內外之道)'란 상대의 나와 절대의 나가 일치를 이루었다는 것이다. 범아(梵我) 일여(一如)를 말한다. 예수가 말한 "아버지와 나는 하나이다."(요한 10 : 30)이다. 류영모는 이렇게 말하였다.

■ 하느님의 사랑에서 터져 나온 것이 하늘과 땅이다. 말할 수 없는 사랑이 깔려서 이 우주가 생겨났다. 이 사랑은 부부, 형제, 친구 사이의 그런 사랑이 아니다. 사람은 어떻게 하느님의 사랑에 참여하는가. 사람은 하느님의 아들이기 때문에 아버지인 하느님을 찾는 것은 어쩔 수 없는 일이다. 세상을 사랑하는 사람은 하느님을 모른다. 세상을 미워하는 사람에게만 하느님이 가까이 온다. 하느님은 우리들에게 하느님을 알고 싶은 생각을 일으켜 준다.

그러므로 사람의 마음속에 얼이 작용(노릇)을 잘하도록 놓아두는 것이 좋다는 것이다. 그것이 성인이다. 성인(聖人)은 예수·석가·공자의 몸이 아니다. 그들의 마음속에 자리한 하느님의 생명인 얼의 작용(德)인 것이다. 성령의 운동이 노릇(德)이다.

《중용》25월에 이르면 제주도 한라산 정상에 오른 듯 사방이 확 트이면서 거칠 것이 없다. 형이상(形而上)의 얼의 나라에 이른 것이다. 예수, 석가, 노자, 장자의 구경(究竟) 사상과 비교해도 전혀 손색이 없다. 송나라 경학자(經學者)이면서 정치가로 이름을 드날린 범중엄이 젊은이 장횡거가 불경을 탐독하는 것을 보고서 《중용》도 읽기를 권하였다. 범중엄은 《중용》에 불경 못지않은 형이상학이 있는 것을 알고 있었던 것이다. 송나라 성리학자들 가운데 장횡거가 독보적인 모습을 보이는 까닭은 장횡거가 형이상적인 사상에 연구가 깊었기 때문이다. 류영모는 장횡거의 《서명》을 아주 좋아하였다.

《논어》에는 '성(誠)' 자가 자로 편과 안연 편에 두 번 나오는데, 안연 편에서는 《시경》 소아 편에 나오는 시구를 인용했다. 둘 다 '참으로'라 는 수식어로 쓰였다. 《맹자》에는 '성(誠)' 자가 10여 번 나온다. 그런데 《중용》의 글을 인용한 것으로 보이는 이루 상편에만 반이 나온다. 그리고 더 중요한 것은 《중용》에서 인용한 것으로 보이는 성(誠) 자만 명사 '참'으로 쓰였다. 다른 성(誠) 자는 《논어》에 나오는 성(誠) 자와 같이 '참으로'라는 부사로 쓰였다. 결정적인 문장이라 할 "성자천지도야 성지자인지도야(誠者天之道也 誠之者人之道也)"(《맹자》에서는 '성자천지도야 사성자인지도야誠者天之道也 思誠者人之道也')에서 '성(誠)'은 곧 하느님이다. 이것으로 볼 때 '참'을 뜻하는 이 '성(誠)'은 《중용》 고유의 말로서 《맹자》에서는 맹자의 말로 인용된 것이 틀림없어 보인다. 《맹자》의 다른 곳에 나오는 '성(誠)'은 모두 형용사 '참'의 뜻밖에 없기 때문이다. 참(誠, 하느님)만은 《논어》와 《맹자》에 나오지 않는 《중용》 고유의 말씀(사상)임이 틀림없어 보인다. 《중용》의 '참(誠)'은 《논어》의 '천(天)·덕(德)·인(仁)'이나 《맹자》의 '천(天)·성(性)·덕(德)' 같은 뜻이다. 그래서 사람들은 《중용》을 '성(誠)'의 경전이라고 말한다. 중국의 사상가 호적이 《중용》은 자사가 지은 것이 아니라 진나라와 한나라 사이에 공맹(孔孟)의 후학 가운데 이름이 알려지지 않은 어떤 이가 지은 것이라고 말하였다. 성(誠) 자로 절대 존재(하느님)를 나타낸 유교 경전이 《중용》밖에는 없기 때문이다. 오히려 《노자》에는 있다. "옹근 참으로 하느님께 돌아간다(誠全而歸之)."(《노자》, 22장) 《중용》 집필자는 노자의 영향을 받은 것으로 보인다.

26월

고로
가장 참(至誠)은 쉼 없으니

故(고)
至誠無息(지성무식)

풀이

　'쉼이 없다(無息)'는 것은 '쉬지 않는다'는 말이다. 쉬지 않는다는 말은 죽지 않는다는 말이다. '참(誠)'은 하느님이시라 불생불멸의 영원한 생명이시다. 무식(無息)은 영원(永遠)이고 영원은 절대(絕對)이다. 무시(無始)하고 무종(無終)함이 영원이고 낱동(개체)이 아닌 온통(전체)이 절대이다.
　안식일을 잘 지킨다는 바리새인들이 예수가 안식일에 병이 난 사람을 고치자 안식일을 범하였다고 시비를 하였다. 그러자 예수가 말하기를 "아버지께서 일하시니 나도 일한다."고 하였다.

하느님은 쉬는 일이 없다는 말이다. 무식(無息)은 상대 세계의 상대적 존재에게는 없다. 하늘의 별도 생멸을 거듭한다는 것은 과학자들이 밝힌 것이다. 천문학자들이 말하는 초신성이란 새로 별이 생긴 것을 말하는 것이 아니라 별이 죽으면서(해체) 뿜는 빛을 말한다. 별이 나고 죽는데 이 지구의 음양 세계가 무식(無息)일 수는 없는 것이다.

우리가 사는 지구도 한 50억 년 더 견딜 수 있다고 한다. 끝이 있는 상대 세계는 무식(無息)이 아니다. 상대 세계에다 무식(無息) 영원을 갖다 붙이는 주희의 풀이는 당치 않은 소리다. 상대 세계에는 생멸을 거듭하는 일이 영속할 것으로 보이지만 빅뱅이 일어나기 전에는 생멸할 것이 없었다. 허공과 성령만이 무식(無息)이다.

음양의 세계는 생멸의 세계다. 그래서 어떻게든지 이 생멸의 상대 세계를 벗어나 무식(영원)의 절대 세계로 돌아가자는 것이다. 성(誠)은 상대(세상)를 초월한 진리의 세계를 말한다. 얼의 나라인 니르바나의 나라요 하느님 나라다.

쉬지 않으면 오래 가고
오래 가면 보람 있고

不息則久
불 식 즉 구
久則徵[*]
구 즉 징

징(徵) 보람되다, 효험이 있다, 징험하다.

풀이

　쉼이 없는 것은 '오래'(영구)라는 뜻이다. 오랜 것은 징험하게 된다. 보람을 느끼게 된다는 말이다. 영원한 것은 시간적으로 공간적으로 막히면 안 된다. 막히면 영원(永遠)도 영구(永久)도 아니다.

　초신성이 숨지려 폭발할 때나 태양이 흑점을 일으키며 핵융합을 할 때 중성미자(中性微子)라는 미세한 입자가 튀어나온다. 그 중성미자라는 소립자(素粒子)는 질량은 거의 없고 보이지도 않는다. 다른 물질과 상호 작용도 거의 하지 않는다. 지구 열 개를 늘어놓아도 거의 부딪치지 않고 빠져나갈 수 있다. 지금도 매 초마다 태양에서 튀어나온 1백억 개의 중성미자가 우리 몸을 뚫고 지나간다고 한다. 이런 유령과 같은 존재를 두고 물리학자들은 "존재하지 않는 것은 아닌, 겨우 존재하는 실체"라고 말한다. 성령인 참(誠)은 중성미자 이상이다. 모든 물체에 거리낄 것이 없다. 그러므로 '참'에는 모든 물체들이 없는 것과 같다. 매 초 1백억 개의 중성미자가 우리 몸을 통과하고 있다는 것을 느낄 수 있다면 얼마나 시원하겠는가. 살갗 위로 산들바람이 스쳐도 기분이 상쾌하니 말이다. 더욱이 성령은 말해 무엇하랴. 이 기쁨을 못 느끼는 사람이 바보다. '징(徵)'이란 참(誠)의 얼(성령)을 마음으로 징험하는 것이다. 그때 느끼는 기쁨이 보람이다. 영원한 존재를 느끼는 것이다. 생멸의 상대적 존재인 제나가 영원한 존재를 느끼며 사라져 버리는 이 이상의 보람이 어디 있겠는가. 석가는 이를 '법열'이라 하고 노자는 이를 '황홀'이라 하였다.

보람 있으면 길고 멀고
길고 멀면 넓고 두텁고

넓고 두터우면 높고 밝으니라

徵則悠遠[*]
징 즉 유 원
悠遠則博厚
유 원 즉 박 후
博厚則高明
박 후 즉 고 명

풀이

　태아가 자기를 품고 있는 어머니를 느낀다. 그러나 어머니에 대해서 자세히 알 수는 없다. '나'는 우주라는 하느님의 탯집 속에 들어 있는 태아와 같다. 하느님을 느끼지만 자세히 알 수는 없다. 태아가 어머니를 생각하면 아득히 멀게 느껴질 것이다. 넓게 크게 느껴질 것이다. 높고 밝게 느껴질 것이다. 절대인 하느님에게 유원(悠遠), 박후(博厚), 고명(高明)은 아무런 의미가 없다. 그러나 상대적 존재인 '나'는 절대 존재를 그렇게밖에 나타낼 수 없다. 석가는 절대 존재를 나지 않고 죽지 않고, 늘지 않고 줄지 않고, 더러워지지 않고 깨끗해지지 않는다는 육불(六不)로 나타냈다. 마찬가지 뜻이다. 류영모는 이렇게 말하였다.

■ 하느님(神)은 하나이다. 절대이다. 무극(無極)이다. 오직 하느님뿐이다. 유무(有無), 생사(生死), 고금(古今), 자타(自他), 상하(上下), 내외(內外), 선악(善惡)은 모두 상대적이다. 시시비비(是是非非) 따지는 것은 내가 지은 망령이지 하느님은 시(是)도 아니요 비(非)도 아니다. 하느님을 믿고

유원(悠遠)　길고 먼. 悠(아득할 유).

만족하면 일체의 문제가 그치고 만다. 시비(是非)의 문제는 철인(哲人)의 경지에 가야 끝이 난다. 알고(知) 모르는(不知) 것은 유일신(唯一神)에 가야 넘어서게 된다. 절대에서야 상대가 끊어진다. 상대에 빠져 헤매지 말고 절대에 깨어나야 한다. 자기가 무지(無知)임을 알아야 한다. 상대지(相對知)가 많아도 절대지(絕對知)에 비하면 없는 것이나 마찬가지다. 그러니까 진리 되시는 하느님을 깨치는 것이 가장 급선무다.

빔(허공)에 별들이 있으나 없으나 빔의 존재에는 아무런 영향이 없다. 바다에 고기가 있으나 없으나 바다의 존재에는 아무런 영향이 없는 것과 같다. 소로는 우주이신 하느님을 이렇게 느낀다고 말하였다. "나는 우리와 끈끈하게 연결되어 있는 영원한 존재를 보고, 냄새 맡고, 맛보고, 듣고, 느낀다. 그 님은 우리의 창조자이자 거처 또는 숙명이며 바로 우리 자신이기도 하다."(소로, 《소로의 일기》)

넓고 두텁은 가져 몬(物)을 실을 터이요
높고 밝음은 가져 몬을 덮을 터이요
길고 오램은 가져 몬을 이루리라.

博厚 所以載物也
박 후 소 이 재 물 야
高明 所以覆*物也
고 명 소 이 부 물 야

부(覆) 덮다.

悠久 所以成物也
유 구 소 이 성 물 야

풀이

　참이신 하느님은 공간을 초월하여 무한하고, 시간을 초월하여 영원하고, 인간을 초월하여 신령하다. 이 대우주에는 수천억 개의 은하가 있으며 한 은하계 우주도 약 1천억 개의 별들로 이루어져 있다. 이렇게 천억 개가 넘는 은하 우주를 실어도 차지 않으니 그 얼마나 박후(博厚)하며 천억 개가 넘는 은하 우주를 다 덮었으니 얼마나 고명(高明)한가.

　오늘의 이 대우주가 이루어지는 데도 대폭발 이래 150억 년이 걸렸다니 얼마나 유구(悠久)한가. 그러나 이 대우주는 하느님의 뱃속에 있는 탯집에 지나지 않는다.

　미 항공우주국(NASA)이 1991년 6월 지구에서 허블 우주 망원경으로 찍은 안드로메다은하 사진을 책상머리에 붙여 놓고 날마다 감상한다. 1천억 마리의 개똥벌레가 한 덩어리로 엉켜 있어도 놀랍도록 대단할 터인데 1천억 개가 넘는 별(해)이 타원형의 금접시를 이루고 있는 광경은 생각만 하여도 가슴이 뭉클하다.

　주희의 제자들이 《중용》의 윗글을 읽고 망연자실하였다고 한다. 우리가 지구에 살고 지구가 은하계에 있다지만 이 대우주는 어디에 있는지 모른다. 그러면 우리가 지금 어디에 있는 것을 안다고 하는 것이 옳은가? 모른다고 하는 것이 옳은가? 우리는 사실은 어디에 있는지 모른다. 그래서 하느님의 탯집 속에 있다고 할 수밖에 없다. 태아가 어머니를 느끼듯 우리가 하느님을 느끼기 때문이다. 그 느낀 존재가 가장 참됨인 지성(至誠)이다. 신비와 거룩의 참님으로밖에 나타낼 길이 없다.

넓고 두텁은 땅의 짝
높고 밝기는 하늘의 짝
길고 오램은 끝 닿는 데가 없느니라.

博厚配地
박 후 배 지
高明配天
고 명 배 천
悠久無疆*
유 구 무 강

풀이

 하느님의 넓고 두터우시기가 땅과 짝이 되고 높고 밝으시기가 하늘과 짝이 되고 길고 오래기는 끝이 없다는 말이다. 2천 년 전의 사람들은 오늘과 같은 천문 지식이 없었다. 지구가 둥글다는 사실도 모르던 때의 생각이다. 그러나 직관으로 하느님의 절대하심을 느끼고 그 절대함을 이렇게 나타낸 것이다. 주희가 이를 '하느님'이라 하지 않고 '성인(聖人)'이라고 한 것은 모자라는 생각이다. 하느님의 얼(성령)이 사람으로 하여금 성인이 되게 한 것이다. 그러므로 하느님이 앞서야 한다. 주희는 하느님을 분명하게 알지 못하였다. 이 구절에 한 구절을 더 넣는다면 하느님은 신령하시기가 성인과 짝한다고 해야 할 것이다. 이만큼만 생각하여도 마음속에 하느님의 얼인 호연지기(浩然之氣)가 살아난다. 소로는 이렇게 말하였다. "우주의 정신(하느님)과 교류하고

....

강(疆) 끝, 가.

하느님 나라 얼 향기에 취하고 싶은 욕망과, 대기를 뚫고 일어서서 높다란 알 수 없는 나라까지 생각의 머리를 뻗치고 싶은 그런 바람은 언제나 이어진다."(소로,《소로의 일기》)

이렇듯한 것은
나타내지 않고 월(章)하며,
움직이지 않고 갈며(變)
함이 없이 이루나니라.

如此者
여 차 자
不見*而章*
불 현 이 장
不動而變
부 동 이 변
無爲而成
무 위 이 성

풀이

넓고 두터우며 높고 밝으며 멀고 오랜 하느님(誠)은 나타내지 않아도 온 우주에 빛나며 움직이지 않아도 만물이 갈아들며 하지 않아도 우주 역사가 이루어진다.

《중용》33월에도 "군자지도(君子之道)는 암연이일장(闇然而日章)"이라고

현(見) 나타나다.   장(章) 월, 빛나는 무늬.

하였다. 군자의 도는 깜깜하지만 날로 밝아진다는 것이다. 우주 만물 어디에나 하느님의 영광이 비추지 않는 곳이 없고 하느님의 성향(聖香)이 풍기지 않는 곳이 없다. 그러나 짐승인 제나로만 사는 이는 그것을 보지도 못하고 맡지도 못한다. 그들은 신맹자(神盲者)이기 때문이다. 얼의 나로 거듭난 이에게는 "하느님이 고요히 사람의 귀를 여시고 인 치듯 교훈하신다. 존재의 소리가 들려온다. 하느님의 말씀은 막을 길이 없다. 기도할 때나 잠잘 때나 꿈속에서 말씀하신다. 존재의 소리를 들어야 한다. 하느님의 말씀은 공상이 아니다. 진실이다. 구체적이다. 그것이 인생을 멸망에서 구원하신다."(류영모)

그러나 하느님은 사람의 몸에 달린 귀·눈·코 같은 오관(五官)에 잡히게 나타나는 일은 없다. 환상이니 환청이니 하는 것은 거짓이다. 자기 착각에 지나지 않는다. 하느님은 그런 일이 없다. 공자는 말하기를 "하느님이 무슨 말씀을 하시는가. 그래도 사시(四時)는 갈아들고 만물이 자란다. 하느님이 무슨 말씀을 하시던가."(《논어》, 양화 편)라고 하였다.

공자는 하느님이 내게 속알(德)을 주셨다고 하였는데, 하느님이 공을 던져 주듯이 덕을 던져 주신 것이 아니다. 마음에 거룩하고 참된 생각을 일으켜 주신 것이다.

하느님은 잡귀들처럼 공동묘지나 흉가에 나타나듯 하는 일은 없다. 하느님은 아니 계시는 곳 없이 얼로 계시는데 움직일 필요도 없다. 그래서 류영모는 "하느님은 없이 계신다."라고 말하였다. 몸의 감각으로는 하느님은 지각이 안 된다는 말이다. 마음 깊이 느낀다.

하느님은 하지 않아도 다 이루신다. 사람도 이제 꽤 연구를 하여 자동화된 기계를 써서 일손을 던다. 하느님은 모든 것을 완전 자동화했다. 그리하여 하느님이 마음 쓸 일이 없다. 이것이 '무위이성(無爲而成)'이다. 노자는 "함 없음을 하고(爲無爲) 함 없이 안 함이 없다(無爲而無不爲)."(《노자》, 37

장)고 하였다. 이는 사람도 어떻게 하느님을 닮아 보겠다는 애씀이다. 그러나 몸뚱이 지닌 사람으로서 그것은 불가능하다. 그러므로 노자가 말한 '무위'는 내 뜻으로 하는 것이 아니고 하느님의 뜻을 받들어 하는 것이다. 내가 하는 것이 아니고 하느님이 하는 것이니 나로서는 무위(無爲)라고 할 수 있을 것이다.

하느님을 참(誠)으로 나타낸 것은 《중용》이 지닌 진가(眞價)라 하겠다. 하느님에게 마음과 뜻과 힘을 다하는 것이 치성(致誠)이다. 참이신 하느님께 다다르고자 하는 치성(致誠)이 곧 기도요 참선이다. 《중용》의 사상은 참(誠)에 다다르자는 치성(致誠)이라고 할 수 있다. 류영모는 이렇게 말하였다. "우리 사람의 사상이라는 것은 마침내는 참(誠) 하나를 좇아가는 것이다. 성(誠)이 참이다. 동양에서는 진리를 참이라고 한다."

하늘땅의 길은
한마디로 다하리니
그 몬 됨이 둘이 아니면서
곧 그 몬(物)의 낳음은 헤아리지 못하리로다.

天地之道
천 지 지 도
可一言而盡也
가 일 언 이 진 야
其爲物不貳則
기 위 물 불 이 즉
其生物不測
기 생 물 불 측

풀이

《주역》에 이런 말이 있다. "글은 말을 다하시 못하고 말은 뜻을 다하지 못한다(書不盡言 言不盡意)."(《주역》, 계사 상전) 또 《벽암록》에는 이런 말이 있다. "소리 앞의 한마디는 천 사람의 성인도 전하지 못한다(聲前壹句 千聖不傳)."(《벽암록》, 90칙) 그런데 여기 《중용》에서는 천지의 도를 한마디 말로 다 할 수 있다고 하였다. 한마디 말은 '기위물(其爲物)'에서 '불측(不測)'까지다. "그 몬 됨이 둘이 아니면서 곧 그 몬의 낳음은 헤아리지 못한다."이다. '천지의 도(天地之道)'란 절대(天)와 상대(地)의 도(道), 무극과 태극의 도를 말한다. 하느님이신 참(誠)이 상대화하여 몬(物)이 되지만 참과 몬이 근원에서는 모두 참(誠)으로 둘이 아니다. 그러나 참(誠)이 몬(物)을 낳는 것(변화)을 헤아릴 수가 없다. 우주의 신비 가운데 신비다. 하긴 과학이 더 발달하면 절대인 성령(誠)이 상대화하여 물질이 되는 비밀을 밝힐 수 있을지 모르겠다. 성경 창세기의 천지 창조 이야기는 그때 사람이 짐작으로 생각해낸 것이다. 그것을 성경에 쓰여 있으므로 진리라고 우기면 곤란하다.

■ 창세기에 적혀 있는 대로 창조주의 하느님을 믿는다, 안 믿는다는 것은 나와는 상관이 없다. 나는 하느님을 생명의 근본으로, 진리의 근본으로 하여 믿는 거지 창조주로서 믿는 것은 아니다. 창조는 무슨 창조인가. 창조주로서 믿는다든지 그것을 부정하든지 하는 것은 대단한 것이 아니다. 하느님에게 창조에 대한 시말서를 받아 본 것이 '창세기'다. 이건 그때 사람들이 그렇게 해서 되었거니 하고 생각해 본 거다. 요새는 이걸 누가 믿어. 이것 가지고는 통하지 않는다.(류영모)

《명심보감》에 이르기를 "한마디 말이 맞지 않으면 천 마디 말이 쓸데없다(一言不中 千語無用)."라고 하였다. '창세기'를 두고 한 말인 것 같다. 영국의 물리학자 스티븐 호킹(Stephen Hawking)이 하느님이 우주를 창조한 것이 아니라고 말하였다. 맞는 말이다. 우주가 하느님이 지 하느님이 따로 있어서 우주를 창조한 것이 아니다. 하느님은 사람이 관측할 수 있는 우주만이 아니다. 우주 이상이다. 무한의 허공이요 신령한 성령이다.

하늘땅의 길은
넓고 두텁고
높고 밝고
길고 오래니라.

天地之道
천 지 지 도
博也厚也
박 야 후 야
高也明也
고 야 명 야
悠也久也
유 야 구 야

풀이

절대(天)와 상대(地)의 도(道)는 하나로서 참(誠)이다. 그 참은 앞 26월 3절에서 말하였듯이 넓고 두텁고 높고 밝고 깊고 오래다. 절대 존재임을 나타내고자 한 것이다. 불교의 《반야심경》만큼은 표현이 세련되지 못하였으나 그 뜻은 다를 것이 없다.

《중용》은 유교의 《반야심경》이요 요한복음이다. 류영모가 유교의 여러 경전 가운데 오직 《중용》만을 우리말로 옮긴 까닭이 여기에 있다.

참(誠)은 공간으로는 무한히 넓고 두터워 공간을 초월하였고, 시간으로는 영원히 길고 오래라 시간을 초월하였고, 차원(次元)으로는 거룩히 높고 밝아 물질을 초월하였다. 우리는 이 절대인 참(誠)으로 돌아가야 한다. 참에서 나왔기 때문이다.

■ 우리가 여기에 매였으므로 영원한 그곳에 가야 한다. 천원정(天遠征), 이것이 바로 우리의 신앙이다. 하늘로 원정하여 가는 것이다. 영원한 하늘로 간다. 예수는 하늘나라에는 침노하는 자가 들어간다고 하였다. 하늘은 넓다. 침략해도 좋다고 열어 놓고 있다. 우리는 앞장서서 천국으로 쳐들어가야 한다. 우리의 길은 하늘까지 가는, 영원으로 가는 원정이다. 그러기에 우리의 목적지는 하늘에 있지 땅에 있는 것이 아니다.(류영모)

천원정(天遠征)이라 한다고 어린이들이 보는 만화처럼 우주를 나는 비행접시를 타고 다른 별나라로 쳐들어가자는 말이 아니다. 내 정신이 내 의식이, 하느님에게까지 높이 오르자는 것이다.

■ 의식(意識)의 세계보다 무의식의 세계가 더 강한 나(自己)이다. 무의식에서 초의식이 되면 그때서야 참나가 된다. 내가 하늘이라는 것도 초의식이 되어야 참나가 된다는 말이다. 초월하는 것이 참나가 되는 것이다. 맘은 항상 궁신(窮神)하는 자리에 있어야 한다. 신(神)을 알려는 것이 궁신이다. 신이 딴 것이 아니다. 우리들이 바로 신이다. 지금은 신의 능력을 나타내지 못하여도 이 다음에 신에 돌아가는 것만은 사실이다. 궁극에는 내가 신이 되겠다는 것이 아닌가. 신의 자리에 간다는 말이다. 거짓나인 제나로는 죽고 참나인 얼나로 솟나자는 것이다.(류영모)

나도 신이 되자는 것이라고 그리스 신화처럼 다신(多神)의 신이 되자는 말이 아니다. 유일신(唯一神)의 한 원자로 돌아간다는 것이다. 류영모는 절대의 한 원자를 '긋(點)'이라고 하였다. 하느님의 한 긋이 참나라는 것이다. 그게 내 마음속의 성(誠)이다. 내 마음속의 얼나이다.

☁

이제 그 하늘이란
이 밝고 밝음의 많음인데
그 끝없음에는
해 달 별이 매여 달렸고
잘몬(萬物)을 덮었구나.
이제 그 땅이란
한 줌 흙의 많음인데
그 넓고 두텀에는
화악(華嶽)을 싣고도 무거워 않고
물과 바다를 거두어 새지 않고
잘몬(萬物)
이제 그 산이란
이 한 뭉치 돌멩이의 많음인데
그 넓고 큼에는
풀과 나무가 나고
새와 짐승이 살고
보배장(寶藏)인 것이 드러나오는구나.

이제 그 물이란
한 국자의 많음인데
그 되질(勺) 해볼 수 없음에는
거북 악어 상어 용 자라가 살고
보배와 쓸 것이 불어나는구나.

今夫天
금 부 천
斯昭昭*之多
사 소 소 지 다
及其無窮也
급 기 무 궁 야
日月星辰繫焉
일 월 성 신 계 언
萬物覆焉
만 물 복 언
今夫地
금 부 지
一撮*土之多
일 촬 토 지 다
及其廣厚
급 기 광 후
載華嶽*而不重
재 화 악 이 부 중

소소(昭昭)　밝고 밝음.
촬(撮)　움켜쥐다.
화악(華嶽)　산 이름. 지금의 중국 산시성에 있다.
진(振)　거두다.
설(洩)　물이 새다.
권(卷)　뭉치.

振*河海而不洩*
진 하 해 이 불 설

萬物載焉
만 물 재 언

今夫山
금 부 산

一卷*石之多
일 권 석 지 다

及其廣大
급 기 광 대

草木生之
초 목 생 지

禽獸居之
금 수 거 지

寶藏興*焉
보 장 흥 언

今夫水
금 부 수

一勺*之多
일 작 지 다

及其不測
급 기 불 측

黿*鼉*蛟*龍魚鼈生焉
원 타 교 룡 어 별 생 언

貨財殖焉
화 재 식 언

흥(興) 드러나다.
작(勺) 국자.
원(黿) 거북(큰 자라).
타(鼉) 악어(자라).
교(蛟) 상어.

풀이

지금으로부터 1백 년 앞선 1920년대 이전까지만 하여도 사람들은 우주가 별들로 가득 채워져 있다고 믿었다. 지금은 은하수 너머에 텅 빈 공간이 끝없이 펼쳐져 있고, 태양계가 속한 은하와 같은 외부 은하들이 수없이 흩어져 있음이 알려졌다. 뒤이어 수천 개의 은하들이 모인 은하단과 이런 은하단들이 이룬 약 1억 광년 크기의 거대한 초은하단들이 발견되었다. 1970년대까지만 하여도 인간은 지름이 1억 광년에도 못 미치는 가까운 우주 공간 내의 은하들이 이루는 우주의 작은 일부만을 볼 수 있었다. 1980년대에 들어와서 우주 탐사 결과 외부 은하와 은하단, 초은하단들이 모여 이루는 10억 광년에 이르는 거대한 우주가 발견되었다. 이 거대 구조는 중국 만리장성의 이름을 따서 장성(長城)이라 이름 붙였다. 한편 수억 광년에 이르는 우주 공간에 은하가 전혀 없는 곳도 새로 발견되었는데, 이런 지역을 '거대 동공'이라고 부른다.

여기에 비해 《중용》은 2천 몇백 년 전에 쓰여진 글이라는 것을 기억해야 한다. 심오한 직관으로 진리를 파악하고 도의적 의식으로 윤리를 세움에는 오늘의 우리보다 오히려 탁월한 점이 있지만 과학적 지식에 있어서는 유치함을 면할 수 없었다. 밝고 밝음이 많아서 하늘이 되었다지만 사실 우주는 흑암(黑暗)이다. 어두우니 별이 빛난다. 일월성신이 하늘에 매달렸다고 하였는데 실제로는 매달린 것이 아니라 자기 궤도를 운행하고 있는 것이다. 옛사람은 지구가 네모난 평지인 줄로 알았다. 그래서 사방(四方)이라 하였다. 땅덩이를 큰 거북이나 코끼리 따위가 떠받치고 있다고 믿었다. 지구의 인력에 의해 물이 쏟아지지 않는 것을 알 리 없었다. 땅속에 금은보화가 있는 것은 알았던 것 같지만 지각 내부에 대해서는 몰랐다. 그러나 과학적인 지식이 사람을 참되게 하는 데는 별로 도움이 되지 않는다. 오늘의 교육이 과학에만 치중하는 것은 큰 잘못이다.

■ 하늘의 무한한 공간, 천지 자연이 모두 하느님이 주신 글월이다. 글월을 읽으면 이승에서 배운 먹고 싸는 짐승의 버릇을 끊게 된다. 매를 때려서 못된 버릇을 버리라 하면 안 된다. 하늘 글월, 하느님의 말씀을 읽게 하면, 알게 하여 주면 스스로 저절로 끊게 된다. 자연의 프로그램에는 다 방정식이 있다. 순서가 바꿔서 모두가 갈피를 못 잡고 있다. 짐승 노릇을 내버리겠으니 하늘 생각에 이르도록 해 달라는 말씀이다. 이 사람의 20세 전의 일을 생각하면 참 짐승 노릇을 하였다는 것을 느낀다.(류영모)

읊이(詩) 이르되
"아(維) 하늘 뚫림이여(天之命)
오아(於) 가맣(穆) 그치지 아니하리로다."하니
어찌 이름인고 하늘 가지고 하늘 된 바를 이름이오
"오아(於乎) 버젓잖으냐(不顯)
문왕의 노릇(德)의 숫(純)이라."하니
어찌 이름인고 문왕이 가지어 글월 된 바를 이름이니
숫(純) 또한 그치지 아니함이니라.

詩云[*]
시 운
維[*]天之命
유 천 지 명

시운(詩云) 《시경》의 주송(周頌) 유천지명(維天之命) 편.
유(維) 아!

於*穆*不已
오 목 불 이

蓋*曰天之所以爲天也
개 왈 천 지 소 이 위 천 야

於乎不顯*
어 호 불 현

文王之德之純
문 왕 지 덕 지 순

蓋曰文王之所以爲文也
개 왈 문 왕 지 소 이 위 문 야

純*亦不已
순 역 불 이

풀이

주나라 문왕에게 제사할 때 부르는 노래(詩)의 한 구절을 끌어서 지성(至誠)을 설명하고자 하였다. 깊음으로 가맣 하늘의 숨(天命)과 슷으로 참된 문왕의 얼(德)은 이어져 있다. 사실은 문왕의 얼(德)을 보고 하늘의 숨(命)을 아는 것이다. 하늘의 얼숨(命)이 성인의 마음속을 줄곧 뚫어 '중용(中庸)'이라 한다. 거짓된 상대 세계와 다르다고 하여 '지성(至誠)'이라 한다. 하늘의 숨(命)은 줄곧 뚫려 나온다. 그러므로 그침이 없다. 예수가 하느님의 말씀이 마음에서 생수처럼 샘솟아 목마르는 일이 없다고 한 것은 이를 말한 것이다. 문왕 얼의 슷(純)이 그치지 않는다는 것은 잘 알아들어야 한다. 문왕이 죽었으니 끝이 났지만 그 얼의 슷(純)은 다른 성인을 통하여 계속 그침이 없다.

오(於) 오아!
목(穆) 가맣다, 심원하다.
개(蓋) 어찌.
현(顯) 버젓하다(번듯하고 떳떳하여 흠 잡히거나 굽힐 것이 없는).
순(純) 슷.

공자와 맹자도 하늘의 얼숨(命)이 그들의 마음(생각)을 통하여 말씀(文)이 되어 솟아나온 것이다. 성인의 몸이 성인인 게 아니라 그 말씀(文)이 성인인 것이다. 그 말씀(文)은 영원한 생명이라 그침이 없다.

천명(天命)은 얼의 숨, 얼숨이다. 성령이다.

■ 우리의 숨은 목숨인데 이렇게 할닥할닥 숨을 쉬어야 사는 생명은 참 생명은 아니다. 성령을 숨 쉬는 얼숨이 참 생명이다. 영원한 참 생명에 들어가면 목숨은 쉬지 않아도 끊기지 않는 얼숨이 있다. 숨 안 쉬면 끊기는 이 목숨은 가짜 생명이다. 내가 어쩌구 하는 그런 나는 소용이 없다. 석가의 '법신(法身)', 예수의 '아들'은 같은 말이다.(류영모)

◌

크다

씻어난 이(聖人)의 가는 길이여.

大哉
대 재

聖人之道
성 인 지 도

풀이

　류영모는 성인에 대해서 이렇게 말하였다. "성인이 무엇이냐. 몬(物)에 빠지고 미끄러지는 나를 몬(物)을 차 버리고 깨끗하라는 사람이 아니겠는가. 위(하느님)에서 내려온 일을 자꾸 생각하고 위(하느님)와 같이 거룩해 보자는 것이 성인이 아니겠는가. 위(하느님) 없다고 말하는 자들은, 내 위에 누가 있으랴 하는 자는 지각(知覺)이 없기로 마치 철없는 사람 같다. 자기 머리가 가장 위인 줄 알고 일을 저지르니 그 하는 일마다 못된 짓이 될 수밖에 없다." 성인(聖人)은 하느님의 생명인 얼(성령)을 받아 얼의 나로 사는 이다.

맹자는 "성인은 내 마음에 있는 같은 것(얼나)을 먼저 깨달은 이다(聖人先得我心之所同然耳)."(《맹자》, 고자 상편)라고 하였다. 마음속의 같은 것이란 하느님으로부터 받은 성령, 곧 지성을 말한다. 외적인 신분은 상관없이 하느님의 성령을 받으면 성인이다. 예수가 말한 바와 같이 성령(얼나)으로 거듭나면 성인이다. 부처요 하느님 아들이란 말이다.

어느 대재(大宰) 벼슬을 하는 사람이 자공에게 물었다. "선생님(孔子)은 성자입니까? 어찌 그리 다능하신지요." 자공이 대답하기를 "참으로 하느님께서 덕(얼)을 한없이 내리시니 앞으로 성인이 될 것입니다. 또 다능하시기도 하지요." 공자가 그 말을 전해 듣고는 "대재가 나를 알까? 내 어려서는 비천한 까닭에 세상일에 다능하였다. 그러나 군자가 세상일에 다능하여야 할까? 그렇지 않다."(《논어》, 자한 편) 여러 가지로 다능한 것과 성인은 관계가 없다는 것이다.

오직 한 가지 하느님의 얼(德)을 줄곧 받아야 한다는 것이다. 하느님의 얼(말씀)로 사는 이가 성인이다. 하느님의 얼(성령)로 사는 것이 중용이다. 지성으로 사는 것이 중용이다. 성인이라면 밥도 안 먹고 뒤도 안 본다는 것이 아니다. 몸삶을 떠났다면 이미 신(神)이지 성인이겠는가. 예수처럼 그 몸조차 동정녀 어머니에게서 나야 하고 그 죽은 시체가 다시 살아나서 하늘로 올라갔다는 허황된 신화로 꾸밀 까닭이 없다. 여느 사람과 같았어도 예수는 하느님 아들(그리스도)이다. 하느님의 성령으로 살았기 때문이다. 예수가 동정녀 어머니께 태어나고, 죽었던 송장이 부활해 승천하였어도 성령의 얼나로 살지 않았으면 그리스도의 자격이 없다. 그렇다면 예수를 평가할 때 동정녀 탄생이나 부활 승천은 문제 삼을 게 없고 예수가 성령(얼나)으로 살았다는 데에 초점을 두어야 한다.

성인(聖人)은 성인(成人)으로 알면 된다. 수성(獸性)의 몸 짐승에서 영성

(靈性)의 얼사람이 되는 것이 성인(成人), 곧 짐승으로 죽고 사람을 이룸이다. 공자는 "이(利)를 볼 때 의(義)를 생각하고 위태로울 때 목숨을 바치고, 오랜 약속을 잊지 않고 지키면 성인(成人)이라 할 것이다."(《논어》, 헌문 편)라고 하였다. '평생지언(平生之言)'이란 '하느님과의 약속'으로 삶의 목적이다. 공자의 말에서 성인(成人)이 되는 세 가지를 따져 보면 탐·진·치의 제나를 극복하는 것임을 알 수 있다. 제나의 수심(獸心)을 이기는 것이 사람을 이루는 것이다.

맹자가 "성인이 다시 오신다 하여도 반드시 내 말을 따를 것이다(聖人復起 必從吾言矣)."(《맹자》, 공손추 상편)라고 하자 듣고 있던 공손추가 "그렇다면 선생님은 성인이시겠습니다(然則夫子旣聖矣乎)."라고 하였다. 그러자 맹자는 이렇게 대답했다. "어쨌다고 이 무슨 말인가. 옛날에 자공이 공자에게 '선생님은 성인이십니다.'라고 하자 공자 말하기를 '성인은 못 된다. 다만 나는 배우기를 싫어하지 않고 가르치기를 게을리하지 않는다.'라고 하였다. 자공이 말하기를, '배우기를 싫어하지 않는 것은 슬기(智)요 가르침을 게을리하지 않는 것은 어짊입니다. 어지시고 또 슬기로우시니 선생님은 이미 성인이십니다.' 하였다. 대저 성인은 공자도 받아들이지 아니하였는데 이 무슨 말이오." 예수에게 선한 선생님이라고 부르자 "왜 너는 나에게 와서 선한 일에 대하여 묻느냐? 참으로 선하신 분은 오직 한 분뿐이시다."(마태오 19 : 17)라고 한 것과 같다. 예수·공자·맹자 같은 성인도 제나가 숨은 죽었지만 없어진 것은 아니다. 제나가 얼나의 종이 되었단 말이다. 제나가 얼나의 심부름을 할 때는 성인임에 틀림없다. 마치 임금의 명령을 전하는 선전관과 같다. 그때는 선전관의 말이, 선전관의 말이 아니라 임금의 말인 것이다. 그러나 공자의 제나에게 "선생님은 성인이십니다."라고 하면 공자의 제나가 무엇이라고 하겠는가. 당연히 성인이 아니라고 할 것이다. 왕명을 전한 선전관에게 "당신은 임금이십니다."라고 한다면 "그렇다. 나는 임금이다."라고 할 정신 나간 선전관이 어디 있겠는가. 선전관은 어디까지나 왕명을 전하는 데 지나지 않는 것이다. 선전관이 왕명을 전하는 일을 벗어나 임금 행세를 한다면 역적이든지 미쳤을 것이다. 옛날의 로마 교황을 비롯한, 이른바 세상에서 귀한 척한 이들은 하느님의 선전관 노릇도 제대로 못하였으면서 하느님 노릇을 하려 한 못난이들인 것이다.

그득히
잘몬(萬物) 피어(發) 치킴(育)이
하늘 그 위로 높은 대로 하였도다.

洋洋[*]乎
양 양 호
發育萬物
발 육 만 물
峻[*]極于天
준 극 우 천

풀이

　맹자가 "나는 나의 호연지기(浩然之氣)를 잘 기른다."라고 하자 공손추가 "무엇을 호연지기라 하는지 감히 묻습니다."라고 하였다. 맹자는 대답하기를 "말하기 어렵다. 그 기(氣)됨은 지극히 크고 지극히 강하므로(至大至剛) 바

양양(洋洋) 　그득히.
준(峻) 　높다.

로 길러 다치지 않으면 하늘땅 사이에 그득 찬다(以直養而無害 則塞于天地之間)."(《맹자》, 공손추 상편)고 하였다. 제나의 자리에서는 이렇게 말할 수밖에 없지만 사실은 우주 안팎에 빈틈없이 남김없이 가득 찬 얼(성령)에 이어진다. 《중용》의 이 구절에서 '양양호(洋洋乎)'란 얼(성령)이 가득한 모양을 가리킨 것이다. 얼(성령)은 없는 곳이 없고(無所不在) 없는 때가 없고(無時不在) 없는 사람이 없다(無人不在). 이것이 곧 '범신(汎神)'이다. 성령이 그득한 빔(허공)이, 가장자리 없이 큰 빔(무변대공)이 준극우천(峻極于天)의 하느님이다. 이 허공에서 만물이 나와서 허공으로 돌아간다. 류영모는 이렇게 말하였다.

- 태극(太極)은 하느님이시다. 우주는 무한한 공간과 영원한 시간이다. 이 하나(전체, 절대)가 늘(常)이라 '한늘'이라고 한다. 태양은 쳐다보지 말고 오직 하느님만 보자는 것이다. 여기에 빔(허공)과 몬(물체)이 있는데 빔과 몬은 하나다. 빔에서 몬이 나오고 나온 몬이 다시 빔으로 돌아가기 때문이다.
- 절대공(絕對空)인 하느님을 사모한다. 우리가 죽으면 어떻게 되나? 아무것도 없는 허공이라야 참이 될 수 있다. 참으로 허공 없이 실존이고 진실이고 어디에 있는가? 우주조차 허공 없이 어떻게 존재할 수 있는가? 허공 없이 존재할 수 있는 것은 아무것도 없다.

만물은 허공인 하나(전체, all)에서 나와 다시 허공인 하나로 돌아간다. 이것을 장자는 '복통위일(復通爲一)'이라고 하였다. 그런데 사람만은 낱동(개체)으로 있으면서 영통(靈通)으로 하느님과 하나 되려고 한다. 이를 장자는 '도통위일(道通爲一)'이라고 하였다. 그러므로 모든 개체는 밤이나 낮이나 살아서나 죽어서나 하나인 허공을 그리워한다. 준극이 무극이요 태극이다.

넉넉히 크게라

짓보이(禮儀) 3백이요

맵시 보이(威儀) 3천이로다.

優優*大哉
우 우 대 재

禮儀三百
예 의 삼 백

威儀*三千
위 의 삼 천

풀이

    성인의 도(道)는 얼(성령), 곧 지성(至誠)이다. 예수도 《마태오복음》 산상수훈에서 예수의 5계명을 비롯하여 팔복(八福) 등 여러 가지 마음가짐과 몸가짐에 대하여 집중적으로 말하였다. 그것은 아직 얼(성령)을 깨닫지 못한 사람들에게 짐승 노릇을 버리고 사람 노릇을 가르친 말씀이다. 그러나 그것은 중요한 것만 말한 것이다. 예수가 떠날 때는 보혜사 역할을 해주는 얼(성령)을 깨달으면 얼(성령)이 다 가르쳐 준다고 하였다. 하느님으로부터 받은 얼을 모신 마음을 지니게 되면 내가 어떻게 하여야 한다는 것을 저절로 알게 된다. 그래서 공자가 "사람이 어질지 않으면 예 같은 것을 무엇하느냐(人而不仁 如禮何)."(《논어》, 팔일 편)라고 하였던 것이다. 어질다는 것은 하느님

우우(優優)   넉넉히.
위의(威儀)   맵시 보이기. 예법에 맞는 몸가짐. 《예기》에 "경례삼백 곡례삼천(經禮三百 曲禮三千)"이란 말이 있다.

의 얼을 모신 마음은 지혜롭고 인자하다는 뜻이다.

《예기》에서는 예의가 3백 가지, 위의(威儀)가 3천 가지가 된다고 말한다. 오늘날 길에 담배꽁초를 마구 버리고, 씹은 껌과 쓰레기도 마구 버려 사회 문제가 되는 것을 보면 예의와 위의를 갖추는 것도 크게 중요한 것이다. 내가 싫은 것은 남에게 하지 말며 남에게 바라는 것을 내가 먼저 하는 것이 예의의 밑둥 정신이다. 그러나 조목으로 따져서는 끝이 없다. 모세의 십계명 가운데 넷째 계명이 "안식일을 거룩하게 지켜라."(신명기 5 : 12)이다. 유대인들은 이 계명을 잘 지키기 위하여 일을 금하는 구체적인 사항 39개조를 만들었다. 이것으로도 철저를 기하기 어려워 39개조의 1개조마다 39개의 부칙을 만들었다. 결국 1,521조가 되었다는 것이다. 이렇게 되면 사람을 괴롭히는 번문욕례(繁文縟禮)가 된다. 공자는 "공손하되 예(禮)가 없으면 힘들고 삼가하되 예가 없으면 주눅 들고 날래(勇)면서 예가 없으면 어지럽고 곧(直)으면서 예가 없으면 답답하다."(《논어》, 태백 편)라고 하였다.

류영모는 허례의 악수를 싫어하였다. 필자는 여러 해 동안 류영모에게 가르침을 받았으나 류영모가 필자의 손을 잡아 쥔 적은 꼭 한 번 있었다. 소로는 겉보이기 예의에 대하여 이렇게 말하였다. "대다수의 사람들은 지나친 공손과 친절로 자신을 망친다. 그들은 너무 타협적이고 언제라도 상대방에 동의할 준비가 되어 있다. 따라서 그들과의 대화는 조금도 이롭지 못하다. 짧은 대면에서도 지나친 인내심과 친절이 드러난다. 사람은 실종되고 예절만 남는다. 짓궂고 거칠고 괴짜이며 다듬어지지 않은 사람, 그런 사람이라야 희망이 있다."(소로, 《소로의 일기》)

공자는 절제하면서 위생적이었다. 자리가 바르지 않으면 앉지 않았다. 밥은 정결한 것을 좋아하였다. 회는 잘게 썬 것을 좋아하였다. 과일은 덜 익은 것이나 제철이 아닌 것은 먹지 아니하였다. 고기도 반듯하게 자르지 않은 것은 먹지 아니하였다. 음식에 양념과 간이 맞지 않는 것은 먹지 아니하였다. 시장에서 사온 술과 포를 먹지 아니하였다. 생강은 언제든지 조금씩 먹었다. 과음, 과식하지 아니하였다.

그 사람을 기다린 뒤에 (되는) 노릇이니라.

待其人而後行
대 기 인 이 후 행

풀이

맹자는 "군자(君子)의 영향도 오세(五世)면 끊어지고 소인(小人)의 영향도 오세(五世)면 끊어진다."(《맹자》, 이루 하편)라고 하였다. 그렇다면 늦어도 150년마다 성인이 와야 한다는 말이다. 성인을 기다려 성인이 온 뒤에 실행이 된다는 것이다. 공자는 성인을 보지 못하였다고 하였다. 공자는 성인을 알아볼 눈을 가졌지만 그렇지 못한 범인들은 성인이 왔다고 하여도 성인을 알아보지 못한다. 맹자니까 공자가 성인인 것을 알았다. 맹자가 성인의 영향이 오세(五世)면 끊어진다고 한 것은 맹자 때에 이미 공자의 영향이 거의 끊어진 상태에 있었다는 말이다. 공자가 죽은 해(기원전 479)와 맹자가 난 해(기원전 372)의 간격은 107년으로 삼세(三世)가 넘지만, 공자가 산 일세(一世)와 맹자가 산 일세(一世)를 합하면 오세(五世)인 것이다. 그 뒤로는 1천 년이 지나도록 성인 소리를 듣기는커녕 '자(子)'라는 스승 칭호를 들을 인물도 안 나왔다. 1천 년 뒤 송(宋)나라 때 와서야 스승(子) 칭호를 붙일 인물들이 여러 사람 나오게 된다. 주렴계(周濂溪), 장횡거(張橫渠), 정명도(程明

道), 정이천(程伊川), 왕양명(王陽明), 육상산(陸象山) 등이다.

그러면 성인이 나오지 않으면 짐승으로 살아가야 할 것인가? 누 번 없는 삶인데 그럴 수는 없다. 밖에서 성인을 기다릴 것이 아니라 내 속에서 성인을 기다려야 한다. 성인지도(聖人之道)는 양양(洋洋)하여 없는 사람이 없기 때문이다. 맹자의 말대로 성령(얼나)은 가지고 있는데 범인들은 버려서 없다. 내 속에 성령을 기다리다가 성령이 오면 그 성령의 뜻에 따라 삶을 살면 덕행(德行)이 된다. 류영모는 이렇게 말하였다.

■ 예수를 따르고 그를 쳐다보는 것은 그의 색신(色身)을 보고 따르자는 것이 아니다. 예수는 내 속에 있는 속알(德), 곧 하느님의 씨가 참 생명임을 가르쳐 주었다. 그러므로 먼저 내 속에 있는 속알에 따라야 한다. 그 속알이 참 예수의 생명이요 나의 참 생명이다. 몸으로는 예수의 몸도 내 몸과 같이 죽을 껍데기지 별 수 없다. 예수나 미륵불을 기다리지 말라. 그것은 헛일이다. 그리스도는 영원히 오시는 분이다. 구경(究竟)은 생명 전체(얼나)를 이루는 것이다.

므로 가로되
참 가장 높은 노릇(德)이 아니면
가장 바른 길이 어울지(凝) 아니한다 하니라.

故曰
고 왈
苟*不至德
구 부 지 덕

至道不凝*焉
지 도 불 응 언

풀이

　이 구절은 곧 지덕(至德)만이 지도(至道)를 이룬다는 말이다. 지덕은 제나라는 의식이 온전히 죽은 마음이다. 제나가 설 죽으면 지덕이 못 된다. 장자는 이를 심재(心齋)라, 상아(喪我)라, 좌망(坐忘)이라 하였다. "오직 도(道)는 빈 데 모인다. 빈 것이 깨끗한 마음이다(唯道集虛虛者心齋也)."(《장자》, 인간세人間世 편) 깨끗한 마음이란 제나가 죽은 마음이다. 거기에 도(道)가 모인다는 것이다. 《장자》의 이 말과 《중용》의 위의 말은 같은 말이다. 탐·진·치로 된 삼독의 제나가 시퍼렇게 살아 가지고서 기도하고 참선하고 치성(致誠) 드린다는 것은 거짓말이다. 제나가 온전히 죽어야 한다. 이것이 회개이기도 하다. 제나가 죽었을 때에야 빈 마음이고 깨끗한 마음이 된다. 거기에 하느님의 성령이 어울려 든다. 지성(至誠)의 성령이 빈 마음에 가득 차는 것을 어떻게 아는가. 하느님의 말씀이 오는 것으로 안다.

■ 마음이란 언제나 뒤돌아보면 후회가 된다. 회개는 한 번 하고 당장 하늘에 올라가는 것이 아니다. 후회는 일생 동안 줄곧 뒤따라 다녀야 한다. 자꾸 후회하고 회개해야 한다. 말씀을 하는 하느님을 누가 봤나. 이 마음 속에 출장을 온 성령이 우리의 정신을 통해서 말씀이 이루어진다. 이리하여 위에서부터 하느님의 말씀이 온다. 말씀밖에 믿을 게 없다. 말씀이란 하느님으로부터 온다. 태초의 말씀이 하느님의 아들이다. 예수의 생명이 태초의 말씀이다.(류영모)

구(苟) 참으로 ……가 아니면.　　응(凝) 어울다, 이루다.

말씀이 지성이다. 《중용》은 탐·진·치의 제나가 쓴 것이 아니다. 하느님의 말씀이 제나라는 정신을 통해 나온 것이다. 그때의 제나는 '나'라는 생각은 털끝만큼도 없다. 오직 하느님의 뜻대로 하는 도구에 지나지 않는다. 제나 없음(無我)의 실상을 보여 준 본보기가 "제 뜻대로 마시고 (하느님) 아버지의 뜻대로 하소서."(마태오 26 : 39)이다.

❦

므로 그이(君子)는 노릇(德) 바탈(性)의 높이 갈 길로 묻고 배움이니
넓고 큼에 이르려기에 알짬(精) 꼬투리(微)를 다하며
높고 밝음에 기껏 가려기에 줄곧 뚫림(中庸)을 길 삼으며
묵은 것에 익숙하고 새록새록 새로 알며
두터울 데에 도탑으려기에(敦厚) 짓보이(禮) 높이 하나니라.

故君子
고 군 자

尊德性而道問學
존 덕 성 이 도 문 학

致*廣大而盡精微
치 광 대 이 진 정 미

極高明而道中庸
극 고 명 이 도 중 용

溫故而知新
온 고 이 지 신

敦*厚以崇禮
돈 후 이 숭 례

치(致) 이르다, 미치다.   **돈**(敦) 도탑다.

풀이

공자는 "하느님이 내게 속알(德)을 주었다."(《논어》, 술이 편)라고 말하였다. 공자의 '덕(德)'은 영성(靈性)이요 불성(佛性)인 얼나이다. 군자(君子)란 제나의 생명에서 얼나의 생명으로 솟난(遷命) 사람이다. 그러므로 얼나인 덕성(德性)을 높이는 것은 너무도 당연한 일이다. 덕성을 높이는 것은 덕성을 장대로 떠받들어 올리는 것이 아니다. 제나가 거짓의 종점인 죽음의 자리로 내려오는 것이다. 이를 선불교에서는 내려놓음(放下着)이라고 한다. 제나는 본디 거짓이요 없음이라 붙잡고 있어도 헛일이다. 제나를 참나(眞我)로 착각하는 사람은 덕성인 얼나를 모른다. 영원한 생명인 참나(얼나)를 모르다니 참으로 슬픈 일이다.

군자는 참나(眞我)인 덕성을 높이고 받들기에 마음과 뜻과 힘을 다한다. 참나인 얼나가 영원한 생명이기 때문이다. 예수는 얼나를 아이처럼 받들라고 하였다. 이 우주와도 바꿀 수 없을 만큼 귀하다는 몸나의 생명이지만 참나를 위해서는 깃털처럼 버릴 수 있어야 한다. 지폐로 금화를 바꾸는 일인데 아까워할 까닭이 없다.

그러므로 영원한 생명인 얼나에 대해서는 누구에게라도 물어서 배우고 싶다. 비록 그가 가르침의 대가로 이 몸의 생명을 요구하는 야차일지라도 주저하지 않는다. 그러나 깨닫고 보면 영원한 생명인 참나(德性)가 바로 스승님 가운데 으뜸가는 스승님인 것을 안다. 장자는 하느님을 '대종사(大宗師)'라고 하였다. 그래서 하느님께로부터 얼(성령)을 받는 '중용'이 곧 묻고 배움이다.

"넓고 큼에 이르고자 알짬과 꼬투리를 다한다(致廣大 盡精微)."고 하였다. '치광대(致廣大)'는 초월의 존재인 영원 무한하신 하느님께로 간다는 말이다. '진정미(盡精微)'는 내 마음속에 내재하신 하느님 곧 겨자씨만 한 믿음일지라도 다한다는 말이다.

■ 하느님은 원대(遠大)하여 보이지 않고 근소(近小)한 것만 보인다. 제각기 살겠다는 근소한 것들은 수효가 많다. 마치 구더기 같은 존재들이다. 단지 똥구더기하고 좀 다른 것은 자꾸 원대(遠大)를 찾아 위로 올라가겠다는 정신이 있는 것이다. 위로 올라가겠다는 정신이 없으면 우리는 구더기와 같다.(류영모)

그래서 류영모는 우주 하이킹을 하는 기도문을 만들어 외었다. 시공으로 무한한 우주를 여행하는 것이다.

"높고 높고 높은 산보다 높고, 삼만 오천육백만 리 해보다도 높고 백억 천조 해들이 돌고 도는 우리 하늘보다 높고, 하늘을 휩싼 빈탕보다 높고, 허공을 새겨 낸 마음보다 높고, 마음이 난 바탈보다도 높은 자리에 아버지 하나이신 아들 참 거룩하신 얼이, 끝없이, 밑 없이, 그득 차이고, 고루 잠기시며, 두루 옮기사, 얼얼이 절절이 사무쳐……"로 되어 있다. 천문학 책은 형이하의 성경이다. 광대한 우주를 생각하면 하느님을 가까이 느끼게 된다. 우주에 내어놓으면 나란 아무것도 아닌 것을 알게 된다. 공간으로는 한 알갱이의 먼지보다 작고 시간으로는 한 찰나의 순간보다 짧다. 나란 존재는 미미하다 못해 초라하기 그지없다. 그때 '나'란 있으면서 없는 존재인 것을 깨닫는다. 제나가 없어지고 나면 그렇게 평안할 수가 없다. 근심덩어리인 제나가 없어졌기 때문이다. 노자가 말하기를 "내가 제나 없음에 미치면 내게 무슨 걱정이 있으랴."(《노자》, 13장)라고 하였다. 공자는 "사람이 멀리를 생각하지 않으면 반드시 가까이 근심이 있다(人無遠慮 必有近憂)."(《논어》, 위령공 편)라고 하였다. 이를 대개 '유비무환(有備無患)'으로 새기는데 "먼 하느님을 생각하지 않으면 가까운 내게 반드시 근심이 있다."인 것을 알게 된다. 이를 바꾸면 "멀리 하느님을 생각하면 가까운 내게 근심이 없다."이다. "어찌하여 내가 이토록 낙심하는가? 어찌하여 이토록 불안해하는가? 하느님을 기다리리라."(시편 43:5) 나의 뿌리는 영원하신 하느님이시다. 그러므로 하느님이 나의 본체이다. 나의 본체인 하느님의 영원함이 곧 나의 영원함이다. 나의 본체인 하느님께로 돌아가자. 이제까지 나라고 하던 나의 개체는 참나가 아니다. 이러한 깨우침이 하느님을 우러르는 내 마음속에서 일어난다. 그 깊은 생각이 알짬(精)이요 꼬투리(微)다. 알짬은 순수하다는 뜻이요 꼬투리는 하나의 작은 근거라는 뜻이다. 내 속에서 들리는 하느님의 소리 곧 말씀이 정미(精微)다. 마하트마 간디는 "조용하고 작은 소리"라고 말하였다. 이것은 짐승인 내게서 나온 것이 아니라 하느님으로부터 온 것이다. 이 정미가 나의 영원한 생명인 것이다. 이 하느님에게 연결된 정미를 놓치지 말고 꼭 붙잡아야 한다. 그것이 내가 참나로 거듭나는 것이다. 그 뜻에 따라 사는 것이다. 이것이 정미를 다하는 것이다. 맹자는 이 정미를 짐승의 나와 다른 '기희(幾希)'라 하였다. "사람이 새·짐승과 다른 것이 너무나 작다. 뭇사람은 이를 버리고 군자는 지닌다(人之所異於禽獸者幾希 庶民去之 君子存之)."(《맹자》, 이루 하편) 노자는 이를 '희미(希微)'라고 하였다.

"높고 밝은 데로 가짓껏 가고 가온(中) 쓸(庸)로 길 간다(極高明 道中庸)."라는 구절을 보자. 더없이 높고 밝은 곳은 하늘나라 절대계이다. 우리가 사는 상대계는 낮은 곳이요 어두운 곳이다. 절대계의 성령을 내 마음으로 통하여 뽑아 쓰는 것이 '중용(中庸)'으로 감이다. 주희를 비롯한 유학자들은 석가나 노자의 도(道)는 중용이 아니라고 하는데 그야말로 뭘 모르고 하는 소리다. 얼나로 사는 것이 중용이다. 마음속의 속인 얼나의 성령을 일용할 먹거리로 쓰는 삶이 중용이다. 석가·노자도 공자 못지않은 중용으로 산 정신인이다. 흔히 석가의 출가 독신 생활을 두고 치우친 것이라 하는데, 그것은 중용의 바른 뜻을 모르는 데서 나오는 생트집에 지나지 않는다. 공자도 철환천

하(轍環天下)로 앉은 자리가 더울 겨를이 없었다는데, 그것도 출가(出家)지 재가(在家)는 아니다. 철환천하할 때 세사들을 데리고 나녔다는 말은 있어도 부부의 윤리가 중하다고 부인을 동반하였다는 소리는 없다. 금욕적인 것은 마찬가지다. 공자의 아내는 견디다 못하여 집을 나가 버렸다는 말이 전해 온다. 공자의 부인도 석가의 부인 못지않게 혼자 지냈던 것이 틀림없다. 공자 부인은 참지 못하였던 것 같다. 《논어》에 공자 부인에 대한 말은 전혀 없다. 부부의 인륜이 중하다면 사모(師母)인 부인의 이야기도 한두 마디쯤은 있어야 하지 않겠는가.

또 노자와 장자가 유학자들보다 정치에 무심하여 벼슬할 생각이 없었던 것은 군신유의(君臣有義)여서 중용(中庸)에 어긋난다고 한다. 임금이 없어진 민주주의 시대가 된 오늘, 어느 쪽의 주장이 옳은 것인가는 너무도 분명하다. 《중용》의 주석을 쓴 이들이 노자와 석가는 중용의 도에서 벗어났다는 말을 한 것을 본다. 중용이 무엇인지 모르고 한 소리다. 류영모가 말하였다. "우리가 역사를 보면 임금이라는 것이 있어서 세상 사람들을 깔고 앉아 충성을 바라고 있었는데, 지금 생각하여 보면 참으로 우스운 일이다. 사람이 사람 위에 서 있는 것이 우스운 일이 아닌가? 지금은 민주 정치가 발달되어 밝아진 세상이다. 사람 위에 사람이 없어졌다."

유교가 호색(好色)하고 탐관(貪官)하자는 것이 아니라면 석가와 노자를 비난하여서는 안 된다. 유교의 가족주의, 국가주의야말로 사람들을 잘못 이끌어 이기적으로 만들었다는 것을 알아야 한다.

■ 그저 참을 알려고 하고 그저 참을 사랑하고 그저 악에 굴하지 않고 이기려고 하는 것은 자성(自誠)이다. 제 마음속에서 솟아나오는 하느님의 뜻으로 일을 이루자는 것이 중용(中庸)이다. 본디 사람은 이렇게 하자고

생긴 것이다. 그런데 원일물불이(元一物不二)에 까막눈이 되어 무엇이 무엇인지 분간할 줄 모르는 사람이 되었다.(류영모)

"옛것을 익숙히 하여 새것을 안다(溫故而知新)."는 말은 《논어》 위령공 편에 나오는 공자의 말이다. 옛것에 익숙하여야 한다는 말은 옛 성현의 말씀을 잘 익혀야 한다는 말이다. 새것을 안다는 말은 내가 스스로 진리를 체득하여 제소리를 한다는 것이다. 제소리를 하는 이라야 스승 될 만하다고 하였다. 제소리를 못하면서 스승 자리에 서는 것은 부끄러움이다. 전도서에 나오는 말처럼 하늘 아래는 새것이 없다. 하느님만이 영원한 새 존재라 하느님을 아는 것이 새(新)를 아는 것이다. 지신(知新)은 지신(知神)이다.

■ 사람으로서 사람 노릇을 하려는 사람은 마땅히 하느님을 알아야 한다. 하느님의 뜻을 알아야 한다. 온전한 사람이라면 사람이 무엇인지를 알아야 한다. 교육하는 데도 사람의 본질이 무엇인가를 가르치는 데 그 근본을 두어야 한다. 운동이나 잘한다고 교육하는 것이 아니다. 인생의 본질을 외면한 교육은 도둑놈의 교육이다.(류영모)

"두터운 것을 도탑게 하여 예(禮)를 높인다(敦厚以崇禮)."에서 두터운 것(厚)은 지성(至誠)이다. 앞에서 '천지도(天之道)'는 넓고 두텁다고 말하였다. 상대적 존재에게는 절대가 중후(重厚)하게 느껴진다. 상대적 존재는 경박스러워 믿을 수 없다. 상대적 존재는 비눗방울과 같다. 하느님은 두터우시므로 도탑게 받들어야 한다. 도탑게 받드는 것은 마음과 힘과 뜻을 다하여 받드는 것이다. 또 그같이 이웃을 사랑하는 것이 숭례(崇禮)다.

■ 하느님께로 올라가겠다는 한 말씀을 받들고 머리 위에 존중한 하느님을 이고 무겁고 괴로운 삶을 우리는 이겨 나가야 한다. 이 명령이 우리의

목숨이다. 역사를 보면 우리의 조상들은 이것을 좇아가다가 도중에 그만둔 것 같다. 그러나 우리는 다시 이어 끝까지 좇아가야 한다. 그것은 올바른 기도를 하는 것이다. 우리의 기도는 정신적인 호흡 곧 하느님 생명인 성령을, 숨 쉬는 원기식(元氣息)을 두텁게 조심하여 깊이 숨 쉬는 것이다.(류영모)

이러므로
위에 있어 건방지지 않고
밑에 들어서 어기지 않고
나라가 길대로 놓였을 때
그 말을 가져 일으킬 만하고
나라가 길 없이 놓였을 때
그 잠잠함이 가져 감쌀 만하니
읊이(詩)에 가로되 이미 밝은데 또한 맑아서
그 몸을 살렸고나 하였으니
그 이것을 일른 것이니라.

是故
시 고
居上不驕※
거 상 불 교
爲下不倍※
위 하 불 배
國有道
국 유 도

其言 足以興
기 언 족 이 흥
國無道
국 무 도
其默 足以容
기 묵 족 이 용
詩*曰 旣明且哲*
시 왈 기 명 차 철
以保其身
이 보 기 신
其此之謂與
기 차 지 위 여

풀이

류영모는 이렇게 말하였다.

■ 공자님이 말씀할 당시에 공자님이 하신 말씀의 뜻을 사람들이 알고 따랐는가 하면 그렇지 않다. 정말 이 신앙을 가지고 내려왔다면 나라 다스리는 일은 문제가 아니었던 것이다. 유교가 송나라 때 그 체계를 세웠는데 이것이 내려온 순서대로 그대로 내려왔다면 동양의 역사가 좀 달라졌을 것이다. 문제의 손바닥 하나 들여다볼 줄 모르고 지내온 모양이 오늘의 유교를 만들어 버렸다.

공자와 맹자는 도와 덕을 통하여 하느님과 이어지고 '정'과 '의'를 통하여 씨알(民)과 이어지려고 하였다. 그러나 공자와 맹자의 뜻대로 되지 못하였다. 공자와 맹자는 "오직 인자(仁者)만이 마땅히 높은 자리에 있어야 한다. 불

교(驕) 건방지다.
시(詩) 《시경》의 대아 증민(烝民) 편.
배(倍) 어기다, 배반하다.
철(哲) 맑아서, 밝아서.

인(不仁)이 높은 자리에 있으면 이는 악을 민중에게 퍼뜨리는 것이다."(《맹자》, 이루 상편)라고 생각하였다. 그러나 역사는 줄곧 탐욕스럽고 포악하고 교활하여 어짊(仁)과 거리가 먼 불인(不仁)한 이들이 계속 집권하여 왔다. 그러니 그 씨알(民)의 마음속엔 깊은 한(恨)이 서렸다. 씨알이 쉰 한숨을 모으면 태풍이 될 것이요 씨알이 흘린 눈물을 모으면 바다가 될 것이다. 그러니 정치를 바로 해보자는 공자와 맹자의 생각을 무조건 모자란다고 할 수만은 없다. 그러나 하느님의 뜻은 거기에 있는 것이 아니었다. 이 세상은 정신 훈련장이다. 낙원에서 정신 훈련이 되겠는가. 안 된다. 지옥 훈련이란 말이 있다. 지옥이라야 훈련이 된다. 이 세상은 위대한 정신을 길러 내자는 훈련장이다. 그러므로 참혹한 시련과 고통의 채찍을 받게 되어 있다. 시련과 고통에서 정신이 깨닫는 것이다. 절대(하느님)인 참나를 깨달아 상대 세계를 초월하라는 것이다. 공자·맹자가 그들이 뜻한 바대로 한 나라의 재상 노릇이나 하였다면 그들의 정신은 더 자랄 수 없었을 것이다. 뜻대로 안 되는 데서 정신이 더 자랄 수 있었다. 공자와 맹자도 뒤늦게 이것을 깨달았을 것이다. 하느님의 뜻을 알아차렸기에 "하느님 원망도 않고 사람 탓도 않는다(不怨天 不尤人)."라고 말하였을 것이다. 이 한마디에 고개가 절로 숙여진다.

류영모는 정치를 잘해야 한다고 생각한 공자·맹자와는 달리 절대(하느님, 니르바나)에로 솟나야 한다는 예수·석가와 같은 생각을 하였다. 그래도 이따금 정치에 대해서 안타까워하였다.

■ 최고 학부를 나온 이도 제나를 위해서 일을 한다. 장관이나 대통령 자리에 앉아도 우선은 자기의 맛을 위주(爲主)로 한다. 그가 배운 것을 다 하면 더러는 잘되는 수가 있다. 정의(正義)도 알고 있다. 이상적인 국가 사회를 이룩하자면, 백성의 행복과 문화의 발전을 이룩하자면 어떻게 해

야 하는지를 알고 있다. 그러나 그보다는 자기 인생관의 실현이다. 그 인생관이 무엇인가 하면 세상의 맛을 보자는 것이다. 맛있는 것 실컷 먹고 여편네와 사랑으로 잘 만나고 하자는 것이다. 이제는 학문도 이루고 돈도 붙들고 권력이 라는 것도 겹쳐서 그의 밥줄을 점점 튼튼하게 해 준다. 온 세상 사람은 실직하여도 자기는 실직할 리 없다고 생각한다. 상당한 권세와 체면으로 일시는 재산을 모으지 못하더라도 조금씩 자기 욕심을 채울 수 있다. 이쯤 되면 자기는 되었다고 한다. 이렇게 하고는 자기 목적지로 간다. 이 세상은 자기가 아니더라도 저절로 되겠지 하고 원래의 목적에는 열성과 능률을 내려고 하지 않는다. 대부분의 사람들이 다 그렇게 생각하더라도 우리는 우리의 인생관을 높여 나가야 한다. 사람이 사는 데 그 인생관이 비록 세상맛을 보기 위하여 사는 것이라도 인생관의 내용을 높이기 전에는 그 사회는 볼일을 다 본 것이다.(류영모)

《중용》은 구경(究竟)의 형이상학을 말하다가도 그다음에는 다시 정치로 돌아선다. 이 구절에서도 다시 정치 이야기다. "위에 있어도 건방지지 않고 아래가 되어도 어기지 않는다."에서 '위'는 지배 계급을 말하고 '아래'는 피지배 계급을 말한다. 군자는 뜻을 얻어 지배 계층에 올라도 교만하지 않고 뜻을 못 얻어 피지배 계층에 있어도 배신하지 않는다는 말이다.

나라에 도(道)가 있으면 군자가 높은 자리에 올라 군자의 말(생각)로 나라를 족히 흥하게 한다. 나라에 도(道)가 없으면 군자가 숨어서 잠잠히 지내니 족히 용납된다. 《논어》에 나오는 공자 말씀이 조금씩 변형되었다.

"《시경》에 이르기를 이미 밝고 맑아 그 몸을 살렸고나 하였으니 이것을 말한 것이다." 공자는 말하기를 "나라에 도(道)가 있으면 날카로운 말과 날카로운 몸가짐을 하지만 나라에 도(道)가 없을 때는 날카로운 짓은 하여도 말은 낮추어서 한다."(《논어》, 헌문 편)고 하였다. 사람은 죽지 않아도 될 때 죽으면 개죽음이 되지만 죽을 때 죽지 못하여도 개목숨이 된다. 죽을 때 죽을 수 있는 사람이 되어야 사람이 사람의 가치를 지니게 된다.

  짐승인 몸을 지니고 사는 한, 가정과 국가가 없어지지 않을 것이고 기복(祈福)의 종교 또한 없어지지 않을 것이다. 예수와 석가는 짐승인 제나를 초월하여 짐승 노릇을 버리고 하느님의 생명인 얼나를 깨달아 하느님 아들 노릇을 하였다. 예수와 석가는 짐승 성질인 탐·진·치 삼독을 버려 가정과 국가와 종교를 초월하였다. 예수와 석가가 가정과 국가를 멀리하였다면 수긍을 하겠지만 종교를 멀리하였다면 무슨 소리냐고 항의할 사람이 많을 것이다. 그러나 예수와 석가는 기복의 종교(샤머니즘)를 버렸다. 오직 홀로 얼나를 깨달아 다른 이들도 얼나를 깨닫도록 가르쳤을 뿐이다. 예수와 석가가 언제 종교의식을 하였던가. 예수와 석가는 결코 종교를 만들지 않았다. 기복적인 불교와 기독교는 석가와 예수와는 아무런 관계가 없다고 할 것이다. 석가와 예수의 얼나의 깨달음 신앙을 후대 사람들이 몸나의 기복 신앙으로 뒤집어 버렸다. 석가와 예수의 이름을 내걸었지만 그들의 가르침과는 거리가 멀다. 적은 수의 목회자들이 석가와 예수의 영성(불성) 신앙을 찾으려고 안간힘을 쓰고 있는 것을 이 사람도 알고 있다.

이(子) 가로되
어리석어 가지고 젠 척하기를 좋아하며
얕아 가지고 제 풀대로 하려 하며
이제(今) 뉘(世)*에 나가지고
옛길을 거슬러 가려고 하면
이런 이는
탈이 그 몸에 미치리라.

子曰
자 왈
愚而好自用*
우 이 호 자 용
賤而好自專*
천 이 호 자 전

뉘 세상, 누리의 준말.
자용(自用) 젠체하다, 잘난 척하다.
자전(自專) 제 풀대로 하다, 제멋대로 하다.

生乎今之世
생호금지세

反古之道
반고지도

如此者
여차자

裁*及其身者也
재급기신자야

풀이

이는 정권을 쥔 지배자들의 횡포는 자멸을 가져온다는 말이다. 걸(桀)과 주(紂)가 바로 대표적인 어리석은 임금이다. 그들은 요(堯)·순(舜)이 걸어온 옛길(古之道)에 반(反)하다가 나라도 망치고 자신도 망쳤다. 치욕은 조상들에게 돌아가고 재앙은 자신에게 닥쳤다.

'얕아 가지고'는 '천박해 가지고'란 뜻이다. '제 풀대로(自專)'는 '제멋대로'란 말이다. 전한(前漢)의 외척 왕망(王莽)과 후한(後漢)의 외척 두헌(竇憲) 등은 나라를 자전(自專)하다가 죽음을 당한 이들이다.

류영모는 오늘의 민주 시대에도 민(民)이 주인임을 잊고 높은 자리만 좋아하는 이들을 안타깝게 생각하였다.

■ 오늘날의 세상을 보면 서로 높은 자리에 가려고 마구 싸우면서 야단들이다. 이것은 틀린 일이요 좋지 못한 일이다. 남에게 뒤지면 안 된다며 남보다 더 높아지려고 커지려고 자꾸 높아지려 하는데 예수는 이것은 아니라고 하였다. 남에게 섬김을 받으려면 먼저 남을 섬기라고 하였다. 예수 자신도 섬김을 받으려고 온 것이 아니라 섬기러 왔다고 하였다. 다 같

재(裁) 탈, 재앙. 재(災)의 본글자.

이 하느님의 자녀인데 높고 낮음이 있을 리 없다. 하느님의 뜻을 바르게 알고 실천하는 이가 모든 사람의 본보기가 될 뿐이다.(류영모)

류영모는 재능이 있는 총준(聰俊)들이 정의가 아닌 세력에 팔려 그들의 손이나 발 노릇을 하는 것을 안타깝게 생각하였다.

■ 재주 부리는 인형을 괴뢰(傀儡)라고 하는데, 낙제생들은 하지 못하는 이른바 지도자들의 괴뢰 노릇을 총준들이 한다. 돈 받고 힘 있는 사람의 괴뢰 노릇을 한다. 그리하여 귀 밝고 재주 많은 사람들의 범죄 행위가 많다. 이 말을 들으면 확실히 이 세상은 개탄할 일이다. 같이 사는 이 세상에서는 사랑과 공경으로, 서로 몹시 아끼는 윤리 도덕으로 살아야 한다. 그래서 상대를 높이 받들어 머리에 인다고 '님'이라고 한다. 남을 친애하고 존경하는 것이 예(禮)다.(류영모)

위의 두 가지 '자용(自用)'과 '자전(自專)'은 현대판 우치(愚痴)요 천박(賤薄)이다. 안연처럼 안빈낙도(安貧樂道)를 할지언정 그런 짓은 말아야 한다. 제 이마에 땀 흘리며 제 손바닥에 굳은살 지으면서 살아야 한다.

■ 몸담고 살아갈 터전이 마련되면 그것을 복거(卜居)라고 한다. 도심(道心)이 이롭다는 것을 알고 땀 흘려 일하며 살게 되어 복거하니 이 이상 즐거운 호강이 어디 있겠는가. 권력과 금력으로 호강하겠다는 것은 제가 땀 흘릴 것을 남에게 대신 흘리게 하여 호강하자는 것이니 그 죄악은 여간한 것이 아니다. 우리의 삶은 영원한 꼭대기에 이어진 것으로 생각을 잘해야 한다. 그러니 스스로 몸뚱이를 바로 잘 쓰겠다는 정신이 안 나올 수 없다. 바로 쓸 수 있다면 동포를 위해서도 바로 할 수 있는 것이다.(류영모)

류영모는 하느님께로 올라갈 생각은 못하고 높은 자리에 올라가려는 젊은 이들을 안타깝게 생각하였다. 또 취직 못해 논다는 이들을 안타깝게 생각하였다. 취직하면 일하고 실직하면 할 일 없다는 그까짓 놈의 일이 무슨 일이냐고 하였다. 어쩔 수 없이 공직에 나갔으면 씨알(民)을 섬겨야 한다.

■ 이 씨알을 위함이 곧 하느님 위함이다. 예수는 "여기 소자 가운데 가장 작은 이에게 한 것이 바로 나에게 한 것이다."라고 말하였다. 백성을 모른다고 하면서 하느님만 섬긴다 함도 하느님을 모른다 하고 백성만 위한다 함도 다 거짓이다. 이 시대가 민주주의 시대가 되어서 처음부터 마음이 민주(民主)가 되어야 한다. 씨알이 나라의 임자가 된 것은 천의(天意)요 천도이다. 모든 게 백성을 위하는 것이 되어야 한다.(류영모)

하늘 아들(天子)이 아니면
짓보이(禮)를 의론하지 못하며
금(制度)을 내지 못하며
글을 고르지 못하느니라.

非天子
비 천 자
不議禮
불 의 례
不制度
부 제 도
不考文
불 고 문

풀이

　예수, 석가는 사람이 제나에서 얼나로 솟나면 얼나로는 하느님 아들임을 깨우쳐 주었다. 고대 중국에도 하느님 아들(天子)이라는 생각을 하였는데 그 생각이 깊지 못하였다. 황제라는 권좌에 오른 이만이 하느님 아들이라는 것이었다. 그래서 황제를 천자(天子)라고도 불렀다.

　공자는 "하느님이 내게 속알(德)을 주었다."고 하였으니 얼나(속알)로는 누구나 하느님 아들이라는 생각을 하였다. 그러나 사회적으로 이미 황제 혼자만을 천자라 하였으니 천자 대신 '군자(君子)'라 하였다. 류영모는 '군자'가 '하느님 아들'이라고 말하였다. 하느님 아들은 글자로 천자(天子)가 좋지만 천자라는 말은 백성들이 함부로 쓸 수 없었기 때문이다. 사실은 공자처럼 얼나로 솟난 이라야 하느님 아들이 될 수 있다. 그런 뜻에서 황제인 천자는 거짓 하느님 아들이 될 수밖에 없다. 모조(模造)가 참(眞)을 알리는 홍보 노릇을 하는 것만은 사실이다. 20세기 중국의 학자 오경웅(吳經熊)이 기독교도가 되어 하느님께 기도를 올릴 수 있게 되자 황제(天子)가 된 듯한 느낌을 받았다는 말을 하였다. 천자를 황제로 모신 중국 사람만이 느낄 수 있는 것이라 생각된다.

　군주 시대에는 하느님 아들인 황제만이 예(禮)를 의논할 수 있고 제도를 낼 수 있고 글자를 만들 수 있었다니 참으로 어이없는 일이라 아니할 수 없다. 20세기에 들어와서 군주제가 물러가고 민주제가 실시된 것은 인류 역사에서 가장 자랑스런 일이 아닐 수 없다. 그런데도 아직도 전통적 군주 제도이거나 변형적 군주 제도가 물러가지 않고 있는 것은 안타까운 일이다. 이제는 얼나를 참나로 깨달은 참 하느님 아들의 생각과 태도를 본받아야 한다. 제나는 짐승 노릇을 하고 얼나는 하느님 아들 노릇을 한다. 그러므로 얼나로 솟난 하느님의 아들이라야 올바른 몸짓(禮)과 글월(文) 그리고 두레살이에 질서를 세울 수 있다. 제나의 사람들은 짐승 성질의 탐·진·치밖에 부릴 줄 모르기 때문이다. 제나의 짐승 성질을 다스려 얼나의 하느님 아들 노릇을 바르게 하자는 것이다. 그런데 제나의 사람들이 위정자가 되면 탐·진·치의 수성을 좇다가 제나도 멸망하고 나라도 멸망하게 된다. 인류 역사를 보면 동서양 할 것 없이 제나의 사람들이 짐승 노릇에 열중하다가 멸망을 되풀이해 왔다. 유교와 기독교와 불교를 국교로 삼고서도 하는 짓은 하느님 아들하고는 거리가 멀었다. "제나를 죽여 인(仁)을 이루자(殺身成仁)."라는 공자의 가르침을 좇는다면서 자기들만 잘난 양반이라 하여 온갖 특권을 누렸다. 일반 백성은 상놈이라며 천민이라며 멸시하고, 혹사하고 학대하고 착취하기를 조선조가 멸망할 때까지 뉘우침 없이 저질렀다. 그러니 나라가 멸망하지 않을 수 없었다. 서울 인구의 절반 이상이 노비였다니, 그런 나라가 어찌 망하지 않았을 것인가?

류영모는 이렇게 말하였다.

■ 몸나는 죄악된 수성(獸性)을 지녔으나 얼님(하느님)을 머리에 이므로 거룩함을 입을 수 있다. 더러운 수성을 자꾸 덮어 버리고 지극히 깨끗하고 거룩하게 되어 보겠다는 것이다. 거룩이 무엇인지 몰라도 우리가 머리를 하늘로 두고 얼님(하느님)의 일을 다하려고 하는 것은 이 거룩함을 바라는 것이다. 만물의 영장(靈長)이라는 '사람'이지만 얼님(하느님)을 버리면 형이하(形而下)의 짐승으로 떨어지고 만다.

이제 누리에(天下)
수레는 바퀴가 같고

글에 글씨가 같고
노릇(行)에 올(倫)이 같으니라.

今天下 금천하
車同軌 차동궤
書同文 서동문
行同倫 행동륜

풀이

　이른바 천하(天下)를 통일하여 전국시대(戰國時代)를 마감하고 봉건 제도를 폐지하여 삼공구경(三公九卿)의 중앙 집권 체제를 확립한 이가 '정(政)'이라는 이름의 진(秦)나라 시황제(始皇帝)이다. 황제란 칭호는 중국의 역사 시대를 연 삼황오제(三皇五帝)보다 훌륭하다 하여 황과 제를 겹쳐 지은 것이다.

　진시황은 천하를 통일한 뒤 전국에 도로망을 확충하고 문자, 화폐, 도량형을 통일하고 제도와 법률도 정비하였다. 당시 중국 인구는 2천만 정도였다. 시황제는 오랜 관습에 대한 역사적 대개혁을 이루었는데, 그것을 집권 10여 년 동안에 완성하였다.

　전국의 도로 폭은 일률적으로 50보로 하고 도로 양쪽에 10미터 간격으로 소나무를 심었다. 도로 폭이 같으니 수레바퀴 치수도 같았다(車同軌). 문자를 통일하여 온 나라 백성이 같은 글씨를 쓰게 되었고(書同文) 나라의 제도와 예절을 정비하여 같은 인륜의 질서를 이루었다(行同倫). 중국같이 넓은 나라에는 다양한 민족이 사는지라 새 나라가 집권하면 국가적인 통일을 꾀하는 것은 당연하다. 그런데 그 일을 가장 획기적으로 한 이가 진시황이었다. 그리하여 《중용》의 이 구절은 진시황 이후의 글이라는 의심을 받게 되었다. 그러나 주나라 때라고 전혀 통일이 안 되어 있었던 것은 아니었다. 그러므로 꼭 이 구절이 진 시황 이후의 글이라고 단언하지는 못한다.

그런데 우리가 지나쳐서는 안 되는 것이, 생활의 편리를 위한 외적인 통일도 중요하지만 정신적인 화합은 더 중요하다는 사실이다. 정신적인 화합은 진리로만 할 수 있다. 그 진리가 바로 지성(至誠)이다. 지성인 얼나로는 민족이 다르고 언어가 다르고 풍속이 달라도 공통이다. 공자·석가·예수·노자의 사상에서 얼나로서는 일치하는 것을 발견하고서 끝없는 기쁨을 느낀다. 주희를 비롯한 유학자들이 유학은 석가·노자와 다르다고 생각한 것은 그들이 아직 구경(究竟)의 지성에 이르지 못하였다는 증거일 뿐이다. 그들이 참으로 태극 무극에까지 이르렀다면 그런 편협한 생각은 버렸을 것이다. 공자는 화이부동(和而不同)을 말하였다. 나 자신도 날마다 생각이 달라진다. 그것이 생각이 자라는 증거이다. 어제의 나와 오늘의 나가 서로 이단(異端)이라고 싸운다면 어떻게 되겠는가? 그야말로 웃기는 일이 아니겠는가? 그것을 미혹(迷惑)이라고 이른다. 미혹에서 깨어나야 한다.

비록 그 자리에 있어도 참으로
그 노릇(德)이 없고는
구태여(敢) 짓보이(禮)와 울림(樂)을 못 지을 것이며
비록 그 노릇이 있어도
참으로 그 자리가 없으면
또한 구태여 짓보이와 울림을 짓지 못하나니라.

雖有其位
수 유 기 위
苟無其德
구 무 기 덕
不敢作禮樂焉
불 감 작 예 악 언
雖有其德
수 유 기 덕
苟無其位
구 무 기 위
亦不敢作禮樂焉
역 불 감 작 예 악 언

풀이

  이 구절에서는 유교(儒敎)의 고질인 관존민비 사상이 엿보인다. 제왕에게 예의와 음악의 창작까지 독점시키고 있다. 하긴 군주 시대에는 군주만이 자유인이었다. 다만 제왕이라도 덕(德)이 있어야 한다는 것은 놀라운 발상이다. 오늘날에도 문예 창작은 덕이 있는 사람만이 해야 한다는 정신이 있어야 할 것이다. 제왕의 왕권보다 덕을 우선시하더라도 실질의 덕만으로는 안 되고 형식인 임금의 자리가 있어야 한다는 것이다. 그리하여 공자는 "덕(德)은 있어도 임금의 자리가 없어서 예악(禮樂)을 만들 수 없다."는 결론을 낸 것이다. 그러나 정책적으로 나라에 시행은 못했을지언정 공자의 언행은 사람들의 본보기가 되어 예(禮)를 이루었다.

  이렇게 유교는 외형적인 자리, 감투를 중요시하여 관존민비의 생각에 젖은 온갖 무리가 관변에 몰리게 만들었다. 감투를 써야 사람 행세를 할 수 있고 사람대접을 받기 때문이었다. 그리하여 유교의 영향을 크게 받은 조선조 사람들도 너무나 감투 쓰기를 좋아하였다. 어떤 이들은 그 감투의 수대로 명함에 박아 자랑한다. 참으로 젖비린내 나는 짓이다. 류영모는 "이 나라 정치인들은 감투를 씌워 주면 된다 하니 3천만 개의 감투를 만들어 씌워 주면 좋지 않겠는가. 감투가 이 나라이고 이 민족인가. 참으로 답답한 사람들이다. 여기에서 무슨 득의(得意)가 이루어지겠는가."라고 한탄하였다. 이제는 권력을 잡는 일을 부끄럽게 생각하고 두렵게 여기는 시대가 되어야 한다. 권력 쟁취가 삶의 목적이 아니라 진리파지(眞理把持)가 삶의 목적이기 때문이다. 어느 시대나 수성(獸性)이 남다르게 센 이들이 권력을 잡고 으스대기를 좋아하였다. 그래서 인류 평화가 이뤄질 수 없었다. 인류 역사의 끊이지 않는 전쟁은 집권자들이 지닌 수성의 충돌인 것이다.

이(子) 가로되
내가 하(夏)나라 짓보이(禮)로 말하나
기(杞)는 보람하지 못하겠다.
내 은나라 짓보이(禮)를 배우고
송(宋)이 있지만
내 주(周)나라 짓보이(禮)를 배워 이제 쓰노(用)니
내 주(周)를 좇노라.

子曰
자 왈
吾說夏*禮
오 설 하 례
杞*不足徵也
기 부 족 징 야

吾學殷禮
_{오학은례}
有宋*存焉
_{유송존언}
吾學周禮今用之
_{오학주례금용지}
吾從周
_{오종주}

풀이

   이 구절은《논어》팔일 편에 나온다. 내용은 같은데 문장은 좀 다르다.《논어》에서 인용한 글에 똑같은 문장은 한 문장도 없다. 뜻만 그대로 전하면 된다는 생각을 한 것 같다. '예(禮)'의 알맹이는 공자의 말대로 인애(仁愛)와 윤리(倫理)다. 미얀마와 태국의 국경 지대에는 경제적으로 거의 원시인에 가까운 생활을 하는 카렌족이 살고 있다. 아직도 씨족·부족 사회를 이루고 살아간다. 그런데 놀라운 것은 그들이 훌륭한 공동체의 사랑과 윤리를 지니고 있다는 사실이다. 엄격한 일부일처(一夫一妻)가 시행되고 있을 뿐만 아니라 이혼과 재혼이 금지되며 부정(不貞)을 저지르면 남녀 모두 그 마을에서 추방된다고 한다. 우리의 살림살이가 그들보다 좀 낫다고 카렌족을 무시할 수 있겠는가? 우리나라에는 성폭력 사건이 삼십 분마다 한 건씩 일어나고 있다고 하니, 오히려 그들이 존경스럽다.

....

하(夏)   하나라. 우(禹)임금이 순(舜)으로부터 양위를 받아 하(夏)나라가 되었다.
기(杞)   기나라. 주(周)의 무왕이 하(夏)나라 후손인 동루공(東樓公)을 찾아가 그를 기(杞)나라 왕으로 세우고 선조 우(禹)의 제사를 받들게 하였다.
송(宋)   송나라. 무왕이 은(殷)을 멸하고 주(紂)의 아들 무경(武庚)을 제후로 삼아 후사를 잇게 하였다. 무경이 반란을 일으키다 죽자 주(紂)의 서형인 미자(微子)가 제후로 올라 송나라가 세워지고 은나라 시조 탕(湯)의 제사를 받들게 하였다. 자사(子思)가 이 송나라에서《중용》을 썼다고 한다.

공자는 하(夏)와 은(殷) 두 나라의 예법은 문헌을 보고 말할 수 있으나 기(杞)나라와 송(宋)나라는 문헌이 없어 조금밖에 알 수 없다고 하였다. 그리고 하(夏)와 은(殷)의 문화를 이어받은 주(周)나라의 문(文)을 좇겠다고 말하였다. 공자는 특히 주(周)나라 문왕과 주공(周公) 부자를 우러렀다. 공자에게는 직접 배운 큰 스승이 없었다. 공자는 문왕과 주공의 정치를 덕치(德治)요 예치(禮治)의 본보기로 생각하였다.

하(夏)는 우(禹)에서 걸(傑)까지 17대를 내려왔고 은(殷)은 탕(湯)에서 주(紂)까지 30대를 이었다. 하나라는 '충(忠)'을 숭상하여 그 시대의 글에는 힘찬 기풍이 있고, 은나라는 '질(質)'을 숭상하여 그 시대의 글에는 간결한 기풍이 있고, 주나라는 '문(文)'을 숭상하여 그 시대의 글에는 그윽한 기풍이 있다고 한다. 얼나를 깨달아 그 내용을 언어화, 문자화한 시대가 빛나는 문화(文化)를 이룬 시대이다. 살림살이가 좀 나아졌다고 하느님 사랑, 이웃 사랑을 잊고 퇴폐하고 방탕해지면 멸망이 있을 뿐이다.

❧

임금 누리(天下)에 셋 무거운 게 있어
그 허물이 적을 것이니라.

王天下 有三重焉
왕 천 하 유 삼 중 언
其寡過矣乎
기 과 과 의 호

풀이

　맹자 말하기를 "제후(諸侯)의 보(寶)는 세 가지로 토지, 인민, 정사(政事)이니, 주옥(珠玉)을 보배로 여기면 재앙이 반드시 그 몸에 미친다."(《맹자》, 진심 하편)고 하였다. 그런데 주희는 앞(28월 2절)에서 의례(議禮), 제도(制度), 고문(考文)을 삼중(三重)으로 치고 있다. 이 세 가지가 확립되면 나라의 기강이 서게 되어 대세에 이끌리는 대중들은 허물이 적어질 수 있을 것이다. 그러나 타율적인 도덕은 참 도덕은 못 된다. 그러므로 노자의 삼보(三寶), 즉 자애(慈), 검소(儉), 남 앞에 나서지 않는 것(不敢爲天下先)을 실천하는 것이나 공자의 삼외(三畏), 즉 천명(天命), 대인(大人), 성인의 말씀(聖人之言)을 어려워하는 것이 참 도덕이다. 또 공자는 군자도(君子道)에 셋을 들어 말하였다. "어진 이는 근심하지 않고(仁者不憂) 아는 이는 미혹되지 않고(知者不惑) 날랜 이는 두려워하지 않는다(勇者不懼)."(《논어》, 자한 편) 제왕(帝王)을 하느님의 아들(天子)이라 하여 절대시하던 때에 맹자가 "귀한 것은 민(民)이요, 그다음이 사직(社稷)이요, 가벼운 것이 임금이다."(《맹자》, 진심 하편)라고 한 것은 놀랍기 그지없다. 군주 시대에 민주(民主)의 사상을 지녔다는 뚜렷한 증거이다. 맹자의 가치가 여기에 있다.

 '허물을 적게 한다(寡過)'는 데 대하여 공자는 대단한 관심을 가지고 있었다. 사람은 불완전하게 태어났기 때문에 완전무결할 수는 없다. 그래서 누구나 허물이 있게 마련이다. 따라서 자기 허물을 고치려 하고 자기 허물을 적게 하려고 힘써야 한다. 허물을 적게 하려는 진지한 노력이 군자가 마땅히 지녀야 할 마음가짐인 것이다. 위(衛)나라 대부(大夫) 거백옥(蘧伯玉)이 공자에게 심부름하는 사람을 보냈다. 공자가 그 심부름꾼을 맞이하여 물었다. "선생은 무엇을 하고 계시오?" 그 심부름꾼이 대답하기를 "집의 선생님은 허물을 적게 하고자 하나 잘 안 되나 봅니다." 그 심부름꾼이 나간 뒤 공자는 그 심부름꾼의 말이 기특하여 "그 심부름꾼이! 그 심부름꾼이!" 하며 감탄하였다.(《논어》, 헌문 편) 공자는 "잘못보다 잘못을 고치지 않는 것을 일러 허물이라고 이른다(過而不改 是謂過矣)."(《논어》, 위령공 편)라고 말하였다.

위(上代) 것은
비록 좋으나 보람(物證) 없고
보람이 없으면 안 믿고

믿잖으면 씨알(民)이 좇지 않는다.

아래(下代) 것은

비록 잘하나 (자리가) 높지 않으니

높잖으면 안 믿고

믿잖으면 씨알이 좇지 않는다.

上焉者[*]
상 언 자

雖善無徵[*]
수 선 무 징

無徵不信
무 징 불 신

不信民弗從
불 신 민 불 종

下焉者[*]
하 언 자

雖善不尊
수 선 부 존

不尊不信
부 존 불 신

不信民弗從
불 신 민 불 종

풀이

　공자는 요순(堯舜)을 성인으로 지극히 높였다. 그러나 요순은 직접적인 자

상언자(上焉者)　요순(堯舜) 같은 상대(上代)의 성인.
징(徵)　보람. 다른 사람에게 보라고 남긴 것.
하언자(下焉者)　공자 같은 하대(下代)의 성인.

료가 거의 없어 신화적 존재에 지나지 않는다. 그러므로 사람들이 믿고 따르지 않는다는 말이다. 지금 우리에게 2천 4백여 년 전의 인물인 공자는 아득하다. 그러나 공자와 그의 제자들의 언행을 기록한 《논어》가 있어서 아주 가깝게 대할 수 있다. 글의 소중함이란 이런 것이다. 그래서 문화(文化)라 한다. 하느님의 말씀이 글로 되어지는 것이 문화이다.

요순시대는 제정일치(祭政一致) 시대라 덕이 있는 이가 제사장과 더불어 지도자(임금)가 되었다. 그러나 공자는 후대의 왕정 시대 사람이라 왕족으로 태어나지 않으면 아무리 덕이 있어도 지도자(임금)가 될 수 없었다. 그리하여 사회적인 지위가 없어 높임을 받지 못하여 백성들이 좇지 아니하였다는 것이다. 석가는 비록 왕자의 자리를 버리고 출가하였지만 그의 신분이 왕자인 것이 출가한 뒤에도 일반 사람들이 그를 믿고 따르는 데 적지 않은 영향을 끼쳤다.

공자는 스스로 어려서는 미천하여 여러 가지 일을 하였다고 말하였다. 목장지기도 하고 창고지기도 하였다고 전한다. 그가 귀족 출신이 아니어서 얼마나 서러움을 겪었는지는 모른다. 공자는 마차를 타면서 품위 유지를 하려고 하였다.

품위 유지에 이재에 밝던 제자 자공이 공헌하였다고 한다. 예수는 진리 증거에 나서기에 앞서 가업을 이어 목수 일도 하고 농사도 지었을 것이다. 어떻든 예수는 "나는 섬김을 받으러 온 것이 아니라 섬기려 왔다."고 말하였으며 또한 그렇게 살고 갔다.

공자와 예수는 석가보다 사회적 신분이 낮아서 진리 증거에 어려움을 더 겪은 것은 사실이다. 세상은 껍데기를 문제 삼는 쭉정이 세상이기 때문이다. 그러나 성인은 중심(中心)으로 들어가서 하느님의 아들인 얼나를 만나야지 외모로 신분을 따지면 얼나를 만나지 못한다.

바리새인들이 예수를 거짓말쟁이로 몰아붙였다. 그러나 예수는 날카로운 지혜로 그들의 터무니없는 비난을 논파하였다. 그때 예수는 말하기를 "너희는 사람의 기준으로 사람을 판단하지만 나는 결코 아무도 판단하지 않는다."(요한 8 : 15)라고 하였다. 예수는 얼나로 거듭난 하느님의 아들 자리에 섰는데 바리새인들은 요셉과 마리아의 아들인 육체의 예수를 가지고 시비를 하였던 것이다. 그래서 예수는 "너희는 아래에서 왔지만 나는 위에서 왔다. 너희는 이 세상에 속해 있지만 나는 이 세상에 속해 있지 않다."(요한 8 : 23)라고 하였다. 예수도 몸나로는 아래(마리아)에서 났지만 얼나는 하느님으로부터 받았다. 그래서 그들을 나무라기를 "너희 가운데 누가 나에게 죄가 있다고 증명할 수 있느냐? 내가 진리를 말하는데도 왜 나를 믿지 않느냐? 하느님에게서 온 사람은 하느님의 말씀을 듣는다. 너희가 그 말씀을 들으려 하지 않는 것은 너희가 하느님에게서 오지 않았기 때문이다."(요한 8 : 46~47)라고 말하였다.

그러므로 공자는 비록 어질었으나 신분이 높지 못하여 사람들이 따르지 아니하였다는 것은 역사의 과오이고 비극이다. 성자의 불행이 아니라 사람들의 불행이다. "백성은 깨닫는 것이 아니다. 그저 좋다면 이리 가고 저리 가고 하는 것들이다. 남 하는 것에는 빠지지 않고 죄다 한다. 그러나 뭔지 모르고 한다. 민주(民主)가 되려면 깨닫는 사람의 수효가 많아야 한다. 이 대중(大衆)이란 뜻은 생각지도 않고 그저 좋다니까 한다는 것이다."(류영모) 예수가 말하기를 "하느님의 지혜가 옳다는 것은 지혜를 받아들인 모든 사람에게서 드러난다."(루가 7 : 35)고 하였다. 이 말은 이 지구의 역사가 끝날 때까지 유효할 것 같다. 삶의 목적은 짐승인 제나로 죽고 하느님 아들인 얼나로 솟나는 데 있다. 이 땅 위에 이상 국가를 세우는 데에 삶의 목적이 있는 것이 아니다. 나서 죽는 제나로는 이 땅 위에 유토피아(이상향)는 이뤄지지 않는다.

므로 그이(君子)가 가는 길은

몸에 밑둥(本)한 것을

뭇 씨알(民)에게 보람(徵)하며

셋 임금에게 꼬나서(考) 어그러지지 않으며

하늘땅에 일으켜 세워도 틀리지 아니하며

귀신에게 따진대도 의심 없으며

온(百)번 갈린 뉘(世)에 씻어난 이(聖人)를 기다려 써도 잘못이 아닐 것이다.

故 君子之道
고 군자지도

本諸*身
본 저 신

徵*諸庶民
징 저 서 민

考*諸三王而不謬*
고 저 삼왕이불류

建諸天地而不悖*
건 저 천지이불패

質諸鬼神而無疑
질 저 귀신이무의

저(諸) ~에.
징(徵) 보람하다, 보이다.
고(考) 꼬누다, 상고하다.
류(謬) 어그러지다.
패(悖) 틀리다.
사(俟) 기다리다.
혹(惑) 잘못되다.

百世以俟*聖人而不惑*
백 세 이 사 성 인 이 불 혹

풀이

　공자가 지니고 있어도 사람들이 알아주지 못하던 하느님(至誠)을 향한 군자의 길은 내 마음속에 밑둥을 두었다. 공자는 그 밑둥인 지성(至誠)이 지·인·용으로 나타난다고 말하였다. 나의 군자의 도는 내 마음속에서 나오는 것이지 공자나 맹자에게서 나오는 것이 아니다. 군자 도의 밑둥인 지성(至誠)은 뭇사람들에게 일러 계심을 증거해야 한다. 지성은 하느님이라 성령(불성)으로 영원한 생명이다. 예수는 이렇게 말하였다. "나는 길이요 진리요 생명이다."(요한 14 : 6) '중용'이란 하느님의 말씀(성령, 至誠)으로 사는 삶이다. 이 지성밖에 군자의 도(道)는 없다. 그러므로 나(身)에게 밑둥(本)을 두었다고 하였다.

　지성(至誠)인 군자의 도는 요·순·우 세 임금에게 고증을 받아도 잘못이 없다. 누리에 세워도 어그러지지 않는다. 하느님에게 물어도 의문이 없다. 3천 년(百世) 뒤에 오는 성인을 기다려 그 성인이 실천함에도 의혹이 없다고 하였다. 그런데 주희의 주석대로 군자의 도를 의례, 제도, 고문이라 하면 나라가 망하지 말아야 하는데 유사 이래 6천 년 동안 얼마나 많은 나라가 흥망을 거듭하였던가. 그럴 때마다 이 세 가지는 바뀌고 바뀌었다. 더구나 군주 제도에서 민주 제도로 바뀐 세상이다. 주희의 주석은 얼토당토않은 것이다.

　맹자가 "성인이 다시 온다 해도 내 말을 바꾸지 않을 것이다."(《맹자》, 등문공 편)라고 한 말이나, 장자가 "만세(萬世) 뒤에 대성인을 한 번 만나서 알게 된다 해도 이는 아침저녁에 지나지 않는다(萬世之後而一遇大聖 知其解者 是旦暮遇之也)."(《장자》 제물론齊物論 편)라고 한 말은 지성(至誠)인 하느님의 생명인 얼(道)을 두고 한 말이다. 그러므로 "앞의 성인과 뒤의 성인의 그 진리(얼)는 하나이다(先聖後聖 其揆一也)."(《맹자》, 이루 하편)라고 맹자가 말하였다.

하느님(鬼神)에게 따져 의심이 없음은 하느님을 알새오
온(百) 번 갈린 뉘(世)에 씻어 난 이(聖人)를 기다려 써도 잘못이 아닌 것은 사람을 알새니라.

質諸鬼神而無疑 知天也
질 저 귀 신 이 무 의 지 천 야
百世以俟聖人而不惑 知人也
백 세 이 사 성 인 이 불 혹 지 인 야

풀이

　공자는 하느님이란 뜻으로 '천(天)'과 '귀신(鬼神)'을 썼다. 《논어》에 '천(天)'은 여러 번 나오지만 '귀신(鬼神)'은 세 번 나오고 '신(神)'과 '귀(鬼)'도 몇 번 나온다. 분명한 것은 '천(天)'은 푸른 하늘을 말하는 것이 아니라 하느님을 말하였으며, '귀신'은 도깨비가 아니라 하느님을 말하였다는 사실이다. 장자도 도(道)를 풀이하는데, "도(道)는 아직 하늘땅이 있지 않았을 때 스스로 붙박이로서 이미 있는 신귀, 신제다(未有天地 自古以固存 神鬼神帝)."(《장자》, 대종사 편)라고 하였다. 신귀(神鬼)는 귀신(鬼神)의 글자 순서만 바꾸었지 같다. 우리가 흔히 쓰는 잡귀신은 아니다. 앞 16월에서 인용한 것처럼 공자도 귀신을 하느님으로 썼지 요망한 귀신으로 쓰지 않았다. 그런데 공자는 귀신을 경이원지(敬而遠之)하라고 하였다. '멀리'하라는 것은 관계를 끊으라는 뜻이 아니라 절대 존재로 그리워하라는 말이다. 'long'도 '멀다'와 '그리다'라는 뜻이 있다. 임금을 친압(親狎)하면 불경(不敬)이 되는 것과 같다. 귀신을 부려 먹으려 하지 말라는 말이다. 오늘날 기독교는 이 점을 좀 배워야 한다. 하느님을 알라딘의 램프에서 나오는 초능력의 귀신 역사쯤으로 알아서는 안 된다. 그저 무슨 소원을 이루어 달라고 빌어서는 안 된다. 영원한 생명인 '얼(말씀)'을 바라야지 그 밖의 것은 바라서는 안 된다. 이것을 공자는 '멀리(遠之)'하는 것으로 표현한 것이다.

그런데 살펴보면 많이 쓴 '천(天)'은 다분히 초월적인 뜻이 있다. 아예 멀리 느껴진다. 그러나 '귀신(鬼神)'은 가깝게 느껴진다. 그래서 공자는 귀신이란 말을 일부러 자주 쓰지 않은 것 같다. 그리하여 일부러 '멀리(遠之)하라'라는 말까지 덧붙였다. 기독교에서도 하느님을 가까이 대할 때는 하느님이라고 하지 않고 얼(성령)이라고 한다. 유교의 귀신과 기독교의 성령에 공통점이 있다. 하느님이라면 우리의 의식으로는 알 수 없다. 그러나 모르는 대로 조금은 신(神)과 통한다. 우리는 그때 하느님이라 하지 않고 '얼'이라고 한다. 어떻든 가까이 오신 하느님을 '귀신'이라고 한 것이다.

《중용》의 앞 구절에서도, 귀신과 천(天)이 관계가 없다면 "귀신에게 물어서 의문이 없으면 하느님(天)을 안다."라고 할 수 없을 것이다. 귀신과 천(天)의 관계는 성령과 하느님의 관계이다. 귀신과 하느님(天)이 다르다면 그런 말은 성립하지 않는다.

이러한 성신(聖神)인 '귀신(鬼神)'이 도깨비 귀신이 되어 버린 것은 참으로 어이없는 일이 아닐 수 없다. 불교의 절대자인 니르바나(열반)가 사람이 죽는다는 뜻이 되어 버린 것과 마찬가지다. 유교는 성령인 귀신을 찾아야 하고 불교는 절대자인 니르바나(열반)를 찾아야 한다. 형이하인 귀신은 없지만 형이상의 귀신은 통해야 한다. 귀신이 성령이다. 류영모는 이렇게 말하였다.

■ 하느님은 잡신(雜神) 노릇은 하지 않는다. 잠깐 보이는 이적과 기사 같은 것을 하고자 영원한 하느님이 사람들 보는 한 곳에서 신통변화를 부릴 까닭이 없다. 이런 뜻에서 참 신(神)은 우리가 바라고 생각하는 것 같은 신이 아니다. 참 신인 하느님은 없는 것 같다. 없는 것 같은 것이 하느님이다. 신통괴변은 하느님이 하는 것이 아니다. 하느님은 무한한 시간과 무한한 공간이 큰 늘(常)이요 한 늘이다. 머리 위에 계셔 한우님이시다. 이 '한웋님'을 아버지로 모시는 아들은 큰나(大我)라 남을 해칠 것도 없고 요구할 것도 없다. 남이 없다. 그러니 자유이다. 남이 있으면 자유에 제한을 받게 된다.

거듭 말하지만 《논어》와 《중용》의 '귀신'은 예수 보고 귀신 들렸다고(요한 7 : 20, 한글개역) 하는 그런 귀신이 아니다. 사람의 육체적인 잠재 능력도 상당하지만 정신적인 잠재 능력도 상당하다. 그 잠재 능력을 개발하고 이용하여 점(占)치는 것을 귀신의 일이라 하는 것은 큰 잘못이다. 성령(귀신)은 그런 사람의 심부름을 하는 것이 아니다. 하느님을 알려 주기만 한다. 류영모는 이렇게 말하였다.

■ 점(占)치는 것을 나는 미워한다. 불교에서 신통한다, 기독교에서 성령의 권능을 얻는다는 것을 나는 미워한다. 미신도 미신인 줄 모르고 정말로 믿으면 효과가 있을 수 있다. 자기를 속이지 않고 무엇이든지 참으로 하면 가짜에서도 참이 나온다.

많은 사람들이 하느님을 모르고 있다. 그리하여 하느님은 없다고 한다. 그들은 성령의 나로 거듭나지 못하였기 때문에 하느님을 알지 못한다. 마하트마 간디는 이렇게 말하였다.

"우리는 육체적이기 때문에 하느님의 인격에 관한 개념을 가질 수 없다."(《날마다의 명상》) 귀신에게 물어본다는 것의 의미는 차원 높은 인격신(人格神), 곧 신격신(神格神)을 알고 있었다는 말이다. 인격신이 아니면 물을 수 없다.

군자의 도(道)를 하느님이신 성령(귀신)에게 묻는다는 것은 군자의 도가 바로 하느님의 도란 것이다. 하느님에게서 나왔으니 하느님에게 물어볼 수밖에 없다. 그리하여 하느님이 의심치 않고 인정하면 하느님으로부터 온 것을 안다. 그것이 곧 하느님을 아는 것이다.

백세(百世)를 기다려 성인이 와도 의혹치 않는다는 것은 군자의 도는 성인만이 안다는 것이다. 군자의 도인 성령은 시간을 초월하기 때문에 3천 년이 아니라 3만 년이 지났다 하여도 달라지지도 바뀌지도 않는다.

오늘에는 아버지와 아들 사이에도 세대 차이가 있어서 대화가 되지 않는다고 한다. 그런데 3천 년, 3만 년이 지나도 성인끼리는 하나로 통한다. 성인은 스스로 깨달은 하느님의 생명인 얼나로 생각하기 때문이다. 하느님이 달라지지 않는데 성인의 생각이 달라질 리가 없다.

그 사람의 마음속에 있는 얼(至誠)을 아는 것이 그 사람을 아는 것이다. "참으로 사람을 공경하고 대접하는 것은 그 사람의 마음속에 깃든 하느님의 아들인 속사람(至誠)을 알아주는 것이며 내 속의 속사람을 드러내는 것이다."(류영모) 사람을 안다는 것은 그 사람의 군자의 도(道)인 얼(至誠)을 아는 것이다.

불교와 기독교는 다를지 몰라도 예수와 석가는 같다. 예수와 석가는 다를지 몰라도 그들이 깨달은 얼나는 하나이다. 그래서 예수와 석가는 시간과 공간으로는 엄청난 차이가 있었는데도 그들이 보여 준 말과 짓은 빈틈없이 일치한다.

이러므로

그이(君子)는

움직임에 늘(世) 누리(天下)의 길(道)이 되나니

노릇함(行)에 늘 누리의 법(法)이 되며

말함에 늘 누리의 본(則)이 되는지라

멀면 바람(望)이 되고

가까우면 싫잖음이 된다.

是故
시 고

君子
군 자

動而世*爲天下道
동 이 세 위 천 하 도

行而世爲天下法
행 이 세 위 천 하 법

言而世爲天下則*
언 이 세 위 천 하 칙

遠之則有望
원 지 즉 유 망

近之則不厭
근 지 즉 불 염

세(世) 늘, 대대(代代)로, 세세(世世)토록.
칙(則) 본, 본받다.

풀이

공자·석가·노자·예수 같은 성인들의 생애는 우리가 지향해야 할 길이요 우리가 지켜야 할 법도이며 우리가 본받아야 할 본보기이며 우리가 익혀야 할 가르침이다. 그러나 그렇게 하는 사람이 몇 사람이나 있었는가. 거의 없었다. 이미 그 성인들이 살았을 때도 그랬고 돌아가고도 그랬다. 지극히 적은 수의 사람들이 그 성인들을 흠모하며 존경하였을 뿐이다.

류영모는 사람들에게 본을 보이면 사람들이 따르리라고 생각하였으나 그것이 아니었다고 말하였다.

■ 역사에는 그전 사람들이 잘한다고 한 것이 틀림없는데 아직 이 모양이다. 잘하면 된다고 한다면 벌써 공자, 석가 시대에 잘되었어야 할 것이다. 그렇다고 이 세상은 아무것도 잘되는 것이 없다고 하여도 안 된다. 정 안 될 것 같으면 벌써 안 되었을 것이다. 이미 떨어뜨린 씨는 눈을 떠 자라고 있다. 안 될 것도 아주 안 되는 것도 아니다. 상대적인 세상은 그런 것이다. 절대가 아니라는 것을 참고하여야 한다.

공자·석가·노자·예수는 시간으로나 공간으로나 오늘의 우리와는 멀다. 그러나 그들을 바라는 마음은 나의 혈연의 부모보다 더욱 간절하다. 그들이 가까이에 있었다면 그들의 말씀을 듣기에 싫증을 내는 일은 없었을 것이다. 할 수만 있다면 그들의 유적지라도 돌아보고 싶다.

오늘의 위(上)를 모르는 무상(無上)의 무리들이 들끓는 세상이 지나가야 한다. 성인을 알아보고 성인을 받드는 세상이 오기를 기다린다. 영원히 안 올지도 모르지만 말이다.

읊이(詩)에 가로되

"저기에 있어 밉잖고

여기 와서 싫잖다.

거의 밤낮으로

기리(永) 기리움(譽)으로 마쳤다." 하니

그이(君子) 이 같지 아니하고

일찍 기리움을 누리에 두는 이 있지 아니하리라.

詩曰
시 왈
在彼無惡*
재 피 무 오
在此無射*
재 차 무 역
庶幾*夙夜*
서 기 숙 야
以永終譽*
이 영 종 예
君子未有不如此
군 자 미 유 불 여 차
而蚤*有譽於天下者也
이 조 유 예 어 천 하 자 야

오(惡)　미워하다.
역(射)　싫어하다.
서기(庶幾)　거의, 가까이.
숙야(夙夜)　낮밤. 아침 일찍부터 밤늦게까지.
예(譽)　기리다.
조(蚤)　일찍.

풀이

공자가 말하기를 "뒤에 오는 이들을 두려워하라. 뒤에 오는 이들이 이제 우리보다 나을지 어찌 알겠는가. 마흔 살, 쉰 살이 되어도 알려지지 않으면 이 또한 두려워할 것은 못 된다."(《논어》, 자한 편) 그러나 군자끼리는 겨루는 사이가 아니다. 너와 내가 없기 때문이다. 군자는 자기보다 나은 제자나 후인(後人)이 나오기를 기다린다. 류영모는 자기보다 나은 제자를 길러낼 수 있는 스승들이 많이 나와야 한다고 말하였다. 또한 말하기를 "죽은 사람 앞에서 통곡할 것은 이 사람도 아무도 못 만나고 갔구나. 나도 누구 하나 못 만나고 갈 건가 하는 생각이다."라고 하였다. 공자는 말마다 요순이라 하고 문왕을 기리고 주공을 꿈꾸었다. 옛 성인들이 그렇게 귀중하고 그렇게 그리운 까닭에서다. 이 인류 역사에 공자·석가·노자·예수가 없다면 얼마나 허전하겠는가. 위로 하느님을 그리며 아래로 성인들을 기리는 가운데 기쁨을 느낀다. 이 세상에서 가장 불행한 사람이 있다면 자기가 존경하고 본받을 인물을 찾지 못한 사람일 것이다.

성령(聖靈)을 숨 쉬는 성인(聖人)과 교통하여 나 스스로도 성인처럼 하느님의 얼(성령)을 숨 쉬어 하느님을 알고(知天) 사람을 알아서(知人) 하느님으로부터 사랑을 받고 사람들로부터 앎을 받는다는 것이다. 후인들로부터 기리움을 받고 안 받고는 내가 걱정할 일이 아니다. 오직 하느님을 알고 성인을 아는 데 소홀함이 있어서는 안 된다. 하느님을 지극히 받들고 성인을 정성껏 배우면 다른 사람의 마음을 감동시키는 울림이 일어난다.

공자 말하기를 "군자는 죽은 뒤에 이름이 불려지지 못할 것을 걱정한다."(《논어》, 위령공 편)고 하였다. 또 공자는 "군자는 무능한 것을 걱정하지 사람들이 나를 몰라주는 것을 걱정하지 않는다."(《논어》, 위령공 편)고 하였다. 공자의 앞말과 뒷말이 어긋나는 듯하지만 그게 아니다. 내가 깨달은 얼나를 알아주는 이가 있어야 얼나의 깨달음이 이어진다. 그 이어짐을 걱정한다는 말이다. 공자가 제자 안회가 죽은 것을 애통해하고 류영모가 제자 함석헌이 죽은 것(失德)을 통탄한 것은 이 때문이다. 제나의 이름이 잊혀지는 것을 걱정한다는 말이 아니다. 멸망의 생명인 제나를 몰라주고 잊혀지는 것은 아무런 문제도 안 된다.

이미 개체의 제나를 떠나 전체의 얼나로 사는 성인에게 제나인 개체의 이름이 무슨 소용이 있겠는가. 그러나 하느님을 알고(知天) 사람을 아는(知人) 사람으로서 뒤에 오는, 몸나에서 얼나로 거듭난 군자들에게 미움받거나 싫어함을 받지 않는 삶을 살고 싶다는 생각이었을 것이다.

어떤 이가 말하기를, 류영모가 얼나를 깨닫는 것도 결국은 자기 자신의 유익함을 위한 이기심에서가 아니겠느냐고 하였다. 제나로 죽고 얼나로 솟난 이에게는 당치 않는 제나의 말일 뿐이다. 이미 탐·진·치의 제나가 없는데 이해(利害)가 있을 리 없다. 오로지 참나이신 하느님의 영광을 기뻐한다. 이미 생사(生死)의 제나를 초월한 얼나를 깨달은 이에게는 이기(利己)나 이타(利他)란 말은 맞지 않는 말이다.

중니(공자)는
요순(堯舜)을 마루로 밝혀 잇고(祖述)
문무(文武)를 비추어 본받으며(憲章)
위로는 하늘 때를 맞추고
아래로는 물과 흙을 좇았(襲)으니

仲尼
중 니
祖述*堯舜
조 술 요 순
憲章*文武
헌 장 문 무
上律*天時
상 률 천 시

조술(祖述) 마루(遠宗)로 베풀다. 스승이나 조상의 참뜻(道)을 이어받아 서술하여 밝힘.
헌장(憲章) 비추어 본받음, 밝혀 본받음.
률(律) 맞추다.

下襲*水土
하 습 수 토

풀이

　공자는 이 세상 정치가 이상적이 되어 사람들이 더 잘살기를 바랐다. 그때로서는 비교적 이상적인 정치를 편 대표적 임금으로 멀리는 요·순이요 가까이는 문왕과 무왕이었다. 공자가 추구하는 본보기가 이들이었다. 그러니 요·순과 문·무에 대하여 자주 언급하지 않을 수 없었다. 그러나 요·순과 문·무가 보인 정치도 그 시대로 흐지부지되어 버렸다. 정치란 그리스 신화에 나오는 시시포스가 돌을 굴려 올렸던 헛수고에 지나지 않았다. 굴려 올리던 돌을 다시 굴려 내려 도로 아미타불이 되는 과정을 몇 천 년 동안 지내왔다.

■ 몇 천 년 동안 역사를 해 내려왔다는 정치는 이지적(理智的)으로 생각할 때 참 부끄러운 점이 많다. 평화에 실패한 역사이기도 하다. 정치라는 것은 다른 것이 아니라 비뚤어진 것을 바로잡자는 것이다. 몇 천 년을 두고 바로잡겠다는 것을 오늘날까지 하지 못하였다는 것은 부끄러운 일이고, 바로잡겠다고 한 것은 모두 헛소리였다. 실제로 바로잡은 것이 무엇이 있는가.(류영모)

　공자와 맹자가 진리보다 정치에 치중하였다면 예수와 석가는 정치보다 진리에 치중하였다. 류영모도 정치보다 진리에 치중하였다. 그래서 류영모는 공자와 맹자는 중간 목적은 분명한데 최고 목적은 불분명하다고 말하였다. 예수와 석가의 최고 목적은 하느님이 주시는 얼나를 깨달아 얼나로 하느님께 돌아가는 것이다. 공자와 맹자는 그 이야기는 없다. 그렇다고 예수와 석가가

습(襲)　좇다.

정치가 잘되기를 바라지 않는 것은 아니었다. 다만 정치를 잘하나 못하나 사람이 죽으니 죽음의 문제를 먼저 풀어야 한다는 생각이었다. 죽음의 문제가 풀리면 정치가 잘되고 못 되고는 문제가 아니다. 탐·진·치 수성의 제나를 부정하고 진·선·미 영성의 얼나로 솟나야 한다는 것이다. 이것이 중생을 제도하는 진리요, 인류를 구원하는 진리다.

정치가 바로 되지 않는 것은 제나의 욕망 때문이다. 제나의 욕망을 이길 수 있는 길은 무서운 법률이 아니라 하느님의 말씀이다. 그러므로 종교가 바로 되지 않으면 정치가 바로 되기 어렵다.

■ 사람의 욕심이란 끝이 없다. 그것은 밑 빠진 항아리와 같다. 물을 아무리 부어도 소용이 없다. 그것은 죽음이요 손실뿐이다. 욕(欲)은 손(損)이다. 욕(欲)을 버리면 의(義)롭고 욕을 가지면 해(害)롭다. 정말 욕심이 없으면 생사(生死)도 넘어설 수 있다. 정말 욕심이 없으면 죽어도 싫어하지 않고 살아도 좋아하지 않는다. 생사를 초월하면 그것이 자유요, 진리요, 사랑이요, 영원이요, 믿음이다. 그대의 생명을 참으로 사랑하라. 황금을 아끼듯이 보석을 아끼듯이 그대의 영원한 생명(성령의 나, 불성의 나, 지성의 나)을 사랑하라.(류영모)

공자가 위로 하늘 때를 맞추고 아래로 물과 흙을 좇는다는 것은 천리(天理)에 순응한다는 것이다. 공자는 말하기를 "대개 알지 못하고서 함부로 하는데 나는 그러지 않는다. 많이 듣고서 선한 것은 골라서 따르고, 많이 보고 적어 둔다. 그러면 지극한 앎은 안 되어도 그다음은 된다."(《논어》, 술이 편)고 하였다.

공자가 "15살에 배움에 뜻을 두고 30살에 뜻을 세우고 40살에 미혹되지 않고 50살에 하느님의 얼숨(얼나)을 알고 60살에 진리의 말씀이 귀에 순하게 들리고 70살에 하고 싶은 대로 좇아도 법도를 넘지 아니하였다."(《논어》, 위정 편)라고 한 말도 천시(天時)에 맞춘 삶을 이야기한 것이다. 사람들은 이 천시에 맞추도록 힘써야 한다. 공자가 "그 먹거리의 때가 아니면 먹지를 아니하였다."(《논어》, 향당鄉黨 편)는 것도 천시를 맞추자는 뜻이다.

물과 흙을 좇는다는 것은 자연의 이치에 따른다는 말이다. 공자는 어른이 되어서는 농사일을 하지 않았다. 물과 흙을 좇는다면 농사를 하는 것이 더 어울린다. 농부야말로 물과 흙의 이치를 따르는 사람들이다. 물과 흙의 이치를 따르지 않으면 농사를 지을 수 없기 때문이다. 공자의 합리적인 생활 태도를 '물과 흙을 좇는다'로 나타낸 것이다. 공자는 낚시는 하여도 그물은 안 썼으며 활을 쏘아 새를 잡는 데도 잠자는 새는 잡지 않았다(《논어》, 술이 편)고 한다. 이도 물과 흙을 좇는 마음이 나타난 것이다. "삼실로 짠 관을 쓰는 것이 옛 예의지만 지금에 와서는 명주실로 관을 짜서 쓰니 검소한 것이라 나도 거기에 따르겠다. 신하가 마루 아래서 절하는 것이 옛 예의인데 이제 와서는 마루 위에서 절을 하니 이는 무엄한 일이라 비록 남과 다를지라도 나는 오히려 옛대로 하겠다."(《논어》, 자한 편) 이것도 공자의 주체성 있는 판단이다. 남을 따라야 할 것은 따라야 하지만 따르지 못할 것은 내 뜻대로 한다는 것이다. 그러나 오늘의 생각으로 보면 공자의 이 생각이 꼭 옳은 것은 아니다.

견줄 것 같으면 하늘땅이
실어 가지지 아니함이 없고
덮어 주지 아니함이 없음 같으며,
견줄 것 같으면 네 철이 섞여 돌며
해 달이 번갈아 밝음 같으니라.

譬*如天地之
비 여 천 지 지

無不持載
무 부 지 재

無不覆燾*
무 불 복 도

比如四時之錯行*
비 여 사 시 지 착 행

如日月之代明*
여 일 월 지 대 명

풀이

 인도 사람들이 마하트마 간디의 인격이 히말라야 산줄기보다 더 높다고 하듯이 공자의 후학들은 공자의 인격을 실어 주지 않는 것이 없는 땅에 비기고, 덮어 주지 않는 것이 없는 하늘에 비기고, 봄·여름·가을·겨울 사철에 비기고 해와 달에 비겼다. 예수가 십자가에 못 박혀 죽었을 때 제자들은 하늘이 무너지고 땅이 꺼지고 해와 달이 빛을 잃고 사계절을 이루는 시간이 멈추는 체험을 하였다. 공자를 하늘과 땅, 그리고 해와 달과 사철에 비긴 것이 과장만은 아니다. 그래도 공자는 성인들 가운데 우상화가 가장 적게 된 성인이라 할 수 있다. 공자는 남다른 덕망과 뛰어난 지식의 소유자임에는 틀림없으나 지극히 상식적이고 인간적이었다. 공자는 서슴없이 말하였다. "나는 나면서부터 아는 사람이 아니다. 옛것을 좋아하여 그것을 재빨리 찾은 사람일 뿐이다(我非生而知之者 好古敏以求之者也)."(《논어》, 술이 편) "내가 아는 게 있는가.

비(譬) 비유하다, 비기다.
복도(覆燾) 덮다.
착행(錯行) 섞여 돌다.
대명(代明) 번갈아 밝다.

아는 게 없다. 시골뜨기가 있어 내게 묻는다면 성심성의껏 두 끝을 두들겨서 다 가르쳐줄 것이다(吾有知乎哉 無知也 有鄙夫問於我 空空如也 我叩其兩端而竭焉)."(《논어》, 자한 편) "사(賜)야, 너는 내가 많이 배워서 안다고 생각하느냐. 아니다. 나는 하나로 꿰뚫은 것이다(賜也女以予爲多學而識之者與 非也 予一以貫之)."(《논어》, 위령공 편)

공자는 오늘날 우리가 생각하는 만큼의 존경도 못 받았고 명성도 없었다. 달항당(達巷黨) 지역의 어떤 사람이 감히 공자에게 말하기를 "크도다 공자여. 그러나 많은 것을 알지만 이름을 들내지 못하였고나."(《논어》, 자한 편)라고 하였다. 예수는 불학무식(不學無識)하다는 말을 들었지만 공자는 박식하다는 말을 들었다.

🌀

잘몬(萬物)이 나란히 자라 서로 해하지 아니하며
길이 나란히 나가 서로 다치지 않으니
작은 노릇(德)은 시내 흐름이요
큰 노릇(德)은 됨(化)의 도타움(敦)이니
하늘땅이 가져 큼이 되온 터니라.

萬物並育而不相害
만 물 병 육 이 불 상 해
道並行而不相悖*
도 병 행 이 불 상 패
小德川流
소 덕 천 류
大德敦化*
대 덕 돈 화

此天地之所以爲大也
차 천 지 지 소 이 위 대 야

풀이

　흔히 사상은 땅 위에서의 이상 국가를 제시한다. 그만큼 사람들이 고난 속에 산다는 반증이기도 하다. 유교도 이상 국가를 지향하는 사상이라 하겠다. 예수와 석가는 이 땅 위에 세워질 이상 국가를 말하지 않았는데 사람들이 이상 국가의 사상을 집어넣었다. 그래도 이상 국가는 오지 않으니까 잊을 만하면 하늘로 들어 올림을 받는다는 종말론이 나와 세상을 어지럽힌다. 바울로는 예수의 가르침을 다시 샤머니즘인 유대교화한 것이다. 샤머니즘을 물리치고 깨달음의 신앙을 가르친 예수와 석가의 가르침조차 다시 샤머니즘화하였으니 종교에 무슨 희망을 걸 수 있겠는가? 그래서 소로는 이렇게 말하였다. "세계는 주로 인간의 연약함에 뿌리를 둔 모든 박애와 종교에 대해 머지않아 진저리 치게 될 것이다. 내 영혼의 양육을 박애와 종교에 오랫동안 맡길 수 없다."(소로, 《소로의 일기》)

　앞에 나오는 구절은 땅 위에 이상 국가를 그린 것이다. "만물은 아울러 자라서도 해치지 않고 사람의 도는 아울러 가서 서로 다치지 아니한다. 작은 덕(德)은 시냇물처럼 둘레에 사랑을 베풀고 큰 덕은 온 나라에 도타운 교화를 한다. 하늘과 땅은 이로써 크게 된다."는 것이다. 이는 한 폭의 하여지향(何如之鄕), 유토피아의 그림이다. 그러나 인류 역사에 이런 이상 국가는 이루어진 적이 없다. 앞으로도 그럴 것이다. 이 세상에서는 생물에게나 사람에게나 처절한 생존 경쟁이 벌어지고 있다. 이 땅 위에는 피비린내가 그치지 않는다.

패(悖)　다치다. 거스르다.
돈화(敦化)　도타운. 창덕궁 정문의 현판도 이 구절에서 따온 것이다.

살신성인(殺身成仁)의 피비린내가 아니라 살생해인(殺生害仁)의 피비린내다. 류영모는 말하였다. "우리가 세상에 나온 것이 떨어진(타락) 것이라는 것을 알아야 한다. 우리는 삼독에서 나왔기 때문에 탐·진·치에 빠져 있다. 우리는 탐·진·치에서 벗어나야 한다. 도의(道義)란 탐·진·치를 벗어나는 것이다."

남을 죽여 내가 살자는 짐승의 인생관을 버리고 내가 죽어 남을 살리자는 하느님 아들의 인생관을 가져야 한다. 이것이 예수, 석가, 공자의 인생관이다. 이것은 짐승인 제나는 참나가 아니고 하느님 아들인 얼나가 참나임을 깨달을 때 이루어진다. 류영모는 이렇게 말하였다.

■ 나에게는 내 몸이 태어난 것이 사변(事變)이다. 이 사변이 없었으면 인생의 세계는 없었을 것이다. 사변 가운데 가장 큰 사변이 '나'라는 인생이 태어난 것이다. 평안하게 부모의 품 안에서 자라 따뜻한 이부자리에서 평생 평안히 지내고 모두가 나를 반기고 모두가 나를 기뻐하는 것만이 인생이라고 알면 틀린 것이다. 태어나는 사변 통에 정신 빠진 사람일 것이다. 이 사변이 없었으면 배고프다는 것이 없을 것이고 자식이고 부모가 어디 있겠는가? 우리들이 끊임없이 불안한 것을 느끼기 때문에 절대 평안한 것을 구하려고 한다. 절대 평안한 것은 우리의 본바탕인 본성(얼나)이다. 우리가 있었던 본성(얼나)을 회복해야 한다. 우리 아버지(하느님)와 같은 영원한 자리를 일생을 두고 광복(光復)하자는 것이다.

낱동(개체)인 탕자의 삶은 궁핍하고 불안하다. 온통(전체)인 아버지(하느님)를 떠났기 때문이다. 낱동인 탕자는 온통인 아버지(하느님)를 찾아서만 평안을 얻는다. 온통(전체)의 생명인 얼나를 깨달아서만이 푸근하고 기쁘다.

오직 온 누리(天下) 가장 씻어난 이(至聖)어야
귀 밝고(聰) 눈 밝으며(明) 깊고(睿) 슬기로움(知)이
다다름 직하나니
너그러우며(寬) 넉넉하며(裕) 따사로우며(溫) 감싸줌(柔)이
있음 직하며
피이며(發) 세이며(强) 단단하며(剛) 굳셈(毅)이
잡을 품이 있음 직하며
가지런하며(齊) 씩씩하며(莊) 뚫리며(中) 바름에(正)
우러름이(敬) 있음 직하며
글의 윌(文) 일의 올(理)을 빽빽(密)이 살핌(察)에
따로 가림(別)직하나니라.

唯天下至聖[*]
유 천 하 지 성

지성(至聖) 지극한 성인.

爲能聰明睿知[*]
위 능 총 명 예 지

足以有臨也
족 이 유 림 야

寬裕溫柔
관 유 온 유

足以有容也
족 이 유 용 야

發强剛毅[*]
발 강 강 의

足以有執也
족 이 유 집 야

齊莊[*]中正
제 장 중 정

足以有敬也
족 이 유 경 야

文理密察[*]
문 리 밀 찰

足以有別也
족 이 유 별 야

풀이

 오직 세상에서 지극한 성인이라야 여느 사람들은 전혀 헤아리지 못하는 절대(하느님)를 감지한다. 그 지성(至誠)의 심이(心耳)는 절대의 소리를 들을 수 있고 심안(心眼)은 절대의 모습을 볼 수 있고 예지(叡知)는 절대의 뜻을

예지(睿知) 깊은 슬기, 통한 슬기. '알 지(知)'는 '슬기 지(智)'임.
강의(剛毅) 단단하고 굳세다.
제장(齊莊) 가지런하고 씩씩함.
밀찰(密察) 빽빽이 살핌.

알 수 있다. 그러면 세상의 정신적 지도자로서 나서기에 족하다. 공자·석가·예수가 제자들을 맞이하여 제자들을 통해 세상에 가르침을 베푸는 것을 말한다. 다시 말하면 온고지신(溫故知新)하여 스승 될 만하다는 말이다. 이런 성인은 곡식을 기르는 시골 농부에서부터 백성을 돌보는 서울의 지도자까지 온 누리 모든 사람들의 스승이다. 그는 이 세상을 꾸짖고 일깨우고 끌어안고 가르친다. 그가 골방에서 말하든 산마루에서 말하든 들에서 말하든 바다에서 말하든 온 인류에게 말하는 것이요, 온 역사를 향해 말하는 것이다.

지극한 성인인 지성(至聖)은 인의예지(仁義禮智)의 성품을 지니고 있다. 맹자는 말하기를 "군자의 성품에는 인의예지가 마음에 뿌리내려 겉모습에 비치니, 얼굴에 윤이 나며 등허리에 넘쳐 온몸에 퍼지므로 말 없이도 안다."(《맹자》, 진심 상편)고 하였다. 첫째로 지성은 너그럽고 넉넉하며, 따스하고 푸근하다(寬裕溫柔). 이것이 인(仁)이다. 예수가 말한 온유한 자요 긍휼히 여기는 자다. 이 어진 마음은 모든 사람을 감싸안는다. 또 지성은 피이며, 세며, 단단하며, 굳세다(發强剛毅). 이것이 의(義)이다. 예수가 말한 '의에 주리고 목마른 자'요 '의를 위하여 핍박을 받는 자'이다. 이 의로운 마음은 정의를 꽉 잡고 놓치지 않는다. 또 지성은 가지런하며(齊), 씩씩하며(莊), 뚫리며(中), 바르다(正). 이것이 예(禮)이다. 예수가 말한 '마음이 정결한 자'요 '화평케 하는 자'이다. 이 공경하는 마음은 모든 사람을 화평케 한다. 또 지성은 글월의 뜻과 사물의 올을 꼼꼼히 알뜰히(빽빽이) 살핀다. 예수는 이를 '심령이 가난한 자', '애통하는 자'라고 하였다. 제나의 욕심이 가득 한 이는 하느님의 글월인 문리(文理)를 알뜰히 살피지 못한다. 하느님께서 주신 글월의 문리를 살필 수 있어야 하느님의 뜻을 가릴 줄 안다.

인의예지(仁義禮智)는 모두가 인(仁) 속에 들어 있다. 인(仁)이 무지개처럼 펼쳐질 때 인의예지로 나타난다. 넷이 하나란 말이다. 공자에게 자장이

인(仁)을 물었다. 그러자 공자는 "이 세상에서 다섯 가지 좋은 일을 할 수 있다면 그것이 인(仁)"이라고 하였다. 자장이 "그 다섯 가지가 무엇입니까?"라고 청해 물었다. 공자가 가로되 "그것은 공(恭)·관(寬)·신(信)·민(敏)·혜(惠)이니 사람이 공손하면 남이 업신여기지 않고, 너그러우면 많은 사람이 따르고, 믿음이 있으면 어려운 일을 맡기고, 민첩하면 공을 세우고, 은혜를 베풀면 다스릴 수 있다."(《논어》, 양화 편)라고 하였다.

간디는 더 간명하게 말하였다. "한 사람의 생애에 성공의 참 증표는 그 사람 인격의 부드러움과 성숙함에 있다."(《날마다의 명상》) 이는 곧 예수의 일곱 번씩 일흔 번도 더 용서하라는 그것이다.

넓고 두루 넓어 깊이깊이 샘 새 수미듯 나오나니 나오나니라.

溥博*淵*泉 而時出之
부 박 연 천 이 시 출 지

풀이

　예수가 사마리아 수가성을 지나다가 야곱의 우물에서 물을 긷는 여인에게 물을 얻어 마셨다. 예수는 공짜로 마시지 않고 물값을 치르는 이른바 점심소견(點心所見)을 하였다. 성인(聖人)은 말씀으로 그 값을 치른다. "내가 주는 물을 마시는 사람은 영원히 목마르지 않을 것이다. 내가 주는 물은 그 사람 속에서 샘물처럼 솟아올라 영원히 살게 할 것이다."(요한 4 : 14)라고 말

부박(溥博)　두루 넓게.
연(淵)　깊은.

하였다. 이는 형이상의 이야기를 형이하에 비겨서 말한 것이다. 맹자는 "가까운 것을 말하되 먼 것을 가리키는 말은 좋은 말이다(言近而指遠者 善言也)."(《맹자》, 진심 하편)라고 하였다. 예수의 이 말이야말로 참으로 선언(善言)이라 아니할 수 없다. 예수가 《중용》의 이 구절을 읽은 것도 아닌데 어떻게 똑같은 말을 하였는지 놀라지 않을 수 없다. 이래서 맹자가 "대저 도(道)는 하나일 뿐이다(夫道一而已矣)."(《맹자》, 등문공 상편)라고 한 것이다. 류영모는 이렇게 말하였다. "우리 님이시여, 꼭 한 가지만 이루어 주시옵소서. 거짓된 나(自我)란 맘을 뿌리째 뽑아 버려 주옵소서. 그리되오면 그 뿌리 뽑힌 속의 속에서 용솟음쳐 나오는 산물(말씀)이 강이 되어 흐를 줄 믿습니다."

'두루 넓'은 것은 '없는 곳이 없는(無所不在)'의 하느님의 얼을 말한다. 깊은 샘이 샘솟는 곳은 내 마음속의 샘이다. 절대의 성령이 샘솟는 데 그보다 더 깊은 샘이 어디 있는가. 상대 세계(우주)를 꿰뚫은 그 깊이를 헤아릴 수 없이 깊은 샘이다. 얼의 샘물은 성인의 마음의 샘으로만 솟는다. 성령인 지성은 샘물을 말하는 것이고 《중용》은 그 샘물이 솟는 모습을 말한 것이다. 인덕(仁德)은 목마른 이가 그 샘물을 마신 것을 말하고, 성인(聖人)은 그 샘물이 솟는 마음의 임자이다. 성인의 마음에서만 샘솟는다고 하였지만 그 마음으로 샘솟은 사람을 말하는 것이지 성인이 따로 정하여진 것은 아니다. 내 마음에서 성령의 샘물이 솟을 수 있다. 다만 제나를 없애야 한다. 제나가 영원의 샘물 뚜껑이 되어 닫혀 있다. 제나를 모세의 지팡이 같은 구도(求道)하는 의지의 지팡이로 깨면 성령의 샘물이 솟는다. 그러니 제나를 깨트리면 얼나를 깨닫는다. 그러므로 성인들은 남을 보지 말고 내 속을 파라고 한다.

■ 저(나)라는 생각밖에 이 사람은 생각이 없다. 저(나)라는 것과 예(여기)라는 데가 원점(原點)이 되어서 모든 게 나온다. 저(나)가 제일이다, 일등

이라는 말이 아니다. 그런 건 철없을 때 하는 생각이다. 저(나)라는 것을 생각하면 묵은 것도 새것도 없다. 저라는 게 중심이다. 불교의 중도(中道), 노자의 수중(守中), 유교의 중용(中庸)은 일체가 제게 돌아가라는 것이다. 조물주니 창조주니 하는 게 다 이 맘속에 서려 있다.(류영모)

이 세상에 나온 인생의 목적은 내 마음속에 성령의 샘물을 솟게 하자는 것이다. 이것을 이루면 그 삶은 성공의 삶이요 이것을 못 이루면 그 삶은 실패의 삶이다. 그런데 사람들은 제 마음속 뚫을 생각을 하지 못하고 가르칠 줄도 모르고 있다. 그래가지고는 제 마음속의 샘이 솟아오를 수 없다. 기도, 참선, 치성(致誠)이 무엇인가. 제 마음속에 샘물을 솟게 하는 일이다. 맹자가 말하기를 "사람들의 잘못(疾)은 제 밭은 내버려두고 남의 밭 김을 매려고 하는 것이다. 남에게 찾는 것은 중히 여기고 제가 맡고 있는 것은 가볍게 여기는 것이다."(《맹자》, 진심 하편)라고 하였다.

예수는 너희 마음속에 하느님의 빛이 있다고 하였고, 석가는 너희 마음속에 니르바나의 빛이 있다고 말하였다. 교회(사찰)를 시계추처럼 드나들어도 제 마음속에서 얼의 빛을 찾지 못하면 헛일이다. 강의실을 풀방구리에 쥐 드나들 듯해도 제 마음속에 얼의 물이 샘솟지 못하면 헛일이다.

두루 넓음이 하늘 같고
깊어 샘솟음이 하늘 못 같은지라.
나옴에 씨알(民)이 우러르지 않을 리 없으며
일함에 씨알이 믿지 않을 리 없으며
노릇함에 씨알이 기뻐하지 않을 리 없으리라.

溥博如天
부 박 여 천

淵泉如淵
연 천 여 연

見而民莫不敬
현 이 민 막 불 경

言而民莫不信
언 이 민 막 불 신

行而民莫不說*
행 이 민 막 불 열

풀이

　하늘(우주)처럼 두루 넓은 성령의 하느님 나라에 뚫리어 하늘 못 같은 깊이에서 샘솟는 성령의 말씀을 지닌 지극한 성인이 나타나면 어느 씨알(民)이 우러르지 않으며, 말씀함에 어느 씨알이 믿지 않으며, 노릇함에 어느 씨알이 기뻐하지 않겠는가? 마땅히 그렇게 되어야 할 것이다. 그러나 이것은 바람일 뿐이다. 사실에 있어서는 정반대였다. 공자를 반긴 이는 72사람이었고, 공자의 말을 기뻐한 이는 안회 한 사람뿐이었다. 예수를 반긴 이는 12사람이었고 예수의 말을 기뻐한 이는 베드로 한 사람뿐이었다. 공자는 나를 알아주기는 하느님뿐이라 할 만큼 외로웠다. 예수는 제자들이 모두 나를 버리고 도망갈 것이라고 할 만큼 외로웠다. 이 씨알들은 성인(聖人)을 존경하기는커녕 모멸하였으며, 믿기는커녕 참소하였으며 기뻐하기는커녕 살해하였다. 그 뒤에 성인들을 따른다는 이들도 성인들의 이름을 팔아먹기에 바빴다. 참으로 성인을 받들고 믿고 기뻐한 이들은 삼독(三毒)의 제나(自我)에서 영생의 얼나(靈我)로 솟난 적은 수의 사람들뿐이었다. 그들이 성인이 되어 성인의 얼줄(靈

열(說)　기뻐하다. 열(悅)과 같은 뜻.

脈)을 이었다. 현대에 와서 그 얼줄을 이은 이가 톨스토이, 간디, 류영모 등이다. 맹자가 "성인의 덕화가 퍼지는 것이 역마의 전령보다 빠르다."(《맹자》, 공손추 상편)라고 한 것은 이러한 성맥(聖脈)의 이어짐을 두고 하는 말일 것이다. 그러나 성인은 씨알을 원망하지 않고 끝까지 사랑한다.

■ 우리의 이름 없는 무식한 동포, 가난한 동포, 밥 못 먹고 고생하는 동포, 그 가운데는 하느님의 일꾼이 많다. 행세 못하여 모든 사람에게 무시당하고 촌뜨기라는 별명을 듣고 서울 구경 한 번 못하고 대접받지 못하는 이들 중에 하느님의 일꾼이 많다. 그들은 가난하고 남에게 무시당하고 그 끝에 가서는 다른 사람의 질고와 괴로움을 대신하여 진다. 그들은 잘 먹지 못하고 부지런하지 않으면 안 된다.(류영모)

이로써 소리 이름이(聲名) 복판나라(中國)를 그득 넘쳐서
배와 수레가 닿는 데,
사람의 힘이 뚫린 데,
하늘 덮이고
땅이 실은 데,
해 달이 비추인 데,
이슬 서리 디딘 데,
무릇 피 돌고 숨 쉬는 이가 높이며
가까이 아니하리 없나니
므로 가로되
하느님을 짝함이니라.

是以聲名洋溢*乎中國 施及蠻貊*
시 이 성 명 양 일 호 중 국 시 급 만 맥

舟車所至
주 거 소 지

人力所通
인 력 소 통

天地所覆
천 지 소 부

地之所載
지 지 소 재

日月所照
일 월 소 조

霜露所墜
상 로 소 추

凡有血氣者
범 유 혈 기 자

莫不尊親
막 부 존 친

故曰 配天
고 왈 배 천

풀이

　중국에서 가장 으뜸가는 사상가는 공자와 노자, 그리고 맹자와 장자이다. 이들의 이름은 중국에서 지구 곳곳에까지 퍼졌다. 배와 수레가 가는 곳, 사람의 힘이 뚫린 곳, 하늘이 위에 있고 땅이 아래에 있는 곳, 해와 달이 비추는 곳, 서리와 이슬이 내리는 곳에는 다 퍼졌다. 미국의 소로가 《논어》를 읽었고, 러시아의 톨스토이가 《논어》와 《노자》를 읽었다. 헤르만 헤세와 알베

양일(洋溢)　그득 넘치다.
만맥(蠻貊)　열리지 않은 곳, 미개지.

르트 슈바이처도 놀라움을 달래며 《논어》, 《노자》를 읽었다. 웬만한 나라에는 거의 번역이 되어 읽히고 있다. 도(道)는 원음 그대로 'Tao'라고 옮겨지고 있다. 그런데 중국에서는 마르크스의 사상이 차지하여 공자와 노자 사상이 중국 사람과 멀어졌다. 인도에서 석가가 사라진 것과 같다. 이스라엘이 예수와 멀어진 것과 같다. 예언자는 제 고향과 제 집에서만은 존경받지 못한다(마태오 13 : 57)는 말이 맞는 것이다. 무릇 혈기를 지닌 이는 존경하고 친애하지 않을 수 없다는 말은 역시 지나친 과장임에 틀림이 없다. 공자의 말대로 "착한 사람이 좋아하고 착하지 못한 사람이 싫어하는 사람이 되어야 한다."(《논어》, 자로 편)더니 그렇게 된 것이다.

하늘에 짝한다는 배천(配天)이란 말은 《노자》 60장에도 나온다. 하느님의 짝이 된다는 것은 하느님의 아들이 된다는 뜻이다. 주희는 그 덕의 미치는 바가 하늘처럼 관대한 것을 뜻한다고 하였다. 하느님을 외면한 주희다운 생각이다. 그러면 그 사상의 영향이 온 지구에 퍼진 마르크스도 배천의 인물이라 하게 될 것이다. 그럴 수는 없다. 하느님의 뜻을 세상에 증언한 성인만이 배천하였다고 할 수 있다. 인생의 최고 목적은 배천자(配天者)가 되는 것이다. 하느님이 주신 얼로 하나가 되는 것이 배천자이다. 마르크스는 배천자(配天者)가 아니라 하느님이 없다는 배천자(背天者)이다. 예수는 이렇게 말하였다. "나와 아버지는 하나이니라."(요한 10 : 30, 한글개역)

오직 온 누리(天下)의 가장 참(至誠)이야.
누리(天下)의 큰 줄기(大經)를 줄 매어 짤 것이며(經綸)
하늘땅의 큰 밑동(大本)을 세우며
하늘땅의 되킴(化育)을 하나니
그 어찌 비켜 댈 바 있으리요.

唯天下至誠
유 천 하 지 성
爲能經綸*天下之大經
위 능 경 륜 천 하 지 대 경
立天下之大本
입 천 하 지 대 본
知天地之化育
지 천 지 지 화 육
夫焉有所倚*
부 언 유 소 의

경륜(經綸) 줄 매어 짜다, 실을 날라 짜다.
의(倚) 비켜 대다, 기대다.

풀이

 지성(至誠)은 예수의 성령(聖靈)이요, 석가의 불성(佛性)이요, 노자의 천도(天道)이다. 그러므로 지성(至誠)을 지닌 이가 지성(至聖)이요 성령을 지닌 이가 하느님 아들이요 불성을 지닌 이가 붓다이다. 그러므로 지성(至聖)은 지성(至誠)을 위로 받들고 속에 품은 성인(聖人)을 말한다. 성인이 대경(大經)을 경륜(經綸)할 수 있다는 것이다. 그러면 대경은 무엇이며 경륜은 어떻게 하는 것인가.

 유교 경전 가운데 가장 형이상학적인 경전이 《중용》이다. 그런데 《중용》을 주석한 주희는 형이상학에 가장 취약하였다. 그리하여 사슴을 잡았는데 녹용을 버린 꼴이 되어 버렸다. 《중용》의 원문에는 형이상학의 향기가 그윽한데 주희의 주석에는 형이상학의 향기가 사라지고 없다.

 주희는 '대경(大經)'을 삼강오륜의 '오륜(五品之人倫)'이라고 하였다. 여기에 엉뚱한 오륜이 왜 나오는가. '대경(大經)'은 그 바로 뒤에 '입천하지대본 지천지지화육(立天下之大本 知天地之化育)'이다. '입천하지대본(立天下之大本)'은 중도(中道)요 '지천지지화육(知天地之化育)'은 '중화(中和)'이다. '중도(中道)'는 궁신(窮神)이요 '중화(中和)'는 지화(知化)이다. 바꾸어 말하면 경천애인(敬天愛人)이다. 대경(大經)은 기독교의 대계명과 같다. 마음과 뜻과 힘을 다하여 하느님을 사랑하며 또 그와 같이 이웃을 사랑하는 것이다.

 '줄(經)'은 진리의 줄이요, 생명의 줄이요, 성령의 줄이다. 상대 존재인 제나가 절대 존재인 얼나를 만나면 없어지면서 얼나의 존재를 체감한다. 그 순간을 나타내면 점(點)이다. 이 점이 이어지면서 선(線)을 이룬다. 깨달은 뒤에는 돈오(頓悟)의 연속이 대경(大經)이 된다. 이 진리의 선(줄)을 날라서 면(面)을 이룬 것이 경전(經典)이다. 선(線)이 실(經)이요 줄(經)이다. 대경(大經)의 '경'은 줄이라는 뜻이고 경륜(經綸)의 '경'은 줄(실)을 나른다는 '경'이다.

류영모는 이렇게 말하였다.

■ 우리 눈앞에 영원한 생명줄이 아버지(하느님) 계시는 위로부터 끊어지지 않고 드리워져 있다. 영원한 그리스도란 이 한 생명줄이다. 불연속의 연속이란 말이 있지만 생명이란 불연속의 연속이다. 몸의 생명은 끊어지면서 얼의 생명줄은 줄곧 이어가는 것이다. 이 생명줄의 실이란 곧 말씀(로고스)이다. 생명줄로 나온 실이 말씀이다. 나는 다른 아무것도 믿지 않고 말씀만 믿는다. 여러 성현들이 수백 년 뒤에도 썩지 않는 말씀을 남겨 놓은 걸 씹어 봐요. 이렇게 말하면 종교 통일론 같지만 그렇지 않다. 나는 통일은 싫다. 귀일(歸一)이라야지 통일은 되는 게 아니다.

또 다른 장소에서도 같은 말을 이렇게 하였다.

■ 나(얼의 나)라는 영원한 생명줄이 우리 앞에 드리워져 있다. 이 목숨줄은 이 몸이 죽어도 안 끊어진다. 이것은 나의 절대 신앙이다. 이 생명줄은 영원히 안 끊어진다. 그게 참나(眞我)다. 이 성명(性命)은 절대다. 하늘땅이 갈린다 해도 끄떡 않는다.

바꾸어 말하면 하느님의 말씀을 하느님으로부터 받는 것이 '천하지대본(天下之大本)'을 세우는 것이다. 그리고 하느님의 말씀을 세상에 알리는 것이 '천지지화육(天地之化育)'을 이루는 것이다. 이렇게 하는 것이 '천하지대경(天下之大經)'을 '경륜(經綸)'하는 것이다. 이 일은 오직 하느님의 아들이신 성인만이 할 수 있다. 어찌 이를 위해 있는 역사가 이를 비켜서 갈 리가 있겠는가.

성인들의 생애를 가만히 들여다볼 때 왜 성인들이 부귀영화를 거들떠보지도 않고 사랑하는 가족조차 멀리하고 자기 자신의 생사를 돌보지 않고 오로

지 하느님 말씀을 알리고자 하였는가. 그 해답을 이 구절에서 말해 주고 있다. 천하의 대본(大本)을 세우고 천지의 화육(化育)을 이루기 때문이다. 그것이 생로병사를 겪는 상대적 존재들의 구원의 길인 것이다. 영원한 생명에 드는 길이 구원인 것이다. 이러한 경륜(經綸)이란 말을 어느새 정치하는 것을 경륜을 편다고 하게 되었다. 개의 발에 편자처럼 어울리지 않는 말이다.

헨리 데이비드 소로는 하버드 대학을 졸업하고 여러 가지 일을 하였으나 직업이라고 내세울 만한 직업을 가져본 일이 없다. 그래도 소로는 누구 못지않은 경륜을 폈다. 경륜을 펼칠 수 있었던 것은 그의 뚜렷한 직업관 때문이었다. "내 직업은 자연 속에서 하느님을 발견하고 하느님이 숨어 계신 장소를 알아내며 자연의 모든 오라토리오와 오페라에 귀 기울이는 일을 게을리하지 않는 것이다."(《소로의 일기》)

알뜰살뜰 그 사랑
깊이깊이 그 깊음
하아! 아하! 하늘이여.

肫肫*其仁
순 순 기 인
淵淵其淵
연 연 기 연
浩浩*其天
호 호 기 천

순순(肫肫)　알뜰살뜰. 정성스럽게.
호호(浩浩)　하아! 아하! 넓은 것을 보고 감탄하는 것.

풀이

성인의 얼나가 하느님의 생명인 얼(성령)이다. 그래서 예수가 "나(얼나)와 아버지(하느님)는 하나이다."(요한 10 : 30)라고 말하였다. 그런데 성령인 지성(至誠)을 성인이라고만 하고 하느님이라고 하지 않으면 잘못이다. 그러면 성인만 있고 하느님은 없어진다. 주희가 이 잘못을 하였다. 그리하여 "순순기인 연연기연 호호기천(肫肫其仁 淵淵其淵 浩浩其天)"을 성인의 모습으로만 말하고 하느님의 모습이란 말은 여기에 없다. 성인의 모습이기 앞서 하느님의 모습이다. 성인은 홀로그램처럼 하느님의 한 긋을 보여 줄 뿐이다.

'순순기인(肫肫其仁)'의 '인(仁)', '연연기연(淵淵其淵)'의 '연(淵)', '호호기천(浩浩其天)'의 '천(天)'은 동격으로서 하느님을 말한다. 알뜰살뜰한 사랑의 하느님, 깊고 깊어 깊은 하느님, 넓고 넓어 영원한 하느님, 이 삼구(三句)만 하여도 훌륭한 기도의 말씀이다.

무서운 야훼 하느님에서 사랑의 아버지 하느님으로 신관의 혁명을 한 이가 예수이다. 야훼 하느님은 질투하는 하느님이요, 징벌하는 하느님이요, 복수하는 하느님이다. 야훼 하느님은 늘 사람이든 짐승이든 피비린내를 맡고 나서야 노여움을 풀었다. 이것은 아버지를 두려워하는 어린이와 같은 유치한 신관(神觀)이다. 예수의 사랑의 하느님은 성숙한 하느님 아버지 신관이다. "너희 중에 아들이 빵을 달라는데 돌을 줄 사람이 어디 있으며 생선을 달라는데 뱀을 줄 사람이 어디 있겠느냐? 너희는 악하면서도 자기 자녀에게 좋은 것을 줄 줄 알거든 하물며 하늘에 계신 너희의 아버지께서야 구하는 사람에게 더 좋은 것을 주시지 않겠느냐? 너희는 남에게서 바라는 대로 남에게 해 주어라."(마태오 7 : 9~12) 넘치는 사랑의 아버지시라 아들의 사랑도 넘친다. 베드로가 예수에게 "제 형제가 저에게 잘못을 저지르면 몇 번이나 용서해 주어야 합니까? 일곱 번이면 되겠습니까?"라고 묻자 예수 대답하기를 "일곱 번뿐 아니라 일곱 번씩 일흔 번이라도 할지니라."(마태오 18 : 21~22)라고 하였다.

상대 존재가 절대 존재를 알고자 하여도 차원이 달라 알 수가 없다. 멀리 느껴지고 깊게 느껴진다. 그리하여 이 구절에서도 "깊이깊이 그 깊음(淵淵其淵)"이라 하였다. 노자는 이 깊음을 이렇게 말하였다. "도(道)는 깊이(沖) 채워도 차지 않는 듯"(《노자》, 45장) "깊이 가득 차 퍼 써도 다함이 없다."(《노자》, 4장) 장자도 "도(道)는 쏟아부어도 차지 않고 떠내어도 다하지 않는다."(《장자》, 재물론 편)라고 말하였다.

이번에 사학자들이 지린성 지안현 상하이 방촌에 있는 나지막한 산 중턱에 있는 동굴을 찾았다. 그 동굴이 옛 고구려 사람들이 10월에 하늘에 제사하던 (東盟) 곳임을 밝혔다. 한 굴은 국동대혈(國東大穴, 높이 10미터, 폭 25미터, 길이 20미터)이고 그 위에 자리한 또 한 굴은 통천혈(通天穴)이라 하였다. 통천혈은 반대쪽에 커다란 구멍이 있었다. 그 구멍으로 하늘과 통한다는 것이다. 고구려인들도 깊음에서 하느님을 찾은 것이다. 그래서 수신(隧神)이라 하였다. 구멍신이란 뜻이다. 남미의 인디오들이 티티카카호를 신성시하는 것도 그 심연(深淵)에서 절대의 모습을 보았기 때문이다. 이제는 산의 뚫린 동굴이나 깊은 호수를 찾아다니지 말고 제 마음속의 속을 찾아 들어가 기도해야 한다. 넓고 넓은 무한대에서 하느님을 느끼는 것은 거의 모든 사람이 그러하였다고 할 수 있다. 무한의 푸른 하늘이 곧 하느님의 모습이었다. 노자는 '호호(浩浩)'란 말 대신에 '현현(玄玄)'을 썼다. 공자는 푸른 하늘을 하느님으로 믿은 것이 아니라 자기가 잘한 것을 알아주고 잘못하면 싫어하는 인격신을 믿었다. 공자는 자공이 듣는 데서 "나를 몰라주는구나. 하느님을 원망치 않고 사람 탓을 아니하고 아래(땅) 것을 배워 위(하느님)의 것에 이르는 나를 알아주는 이는 하느님뿐이다(知我者 天乎)."(《논어》, 헌문 편)라고 말하였다. 또 공자가 위(衛)나라에 갔을 때 평판이 좋지 않은 위나라 영공(靈公)의 부인 남자(南子)를 만난 적이 있었다. 자로가 언짢아하자 공자가 맹세하며 말하기를 "내가 잘못한 것이 있다면 하느님이 미워할 것이다. 하느님이 미워할 것이다."(《논어》, 옹야 편)라고 하였다. 하느님은 인격 너머의 얼이신 신격(神格)이시다.

참으로(苟) 진짓(固) 귀 뚫리고(聰) 눈 떠(明) 씻어난 슬기(聖知)
하늘 노릇(德)에 사모친 이 아니면
그 뉘 앎 직하리오.

苟不固聰明聖知達天德者
구 불 고 총 명 성 지 달 천 덕 자
其孰能知之
기 숙 능 지 지

풀이

장자가 말하기를 "배를 깊은 구렁에 감추고 그물을 깊은 못 속에 감추고는 든든하다고 한다. 그러나 한밤에 힘 있는 이가 지고 달아났다. 답답한 이는 이것을 모른다. 작은 것을 큰 것 속에 감추어도 오히려 가지고 달아날 데는 있다. 만일 우주(天下)를 우주에 감춘다면 우주를 가지고 달아날 곳이 없다. 이것이 일반적인 진리다."(《장자》, 대종사 편) 장자의 논리대로 하면 아니 계신 곳이 없는 하느님은 숨을 곳이 없다. 그런데 하느님이 감쪽같이 숨어 버렸다. 그것은 하느님이 숨은 것이 아니라 사람이 정신적인 장님이 되어 버렸기 때문이다. 그래서 사람들은 하느님 속에 있으면서도 하느님을 모른다. 그런데 그 가운데 귀 뚫리고 눈 뜬 총명(聰明)한 이가 있어 씻어난 슬기(聖知)로 하느님의 속알(天德)에 사무쳤다. 이들을 우리는 성인이라, 하느님 아들이라, 붓다라 한다. 공자·석가·노자·예수가 그들이다. 성인들이 한 말은 하느님을 찾은 이야기다. 그런데 사람들은 그 말을 믿으려 하지 않았다. "예수께서는 '나는 길이요 진리요 생명이다. 나를 거치지 않고서는 아무도 아버지께 갈 수 없다. 너희가 나를 알았으니 나의 아버지도 알게 될 것이다. 이제부터 너희는 그분을 알게 되었다. 아니 이미 뵈었다.' 하고 말씀하셨다."(요한 14 : 6~7) 류영모는 이렇게 말하였다. "불교의 견성(見性)은 남으로부터 듣지도 보지도 않고 나 혼자 마음으로 참나를 깨닫는 것이다. 듣고 보고 아는 것은 참나가 아니다. 은밀한 가운데 계시는 듣고 볼 수 없는 참나를 깨닫는 것이다." 참나인 얼나를 깨닫는 것이 하느님을 아는 것이다. 참나는 하느님이시기 때문이다. 그래서 예수도 말하기를 "얼나를 본 자는 아버지를 보았거늘 어찌하여 아버지를 보이라 하느냐. 얼나는 아버지 안에 있고 아버지는 얼나 안에 있는 것을 네가 믿지 아니하느냐. 내가 너희께 이르는 말이 스스로 하는 것이 아니라 아버지께서 내 안에 계셔 그의 일을 하시는 것이라. 얼나는 아버지 안에 있고 아버지께서는 얼나 안에 계심을 믿으라."(요한 14 : 9~11, 박영호 의역)라고 하였다.

 계시는 것은 온통(전체)이신 하느님뿐이시다. 나를 비롯한 모든 낱동(개체)은 온통의 세포와 같은 한 긋(點)일 뿐이다. 그래서 있다가 없어지는 거짓인 상대적 존재에 관심을 끊으면 하느님과 마주하게 된다. 하느님과 마주하지 못하다니 말이 되는가. 소로는 하느님을 우주 정신이라고 불렀다.

 "지식욕은 가끔 사그라질 때가 있다. 하지만 우주 정신과 교통하고 하느님 나라의 신비한 향기에 취하고 싶은 바람, 대기를 뚫고 일어서서 높다란 미지의 하늘나라에까지 머리를 치켜들고 싶은 바람만은 어느 때나 그칠 때가 없다. 내가 보잘것없는 사람에 지나지 않다는 생각이 나를 사로잡곤 한다. 생각해 보면 나는 무뢰한이라고 할 수 있다. 그럼에도 불구하고 우주 정신은 대체로 나에게 친절하다. 그 까닭은 나도 모르겠다. 어쩌면 지금 내가 누리고 있는 기쁨은 이례적인 것인지도 모르겠다."(소로, 《소로의 일기》)

읊이(詩)에 가로되
비단옷에는 홑옷을 더한다 하였으니
그 월(文) 보임을 미워함이라.
므로 그이(君子) 가는 길은
가만하되 날로 드러나고
못된 이의 가는 길은 밝아집되 날로 없어지니
그이(君子)의 길은
맑아도 싫잖으며
수수해도 글월 나며
따뜻해도 다사리니
먼 것은 가까운 것으로부터이며
바람도 일어나는 데서부터며
나타나는 것은 안 보이는 것에서부터인 줄을 알며
더불어 노릇(德)에 들어가리라.

詩*曰
시 왈

衣錦尙絅*
의 금 상 경

惡*其文之著*也
오 기 문 지 저 야

故 君子之道
고 군 자 지 도

闇*然而日章*
암 연 이 일 장

小人之道
소 인 지 도

的*然而日亡
적 연 이 일 망

君子之道
군 자 지 도

淡*而不厭
담 이 불 염

簡而文
간 이 문

溫而理
온 이 리

知遠之近
지 원 지 근

- -

시(詩) 《시경》 위풍(衛風) 석인(碩人) 편과 정풍(鄭風) 봉(丰) 편.
의금상경(衣錦尙絅) 비단옷 입고 홑옷을 덧입다.
오(惡) 미워하다.
저(著) 보이다, 나타나다.
암(闇) 가만하다.
장(章) 드러나다.
적(的) 밝아집다.
담(淡) 맑다.

33월 399

知風之自
지 풍 지 자
知微之顯
지 미 지 현
可與入德矣
가 여 입 덕 의

풀이

　제나의 수성(獸性)은 선천적으로 폭력으로 남을 제압한다. 그 폭력을 미화하여 권력이라고 한다. 프란스 드 발의 말이다. "수천 침팬지의 행동을 좌우하는 주요 동기는 권력이다. 권력을 얻으면 크나큰 혜택을 얻지만 권력을 잃으면 엄청난 좌절을 맛보기 때문에 권력은 침팬지들 사이에서 하나의 강한 관념으로 자리 잡고 있다."(드 발, 《내 안의 유인원》) 그래서 권좌에 오르면 잘났다고 으스댄다. 그것을 '금의환향'이라고 한다.

　사람들은 짐승인 제나를 참나인 줄 알고 잘난 체한다. 짐승인 제나는 잘난 체하고파 금의환향(錦衣還鄕)하려고 한다. 금의환향은 비단옷을 입고 고향에 돌아와 자랑하는 것이다. 그러나 하느님 아들인 얼나는 억압하는 폭력의 권위를 멀리한다. 섬기는 진리의 권위를 지닌다. 얼나의 사람은 의금상경(衣錦尙絅)을 한다. 의금상경은 비단옷을 입고 윗옷을 덧입는다. 비단 무늬가 번쩍거리는 것을 미워하기 때문이다.

　그러므로 군자의 도는 가만히 하되 날로 드러나고 못한 이의 길은 밝아지되 날로 없어진다. 공자·석가·노자·예수의 생애는 가만히 하되 날로 드러났다. 진시황·칭기즈칸·알렉산드로스·나폴레옹의 생애는 분명하되 날로 없어졌다. 성인들의 사상은 태양보다 더 밝은 빛이 되어 인류를 비추어 주지만 영웅들이 세운 대국은 바람처럼 사라졌다. 모두 없어졌다. 류영모는 이러한 말을 하였다.

■ 하느님하고 나하고는 무슨 관계가 있다. 삼독이든 몸나 아닌 얼나로는 나와 하느님이 하나다. 이 얼나가 참으로 더없는 참나다. 대적할 게 없고 배타적이 아닌 나다. 이 얼나 하나를 모르기 때문에 삼독의 몸나를 나로 내세운다. 이 삼독의 몸나는 온 세상을 다 잡아먹어도 배부르다고 말하지 않는다. 죄다 잡아먹고도 그만두는 일이 없다. 이것을 천하 통일이라고 허울 좋게 말한다. 그리하여 마른 콩 먹고 배 터져 죽는 소 꼴이 된다.

제나의 성공이란 그때는 대단한 것 같아도 날로 시들해져 없어져 버린다. 그러나 얼나의 성언(成言, 誠)은 그때는 아무것도 아닌 것 같아도 날로 뚜렷해진다. 제나의 사람들은 재력과 권력을 잡았다고 으스대지만 지나고 나면 아무것도 아니다. 사람들은 식욕과 성욕의 만족을 위하여 안간힘을 쓰지만 지나고 나면 아무것도 아니다. 저 무덤 속에 누워 해골이 되고 만 고관들과 졸부들에게 물어보자. 아직도 으스댈 만하고 아직도 재미 볼 만한지 알아보자. 사람의 삶은 영달에 있는 것도 소유에 있는 것도 아니다. 오로지 영원한 생명인 얼나를 깨닫는 데 있는 것이다.

제나를 부정하고 얼나로 솟난 군자의 도(道)는 맑으나 싫지 않고 수수하나 월 비치며 따스하나 다스린다. 노자가 말하기를 "좋은 음악과 맛있는 음식은 지나가는 나그네를 멈추게 하나 도(道)가 나오는 입은 맑아 맛이 없어 보기에도 모자라고 듣기에도 모자라며 써도 다함이 없다."(《노자》, 35장)고 하였다. 이것이 '담이불염(淡而不厭)'이다. 또 공자는 말하기를 "바탕이 문채(文采)를 이기면 촌스럽고 문채가 바탕을 이기면 가식이 된다. 문채와 바탕이 엇비슷해야 군자이다."(《논어》, 옹야 편)라고 하였다. 이것이 '간이문(簡而文)'이다.

또 류영모가 말하기를 "이 세상에서는 따뜻한 것도 필요하지만 쌀쌀하게 찬 얼음장같이 냉철한 것이 좋을 때가 있다. 칼날 같은 사람의 그 날카로움이 좋을 때가 있다." 이것이 '온이리(溫而理)'이다.

'먼 것은 가까운 것으로부터며(知遠之近) 바람은 일어나는 데부터며(知風之自) 나타난 것은 안 보이는 것에서부터(知徵之顯)'다. 이 세 글은 한뜻이다. 류영모는 이렇게 말하였다.

■ "바람은 제가 불고 싶은 대로 분다. 너는 그 소리를 듣고도 어디서 불어와서 어디로 가는지 모른다. 성령으로 난 사람은 누구든지 이와 마찬가지다."(요한 3 : 8)고 하였지만 유교에는 반대로 바람이 시작하는 데를 알지 못하면 덕(德)에 들 수 없다고 하였다. 이 말을 쉽게 하자면 먼 것의 원인은 가까운 데 있다, 곧 모든 게 자기 속에서 나온다는 말이다. 공자는 책임을 중요시하니까 이렇게 말하였다. 바람이 내게서 나옴을 알라는 말이다. 하느님께 가는 길은 자기 마음속으로 들어가는 길밖에 없다. 지성(至誠)을 다하고 정성(精誠)을 다하는 것이다. 깊이 생각해서 속알(德)이 밝아지고 얼나를 깨면 아무리 캄캄한 밤중 같은 세상을 걸어갈지라도 길을 잃어버리는 일은 없을 것이다.(류영모)

안 보이는 것(微)이 나타나는 것은 바로 성령이 말씀이 되는 것이다. 말씀이 되는 성령의 나가 얼의 나라, 하늘나라다. 그래서 예수는 "하느님 나라는 바로 너희 가운데 있다."(루가 17 : 21)고 하였다. 얼(말씀)의 나로 거듭나는 것이 입덕(入德)함이다. 제나가 마음속으로 들어가 얼나를 받드는 것이 기도요 참선이다.

읊이(詩)에 이르되

"잠긴 것은 비록 엎드린 것이나
또한 퍽(孔)은 밝다(昭)." 하였으니
므로 그이(君子)는
안으로 살펴 아무 탈이 없고
뜻에 들어 남 싫을 것이 없나니
그이(君子)를 못 미쳐 갈 것은
그 혼자 남 보지 못하는 데서 걷는 걸음만이니 (누가 쫓아갈 수 있으랴)

詩*云
시 운
潛雖伏矣
잠 수 복 의
亦孔*之昭
역 공 지 소
故 君子
고 군 자
內省不疚*
내 성 불 구
無惡*於志
무 오 어 지
君子之所不可及者
군 자 지 소 불 가 급 자
其唯人之所不見乎
기 유 인 지 소 불 견 호

──────────

시(詩) 《시경》 소아 정월(正月) 편.
공(孔) 퍽.
구(疚) 탈.
오(惡) 싫어하다.

풀이

"잠긴 것은 비록 엎드린 것이나 또한 퍽은 밝다." 하느님은 만물 속에 잠겨 엎드려 계시어 볼 수는 없으나 하느님이 계시는 빛이 퍽은 밝다는 것이다. 스피노자의 범신론(汎神論)도 다른 것이 아니라 바로 이러한 생각인 것이다. 그러나 하느님이 만물 속에 숨을 까닭도 없다. 오히려 만물이 하느님 품에 안겨 있다. 그러나 절대에 장님인 제나에게는 하느님이 숨은 것처럼 생각된다. 자신이 장님인 줄조차 모르기 때문이다. 그래서 류영모는 '없이 계시는 하느님'이란 역설적인 묘한 말을 썼다. 상대적 존재로는 없고 절대적 존재로만 계신다는 뜻이다. 신학자 정양모는 이 한마디에 매혹되어 류영모를 사숙하게 되었다. 기발한 표현이 아닐 수 없다. 노자는 "맞이하여도 그 머리를 못 보고 뒤따라도 궁둥이를 못 보지만 그를 만나면 황홀하다."(《노자》, 14장)고 말하였다.

하느님의 아들인 성인도 하느님 아버지를 닮아 자신을 드러내지 않는다. 그러나 제 속에 지닌 하느님의 아들인 말씀은 나타내기를 기뻐한다. "세상에 나타나려고 하지 말고 숨으려고 하라. 숨으면 숨을수록 더 기쁨이 충만하게 된다. 그것은 더 높이 올라갈 수 있기 때문이다. 오르려는 사람은 깊이 숨어야 한다. 숨는다는 것은 더 깊이 준비하고 훈련한다는 것이다. 훈련을 통하여 사람은 얼(道)에 이르는 것이다."(류영모) 숨어서 스스로 정진(精進)하는 모습을 《중용》의 이 구절에서 말하고 있다. 군자는 안으로 살펴 탈이 없고 마음에 누구를 싫어함이 없다. 군자를 따라잡지 못하는 것은 다른 이들이 보지 못하는 정신적인 데 힘씀에 있다. 그리하여 군자는 한동안 만나지 못하다가 오랜만에 만나면 그 정신적인 발전에 놀라 눈을 비비고 보게 된다 하여 '괄목상대(刮目相對)'라 한다. 곡식이 무럭무럭 자랄 오뉴월에는 하루 빛이 무섭다고 하지만 군자의 정신이 무럭무럭 자라는 30·40대에는 하루 새벽이 무섭다. 새벽에 기도하는 동안에 다른 사람으로 달라지게 된다. 그것을 우리는 공자·예수·석가를 비롯한 성인들에게서 본다.

성인들은 자신의 정신적인 자유를 위하여 기성의 모든 조직에서 헤어져 나온다. 가정과 국가는 말할 것 없고 종교조차 넘어서게 된다. 이것을 '숨는다'고 한다. 그리고 자신도 어떤 조직도 만들지 않는다. 예수와 석가는 찾아오는 사람들을 가르쳤을 뿐이다. 결코 오늘의 불교나 기독교를 만든 일이 없다. 다만 자유로운 인격의 교통을 바랄 뿐이다. 이것을 '나타남'이라 한다. 공자·예수·석가·노자는 조직에 가담하지도 않고 조직에 가담시키지도 아니하였다. 스승과 제자의 대화만 있었을 뿐이었다. 이미 종교가 조직화 되었을 때는 성인들과는 관계가 없게 된다. 성인은 조직을 싫어하기 때문이다. 조직은 정신을 살리는 것이 아니라 죽인다. "내가 남에게 봉사할 생각을 하면 으레 누군가가 나를 감독하려고 했다. 이 시대에는 여러 조직이 짜여 있는데 그 하나하나가 나로부터 자기의 생각을 빼앗으려고 하였다. 내게 그런 조직의 생각에 따르기를 요구하였다. 자기의 생각을 지니면 그 때문에 정신적으로 자유인 사람을 그들은 불쾌해하며 무시한다. 그러므로 나를 당파나 조직에 연결시켜서 권위 있는 생각을 떠맡기려 한다. 그러나 나는 내 생각을 버리려고 하지 않는다. 그런 짓을 하면 정신적인 파산을 선언하는 셈이 될 것이다."(슈바이처,《나의 생애와 사상》)

류영모는 말하기를, 사람들이 목숨을 걸고 에베레스트산에 오르고자 하는 것은 하느님께 올라가고자 하는 천성(天性)이 있기 때문이라고 하였다. 그러나 에베레스트산에만 올라가고 더 위로, 하느님에게로 오르지 않으면 에베레스트 등반도 쓸데없다. 처음엔 순교자의 정신으로 오르던 에베레스트산이 오늘에 이르러서는 추악한 죄악의 정글이 되었다고 마이클 코더스가《에베레스트의 진실》에서 말해 주고 있다. 등반하는 베이스캠프에서 온갖 범죄 행위가 벌어지고 있다는 것이다. 그것은 마치 성자들에 의하여 생겨난 종교의 타락상을 보여 주는 것 같아 마음이 괴롭다. 간디가 말하기를 "종교의 옷을 입는다고 악덕이 덕이 되는 것은 아니며 죄악이 악이 아닐 수 없다."(《날마다의 명상》)라고 하였다. 마지막에는 종교도 넘어서서 하느님에게로 올라가야 하는데, 하느님은 버리고 종교라는 장사판을 벌리고는 잇속 차리기에 바쁘다. 그래서 노자가 말하기를 "거짓된 거룩을 끊고 거짓된 슬기를 버리면 씨알들이 백배나 이롭다(絕聖棄智 民利百倍)."(《노자》, 19장)라고 하였다. 오늘의 종교는 인위적인 거룩과 슬기에 묶여 있고 빠져 있다. 하느님의 거룩과 슬기를 얻으려면 여기에서 풀려나 자유로워져야 한다.

읊이(詩)에 이르되
"네 집 속에 있음을 보자니(相)
골방 구석조차 부끄럽지를 않다." 하였으니
므로 그이(君子)는
움직이지 아니한데 우러르며
말 아니한데 믿나니라.

詩*云
시 운
相*在爾室
상 재 이 실

시(詩) 《시경》 대아(大雅) 억(抑) 편.
상(相) 보다.

尙不愧*于*屋漏*
상 불 괴 우 옥 루
故 君子
고 군 자
不動而敬
부 동 이 경
不言而信
불 언 이 신

풀이

　예수는 말하기를 "너는 기도할 때에 골방에 들어가 문을 닫고 보이지 않는 네 아버지께 기도하여라. 그러면 숨은 일도 보시는 아버지께서 다 들어주실 것이다."(마태오 6 : 6)라고 하였다. 성인은 은밀한 곳에서 하느님과 만난다. 그러므로 가장 거룩한 순간이 된다. 그러니 부끄러운 일을 저지를 까닭이 없다. 증자는 "아무도 없을지라도 언제나 열 개의 눈이 보고 있고 열 개의 손가락이 가리키고 있는 것으로 알고 행동하라."라고 하였다. 그래서 하는 말이 "자기를 속이지 말라. 그러므로 군자는 반드시 혼자일 때 삼간다(君子必愼其獨)."라고 하였다.(《대학》, 6장) 남을 속일 수는 있을지 모르나 어찌 나를 속이며, 나를 속일 수는 있을지 모르나 어찌 하느님을 속일 수 있겠는가. 이에 성인은 거짓이 없어 움직이지 않고 무위(無爲)로 있어도 존경하고, 말하지 않고 침묵하고 있어도 신뢰한다. 얼나는 "함 없이 하지 않음이 없다."고 노자가 말하였고 "영원히 갈 말씀은 이 혀로 하는 말이 아니라 입을 꽉 다물어도 뜻만 있으면 영원히 갈 말씀이다."라고 류영모가 말하였다. 소로는 "모든 겉

....

괴(愧)　부끄러워하다.
우(于)　~에부터(於).
옥루(屋漏)　사람이 잘 보이지 않는 구석진 곳.

치레를 벗고 침묵과 마주하는 사람의 사람다움이여! 말썽쟁이 악인은 그런 침묵의 순간에 안절부절못한다."(소로, 《소로의 일기》)라고 하였다.

우리가 하느님께 기도할 때 움직이지 않고 말하지 않는다. 부동(不動) 불언(不言)이다. 《중용》을 읽는 유학자들이 참선 기도를 못한다는 것은 말이 안 된다. 《중용》을 잘못 배우고 잘못 읽는 것이다. 예수가 기도할 때는 말하지 말라고 하였다. 류영모는 예수의 말씀이 옳다고 생각하여 예배 시간에 공중 기도 하는 것을 반대하였다. 하느님은 말없이 말하는 침묵이다. 석가는 하느님의 이름을 침묵(니르바나, 寂滅)이라고 하였다. 소로는 말하였다. "나를 다스리는 것을 늘 묵직한 침묵(하느님)이다." 침묵은 몸과 마음 그리고 얼의 절대적 평정이자 조화이다. 침묵만을 마음의 귀로 들어야 한다.

읊이(詩)에 가로되
"아뢰옴에나 다다르심에 말씀 없이 하오나
이에 다툼이 있지 아니하다." 하였으니
이러므로 그이(君子)는 상을 주는 것도 아닌데 씨알(民)이나 외며(勸) 성을 내는 것도 아닌데 씨알(民)이 도끼 두곤 어려워하나니라.

詩*曰
시 왈
奏假*無言
주 격 무 언

시(詩) 《시경》 상송(商頌) 열조(烈祖) 편. 은의 조정에서 그 열조, 곧 탕(湯) 임금을 제사할 때 부른 노래.
주격(奏假) 아뢰고 다다름.

時*靡*有爭
시 미 유 쟁
是故 君子不賞而民勸*
시고 군자불상이민권
不怒而民威於*鈇鉞*
불노이민위어 부월

풀이

　하느님과 대화하는 데는 말이 필요 없다. 말이란 사람과 사람의 대화에 필요하다. 하느님과 대화하는 데 말이 필요하다면 하느님께서 어느 나라 말을 해야 할 것인가. 하느님은 말 너머의 말을 하기 때문에 사람의 말은 쓸데없다. 그래서 예수가 말하기를 "너희는 기도할 때에 이방인들처럼 빈말을 되풀이하지 마라. 그들은 말을 많이 해야만 하느님께서 들어주시는 줄 안다. 그러니 그들을 본받지 마라. 너희의 아버지께서는 구하기도 전에 벌써 너희에게 필요한 것을 알고 계신다."(마태오 6 : 7~8) 하느님께 기도(제사)할 때에는 탐심, 진에, 치정(痴情)의 생각이 사라진다. 제나가 사라지고 얼나가 오기 때문이다.

　다시 말하면 제나로는 죽고 얼나로 사는 것이 참선이요 기도이다. 탐·진·치의 삼독을 지닌 제나가 죽으니 기도(제사)할 때는 가장 참기 어려운 미운 마음, 싸울 마음조차 사라진다. 미운 마음, 싸울 마음이 그대로 남아 있다면 기도(제사)는 잘못한 것이다. 말하자면 헛제사를 지낸 것이다. 예수가 말하

....

시(時)　이에.
미(靡)　없다.
권(勸)　나외다. 힘쓰다.
어(於)　두고 보다.
부월(鈇鉞)　도끼. 왕명에 의한 즉결 처분권의 상징이다.

33월　409

기를 "제단에 예물을 드리려 할 때에 너에게 원한을 품고 있는 형제가 생각나거든 그 예물을 제단 앞에 두고 먼저 그를 찾아가 화해하고 나서 돌아와 예물을 드려라."(마태오 5 : 23~24) 그러므로 기도(제사)를 올리고도 탐심이 일고 진에가 일고 치정이 일면 기도를 안 한 것이다. 기도(제사)만 바로 하면 나라 다스리기란 손바닥 들여다보기처럼 쉽다는 말이 여기서 나온다. 그러므로 기도하는 백성이라면 군자가 상을 주지 않아도 힘쓸 것이며 군자가 성내지 않아도 도끼보다 두려워할 것이다.

"하느님(神)은 믿는 것이 아니다. 하느님(神)에 통해야 하는 것이다."(류영모) 하느님과 통하는 길은 짐승인 제나로 죽고 하느님 아들인 얼나로 솟나는 길밖에 없다. 제나가 시퍼렇게 살아서 주둥이만 놀린다고 기도하는 것이 아니다. 제나가 없어지면 하느님 아버지의 사랑을 느끼게 되어 마음속에 기쁨이 분수처럼 뿜어져 나온다.

읊이(詩) 가로되
"나투지(顯) 아니한 노릇(德)만을
온 임금이(百辟) 그 어림 떠(刑) 간다(之)." 하였으니
이러므로 그이(君子)는 도탑게(篤) 우러를 뿐으로 온 누리(天下)가
펴이(平)나니라.

詩*曰
시   왈

시(詩) 《시경》 주송(周頌) 열문(烈文) 편.

不顯*惟德
불 현 　 유 덕

百辟*其刑*之
백 벽 　 기 형 　 지

是故 君子篤恭*而天下平
시 고 　 군 자 독 공 　 이 천 하 평

풀이

여기서는 '나투지 아니한 노릇만 온 임금이 어림 떠 간다.'는 옛 시구를 끌어서 자기의 뜻을 나타내고 있다. 그가 공자이든 증자이든 자사이든 상관이 없다. 예수의 말대로 왼손이 하는 것을 오른손이 모르게 하여 나타나지 않은 덕(德)만을 온 임금(제후)들이 어림 떠 본받으려 한다는 것이다. 이미 사람들 앞에 자랑해 버리면 그 덕이 없어져 버린다. 그래서 노자가 말하기를 "나를 나타내 보이려면 밝지 못하고, 나 옳다면 나타나지 못하고, 나 보아라면 공이 없고 제 자랑은 길지 않다."(《노자》, 24장)고 하였다.

그런데 백벽(百辟)이든 백성(百姓)이든 성인군자를 본받아 따르려는 선남선녀가 어디 있는가. 유교의 이와 같은 주장은 그러기를 바라는 덕담(德談)인 것이다.

얼의 나로 거듭난 군자는 사람이 따라온다고 군자의 길을 가고 사람이 안 따라온다고 군자의 길을 버리는 것이 아니다. 맹자의 말대로 "뜻을 얻으면 백성과 함께하고 뜻을 얻지 못하면 그 길을 홀로 간다."(《맹자》, 등문공 하편)라고 하였다.

불현(不顯)　나투지 아니한. 顯(나타날 현).
백벽(百辟)　온 임금.
형(刑)　어림 뜨다.
독공(篤恭)　도탑게 우러르다, 인정이 두텁고 공손함.

군자가 홀로 사람들에게 도탑게 하고 하느님에게 공경한다고 나라가 평안해진다고 생각되지 않는다. 그러나 분명한 것은 군자가 존재함으로써 인류 역사의 존재 가치가 있다는 것이다. 인류 역사에 드물게나마 성인군자들이 이어서 나옴으로써 인류 역사가 존재할 가치가 생기는 것이다. 소돔과 고모라 성에 의인 열 사람이 없어서 멸망하게 되었다는 이야기는 우리에게 깨우쳐 주는 바가 있다. 군자는 그 길이 자기의 생명의 길이요 영생의 길이기 때문에 가는 것이다. 이왕이면 다른 이에게도 생명의 길, 영생의 길을 깨우쳐 주고 싶은 것이다.

예수가 어이하여 스스로 모든 사람이 싫어하는 참혹한 사형수가 되었으며, 석가가 어이하여 스스로 모든 사람이 싫어하는 초라한 거지가 되었는가. 그 길이 생명의 길이요 영생의 길이었기 때문이다. "나는 오직 진리를 증언하려고 났으며 그 때문에 세상에 왔다. 진리 편에 선 사람은 내 말을 귀담아듣는다."(요한 18 : 37)

읊이(詩)에 이르되
"내 품의 밝은 속알(德)이야
소리나 빛깔을 크게 함은 아니니라." 하였거늘
이(子) 가로되
백성을 가르쳐 되게 함에 소리와 빛으로 함은 끝이라 하니라.
읊이(詩)에 이르되 "(제) 노릇(德)의 가벼움이 털 같다." 하였으니
털은 오히려 가눔이 있거니와
하늘 일이 소리 없으며 내새 없다 함이
가장(至)이니라.

詩*云
_{시 운}

予懷明德
_{여 회 명 덕}

不大聲以色
_{불 대 성 이 색}

子曰
_{자 왈}

聲色*之於以化民末也
_{성 색 지 어 이 화 민 말 야}

詩云 德輶*如毛
_{시 운 덕 유 여 모}

毛猶*有倫*
_{모 유 유 륜}

上天之載* 無聲無臭
_{상 천 지 재 무 성 무 취}

至矣
_{지 의}

풀이

"내 품의 밝은 속알이야 소리나 빛깔을 크게 함은 아니니라." 이 시구는 하느님(上天)께서 문왕에게 이르신 말이다. 문왕이 뚫린 맘의 귀로 하느님의 말씀을 들은 것이다. 하느님께서 품으신 밝은 속알(明德)이라고 하였다. 공자는 "하느님께서 내게 속알(德)을 주셨다(天生德於予)."고 하였다. 이는 예

시(詩) 《시경》 대아(大雅) 황의(皇矣) 편.
성색(聲色) 소리와 빛깔. 여기서는 '몸나'.
유(輶) 가벼운.
유(猶) 오히려.
윤(倫) 가늠. 겨눔. 비교.
상천지재(上天之載) 하늘 일. 하느님의 일.

수가 "아버지께서 생명의 근원이신 것처럼 아들도 생명의 근원이 되게 하셨다."(요한 5 : 26)와 같은 뜻의 말이다. 예수가 말한 생명이 곧 속알(德)이다. 생명이나 속알이나 다 같이 얼나를 말한 것이다. 얼나를 예수는 프뉴마(πνευμα), 석가는 다르마(Dharma)라고 하였다. 하느님께서 말씀하셨듯이 하느님이 품으신 얼(德)을 주시려는 것은 성색(聲色), 곧 사람의 몸나를 키우자는 것이 아니라 사람의 마음속에 넣어 준 얼나를 크게 하자는 뜻이다. 바꾸어 말하면 사람들로 하여금 군자(君子) 되게 하려는 것이지 소인(小人) 되게 하려는 것이 아니란 말이다. 탐(貪)·진(瞋)·치(痴)를 추구하는 제나의 수성만을 키우면 나라가 다스려지기는커녕 더 어지러워진다. 덕성을 키우고 수성을 낮추는 것이 바름을 잡는 정(政)이다.

"이(子) 가로되 백성을 가르쳐 되게 함에 소리와 빛으로 함은 끝이다."라는 구절은 백성을 교화시키는 데는 얼나인 명덕(明德)으로 하는 것이지 제나인 성색(聲色)으로 하는 것은 최하 말단의 수단이라는 것이다. 바꾸어 말하면 무위(無爲)의 덕치(德治)를 해야지 인위(人爲)의 법치(法治)를 하는 것은 끄트머리의 짓이란 말이다.

《시경》에서는 속알(德)은 깃털같이 가볍다고 하였는데, 깃털은 가볍고 무거운 것을 저울에다 올려놓고 가늠을 할 수 있지만 하느님의 생명인 얼(성령)은 소리 없고 냄새 없기가 지극하다. 도무지 소리도 냄새도 없다는 말이다. 이는 《반야심경》을 읽는 것 같다. 안이비설신의(眼耳鼻舌身意)의 감각을 초월한 얼이란 말이다. 《중용》의 마지막을 꾸밀 수 있는 감동적인 구절이 아닐 수 없다. 하느님은 참과 얼이시니 참과 얼로 가르치라는 말이다. 참이 얼이고 얼이 참이다. 그리하여 모든 사람으로 하여금 얼나인 참나(眞我)를 깨달아 얼의 나라(하늘나라)에 들게 하자는 것이다. 예수가 가르친 기도문 그대로이다. 사람들이 6천 년의 역사를 자랑하지만 사실은 탐욕과 살생과 음란으로 죄악된 금수사(禽獸史)에 지나지 않는다. 겨우 2천 5백 년 전에 공자·석가·노자가, 그리고 그로부터 5백 년 뒤에 예수가 와서 사람의 모습을 보여 주었다. 《중용》은 공자가 짐승 성질인 수성에 자유로움을 얻어 사람의 삶을 보여 준 것이다. 그러나 그분들이 세상을 떠난 뒤에 그분들의 가르침은 끊어져 버렸다. 20세기에 들어와서 톨스토이, 마하트마 간디, 류영모가 예수·석가·공자의 가르침을 바로 알아들었다. 그리하여 짐승의 나에서 하느님 아들로 솟났다. 이것을 우리가 바로 배우고 깨달아 하느님 아버지를 기쁘게 해야 한다. 이 길만이 참삶이라 믿기 때문이다.

줄곧 뚫림(中庸)

류영모

함부로 단정하지 말라 줄곧 뚫림의 뜻을
착함을 가려 굳게 잡음이 줄곧 뚫림의 언
莫妄論斷中庸義
_{막 망 론 단 중 용 의}
擇善固執中庸仁
_{택 선 고 집 중 용 인}

사람인 내가 줄곧 뚫리면 제나를 잃지만
하늘땅(우주)의 줄곧 뚫림은 얼나를 이룬다
人我中庸失爲己
_{인 아 중 용 실 위 기}
天地中庸得成人
_{천 지 중 용 득 성 인}

으뜸(하느님) 하나로 뚫리니 이 일러 가온(中)
참 말씀 받아쓰니 이 일러 씀(庸)이다.
元一貫之之謂中
_{원 일 관 지 지 위 중}
誠實用之之謂庸
_{성 실 용 지 지 위 용}

(박영호 옮김)